高等学校建筑环境与能源应用工程专业
"十三五"规划·"互联网+"创新系列教材

建筑环境学

余克志　傅俊萍　李明柱　齐学军
江燕涛　李端茹　隋学敏　　编著

U0642456

中南大学出版社
www.csupress.com.cn
长沙

图书在版编目（CIP）数据

建筑环境学 / 余克志等编著. —长沙：中南大学
出版社，2019.9
ISBN 978 - 7 - 5487 - 3723 - 0

Ⅰ.①建… Ⅱ.①余… Ⅲ.①建筑学－环境科学－高
等学校－教材 Ⅳ.①TU - 023

中国版本图书馆 CIP 数据核字(2019)第 185589 号

建筑环境学

余克志　傅俊萍　李明柱　齐学军　江燕涛　李端茹　隋学敏　编著

□责任编辑	刘颖维	
□责任印制	易红卫	
□出版发行	中南大学出版社	
	社址：长沙市麓山南路	邮编：410083
	发行科电话：0731 - 88876770	传真：0731 - 88710482
□印　装	长沙雅鑫印务有限公司	

□开　本	787×1092　1/16　□印张 24.75　□字数 629 千字	
□版　次	2019 年 9 月第 1 版　□2019 年 9 月第 1 次印刷	
□书　号	ISBN 978 - 7 - 5487 - 3723 - 0	
□定　价	79.00 元	

高等学校建筑环境与能源应用工程专业
"十三五"规划·"互联网+"创新系列教材编委会

主 任

廖胜明　　杨昌智　　王汉青

副主任（按姓氏笔画排序）

王春青　　周文和　　郝小礼　　曹小林　　寇广孝

委 员（按姓氏笔画排序）

王志毅　　方达宪　　向立平　　刘建龙　　齐学军

江燕涛　　孙志强　　苏　华　　杨秀峰　　李　沙

李新禹　　余克志　　谷雅秀　　邹声华　　张振迎

陈　文　　周乃君　　周传辉　　黄小美　　隋学敏

喻李葵　　傅俊萍　　管延文　　薛永飞

秘 书

刘颖维（中南大学出版社）

出版说明

Publisher's Note

遵照《国务院关于印发"十三五"国家战略性新兴产业发展规划的通知》(国发〔2016〕67号)提出的推进"互联网+"行动,拓展"互联网+"应用,促进教育事业服务智能化的发展战略,中南大学出版社理工出版中心、中南大学廖胜明教授,湖南大学杨昌智教授,南华大学王汉青教授等共同组织国内建筑环境与能源应用工程领域的一批专家、学者组成"高等学校建筑环境与能源应用工程专业'十三五'规划·'互联网+'创新系列教材"编委会,共同商讨、编写、审定、出版这套系列教材。

本套教材的编写原则与特色:

1. 新颖性

本套教材打破传统的教材出版模式,融入"互联网+""虚拟化、移动化、数据化、个性化、精准化、场景化"的特色,最终建立多媒体教学资源服务平台,打造立体化教材。采用"互联网+"的形式出版,其特点为:扫描书中的二维码,阅读丰富的工程图片,演示动画,操作视频,工程案例,拓展知识,三维模型等。

2. 严谨性

本套教材以《高等学校建筑环境与能源应用工程本科指导性专业规范》为指导,教材内容都是在严格按照规范要求的基础上编写、展开、丰富,精益求精,认真把好编写人员遴选关、教材大纲评审关、教材内容主审关。另外,本套教材的编辑出版,中南大学出版社将严格按照国家相关出版规范和标准执行,认真把好编辑出版关。

3. 实用性

本套教材针对21世纪学生的知识结构与素质特点,以应用型人才培养为目标,注重理论知识与案例分析相结合,将传统教学方式与基于现代信息技术的教学手段相结合,重点培养学生的工程实践能力,提高学生的创新素质。

4. 先进性

本套教材既能突出建筑环境与能源应用工程专业理论知识的传承,又能尽可能地全面反映该领域的新理论、新技术和新方法。本着面向实践、面向未来、面向世界的教育理念,培养符合社会主义现代化建设需要,面向国家未来建设,适应未来科技发展,德智体美全面发展以及具有国际视野的建筑环境与能源应用工程专业高素质人才。

本套教材不仅仅是面向建筑环境与能源应用工程专业本科生的课程教材,还可以作为其他层次学历教育和短期培训教材以及广大建筑环境与能源应用工程专业技术人员的专业参考书。由于我们的水平和经验有限,这套教材可能会存在不尽人意的地方,敬请读者朋友们不吝赐教。编审委员会将根据读者意见、建筑环境与能源应用工程专业的发展趋势和教学手段的提升,对教材进行认真的修订,以期保持这套教材的时代性和实用性。

编委会

2019年6月

前 言
Preface

建筑环境学既是建筑环境与能源应用工程专业学生所必修的一门重要专业基础课,也是该专业的重要技术平台课程之一,是体现建筑环境特色的重要基础课程。建筑环境与能源应用工程专业的总体目标是创造健康、舒适、节能的建筑环境,旨在达到人类与自然的和谐,建筑与自然的和谐,建筑与系统形式及生活模式的和谐,通过绿色生活方式和与之适应的建筑环境控制设备及系统形式实现未来的节能与低碳。建筑环境既要满足生活和工作健康、舒适、高效的迫切需求,又要降低建筑能耗和减小环境污染。以最小的能源消耗和环境污染代价实现建筑环境的可持续发展,这是摆在建筑环境工作者面前的一个重要而迫切的课题。

相对于同类教材,本书最大的特色是内容模块化。从建筑环境的系统性考虑,除了第1章绪论外,共分为四大模块,分述建筑环境的四大问题:

(1)人类需要什么样的建筑环境?这个问题组成第一篇(建筑环境的需求参数),包括人对建筑热湿环境、空气品质、光环境和声环境的需求,同时也涉及部分工农业环境的参数需求。

(2)建筑环境受哪些参数的影响?这个问题组成第二篇(建筑环境的影响因素),包括外扰(建筑外环境)和内扰(围护结构的热湿传递、室内污染物的影响、室内声音的传播和衰减、天然光环境的影响)。

(3)如何控制和改变建筑环境?这个问题组成第三篇(建筑环境的控制技术),包括热湿环境的营造、通风和气流组织、噪声的控制、人工光环境的营造等。另外还需考虑各种控制手段之间的相互关系。

(4)怎样综合评价建筑环境?这个问题组成第四篇(建筑环境的评价方法),包括绿色建筑理论和建筑环境的评价标准等。

本书各章节后均配有复习思考题,以便自学和实践。本书的课时安排建议为40~50学时,部分章节中标记"*"的内容,各学校可根据实际情况选用。

本书由上海海洋大学余克志统稿,并编写其中的第1章、第6章和第16章;长安大学隋学敏编写第2章和第7章,吉林建筑大学李明柱编写第3章、第9章和第13章,西华大学齐学军编写第4章、第10章和第14章,长沙理工大学傅俊萍编写第5章、第11章和第15章,广东海洋大学江燕涛编写第8章和第12章,湖南工业大学李端茹编写第17章和第18章。本书在编写过程中参考和引用了许多相关的资料,仅列出了部分参考文献,在此向各参考文献的作者表示衷心的感谢。

由于"建筑环境学"涉及面广,加之编写者水平有限,书中一定存在不足和疏漏之处,敬请读者给予批评指正,并提出宝贵意见。

作 者

2019 年 9 月

目录
Contents

第二篇　建筑环境的影响参数

第四篇　建筑环境评价方法

第1章 绪论

1.1 建筑与环境

1.1.1 建筑与环境的含义

1.建筑

建筑是建筑物与构筑物的总称，是人们为了满足社会生活需要，利用所掌握的物质技术手段，并运用一定的科学规律和美学法则创造的人工环境。

人们希望建筑物能满足的要求包括：

（1）安全性：能够抵御飓风、暴雨、地震等各种自然灾害所引起的危害或人为的侵害。

（2）功能性：满足居住、办公、营业、生产等不同类型建筑的使用功能。

（3）舒适性：保证居住者在建筑内的健康和舒适。

（4）美观性：要有亲和感，并反映当时人们的文化和审美追求。

不同类型的建筑有着不同的主要要求，比如住宅、影剧院、商场、办公楼等建筑对健康、舒适的要求比较高，生物实验室、制药厂、集成电路车间等则有严格保证工艺过程的环境要求；还有一些建筑既要保证工艺要求，又要保证舒适性要求，例如舞台、体育赛场、手术室等。

2.环境

人类环境一般包括自然环境和人工环境。

（1）自然环境。

自然环境是指人们周围的各种自然因素的总和，如大气、水、植物、动物、土壤、太阳辐射等。自然环境是人类赖以生存的物质基础，也是建筑中不可或缺的重要因素。自然环境是人工环境的基础，它不依附于建筑而存在，却在极大程度上影响着建筑的各项构件。建筑的产生是人类对自然环境的改造，它往往能对自然环境造成局部的影响。

建筑环境与自然环境

（2）人工环境。

人工环境是指人类为了满足自身的需要，在自然物质的基础上，通过长期有意识的社会劳动、加工和改造自然物质、创造物质生产体系、积累物质文化等形成的环境体系。人工环境是对自然环境的发展，同自然环境密不可分，互相影响。它与自然环境的区别在于人是它

的主导因素。人工环境包含了建筑的范畴，建筑则是人工环境作用的产物。

1.1.2　建筑环境的发展过程

随着不同时期社会生产力和科学技术发展的需要，人们追求和创造的建筑环境也在不断进步和深化。

（1）古代。

古代人类面对的首要问题是如何在恶劣的自然环境中保护自己、求得生存。从巢居、穴居、散居到建房聚居的过程正是人类力图适应自然、利用自然、改造自然，不懈地改善其生存环境的真实写照。

（2）远古时代到工业革命之前。

从远古时代到工业革命之前，人类为防御自然气候与灾害对生命的威胁，所建的建筑仅仅是遮风避雨的遮蔽所，建筑环境设计也是以夏季利用通风，冬季防止渗透风，利用和控制自然光采光、太阳热辐射等作为主要的设计项目。

（3）工业革命到 20 世纪 70 年代。

工业革命到 20 世纪 70 年代，大量煤炭和石油的开采，以及发电和燃气生产技术的成熟，使人们能方便地得到丰富的电能和天然气，空调 - 采暖及人工照明等设施的使用，则使人们有条件去追求建筑的舒适性，人类进入了所谓的"舒适建筑"阶段。并进而出现了全封闭的、完全靠空调和人工照明来维持室内环境而与自然界隔绝的"现代化建筑"。然而，从 1974 年开始持续的石油危机，转瞬之间便使赖以维持这种人工环境的能源供应出现了危机。许多节能规划项目的立项，有关合理使用能源的法规，建筑隔热性能的研究，大量合理使用能源的指南，降低建筑环境设计的标准等相继出现，与此同时，积极利用太阳能等自然资源、采用高效机械设备、以节能为宗旨的节能建筑逐渐增多。此阶段的建筑环境设计特征是在舒适和节能之间寻找平衡点。

（4）20 世纪 80 年代至今。

节能建筑使人工生物圈内的平衡被打破，许多闻所未闻的健康问题显现出来，"病态建筑综合征"等引起了人们的关注。20 世纪 80 年代出现的智能化大楼将"白领"的劳动生产率与室内环境品质联系起来，国外学者又开始研究"健康建筑"，特别是室内空气品质，甚至在大楼里建起模拟自然环境的森林浴空调。这一阶段，尽管建筑能耗有所反弹，但更多的研究还是集中在如何提高能源利用率上，建筑环境设计特征是在健康和节能之间寻找平衡点。

可持续发展理论的提出使人们开始反思，此前的建筑发展历程实际上是人类在不断地与自然界抗衡，是人类以不可再生的能源作为武器与自然界斗争。其结果是人与自然两败俱伤。建筑环境设计不仅影响到室内环境品质，还影响人们的健康和舒适，而且影响到实现建筑环境所需的能耗及其向大气排放的废气的质量，于是学者们提出了"绿色建筑"（或者"可持续建筑""生态建筑"）的概念。这种建筑的建筑环境应该是健康和舒适的，所用能源是清洁的或者是接近清洁的，对大气的影响是最小的或是接近最小的，并尽可能地充分利用可再生能源、亲和自然（比如利用自然通风和天然采光）、不破坏环境、保护居住者的健康，充分体现可持续发展和人类回归自然的理念。国内外许多学者致力于绿色建筑的研究，并建立了一些示范建筑，甚至建立了"零能耗"的样板房。可持续发展对建筑环境学的学科发展提出了一个新的要求，促使人们从人的生理和心理角度出发，研究确定合理的室内环境标准，分割室内居住区域和非居住区域，研究自然能源的利用，在室内环境的品质、能耗、环保之间寻找建筑环境设计的平衡点。至此"建筑环境学"不断地成熟和完善起来。图 1-1 展示了建筑环境设计目标发展的演绎过程。

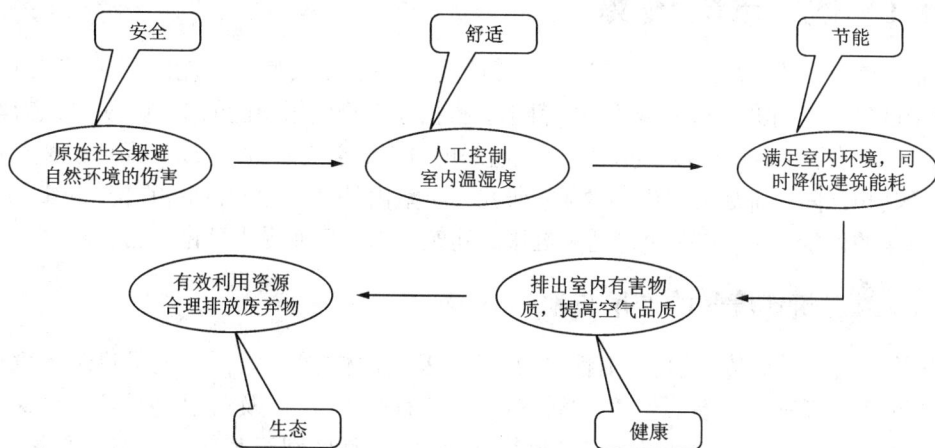

图 1-1　建筑环境设计目标发展的演绎过程

1.1.3　人类对建筑环境的认识

建筑与环境之间的关系实际上是非常复杂、难以认识和预测的，因为建筑涉及室外环境和人。室外气候具有随机变化的特点，而人对环境的感觉与反应又存在显著的个体差异，而且还会随着很多外部环境和主观因素的变化而变化。因此，人类对建筑环境规律的探索从来没有停止过。

从人类历史来看，人类对建筑环境的认识主要有以下几个发展阶段。

(1) 被动适应环境阶段。

在人类社会发展初期，人类往往依靠天然环境或材料被动地改善和适应环境，以减少建筑环境对居住者的不利影响。在这个阶段，人类对建筑环境的客观规律缺乏科学的认识。

(2) 主动改造环境阶段。

在这一阶段人类往往能根据气候特点主动采取一定的手段和措施来改造建筑内外环境，满足居住者的舒适需求。

(3) 主动利用和适应环境阶段。

在这一阶段，人类逐渐认识到改造建筑环境的做法往往会产生一些对居住者不利的影响，充分利用和结合当地的气候特点和建筑模式来适应和改善建筑环境，是实现人类、建筑与自然和谐发展的基本手段，也是构造舒适建筑环境的基本方法。为此，现代社会又提出了生态建筑和绿色建筑的发展模式，以充分满足人类的健康、舒适、高效的建筑环境需求。

人类在利用自然和改造自然的过程中，随着建筑业的不断发展以及对环境利用的深入理解和认识，逐渐形成了对建筑环境系统的辩证发展观。不同地域和不同气候条件下的居住者，可以根据当地的气候特点、自然资源，并结合当时的物质技术条件形成最适合自己生产和生活的建筑模式及建筑环境。

1.2　建筑环境学

1.2.1　建筑环境学的定义

　　建筑环境学，是指在人所处的建筑空间范围内，在满足其使用功能的前提下，如何让人们在使用过程中感到舒适和健康的一门科学。根据建筑物使用功能的不同，从以人为本的角度出发，研究建筑室内的温度、湿度、气流组织的分布、空气品质、采光、照明、噪声和音响效果等及其相互间组合后所产生的效果；研究建筑室内外环境之间的相互作用和影响；并对此做出科学的评价，为营造一个舒适和健康的建筑室内环境而提供理论依据。

1.2.2　建筑环境学的作用与地位

　　"建筑环境学"与"传热学""工程热力学"以及"流体力学"共同组成了建筑环境与能源应用工程专业的基础课平台。然而，"传热学""工程热力学"以及"流体力学"这些课程也是能源动力类专业的专业基础课。只有"建筑环境学"才是区别于其他专业的核心基础课程。学习建筑环境与能源应用工程专业的目的是创造和控制人工因素形成的物理环境，包括建筑室内环境、建筑群内的室外微环境，以及各种设施、交通工具内部的微环境，即用各种人工外壳围合和半围合起来的微环境。这个微环境用英文"built environment"来描述更加准确，意思是通过人为因素形成的微环境，或者说是人工环境。在我们学习如何创造和控制这个人工环境之前，首先应该了解我们需要什么样的微环境，这个要创造并控制的微环境有什么特点，和哪些因素有最重要的关联。也就是说，我们为了改造世界，必须要认识世界。

　　"建筑环境学"，即"built environment"，就是反映"built environment"内在特征与理论的课程。

　　通过学习"建筑环境学"，我们要完成以下任务：①"需求"——了解人类生活和生产过程需要什么样的室内外环境；②"影响"——了解各种内外部因素是如何影响人工微环境的；③"控制"——掌握改变或控制人工微环境的基本方法和手段；④"评价"——综合评价建筑环境的营造过程及其对生态环境、能源、资源等众多方面的影响。

　　针对第一个任务，我们需要从人类在自然界长期进化过程中形成的生理特点出发，了解热、声、光、空气质量等物理环境因素（即不包括美学、文化等主观因素在内的环境因素）对人的健康和舒适的影响，了解人到底需要什么样的微环境。此外还要了解特定的工艺过程（包括动植物生长环境、食品贮运环境、工业生产环境等）需要何种人工微环境。

　　针对第二个任务，我们要了解外部自然环境的特点和气象参数的变化规律；了解外部因素对建筑环境各种参数的影响；掌握人类生活与生产过程中的热量、湿量、空气污染物等产生的规律以及对建筑环境形成的作用。

　　针对第三个任务，我们要了解建筑环境中热湿、空气质量、声、光等环境因素控制的基本原理、基本方法和手段。根据使用功能的不同，从使用者的角度出发，研究微环境中温度、湿度、气流组织的分布、空气品质、采光性能、照明、噪声和音响效果等及其相互间组合后产生的效果，并对此做出科学的评价，为营造一个满足要求的人工微环境提供理论依据。

　　针对第四个任务，我们要全面了解建筑活动能够对生态、能源、资源等哪些因素产生影响,产生怎样的影响,以及怎样评价这些影响;掌握绿色建筑的概念和内涵,建立正确评价建筑是否绿色的方法体系;正确评价人类建筑活动、自然生态环境、社会、经济系统之间的关系,找到发展与环境协调的平衡点。

1.2.3　建筑环境学面临的挑战与机遇

现代人工环境技术的发展在很大程度上造成了世界建筑趋同化的消极影响,空调采暖的普及使人们不必再关心建筑本身的性能,因为只要消耗大量的能源就可以获得所要求的室内环境,从而导致的不仅是能源的紧缺和资源的枯竭,还导致了大量污染物排放而造成的地球环境的污染和生态环境的破坏。

因此,人类社会的可持续发展要求,对建筑环境学提出了严峻的挑战。第一是如何协调解决既要满足室内环境的舒适性又要实现降低能源消耗和保护环境之间的矛盾。目前建筑物的年耗能量中,为满足室内温湿度要求的空调系统能耗所占的比例约为50%,照明所占比例约为33%,而所消耗的电能或热能大多来自热电厂或独立的工业锅炉,其燃烧过程的排放物是造成大气温室效应、环境污染的根源,降低建筑能耗已经成为建筑环境学发展必须解决的课题。所以研究和制订合理的室内环境舒适、健康标准,以便高效合理地利用能源,是从业人员的一个艰巨而紧迫的任务。第二,现代建筑的迅速发展,引发了一系列突出的建筑环境健康问题,如室内空气品质问题,即由于大量使用合成材料作为建筑内部的装修和保温材料,并一味地为节能而减低新风量而出现的所谓病态建筑,在这些建筑内长期停留和工作的人,会产生气闷、黏膜刺激、头疼及嗜睡等症状,流行病学研究的进展也使人们认识到在这种低水平环境污染下的潜在危险,以及在这种环境下对人体健康可能产生的有害影响;建筑环境的舒适性问题,即由于室内环境的控制不当,造成的对人体的热舒适性、光舒适性和声舒适性的影响问题;建筑环境对工作效率的影响问题,即如何创造健康、舒适的建筑环境,使人类能够在满足工艺要求的前提下提高学习和工作效率的环境问题,等等。因此,突出研究和掌握形成建筑环境的健康、舒适和高效影响因素问题,并分析各因素之间的相互关联性,创造一个健康、舒适、高效的建筑环境,是从业人员面临的又一个很重要的任务。

1.2.4　建筑环境学的研究对象及方法

建筑环境学最重要的是研究建筑如何保证居住者的舒适和健康。由于人体的舒适与健康最直接地反映在人体的感觉系统上,因此可以将人体的五大感觉系统与建筑环境学的内容一一对应起来。从图1-2可以看到,触觉(温度感受系统)对应建筑热湿环境;嗅觉和味觉感受气体味道,对应室内空气品质;视觉和听觉分别对应建筑光环境和建筑声环境。

以上四个部分的内容中,都涉及前述建筑环境的四个任务,即"需求""影响""控制"和"评价"。在"需求"部分,除了人居环境的需求外,还包括工艺环境的需求;在"影响"部分,除了室内环境的影响,还应考虑建筑外环境的影响;建筑环境四部分内容的控制是相互影响的,所以在"控制"部分要考虑控制措施的相互制约关系;在"评价"部分,应包括综合评价方法和绿色建筑内容。

因此,"建筑环境学"的课程内容主要由建筑热湿环境、室内空气品质、声环境和光环境四个主要部分组成,每一部分的内容又分别包括"需求""影响""控制"和"评价"模块。另外还要学习工艺环境的需求、建筑外环境的影响、建筑环境控制措施的相互制约关系、建筑

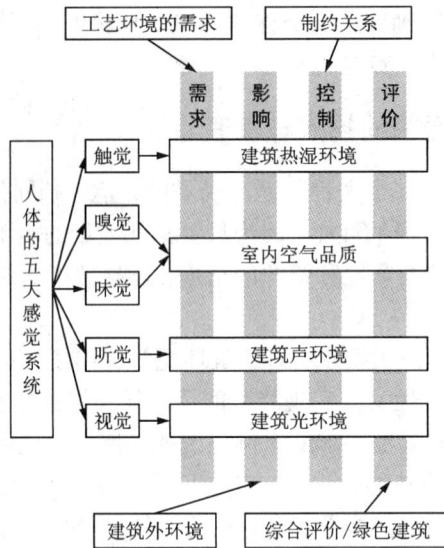

图1-2   建筑环境学的研究对象

环境综合评价方法和绿色建筑等内容,分述如下。

(1)建筑热湿环境。

建筑热湿环境是整个建筑环境中最重要的部分,重点讨论热湿环境的物理因素及其变化规律,并由此讨论维持室内热湿环境所需的负荷概念及其计算方法。从室内所维持的热湿环境与人体生理和心理感受的关系,讨论民用建筑环境中人对热湿环境的需求。

(2)室内空气品质。

室内空气品质主要描述室内空气污染物对室内空气品质的影响,进而讨论室内空气品质的概念、评价、影响因素与控制方法,并重点讨论通风换气控制方法的原理、定量计算方法以及室内气流组织评价方法。

(3)建筑声环境。

建筑声环境主要描述建筑声环境中声音与噪声的基本概念、度量、特性,从人的听觉生理特性出发,讨论人对噪声的反应与评价,从声音的传播与衰减规律出发,讨论控制环境噪声与振动的基本原理与方法。

(4)建筑光环境。

建筑光环境即在描述其基本度量、材料的光学特性、人的视觉生理特性等基础上,讨论室内天然光特性、影响因素、评价方法、设计基础,重点讨论影响人工光环境质量的照明光源与灯具的形式,描述人工光环境的评价方法与工作照明的设计基础。

(5)工农业建筑环境要求。

工农业建筑环境要求包括室内环境对动植物生长、食品贮运、工业生产的影响机理以及动植物生长环境、食品贮运环境、工业生产环境的需求参数。

(6)建筑外环境。

建筑外环境影响建筑室内环境的自然和气象环境,主要包括太阳辐射、空气温湿度、风速与风场、降水等变化规律与内在联系，探讨建筑环境设计中室外设计参数的取值以及影响室内环境的外部因素等问题。

（7）建筑环境综合控制措施。

分析建筑热湿环境、室内空气品质、建筑声环境和建筑光环境的综合控制措施，探讨被动式建筑设计方法与主动控制之间的关系，以及各种环境控制措施之间的制约关系。

（8）建筑环境的评价方法及绿色建筑。

介绍国内外建筑环境的综合评价方法的基本思想，提出建筑环境的综合分析方法，了解绿色建筑的概念、发展和绿色建筑设计方法。

综上所述，由于"建筑环境学"内容的多样性，内容涉及热学、流体力学、物理学、心理学、生理学、劳动卫生学、城市气象学、房屋建筑学、建筑物理等学科知识。事实上，它是一门跨学科的边缘科学，因此对建筑环境或者人工微环境的认识需要综合以上各类学科的研究成果，这样才能完整、准确地描述建筑环境，合理地调节控制建筑环境，并给出评价的标准。

1.2.5　本书的内容安排

全书除绪论外共分为四篇：第一篇，建筑环境的需求参数；第二篇，建筑环境的影响参数；第三篇，建筑环境的控制技术；第四篇，建筑环境评价方法。

第一篇主要介绍建筑环境需要什么样的环境参数，共五章（即第 2 ~ 第 6 章）。其中第 2 ~ 5 章分别介绍了人对热湿环境、室内空气品质、声环境、光环境的需求参数。而第 6 章则介绍了动植物生长环境、食品贮运环境、工业生产环境的需求参数。这一篇为建筑环境的创造指明了方向。

第二篇主要介绍影响建筑环境的因素，共五章（即第 7 ~ 第 11 章）。在第 7 章中，介绍了外扰即建筑外环境的影响。第 8 章介绍了建筑热湿环境的形成；第 9 章介绍了室内的空气污染；第 10 章介绍了声音的传播与衰减；第 11 章介绍了光环境的影响因素。

第三篇主要介绍建筑环境的控制技术，共五章（即第 12 章 ~ 第 16 章）。第 12 章 ~ 15 章分别介绍了建筑热湿环境、建筑空气环境、建筑声环境和建筑光环境的控制技术。第 16 章则重点介绍了建筑环境控制措施之间的制约关系。

第四篇主要介绍建筑环境评价方法，共两章（即第 17 到 18 章）。第 17 章介绍了绿色建筑理论；第 18 章介绍了建筑环境的性能评价指标，用于指导建筑环境的分析与评价。这些评价指标方法使建筑环境的定量分析和评价成为可能，从而优化了建筑环境方案。

复习思考题

1. 阐述建筑环境学的产生背景。
2. 当今建筑环境主要解决的问题有哪些？建筑环境学面临的有待解决的问题是什么？
3. 建筑环境学的主要研究内容是什么？
4. 描述你所了解的建筑环境学，并对其发展前景发表自己的观点。

第一篇 建筑环境的需求参数

　　建筑环境是为建筑空间服务的，要创造满意的建筑环境，首先必须了解需要什么样的建筑环境。

　　建筑环境主要是为人类服务，目标是创造健康、舒适的室内环境。室内环境包括热湿环境(室内空气的温度和湿度)、空气品质(室内主要污染物)、声环境和光环境。因此本篇主要针对人对热湿环境、室内空气品质、建筑声环境和建筑光环境的需求参数而展开。

　　另外针对应用广泛的工农业建筑环境，从温度、湿度、风速、气体成分、悬浮颗粒物、气体污染物、大气压力等方面阐述其参数需求。

第2章　人对建筑热湿环境的需求

保持舒适的室内环境可使人精神愉快、精力充沛，使人更富创造力，提高工作效率。随着社会生产力的飞速发展和人们生活水平的提高，人们对室内热湿环境的要求也越来越高，舒适的室内热湿环境是品质生活的保障。

2.1　热湿环境中的人体生理学基础

2.1.1　人体生理学基础

1. 人体的基本生理要求

（1）体温的恒定性。

人休摄取食物维持生命。在人体细胞中，食物通过化学反应被分解氧化，实现人体的新陈代谢，在化学反应中释放能量的速率叫作新陈代谢率（metabolic rate，MR）。化学反应中大部分化学能最终都变成了热量，因此人体会不断地释放热量；同时，人体也会通过对流、辐射和汗液蒸发从环境中获得或失掉热量。但是，人体的生理机能要求体温必须维持近似恒定才能保证人体的各项功能正常，所以人体的生理反应总是尽量维持人体重要器官的温度相对稳定。

人体各部分温度并不相同，为了分析人体温度的变化，通常将人体分为表面层和核心层。表面层主要由皮肤、皮下脂肪及表层肌肉组成。核心层主要由脑、心脏、肝脏及消化器官等维持生命活动不可或缺的器官组织组成。身体深部器官组织的温度称为核心温度，身体表面层的温度称为表层温度或者皮肤温度。

（2）核心温度。

医学上常用来判断健康状况时所涉及的体温，一般指的都是人体的核心温度。

人体的核心温度是由新陈代谢率决定的，新陈代谢率越高，人体的核心温度就越高。但人体的核心温度必须维持在一个相当窄的范围内才能保证健康。深部组织由于不同器官组织的新陈代谢率不同，温度也各不相同，新陈代谢率高的器官温度比较高，例如新陈代谢率比较高的肝脏温度约为38℃，是全身温度最高的部分，大脑次之，肾脏、胰腺、十二指肠等稍低，直肠更低。受体温测试技术的局限，目前人们常采用腋温、口温、肛温测量人体的核心温度，表2－1是我国正常成年人静止时的体温。

表 2 – 1   我国正常成年人静止时的体温

	平均温度/℃	变化范围/℃
腋温	36.8	36.0 ~ 37.4
口温	37.2	36.7 ~ 37.7
肛温	37.5	36.9 ~ 37.9

（3）皮肤温度。

由于散热的作用，人体皮肤温度一般低于核心温度，而且易随环境温度的变化而变化。受外界条件影响，人的皮肤温度可在 15 ~ 42℃的较大范围内变化。皮肤温度由皮肤血流量所控制，以使皮肤散热量符合当时条件下人体热平衡的要求。人体皮肤温度除了受周围环境影响外，还与皮下组织的脂肪层厚度、性别、衣着、距离心脏的远近、局部汗腺分泌等相关。另外，人体不同部位的皮肤温度也有明显的差异。皮肤温度在研究人体与环境的热交换中具有很重要的意义，它直接影响人体的显热散热量。为了方便起见，在有关的散热计算中所采用的是人体皮肤的平均温度。

计算人体皮肤平均温度的方法有很多，其基本思路是测定各典型部位的皮肤温度，通过各典型部位所代表的面积加权得到人体皮肤的平均温度，表 2 – 2 所示是较为常用的 8 节点和 4 节点的取点及其加权的皮肤平均温度求解时的加权系数。

表 2 – 2   皮肤平均温度的两种求解方法

取点位置	加权系数	
	哈迪和杜波依斯（Hardy, Dubois）（1938）	莱曼纳斯（Ramanathan）（1964）
头	0.07	
胸	0.175	0.3
背	0.175	
上臂	0.07	0.3
小臂	0.07	
手	0.05	
大腿	0.19	0.2
小腿	0.20	0.2

2. 人体的热平衡

人体为了维持正常的体温，必须使产热和散热保持平衡。图 2 – 1 是人体和环境的热交换示意图，它用一个多层圆柱断面来表示人体的核心层、表面层和服装。因此人体的热平衡又可用下式表示：

$$M - W - C - R - E - S = 0 \qquad (2-1)$$

式中：M——人体的新陈代谢率，决定于人体的活动量大小，W/m^2；

　　　W——人体所做的机械功，W/m^2；

　　　C——人体外表面向周围环境通过对流形式散发的热量，W/m^2；

　　　R——人体外表面向周围环境通过辐射形式散发的热量，W/m^2；

　　　E——汗液蒸发和呼出的水蒸气所带走的热量，W/m^2；

　　　S——人体蓄热率，W/m^2。

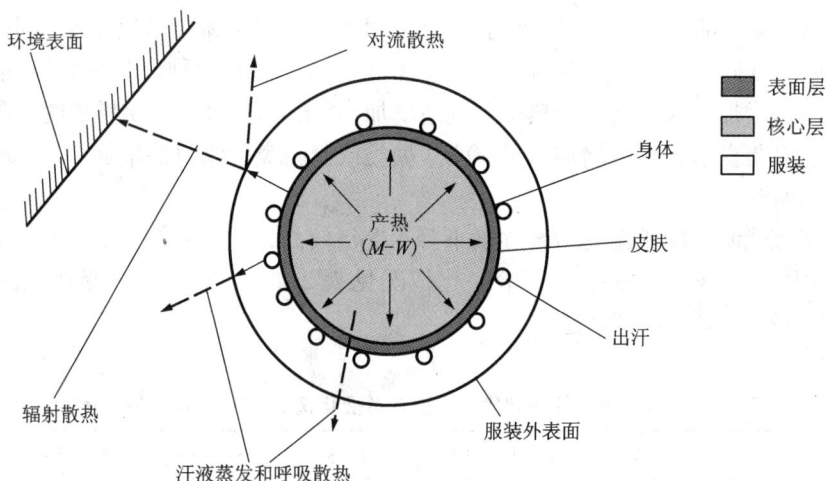

图 2 - 1　人体和环境的热交换

式（2 - 1）中各项均以人体单位表面积的产热和散热表示。裸身人体皮肤表面积的计算可以采用 D. DuBois(1916) 提出的公式计算，如下式：

$$A_D = 0.202 m_b^{0.425} H^{0.725} \qquad (2 - 2)$$

式中：A_D——人体皮肤表面积，m^2；

　　　H——身高，m；

　　　m_b——体重，kg。

根据式（2 - 2），如果一个人身高为 1.78 m，体重为 65 kg，则皮肤表面积为 1.8 m^2 左右。

人体产热经过消耗与环境交换的部分后，若为正值，说明人体系统的得热量大于失热量，导致人体内的热量积蓄，蓄热率 S 为正。反之，人体不断损失热量，蓄热率 S 为负。如果人体得热正好等于失热，则蓄热率 S 为零，即人体处于热平衡状态。

3. 人体的新陈代谢率

人体在进行新陈代谢的过程中，是通过化学反应释放体能，进而变成热和肌肉的有效功的，这一体能值的大小通常用新陈代谢率表示。生理学家按人体活动所需的氧气量以及二氧化碳排放量来确定人体新陈代谢过程中产生的体能，《热环境人类工效学代谢率的测定》（GB/T 18048—2008）推荐用下式来计算人体的新陈代谢率：

$$M = 21(0.23 RQ + 0.77) V_{Q_2}/A_D \qquad (2 - 3)$$

式中：RQ——呼吸商，定义为单位时间内呼出二氧化碳和吸入氧气的物质的量之比；

V_{Q_2}——环境参数在 0℃、101.325 kPa 条件下单位时间的耗氧量体积，mL/s。

人体的新陈代谢率受多种因素的影响，除年龄、性别、进食后时间的长短、神经紧张程度及环境等因素不同程度的影响外，主要取决于人体的活动量或者生产劳动强度。为减少各因素对新陈代谢率的影响，引入基础代谢率，规定未进早餐前，保持清醒静卧半小时，室温条件维持在 18~25℃ 时，测定的新陈代谢率为基础代谢率（basal metabolic rate，BMR）。以此作为衡量不同情况下新陈代谢的基准。

人体的新陈代谢率在一定的环境温度范围内（22.5~35℃）比较稳定，当环境温度升高或降低时，新陈代谢率都会增加。如在低于 22.5℃ 温度下停留身体会出现冷颤，同时产热量开始增加；环境温度升高时，细胞内的化学反应速度增加，排汗、呼吸以及循环机能加强也会导致新陈代谢率增加。人进食后产热量会逐渐增加，并延续 7~8 h。所增加的热量值取决于食品的性质。全蛋白质食物可增加热量 30%，糖类或脂肪类食物只能增加 4%~6%，混合食物一般增加 10%。

人体的基础代谢率随年龄的增长逐渐下降，少年较高，老年稍低。女性比男性低 6%~10%，正常中国人的基础代谢率随年龄变化情况见表 2-3。BMR 正常变动范围为 10%~15%，若超过 20%，则属病理状态。

表 2-3   正常中国人的基础代谢率随年龄变化情况（平均值）/（W·m^{-2}）

平均年龄/岁	1~15	16~17	18~19	20~30	31~40	41~50	51 以上
男性	54.3	53.7	46.2	43.8	44.1	42.8	41.4
女性	47.9	50.5	42.8	40.7	40.8	39.5	38.5

表 2-4 给出的是成年男子在不同活动强度下保持连续活动的新陈代谢率。新陈代谢率的单位为 met，1 met 定义为 58.15 W/m^2，是人体静坐时的新陈代谢率。表 2-4 中的新陈代谢率是平均体表面积为 1.8 m^2 的成年男子不同活动强度时的新陈代谢率，当体表面积不同时可采用式（2-2）计算。

表 2-4   成年男子在不同活动强度下保持连续活动的新陈代谢率

活动类型	新陈代谢率/（W·m^{-2}）	新陈代谢率/met
睡眠	40	0.7
斜倚	45	0.8
静坐	60	1.0
放松站立	70	1.2
以坐姿阅读、写字、打字	55、60、65	1.0、1.0、1.1
文件整理：坐姿、站姿	70、80	1.2、1.4
步行、搬运	100、120	1.7、2.1

续表 2-4

活动类型	新陈代谢率/(W·m⁻²)	新陈代谢率/met
3.2 km/h(0.9 m/s)	115	2.0
4.3 km/h(1.2 m/s)	150	2.6
6.4 km/h(1.8 m/s)	220	3.8
驾驶汽车	60~115	1.0~2.0
飞行(常规、着陆、战斗)	70、105、140	1.2、1.8、2.4
驾驶重型车辆	185	3.2
烹饪	95~115	1.6~2.0
打扫房屋	115~200	2.0~3.4
保持坐姿的重肢体运动	130	2.2
机械加工:锯切(桌锯)、轻度劳动(电气工业)、重度劳动	105、115~140、235	1.8、2.0~2.4、4.0
背起 50 kg 的袋子	235	4.0
跳舞	140~255	2.4~4.4
体操、运动	175~235	3.0~4.0
打网球	210~270	3.6~4.0
打篮球	290~440	5.0~7.6
摔跤	410~505	7.0~8.7

4. 人体的机械效率

由能量守恒原理分析,人体的新陈代谢率 M 与人体所做的机械功 W 和人体向周围环境散发的热量 Q 存在如下关系:

$$M = W + Q \tag{2-4}$$

定义人体对外做功的机械效率 η 为:

$$\eta = W/M \tag{2-5}$$

人体对外所做的功也取决于活动强度。人体对外做功的机械效率的特点是效率值比较低,在不同活动强度下一般为 5%~10%。对于大多数的活动来说,人体的机械效率几乎为 0,很少超过 20%,见表 2-5。因此在空调负荷计算时往往把人体的机械效率视为 0,其原因为:

①大部分办公室劳动和室外轻劳动的机械效率近似为 0。

②人体的新陈代谢率的估算本身带有误差。

③忽略人体对外所做的机械功对于空调系统设计是偏于安全的。

表 2 – 5　人体活动的机械效率

活动强度	$\eta/\%$	活动强度	$\eta/\%$
静坐	0	步行上山，坡度 5%，速度 4 km/h	10
安静地站着	0	步行上山，坡度 5%，速度 4 km/h	20
一般的办公室工作	0	轻的工业劳动 （如汽车修理、钳工之类）	10
站着从事轻工作	0		
在平地上步行	0	重的手工劳动（如挖土和铲土）	10

2.1.2　体温调节特性

1. 温度感受器

人体能够感受外界的温度变化是因为在人体皮肤层中存在温度感受器。温度感受器是人体热调节系统的重要组成部分，当其受到冷热刺激时，就会产生冲动，向大脑发出 50 mV 左右的脉冲信号为体温调节的中枢感受器输送温度信息。根据温度感受器的分布可以分为外周温度感受器和中枢温度感受器。

（1）外周温度感受器。

外周温度感受器对温度的感觉很灵敏，其分布在全身皮肤或某些黏膜上，并与神经末梢相联系。外周神经感受器能以 0.7 m/s 的速度将受温度刺激导致的兴奋转化为神经冲动，并迅速传到体温调节中枢，从而引起中枢的兴奋。感受热刺激的感受器是 ruffini 小体，位于皮肤深处 1 mm 真皮和皮下组织中。当温热接触皮肤时，小动脉网血流旺盛，温度上升，从而刺激 ruffini 小体引起温感。感受冷刺激的感受器是 krause 小体，位于真皮层中。当寒冷接触皮肤时，krause 小体受到刺激引起冷觉。关于温度感受器的详细介绍见第 3 章有关内容。

（2）中枢性温度感受器。

中枢性温度感受器指的是存在于下丘脑、脑干网状结构、脊髓中的一些对温度变化敏感的神经元。下丘脑前部存在中枢性温度感受器，下丘脑后部可能是对体温信息进行综合处理的部分。也就是说，下丘脑后部能将由中枢神经温度感受器发出的神经冲动和从外周温度感受器传入的神经冲动统一起来，并根据人体当时的体温状态，对体温进行整合调节。脑干网状结构中存在冷感受神经元，受冷刺激时，其放电频率会增加。脊髓中的温度感受器可以发放信息刺激下丘脑的前部和视前区，引起体温调节作用。另外，在大静脉血管和肌肉纤维中也存在温度感受器。这些温度感受器由对温度敏感的细胞组成，可起到和皮肤温度感受器一样的作用，并能输送信息进入人体体温调节中枢。

用一个小而尖的凉或热的金属探针探测皮肤，可以发现大部分皮肤表面触及探针时并不会产生冷或热的感觉，只有很少的探测点有冷热感觉反应。20 世纪初就有很多研究者发现人的皮肤上存在着"冷点"和"热点"，即对冷敏感的区域和对热敏感的区域。Strughold 和 Porz（1931）以及 Rein（1925）等研究者发表了人体各部位皮肤冷点和热点分布密度的实测结果，其研究表明人体各部位的冷点数目明显多于热点，而且冷点和热点的位置不同，见表 2 –6。

表 2-6　人体各部位冷点和热点分布密度/($个 \cdot cm^{-2}$)

部位	冷点	热点	部位	冷点	热点
前额	5.4 ~ 8.0		手背	7.4	0.5
鼻子	8.0	1.0	手掌	1.0 ~ 5.0	0.4
嘴唇	16.0 ~ 19.0		手指背	7.0 ~ 9.0	1.7
脸部其他部位	8.4 ~ 9.0	1.7	手指肚	7.0 ~ 9.0	1.6
胸部	9.0 ~ 10.2	0.3	大腿	7.0 ~ 9.0	0.4
腹部	8.0 ~ 12.5		小腿	7.0 ~ 9.0	
后背	7.8		胸背	5.6	
上臂	5.0 ~ 6.5		脚底	3.4	
前臂	6.0 ~ 7.5	0.3 ~ 0.4			

2. 人体的体温自调节系统

调节体温的中枢机构是下丘脑。下丘脑由几个分区组成，其中两个分区控制着温度调节，称为下丘脑前部和后部。一些实验观察到下丘脑前部的主要作用是促进散热，而后部的主要作用是促进产热以达到御寒的目的。但也有实验发现下丘脑前部对产热有影响作用。

下丘脑前部的作用是调动人体散热功能。如果周围环境温度提高或进行高强度的运动，热感受器就会向大脑发出信号。只要下丘脑前部的温度稍高于设定值，它就会发送出神经脉冲以引发人体的相关扩张和排汗机能，皮肤表层的血管就会扩张以便增加血液流量，这样血液就能够把更多的热量带到皮肤表面，提高皮肤温度，从而增加皮肤向环境的散热量。如果这样仍然不能抑制体温上升，体温调节系统就会命令皮肤出汗，通过蒸发来带走体内的热量。

下丘脑后部执行着抵御寒冷的功能。当人体处于冷环境时，下丘脑后部从冷感受器接受温度信号，然后指示皮下血管收缩来减少身体表层的血流量，通过这种方式可以降低皮肤温度以减少人体辐射和对流散热的损失。为了调节温度而改变血流量和皮肤表面细胞大小的机能叫作血管收缩调节。如果人体内部温度仍不能维持恒定，人体体温调节系统就会自动通过冷颤等方式增加代谢率。如果人体产热量不能抵偿热损失，体温就不可避免地要下降。因此，人体的御寒能力很弱。相对而言，人体防止过热的能力却要强得多。这可能就是为什么人体对冷刺激的反应要比热刺激的反应敏感的原因。

人体体温自调节系统原理如图 2-2 所示，整个调节主要靠神经调节和体液调节来完成。判断调节与否的信号是人体的核心温度和平均皮肤温度。当核心温度与设定值之间产生偏差时，体温调节系统就开始工作。人体体温设定值主要取决于体内的新陈代谢率，即工作强度，工作强度越高，设定值就越高，如静止时为 36.8℃，步行时为 37.4℃，慢跑时为 37.9℃，剧烈运动时可能高达 39.5℃。

人体体温自调节时，下丘脑前部和后部是以相互抑制的方式联系在一起的，如果人体核心温度较高而导致下丘脑前部温度也较高，则会因此出汗，使皮肤温度降低，皮肤温度的降

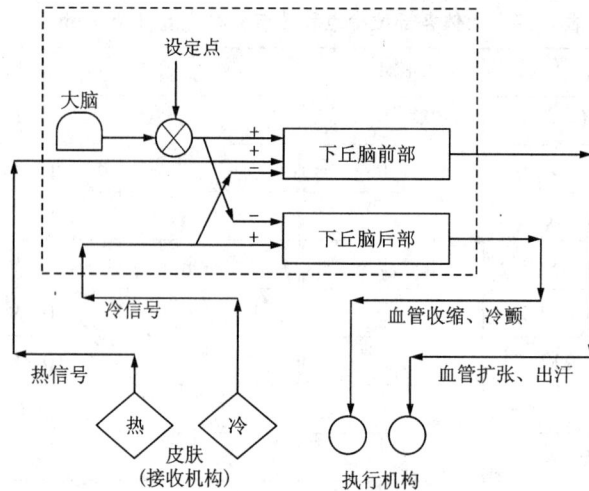

图 2 - 2　人体体温自调节系统原理简图

低传导到下丘脑的后部则会使出汗减少或停止。因此，当下丘脑后部感受到皮肤冷感受器的冷信号时，如果下丘脑前部感受到的核心温度高于设定温度 37.4℃ 的话，就会阻止产热如颤抖等反应。如果下丘脑前部的温度低于 37.4℃，皮肤温度的降低就会引起冷颤而增加产热量。反之，皮肤温度升高使核心温度高于 37.4℃ 时会起到增加排汗量的作用。如果核心温度低于 37.4℃，皮肤温度的升高就不会促进出汗。

3. 行为性体温调节

人体除了具有生理性的体温调节机能外，还具有一种行为性的体温调节方式。炎热时一般会选择透气性好的衣服；而在寒冷季节，一般会选择保温性能好的衣服。人在夏季为了限制体内热量，会无意识地使行为变得缓慢。人在寒冷中为了保持正常的活动，有时会通过来回走动这一行为性调温方式来增加发热量。在室内打开暖气也属于一种行为性调温方式。如表 2 - 7 所示。

表 2 - 7　各种行为性体温调节方式

高温环境	低温环境
向阴凉地方转移	去阳光充足的地方
扇扇子、吹电扇、通风	避风
白天休息	运动
选择衣服、脱衣	选择衣服、增加衣服
吃低热量食物、喝冷水	吃高热量食物、喝热开水
去避暑地	去暖和的地方
去空调房、游泳	去暖气房、取暖

2.1.3 人体的散热特性

1. 影响人体与外界显热交换的几个环境因素

(1) 平均辐射温度 $\bar{t}_r$。

在考虑周围物体表面温度对人体辐射散热强度的影响时要用到"平均辐射温度"的概念。平均辐射温度的意义是一个假象的等温围合面的表面温度，它与人体间的辐射热交换量等于人体周围实际的非等温围合面与人体间的辐射热交换量。其数学表达式为：

$$\bar{t}_r^4 = \frac{\sum_{j=1}^{n} (F_j \varepsilon_j t_j^4)}{\varepsilon_0} \quad (2-6)$$

式中：$\bar{t}_r$——平均辐射温度，K；

F_j——周围环境第 j 个表面的角系数，$j = 1, 2, \cdots, n$；

t_j——周围环境第 j 个表面的温度，K；

ε_j——周围环境第 j 个表面的黑度；

ε_0——假想围合面的黑度。

式 (2-6) 是一个四次方关系式并采用了绝对温标，在实际使用时有一定的困难。对于人体所处的实际环境温差来说，把式 (2-6) 简化为一次方表达式的结果会比实际平均辐射温度略小一些，但对于实际应用来说已经足够精确。另外，在实际的建筑室内环境里，室内各主要表面的黑度一般差别不大，因此可假定人体周围各非等温围合面的黑度均等于假想围合面的黑度 ε_0，这样就可以得出比较简单的采用摄氏温标的平均辐射温度近似表达式：

$$\bar{t}_r = \sum_{j=1}^{n} (F_j t_j) \quad (2-7)$$

测量平均辐射温度最早、最简单且仍是最普遍的方法就是使用黑球温度计。它是由一个涂黑的薄壁铜球内装有温度计组成，温度计的感温包位于铜球的中心。使用时把黑球温度计悬挂在测点处，使其与周围环境达到热平衡，此时测得的温度为黑球温度 t_g。如果同时测出了空气的温度 t_a，则当平均辐射温度与室内空气温度差别不是很大时，可按下式求出平均辐射温度：

$$\bar{t}_r = t_g + 2.44 \sqrt{v_a} (t_g - t_a) \quad (2-8)$$

式中：v_a——空气流速，m/s。

(2) 操作温度 t_o。

操作温度反映了空气温度 t_a 和平均辐射温度 $\bar{t}_r$ 的综合作用，其表达式为：

$$t_o = \frac{h_r \bar{t}_r + h_c t_a}{h_r + h_c} \quad (2-9)$$

式中：h_r——辐射换热系数，$W/(m^2 \cdot ℃)$；

h_c——对流换热系数，$W/(m^2 \cdot ℃)$；

(3) 对流换热系数 h_c。

在无风或风速很小的条件下，人体周围的自然对流就变得十分重要。在较高的风速下人体表面的受迫对流换热系数可以通过风洞实验测定。很多研究者通过不同的实验方法获得了人体表面的自然对流换热系数和受迫对流换热系数，可针对不同的应用条件选择使用，见表 2 - 8。

表 2 - 8　人体表面的对流换热系数

对流换热系数 $h_c/[\mathrm{W}/(\mathrm{m}^2 \cdot \mathrm{℃})^{-1}]$		提出者	适应条件
受迫对流	$8.6v_a^{0.6}$	D. Mitchell(1974)	要求得到平均值时
	$12.1v_a^{0.5}$	Winslowd 等(1939)	用于 Fanger 舒适方程
	$8.6v_a^{0.53}$	Gagge 等(1969)	用于 SET 公式中
	$8.3v_a^{0.5}$	Kerslake(1972)	推荐采用时
自然对流	3.0	Nishi 和 Gagge(1977)	静止空气中的静止人体
	$1.16(M-50)^{0.39}$	Nishi 和 Gagge(1977)	静止空气中的活动人体
	$1.18\Delta t^{0.25}$	Birkebak(1966)	实验时用 2 m 高的圆柱体代替人体
	$2.38\Delta t^{0.25}$	Nelson 和 Peterson(1952)	用于 Fanger 舒适方程
	4.0	Rapp(1973)	推荐用于静坐者

注：Δt——人体与周围空气的温差，℃。

（4）对流质交换系数 h_e

为了确定对流质交换系数 h_e，引入了传质与传热的比拟方法。刘易斯指出对流质交换系数 h_e 与对流换热系数 h_c 有关：

$$LR = \frac{h_e}{h_c} \tag{2-10}$$

式中：LR——刘易斯数，℃/kPa，对于典型的室内空气环绕，$LR = 16.5$ ℃/kPa。

2. 服装的作用

服装在人体热平衡过程中所起的作用包括保温和阻碍湿扩散。因此在考虑人体与外界的热交换时必然要考虑到服装的影响。

（1）服装热阻。

服装热阻 I_{cl} 指的是服装本身的显热热阻，常用单位为 $\mathrm{m}^2 \cdot \mathrm{K}/\mathrm{W}$ 和 clo，两者的关系为：

$$1 \text{ clo} = 0.155 \text{ m}^2 \cdot \mathrm{K}/\mathrm{W} \tag{2-11}$$

1 clo 的定义为在 21℃ 空气温度、空气流速不超过 0.05 m/s、相对湿度不超过 50% 的环境中静坐者感到舒适所需要的服装热阻，相当于内穿长袖衬衣、长裤和外穿普通西装时的服装热阻。夏季普通服装一般为 0.5 clo(0.08 $\mathrm{m}^2 \cdot \mathrm{K}/\mathrm{W}$)，工作服装一般为 0.7 clo(0.11 $\mathrm{m}^2 \cdot \mathrm{K}/\mathrm{W}$)，正常室外穿的冬季服装一般为 1.5 ~ 2.0 clo，在北极地区的服装可达到 4.0 clo。如果缺乏成套服装热阻 I_{cl} 的数据，可以通过单件服装的热阻 $I_{clu,i}$ 求得：

$$I_{cl} = 0.835 \sum_i I_{clu,i} + 0.161 \tag{2-12}$$

式中：i——衣服的层数。

对于皮肤表面到环境空气的传热过程，需要考虑服装表面的对流换热热阻 I_a。因此，服

装的总热阻 I_t 为：

$$I_t = I_{cl} + \frac{1}{h_a f_{cl}} = I_{cl} + I_a / f_{cl} \qquad (2-13)$$

式中：f_{cl}——服装的面积系数，见下面内容。

可以通过 *ASHRAE Handbook*（《美国供暖制冷与空调工程师协会手册》）或其他有关文献查得典型成套服装或单件服装的换热热阻。附表 1 给出了一些成套服装的热阻（本身热阻 I_{cl} 和总传热热组 I_t），附表 2 给出了常见单件服装的热阻 $I_{clu,i}$。

当人坐在椅子上时，椅子本身会给人体增加一定的热阻，其值的大小取决于椅子与人体的接触面积，一般小于 0.15 clo。网状吊床或沙滩椅与人体接触面积最小，而单人软体沙发的接触面积最大，热阻可增加 0.15 clo。对于其他类型的坐椅，其热阻的增值 ΔI_{cl} 可以用以下公式估算：

$$\Delta I_{cl} = 0.784 A_{ch} - 0.1 \qquad (2-14)$$

式中：A_{ch}——椅子和人体的接触面积，m^2。

行走时由于人体与空气之间存在相对流速，会降低服装的热阻。其降低的热阻值可用下式估算：

$$\Delta I_{cl} = 0.504 I_{cl} + 0.00281 v_{walk} - 0.24 \qquad (2-15)$$

式中：v_{walk}——人的行走步速，步/min。

如果一个人静立时的服装热阻是 1 clo，则当他行走步速为 90 步/min（3.7 km/h）时，他的服装热阻会下降 0.52 clo，变成 0.48 clo。

（2）服装面积系数。

人体着装后与外界的热质交换面积有所改变，因此常常用服装的面积系数 f_{cl} 来表示人体着装后的实际表面积 A_{cl} 和人体裸身表面积 A_D 之比：

$$f_{cl} = A_{cl} / A_D$$

显然，当着装时 $f_{cl} \geq 1$，当裸体时 $f_{cl} = 1$。服装面积系数也由实验确定，如照相法。问题在于，性别、民族习惯、气候条件、生活水平等原因导致服装的样式变化万千。另外，即使是同样的服装，也会因穿着的方式或合身程度的不同而使服装面积系数相异。服装热阻可以通过查相关图表确定，也可以根据服装重量进行估算。表 2-9 列出了根据服装热阻来计算服装面积系数的一些公式。

表 2-9　服装面积系数与服装热阻的关系

f_{cl}	提出者	备注
$1.0 + 0.46 I_{cl}$（单件服装）	McCulough，Jones（1984）	ASHRAE 推荐
$1.0 + 0.31 I_{cl}$（组合服装）		
$1.0 + 0.15 I_{cl}$（单体服装）	Fanger（1970）	坐、立的平均
$1.0 + 0.26 I_{cl}$（组合服装）	Olsen（1983）	
$1.0 + 0.29 I_{cl}$	Munson（1974）	
$1.00 + 0.20 I_{cl}$，$I_{cl} \leqslant 0.5$	Fanger（1982）	ISO7730 推荐
$1.05 + 0.1 I_{cl}$，$I_{cl} > 0.5$		

（3）服装的透湿性。

服装的存在影响了皮肤表面水分的蒸发。一方面服装对皮肤表面的水蒸气扩散有一个附加阻力，另一方面服装吸收部分汗液，致使只有剩余部分汗液蒸发冷却皮肤。服装借助毛细现象吸收和传输汗液，这部分汗液不是在皮肤表面蒸发，而是在服装表面或服装内部蒸发的。这时就需要更大的蒸发量才能在皮肤表面形成同样的潜热散热量，因此服装的存在增加了皮肤的潜热换热热阻。

为了描述服装的湿传递特性，可以采用刘易斯关系。但实际的服装的湿传递性能往往偏离刘易斯关系。可以通过服装湿性能修正系数，即水蒸气渗透系数，来求得较精确的服装本身的潜热换热热阻 $I_{e, cl}$ 和总潜热换热热阻 $I_{e, t}$，公式如下：

$$I_{e, cl} = \frac{I_{cl}}{i_{cl}LR} \tag{2-16}$$

$$I_{e, t} = I_{e, t} + \frac{1}{h_e f_{cl}} = I_{e, cl} + \frac{I_{e, a}}{f_{cl}} = \frac{I_t}{i_m LR} \tag{2-17}$$

式中：i_{cl}——服装本身的水蒸气渗透系数，仅考虑透过服装的湿传递过程，可查相关标准得；

i_m——服装的总水蒸气渗透系数，考虑了从皮肤到环境空气的湿传递过程，可查相关标准得。

另一方面，服装吸收了汗液后也会使人感到凉，原因除了衣物潮湿导致导热系数增加以外，服装层在原有显热传热的基础上又增加了部分潜热换热，也可以看作是服装原有的热阻下降。表 2-10 给出了 1 clo 干燥服装在被汗润湿后的热阻值与一些活动状态之间的关系。

表 2-10　1 clo 干燥服装被汗润湿后的热阻

活动强度	静坐	坐姿售货	站立售货	站立但偶尔走动	行走 3.2 km/s	行走 4.8 km/s	行走 6.4 km/s
服装热阻/clo	0.6	0.4	0.5	0.4	0.4	0.35	0.3

3. 人体外表的平均发射率

发射率有时也称为黑度、黑率或辐射系数，它表明物体表面与黑体相比辐射能量的效率，根据基尔霍夫定律，"漫—灰表面"在温度平衡时，可以认为发射率与吸收率相等，但在工程计算中，若温差不过分悬殊，这一关系仍然适用。对于有机物材料，如皮肤、服装和建筑材料，温度变化极小，发射率可视为常数，一般在 0.95 以上。

皮肤对于不同温度的辐射源有不同的吸收率。但对于低温辐射，皮肤和服装的颜色并不影响发射率。在普通的室内环境中，人体皮肤发射率可取皮肤和服装的平均值 0.97。

4. 人体与外界的散热特性

人通过食物摄取到的能量最终会变成热量，人体内的热量通常依靠以下三种方式向外界传递：

（1）人体与环境的对流换热。

C 为人体外表面向周围空气的对流散热量，单位是 W/m²，其计算公式为：

$$C = f_{cl}h_c(t_{cl} - t_a) \tag{2-18}$$

式中：t_{cl}——衣服外表面温度，℃，根据热平衡关系有：

$$t_{cl} = t_{sk} - I_{cl}(R + C) \tag{2-19}$$

式中：R——人体外表面向环境的辐射散热量，W/m^2；

　　　t_{sk}——人体在接近舒适条件下的平均皮肤温度，℃，其计算公式为：

$$t_{sk} = 35.7 - 0.0275(M - W) \tag{2-20}$$

（2）人体与环境的辐射换热。

R 为人体外表面向环境的辐射散热量，单位是 W/m^2，其计算公式为：

$$R = 3.96 \times 10^{-8}f_{cl}\left[(t_{cl} + 273)^4 - (\overline{t_r} + 273)^4\right] \tag{2-21}$$

（3）蒸发热损失。

E 为人体总蒸发散热量，单位是 W/m^2，其计算公式为：

$$E = C_{res} + E_{res} + E_{dif} + E_{rsw} \tag{2-22}$$

式中：C_{res}——呼吸时的显热损失，W/m^2，其计算公式为：

$$C_{res} = 0.0014M(34 - t_a) \tag{2-23}$$

　　　E_{res}——呼吸时的潜热损失，W/m^2，其计算公式为：

$$E_{res} = 0.173M(5.867 - P_a) \tag{2-24}$$

式中：P_a——人体周围空气的水蒸气分压力，kPa；

　　　E_{dif}——皮肤扩散蒸发散热量，W/m^2，其计算公式为：

$$E_{dif} = 3.05(0.254t_{sk}3.335 - P_a) \tag{2-25}$$

式中：E_{rsw}——人体在接近舒适条件下皮肤表面出汗造成的潜热损失，W/m^2，其计算公式为：

$$E_{rsw} = 0.42(M - W - 58.2) \tag{2-26}$$

前面已经介绍了决定人体的新陈代谢率的最显著因素是肌肉活动强度。因此，当活动强度一定时，人体的发热量在一定温度范围内可以近似看作是常数。但人体向环境散热量中的显热和潜热的比例是随着环境空气温度的变化而变化的。环境空气温度越高，人体的显热散热量就越少，潜热散热量越多。环境空气温度达到或超过人体体温时，人体向外界的散热形式就全部成了蒸发潜热散热。表 2-11 是我国成年男子在不同环境温度条件和不同活动强度条件下向外界散热、散湿量的分配。表 2-11 中没有给出环境的平均辐射温度，因此可以认为平均辐射温度与环境空气温度相同，而着装则是该环境温度和互动强度条件下人们的常规衣着。

表 2-11　成年男子在不同环境温度条件下的散热、散湿量

活动强度	散热、散湿	环境温度/℃										
		20	21	22	23	24	25	26	27	28	29	30
静坐	显热/W	84	81	78	74	71	67	63	58	53	48	43
	潜热/W	26	27	30	34	37	41	45	50	55	60	65
	散湿/(g·h⁻¹)	38	40	45	50	56	61	68	75	82	90	97

续表 2 - 11

活动强度	散热、散湿	环境温度/℃										
		20	21	22	23	24	25	26	27	28	29	30
极轻劳动	显热/W	90	85	79	75	70	65	61	57	51	45	41
	潜热/W	47	51	56	59	64	69	73	77	83	89	93
	散湿/(g·h⁻¹)	69	76	83	89	96	102	109	115	123	132	139
轻度劳动	显热/W	93	87	81	76	70	64	58	51	47	40	35
	潜热/W	90	94	100	106	112	117	123	130	135	142	147
	散湿/(g·h⁻¹)	134	140	150	158	167	175	184	194	203	212	220
中等劳动	显热/W	117	112	104	97	88	83	74	67	61	52	45
	潜热/W	118	123	131	138	147	152	161	168	174	183	190
	散湿/(g·h⁻¹)	175	184	196	207	219	227	240	250	260	273	283
重度劳动	显热/W	169	163	157	151	145	140	134	128	128	116	110
	潜热/W	238	244	250	256	262	267	273	279	285	291	297
	散湿/(g·h⁻¹)	356	365	373	382	391	400	408	417	425	434	443

2.2   热湿环境中的人体心理学基础

2.2.1   热感觉

所谓热感觉是人对周围环境是"冷"还是"热"的主观描述。对热感觉的研究属于心理学范畴。感觉不能用任何直接的方法来测量。1850 年前后学者 Weber 首先开始了感觉和刺激之间关系的研究，并开辟了心理物理学，由此人们开始了对感觉的心理学研究。

人脑产生的冷热感大多数场合是接受的来自生理上的冷热刺激感觉，它主要是通过人体冷热感受器传递的信号而获得的。冷热感觉除了由冷热感受器传递得到的冷热刺激信号外，还与刺激的延续时间以及人体原有的热状态有关。人体的冷热感受器均对环境有着显著的适应性。例如，把一只手放在冷水烧杯里，另一只手放在温水烧杯里，经过一段时间后，再把两只手同时放在具有中间温度的第三个烧杯里，尽管它们处于同一温度的烧杯内，但原先放在冷水盆的手将感到暖和，而原先放在温水烧杯里的手将感到凉快。皮肤所能适应的温度通常为 29 ~ 37℃，人体不同部位的适应温度是不同的，一般前额为 35℃ 左右，耳垂为 28℃ 左右。同样部位不同人的适应温度也有所不同。当人体某部位的皮肤温度处于适应温度时，对人体施加一个产生温暖感觉的刺激一段时间后，此人可能不再有受刺激的意识。

当皮肤局部面积已经适应某一温度后，改变皮肤温度，如果温度的变化率和变化量在一定范围内，是不会引起皮肤有任何热感觉上的变化的。图 2 - 3 和图 2 - 4 所示是 Kenshalo (1970)关于人的前臂皮肤温度变化的响应实验结果。图 2 - 3 所示的两条曲线之间的区域是皮肤没有热感觉的中性区阈值范围。图 2 - 4 中的曲线规律说明皮肤对温度的快速变化更为敏感。当变化率在 0.1℃/s 以上时，皮肤温度只要升高 0.5℃ 即会感到温暖。而在 0.01℃/s 的较小变化率下，在皮肤温度升高 3℃ 以前却没有任何感觉。即当温度变化率较大时，皮肤温度变化很小就有冷热感，而当温度变化率较小时，皮肤温度即使变化很大也无明显的感觉，这主要是因为皮肤适应了温度的变化。

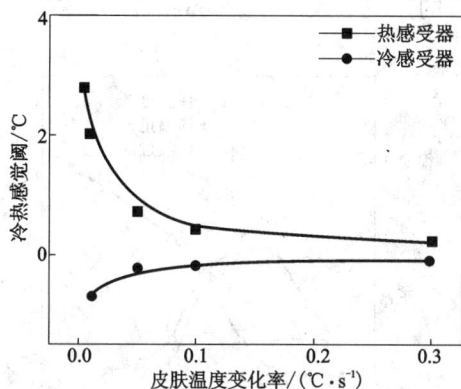

图 2-3　温度变化率对冷阈和暖阈的作用

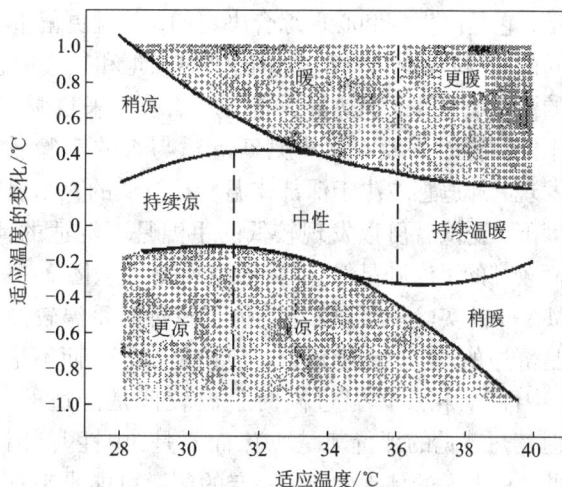

图 2-4　皮肤温度改变引起的感觉与适应温度以及变化量之间的关系

由于无法测量热感觉，因此只能采用问卷的方式了解受试者对环境的热感觉，即要求受试者按某种登记标度来描述其热感。表 2-12 是两种目前使用最广泛的标度。其中贝氏标度是由英国人 Thomas Bedford 于 1936 年提出的，其特点是把热感觉和热舒适合二为一。

表 2-12　贝氏标度和 ASHRAE 七级热感觉标度

贝氏标度		ASHRAE 七级热感觉标度	
7	过分暖和	+3	热
6	太暖和	+2	暖
5	令人舒适的暖和	+1	稍暖
4	舒适(不冷不热)	0	中性
3	令人舒适的凉快	-1	稍凉
2	太凉快	-2	凉
1	过分凉快	-3	冷

1966 年 ASHRAE(美国供暖制冷与空调工程师协会)开始使用七级热感觉标度。与贝式标度相比，ASHRAE 七级热感觉标度的要点在于精确地指出了热感觉。通过对受试者的调查

得出定量化的热感觉评价，就可以把描述环境热状况的各种参数与人体的热感觉定量地联系在一起。

2.2.2　热舒适

热舒适感是人体自身通过热平衡和感觉到的环境状况并综合起来获得的是否舒适的感觉，它是由生理和心理综合决定的，并且更偏重于心理上的感受，它与"中性"的热感觉是不同的。Ebbecke(1917)曾给出了热感觉和热舒适感之间的区别，"热感觉是假定与皮肤热感觉的活动有联系，而热舒适是假定依赖于来自调节中心的热调节反应"。Mower(1976)在进行不同体温时手浸在水中判断舒适与否的实验后发现，舒适感取决于深部体温。在较低的直肠温度下，受试者可以发现较低的手温是不舒适的，而较高的手温则是舒适的，反之亦然。从图2-5 Mower的实验中可以发现，体温过低时手温较高是舒适的，但热感觉评价却应该是"暖"，而不是"中性"。相反体温过高时手温较低是舒适的，但其热感觉的评价却是"凉"而不是"中性"。因此，根据人的体温状态，一定的刺激可能带来舒适感，相反也可能带来不舒适感。当人获得一个带来快感的刺激时，并不能肯定它的总体热状态是中性的；而当人体处于中性温度时，并不一定能得到舒适感。因此有人认为，热舒适是随着热不舒适的部分消除而产生的。

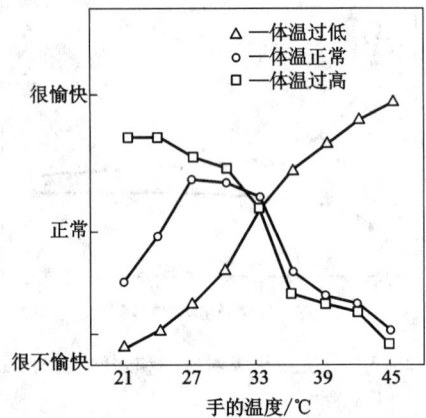

图2-5　不同体温时手浸在水中的舒适感

分析上述热感觉和热舒适的描述，可以感到两者之间的差异。国内学者赵荣义归纳了热感觉和热舒适的区别，内容如下：①热舒适和热感觉具有不同的含义，不应视为同义，也不应混用。在稳态热环境下，一般只涉及热感觉指标，不涉及热舒适指标。②只有动态热环境下才可能出现热舒适，但热舒适不是持久的，只是一个动态过程，与热舒适过程相伴的总是有不舒适过程。③只有在定义无差别(无刺激)状态下的热感觉为热舒适时，才可以有条件地使用"热舒适"一词。④热环境参数适当的动态化可能有利于实现在尽可能少的能量消耗和环境污染前提下，提供健康、舒适和可承受居住环境的发展目标。

ISO 7330对热舒适的定义是主观感觉满意的热环境则为热舒适环境。《室内人居热环境标准》(ANSI/ASHRAE 55—2010)与2004年版一致，对热舒适的定义强调在主观感觉满意的同时对热舒适性的主观评价。

由于热舒适与热感觉有分离的现象存在，因此在实验研究人体热反应时往往也设置评价热舒适程度的热舒适投票(thermal comfort vote，TCV)。这是一个0~4的5级分度指标，表2-13给出了它的分级。

表 2 - 13　热舒适投票

4	不可忍受
3	很不舒适
2	不舒适
1	稍不舒适
0	舒适

ANSI/ASHRAE 55—2010 提出了可以接受的局部不舒适感所对应的不满意比例，见表 2 - 14。这一界定是在空气温度接近舒适区中心附近、着装轻便（$I_{cl} = 0.5 \sim 0.7$ clo）、坐姿状态（$M = 1.0 \sim 1.3$ met）的条件下获得的。一般来说，当人体温度低于热中性状态时，人们对于局部的不适感要比当人体温度高于热中性状态时更为敏感。衣着热阻越大，能量代谢率越高，人的热敏感性就越低。

表 2 - 14　可接受的局部热不舒适感所对应的不满意率/%

垂直温差	地板温度	吹风感	非对称热辐射
< 5	< 10	< 20	< 5

（1）垂直温差。

由于空气的自然对流作用，室内常常存在着上部温度高、下部温度低的状况。由于头部所处的空气温度高于脚踝处，这种热分层现象就可能会导致热不舒适感。一些研究者就垂直温度的变化对人体热感觉的影响进行了研究，虽然受试者处于热中性状态，但如果头部周围的温度比踝部周围的温度高得越多，感觉不舒适的人就越多。图 2 - 6 为头足温差与不满意度之间关系的实验结果。对于坐姿的人体，头部距地 1.1 m，脚跟距地 100 mm。ANSI/ASHRAE 55—2010 新版标准规定的人体头部与足部的垂直温差应低于 3℃。

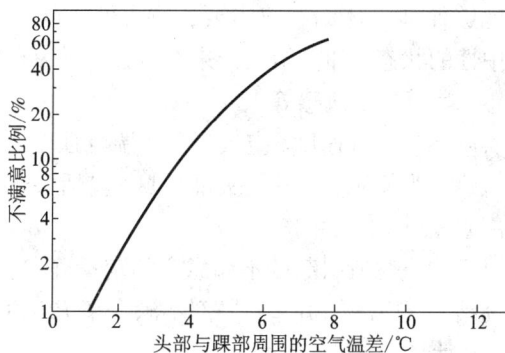

图 2 - 6　头足温差与不满意率之间的关系实验结果

（2）地板温度。

地板温度过高或过低都会引起居住者的不满。研究证明居住者足部寒冷往往是由于全身处于寒冷状态导致末梢循环不良造成的。地板温度过低易使赤足的人感到脚部寒冷，影响脚部舒适的最重要因素是脚部导热。脚部热量的散热速率不仅与地板温度密切相关，还与地板材料的热特性相关。地毯或软木地板要比混凝土或瓷砖地面更具有温暖感。表 2 - 15 给出了不同地板材料与舒适的地面温度之间的关系，所谓舒适的地面温度是指赤足站在地板上不满意比例低于 15% 时的地板温度。图 2 - 7 是人体穿轻便鞋时，地板的温度与不满意比比例之间关系的实验结果。根据 ANSI/ASHARE 55—2010 的规定，按照表 2 - 15 的限值，人体穿轻便室内鞋时，舒适性允许的地板温度的范围为 19 ~ 29℃。

表 2 - 15   不同地板材料的舒适温度

地板面层材料	不满意比例小于 15% 的地面温度/℃	地板面层材料	不满意比例小于 15% 的地面温度/℃
亚麻油地毡	24 ~ 28	橡木地板	24.5 ~ 28
混凝土	26 ~ 28.5	2 mm 聚氯乙烯	26.5 ~ 28.5
毛织地毯	21 ~ 28	大理石	28 ~ 29.5
5 mm 软木	23 ~ 28	松木地板	22.5 ~ 28

（3）吹风感。

吹风感是最常见的不满问题之一，吹风感的一般定义为"人体所不希望的局部降温"。吹风导致寒冷，冷颤的出现也是使人感到不愉快的原因。对流空调环境中，由于吹风引起的冷风感是引起人体局部不舒适感的主要因素之一。但对某个处于"中性—热"状态下的人来说，吹风是愉快的。但是，尽管过高的风速能够保证人体的散热需要，使人处于热中性的状态，却会给人带来烦扰感、压力感、黏膜的不适感等。

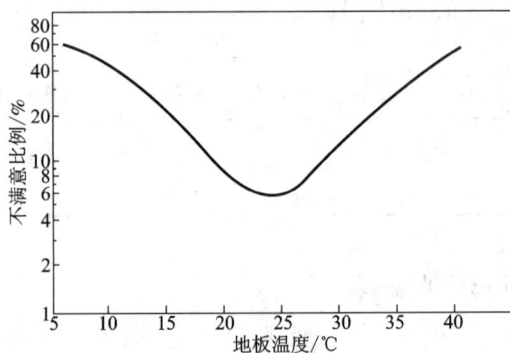

图 2 - 7   地板温度与不满意比例之间关系的实验结果

吹风感与空气速度、空气温度、湍流强度、活动性和衣着有关。当皮肤没有衣服覆盖时，对吹风感最为敏感，尤其是头部区域（包括头部、颈部和肩部）和腿部区域（包括踝部、足部和腿部）。

对于吹风感所引起的不满意率的定量确定，ANSI/ASHRAE 55—2010 采用了 Fanger 教授的研究结果。由冷风引起的局部不满意率 PD 值主要与空气流速 v、空气温度 t_a 及紊流度 Tu 有关，其计算公式为：

$$PD = (34 - t_a)(v - 0.05)^{0.62}(0.37vT_u + 3.14) \quad (2 - 27)$$

如果把空气流速表示为平均流速 $\bar{v}$ 和脉动流速 v' 之和，$v = \bar{v} + v'$，则有：

$$Tu = \frac{\sqrt{v'^2}}{\bar{v}} \quad (2 - 28)$$

当局部湍流强度难以测定获得时，对于混合通风情况，居住域中的大部分区域可采用 35%，而对于置换通风或非机械通风的情况，局部湍流强度可取 20%。

（4）辐射不对称性。

由于冷热表面或者直接日光照射等原因，人体因处于不均匀热辐射作用而导致局部不适的感觉称为非对称热辐射不适感。非对称热辐射会降低人体对外承受热的能力。

图 2-8 给出了辐射不对称性和人体舒适性之间的关系。人体对热辐射顶板比对垂直热辐射板敏感，但对垂直冷辐射板却比对冷辐射顶板敏感。因此对人体的热感觉来说，冷辐射吊顶和垂直热辐射板相对比较舒适。

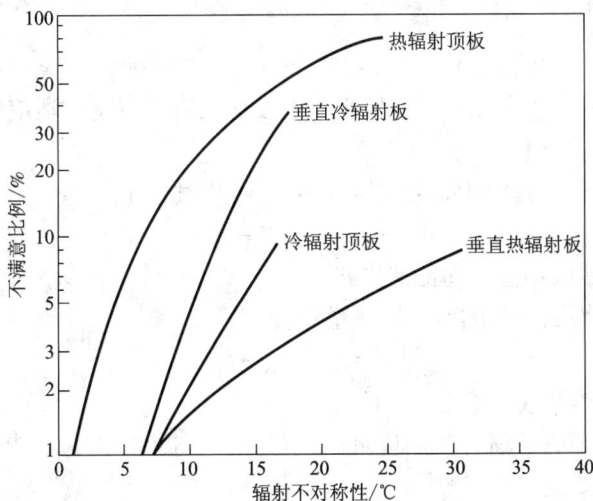

图 2-8　辐射不对称性和人体舒适性之间的关系

辐射不对称采用不对称热辐射温差 T_v 来度量，其计算公式如下。

对于热辐射：

$$T_v = F_{pc}(T_c - T_\infty) \tag{2-29}$$

对于冷辐射：

$$T_v = F_{pc}(T_\infty - T_c) \tag{2-30}$$

式中：T_c——辐射板表面温度，℃；

　　　T_∞——室内其他表面的平均温度，℃；

　　　F_{pc}——辐射板对室内测试点平面微元的角系数。

ANSI/ASHRAE 55—2010 规定了在符合可接受的局部热不舒适的条件下，非对称热辐射温差的上限对于冷、热吊顶分别为：对于冷、热垂直壁面分别为 14℃ 和 5℃。

(5) 温度随时间的波动。

已有研究表明，非人员自发调节控制所引起的空气温度及平均辐射温度的突变及波动将会影响人体热舒适性。ANSI/ASHARE55—2010 指出，舒适性范围内，可允许的周期性操作温度变化范围为 1.1℃/15 min，标准还给出了长时间内室内温度波动的范围，如表 2-16 所示。

表 2-16　长时间内室内温度波动和跳动的范围

时间范围/h	0.25	0.5	1	2	4
允许的操作温度变化最大值/℃	1.1	1.7	2.2	2.8	3.3

2.3 人对热湿环境的评价

2.3.1 热舒适方程

Fanger 于 1982 年提出了描述人体在稳态条件下能量平衡的热舒适方程,它的前提条件是:①人体必须处于热平衡状态;②皮肤平均温度应具有与舒适相适应的水平;③为了舒适,人体应具有最适当的排汗率。

在人体热平衡方程(2-1)中,当人体蓄热率 $S=0$ 时,有:

$$M - W - C - R - E = 0 \qquad (2-31)$$

式(2-31)中各项散热量的确定方法如下。

①人体外表面向周围空气的对流散热量:

$$C = f_{cl} h_{\tau}(t_{cl} - t_a) \qquad (2-32)$$

式中:h_{τ}——对流换热系数,$W/(m^2 \cdot K)$。

②人体外表面向环境的辐射散热量可由式(2-21)求得,若取着装人体吸收率为 0.97,姿态修正系数为 0.72,则有:

$$R = 3.96 \times 10^{-8} f_d \left[(t_d + 273)^4 - (\overline{t_r} + 273)^4 \right] \qquad (2-33)$$

③人体总蒸发散热量。

人体总蒸发散热量可由式(2-22)求得。

将式(2-32)、式(2-33)和式(2-22)代入式(2-31),就可以得到热舒适方程式:

$$(M - W) = f_{cl} h_c(t_{cl} - t_a) + 3.96 \times 10^{-8} f_{cl} \left[(t_{cl} + 273)^4 - (\overline{t_r} + 273)^4 \right] +$$
$$3.05 \left[5.733 - 0.007(M - W) - P_a \right] + 0.42(M - W - 58.2) + 0.0173M(5.867 - P_a) +$$
$$0.0014M(34 - t_a) \qquad (2-34)$$

式(2-34)中有 8 个变量:M、W、t_a、P_a、$\overline{t_r}$、f_{cl}、t_{cl}、h_c。实际上,f_{cl} 和 t_{cl} 均可由 I_{cl} 决定,h_c 是风速的函数,W 按 0 考虑。因此热舒适方程反映了人体处于热平衡状态时,6 个影响人体热舒适的变量 M、t_a、P_a、$\overline{t_r}$、I_{cl}、v 之间的定量关系。

2.3.2 *PMV - PPD* 指标及其影响因素

PMV - PPD 指标是 1970 年 Fanger 教授以热舒适方程和 ASHRAE 七级热感觉标度为依据,在实验结果基础上提出来的。*PMV*(predicted mean vote,预期平均投票)代表绝大多数人对同一环境的冷热感觉,其计算公式如下:

$$PMV = \left[0.303 \exp(-0.036M) + 0.0275 \right] TL \qquad (2-35)$$

式中:TL——人体热负荷,定义为人体产热量与人体散热量之差,即为式(2-1)中的 S,其计算公式为:

$$TL = M - W - C - R - E \qquad (2-36)$$

如果其中对流、辐射和蒸发散热的各项计算采用与热舒适方程式(2-34)相同的计算公式,则蓄热率 S 就相当于式(2-34)两侧的差,这样式(2-35)可以展开如下:

$$PMV = \left[0.303\exp(-0.036M) + 0.0275\right] \times \{M - W - 3.05[5.733 - 0.007(M - W) - P_a] -$$
$$0.42(M - W - 58.2) - 0.0173M(5.867 - P_a) - 0.0014M(34 - t_a) -$$
$$3.96 \times 10^{-8} f_{cl}[(t_{cl} + 273)^4 - (\bar{t_r} + 273)^4] - f_{cl}h_c(t_{cl} - t_a)\} \qquad (2-37)$$

PMV 指标采用了 ASHARE 七级热感觉标度方法,PMV 值与人体热感觉的对应关系如表 2-17 所示。

表 2-17　PMV 热感觉标尺

热感觉	热	暖	微暖	适中	微凉	凉	冷
PMV 值	+3	+2	+1	0	-1	-2	-3

PMV 指标代表了同一环境下绝大多数人的热感觉,但是人与人之间存在生理差别,因此 PMV 指标并不一定能够代表所有人的热感觉。为此 Fanger 教授提出了预测不满意百分比 PPD(predicted percent dissatisfied 预期不满意百分比)来表示人体对热环境不满意的百分数,并用概率分析法,给出了 PMV 与 PPD 之间的定量关系:

$$PPD = 100 - 95\exp[-(0.03353PMV^4 + 0.2179PMV^2)] \qquad (2-38)$$

$PMV - PPD$ 指标已被列入国际热环境评价标准 ISO7730,在世界范围内得到了广泛应用。ISO7730 对 $PMV - PPD$ 指标的推荐值为:PMV 为 -0.5 ~ +0.5,即 $PPD \leqslant 10\%$。图 2-9 给出了 $PMV - PPD$ 曲线,可见,当 $PMV = 0$ 时,PPD 为 5%,即意味着室内热环境处于最佳的热舒适状态时,仍然有 5% 的人感到不满意。

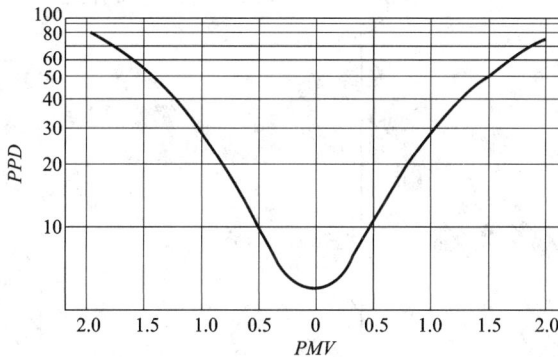

图 2-9　$PMV - PPD$ 曲线

PMV 计算式(2-37)采用了人体保持舒适条件下的人体的平均皮肤温度 t_{sk} 和出汗造成的潜热散热 E_{rsw},因此当人体较多偏离热舒适的情况下,例如在热或者寒冷状态下,PMV 的预测值也是有较大偏差的。

实际上,Fanger 在推出 PMV 的实验回归公式(2-35)时,采用的人体热舒适实验数据都是在室内参数用空调系统严格控制的人工气候室内获得的。实验过程中室内参数稳定且分布均匀,因此 PMV 实验回归公式(2-37)只适用于室内参数稳定且在人体周围均匀分布的热环境,既不适用于非稳定的热环境,也不适用于人体周围的参数非均匀分布的热环境。例如,人体一部分暴露在偏热的环境中，另一部分暴露在偏冷或者中性的环境中，这种情况称作"局部热暴露"。在局部热暴露下的热舒适水平是不能采用式(2-37)来进行描述的。

2.3.3 有效温度与舒适区

1. 有效温度

有效温度 ET(effective temperature)是室内气温、湿度、风速三个重要参数在一定条件下组合得到的综合指标，它是1923年学者霍顿、雅格劳等通过与基础对照环境比较获得同样热舒适感的实验得到的。基础对照环境实验条件是，空气流速速近似为静止($v_a = 0 \sim 0.12$ m/s)，湿度接近饱和状态($\varphi_a \approx 100\%$)，当某一任意环境的热舒适感与基础对照环境相同时，则基础对照环境的温度便为该环境的有效温度。将相同的有效温度点作为等舒适线绘制成诺模图，如图2-10所示，当采用黑球温度 t_g 代替空气温度 t_a 时，得到"修正有效温度"，"修正有效温度"是由学者弗农和沃纳(1932)、埃利斯(1972)等提出的，他们还完善了诺谟图。有效温度曾广泛应用于空调设计，但其不足之处是由于实验方法造成的对湿度的影响可能估计过高，此外，实验条件的限制使得有效温度难以反映各种不同场合。然而，由于有效温度将人们最为关注的三个参数综合为一个指标，因此，在许多舒适性研究中都引用了它。

2. 新有效温度和热舒适区

1971年 Gagge 等人引入了皮肤润湿度的概念，从而得到了新有效温度 ET^*，并将基础对照环境的湿度定为50%，风速定为0.15 m/s，通过对衣着为0.6 clo，且静坐($M = 1$ met)的受试者的舒适性实验获得。$ASHRAE\,Handbook$(1977)给出了如图2-11所示的以新有效温度

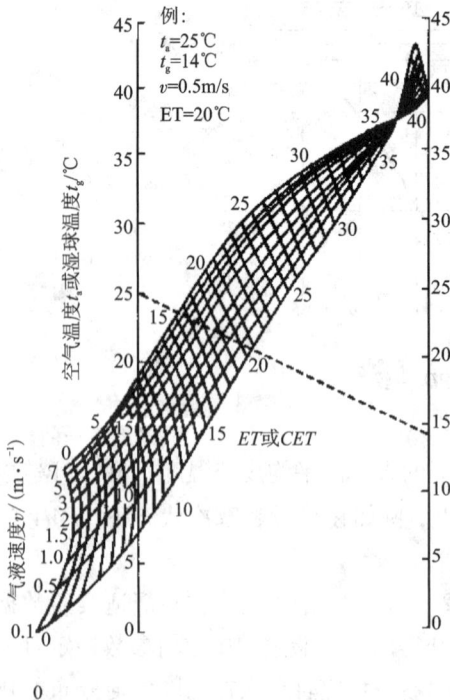

图 2-10　有效温度 ET 和修正有效温度 CET 指标

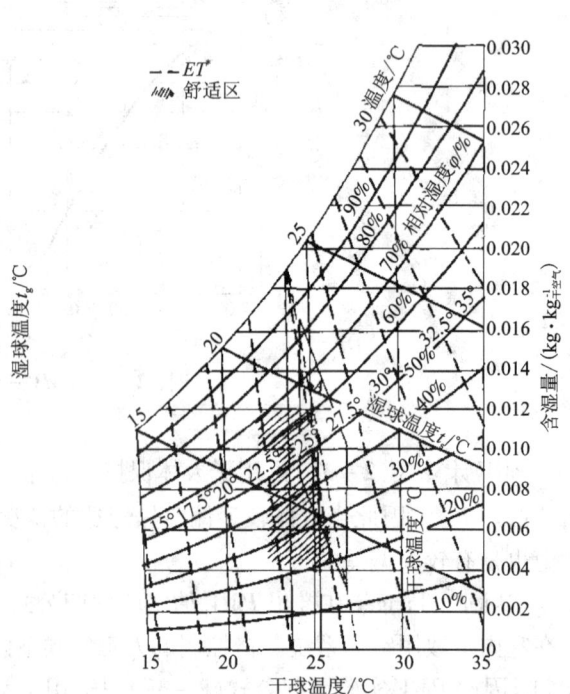

图 2-11　新有效温度和 ASHRAE 舒适区

ET^* 定义的舒适区。图 2 – 11 中的舒适区是以 $ET^* = 22 \sim 25.5℃$，含湿量 $d = 0.0042 \sim 0.012 \text{ kg/kg}$（干空气）定义的，其实验条件为衣着 $0.8 \sim 1.0 \text{ clo}$，且坐着但活动量较大的场合。图中的另一块菱形区域是美国堪萨斯州立大学通过实验得到的舒适区，其实验条件为服装热阻 $0.6 \sim 0.8 \text{ clo}$，坐着且活动量较前者小的场合。

利用图 2 – 11 可确定任意状态下的有效温度 ET 和新有效温度 ET^*。如干球温度为 $25℃$，相对湿度为 68%，在图 2 – 11 得到状态点 A，过该点在两条 ET^* 虚线之间插值画出一条虚线，该虚线与 100% 相对湿度线的交点所对应的干球温度即为有效温度 $ET = 23.5℃$，该虚线与 50% 相对湿度线的交点所对应的干球温度为新有效温度 $ET^* = 25.5℃$。

3. 标准有效温度

继 ET^* 后不久，科学家们在新有效温度的基础上再次扩充了内容，引入皮肤温度对热感觉的影响，综合衣着条件、活动量、环境参数，提出了标准有效温度 SET（standard effective temperature）。标准有效温度是通过与基础对照环境相同的皮肤温度来定义的，它区别于 ET 和 ET^* 的研究方法，不是通过相同热感觉下基础对照环境的空气温度来定义，而是通过预测人体排汗时的不舒适感或者说是人体的热舒适感来定义的。表 2 – 18 列出了不同标准有效温度所对应的生理和心理描述，可以发现，处于适中的舒适状态的标准有效温度约为 $24℃$ 左右。尽管标准有效温度反映了人的热感觉，但由于它需要计算皮肤温度和皮肤湿润度，因此应用比较复杂，反而没有只能描述坐着活动的 ET 和 ET^* 应用广泛。

表 2 – 18　不同标准有效温度的生理和心理描述

标准有效温度/℃	坐着活动的人的生理状态	热感觉	热舒适感
>37.5	调节失效	很热	很不舒服
34.5 ~ 37.5	大量出汗	热	令人非常不满
30.0 ~ 34.5	出汗	温暖	令人不舒适和不满
25.6 ~ 30.0	轻微出汗、血管扩张	稍暖	令人有些不满
22.2 ~ 25.6	适中	舒适	令人满意
17.5 ~ 22.2	血管收缩	稍凉	令人有些不满
14.5 ~ 17.5	身体慢慢变冷	凉	令人不满
10.0 ~ 14.5	冷颤	冷	令人非常不满意

2.3.4　动态热湿环境及其评价方法

1. 人体对突变环境的热反应

1967 年 Gagge 等人对三名裸体受试者进行了由中性环境突变到冷或热环境，再由冷或热环境突变到中性环境两个不同环境的实验（图 2 – 12）后发现，前者人体热感觉变化有"滞后"，而后者有"超越"现象，即人体的热感觉响应较快，Gagge 认为这种现象是由皮肤温度急剧变化所导致的，此时皮肤温度的变化率产生了一种附加热感觉，它掩盖了皮肤温度本身引起的热不舒适感。这一结论为后期多位研究者所证实。

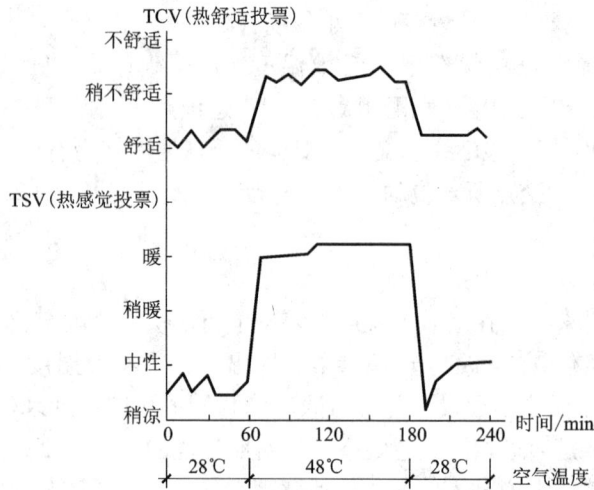

图 2 – 12　Gagge 的阶跃温度变化对人体热感觉影响的实验

2. 人对变化风速的反应

王丽慧等人对非稳态横流作用下空调送风喷口下方人体的动态热舒适进行研究发现，空调送风射流与动态横流耦合后的不满意比例明显降低，横流的扰动作用在一定程度上改善了喷口下方水平方向人体的动态热舒适。

由于自然风与机械风具有不同的紊流特性，人体对自然风的接受度更高。研究发现，当室外温度高于空调房间时，仍有相当一部分人愿意打开窗户，利用自然风降温。这可能是由于自然风的功率谱密度分布具有 $1/f$ 紊流特性，且功率谱曲线负斜率值 β 与人体生理信号指数接近，而机械风的功率谱密度分布却并不具备 $1/f$ 紊动特性。研究表明，$1/f$ 紊动特性是自然界普遍存在的规律，大量存在于生物系统中，并且与人的愉悦感受密切相关，所以人体感觉自然风比机械风更舒服。另外有研究发现，人们使用电风扇时，更喜欢将其设为摇摆模式。总之，大量研究表明人体对变化风速的接受度优于稳定风速。

3. 过度活动状态的热舒适指标 *RWI*(相对热指标) 和 *HDR*(热损失率)

地铁站属于典型的人员短暂停留的过渡区间，该过渡区间可能连接着两个具有不同温度、湿度等热环境参数的空间。人员经过或在该区间作短暂停留且活动状态有改变的时候，对该空间的热环境参数的感觉与他在同一空间做长期静止的感觉是不同的。因此需要给出人体对这类空间过渡空间的热舒适指标，以指导这类空间空调设计参数的确定。*RWI* 和 *HDR* 是美国运输部为确定地铁车站站台、站厅和列车空调的设计参数提出的考虑人体在过渡空间环境的热舒适指标，这两个指标是根据 *ASHRAE Handbook* 的热舒适实验结果得出的。*RWI* 适用于较暖的环境，而 *HDR* 适用于冷环境。

相对热指标 *RWI* 是无量纲指标。如果在两种不同的环境条件和活动情况下，具有相同的

RWI 值，则表明人在这两种情况下的热感觉是近似的。其定义式为：

$$RWI = \frac{M(\tau)\left[I_{cw}(\tau) + I_a\right] + 6.42(t_a - 35) + RI_a}{234} \qquad (P_a \leqslant 2269 \text{ Pa}) \qquad (2-39)$$

$$RWI = \frac{M(\tau)\left[I_{cw}(\tau) + I_a\right] + 6.42(t_a - 35) + RI_a}{234} \qquad (P_a \geqslant 2269 \text{ Pa}) \qquad (2-40)$$

式中：τ——过渡过程经历的时间，s；

　　　I_{cw}——衣服被汗湿润后的热阻随时间 τ 变化的函数；

　　　$M(\tau)$——为新陈代谢率随时间 τ 变化的函数。

如果给定各连续过渡空间的空气参数、人员衣着以及进入这些空间后的活动状态，根据式(2-39)和式(2-40)计算各连续过渡空间的 RWI 值，就可以得到人员依次进入这些过渡空间时的相对热感觉比前一个空间是更凉爽一些还是更暖些，也可用于确定各功能空间的设计参数。

热损失率 HDR 综合考虑了温度、湿度、辐射、风速、人体的新陈代谢率、服装等影响人体热舒适的因素，反映了人体单位皮肤面积上的热损失，单位是 W/m^2。

人的平均皮肤温度是随着外界环境的变化而变化的，感觉基本舒适的平均皮肤温度为 $30.6 \sim 35℃$。在冷环境下，人体的体温调节中枢首先会使皮肤血管收缩，皮肤温度降低，从而减少散热量。当平均皮肤温度下降到舒适下限 $30.6℃$ 时，如果散热量仍然大于发热量，体温进一步下降，人体就会出现热债。HDR 值即表示人体在较冷环境中，平均皮肤温度为舒适皮肤温度下限时的净热损失速率，即负的人体蓄热率。

HDR 的定义如下：

$$HDR = \frac{D}{\Delta\tau} = 28.39 - M(\tau) - \frac{6.42(t_a - 30.56) + RI_a}{I_{cw}(\tau) + I_a} \qquad (2-41)$$

HDR 对时间的积分即热债。$HDR = 0$ 是不出现热债的必要条件。由于人体具有一定的蓄热量，当人体的热债达到约 -100 J/m^2，即 $HDR \leqslant 100 \text{ W/m}^2$ 时，才会感到冷不适。相反，当人体蓄热量达到 100 J/m^2，即 $HDR \geqslant 100 \text{ W/m}^2$ 时，将感到热不适。也就是说，在过渡空间中，适宜的 HDR 值与人员的逗留时间成反比。因此，可采取人员的平均逗留时间来确定适宜的过渡空间室内设计参数。

4. 非空调房间的热舒适性(自然通风房间的热舒适性)

(1)期望因子

针对 PMV 与非空调环境的热舒适偏离现象，Fanger 认为这主要是由于在非空调环境下人们对环境的期望值低造成的。他认为在自然通风环境下的受试者觉得自己注定要生活在较热的环境中，所以对环境更容易满足，给出的 TSV 值就偏低。为了使得 PMV 模型在非空调环境下也能适用，对于非空调环境下的热感觉评价，Fanger 提出了在温暖气候条件下非空调房间的 PMV 修正模型，并引入了一个值为 $0.5 \sim 1$ 的心理期望因子 e 来修正当量稳态空调条件下计算出来的 PMV，见下式。

Fanger 给出了不同气候条件下不同空调普及条件的期望因子 e，如表 2-19 所示。

$$PMV_e = e \times PMV \qquad (2-42)$$

表 2-19　温暖气候下无空调房间的期望因子

期望值	建筑分级	期望因子 e
高	空调建筑普及地区的无空调房间，夏季炎热时间较短地区	0.9~1.0
中	空调建筑有一定应用地区的无空调房间，夏季炎热地区	0.7~0.9
低	空调建筑未普及地区的无空调房间，全年炎热地区	0.5~0.7

（2）适应性模型。

澳大利亚的 R. de Dear 在来自四大洲宽广的气候区域的 211 万份现场研究报告的基础上，提出了适应性模型。该模型将室内最适宜的舒适温度（中性温度）和室外空气月平均温度（月平均最高温度和最低温度的代数平均值）联系起来，得到了一个线性回归公式，见下式。根据 90% 和 80% 的接受率（热感觉投票值分别为 ±0.5 和 ±0.85）定义了两个室内舒适温度的范围，见图 2-13。在实际应用中，可先计算出某个月份的室外空气平均温度，然后用下式算出自然通风建筑中室内最适宜的舒适温度，或者根据图 2-13 查出室内有效温度的可接受范围。

$$T_{comf} = 0.31 T_{out,m} + 17.8 \qquad (2-43)$$

式中：T_{comf}——室内最适宜的舒适温度，℃；

　　　$T_{out,m}$——室外空气月平均温度，℃。

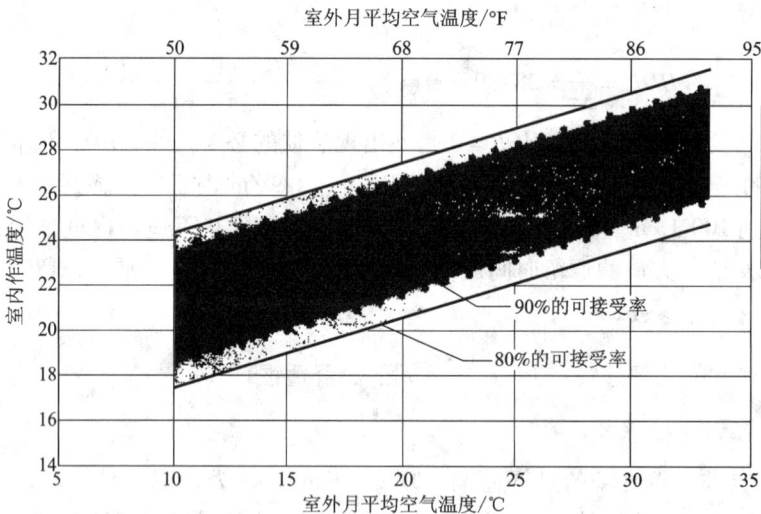

图 2-13　室内最适宜的舒适温度和室外月平均气温之间的关系

适应性模型体现了在非空调环境下室内热舒适温度随室外月平均气温变化的规律，因此，得到了不少学者的支持，并被引入到 ANSI/ASHRAE 55—2010 中。

2.3.5　过热热湿环境及其评价方法

人在正常的生理活动情况下，对外界环境有相当大的适应能力。这种正常范围内的适应能力不仅对身体无害，反而能够使肌体得到锻炼，提高肌体的灵活性和适应性。结合我国实际情况，有人提出，人体对"冷耐受"而不至于导致异常反应的下限温度可定义为11℃左右；而对"热耐受"的上限温度可定义为26～29℃。在此上下限温度范围内，人的感觉虽不一定最舒适，但不会产生过热或过冷的感觉，不会影响生产操作，可以保持一定的劳动生产和学习工作效率。

1. 人在过热环境中的生理反应

无论是由于活动增强还是环境温度提高，当体内热度增高时，体温调节系统总是力图保持体内的热平衡，可以利用的最重要的机能便是出汗，但随之会引起体内水分和盐分的过量损失。如果环境温度过高，超过了温度调节系统的调节范围，体温将升高到危险的程度，这时就会产生一系列的生理失调，这将会影响人的体力和精神状态乃至健康，这种对人体具有潜在危害的、过热环境会形成一个强烈刺激即热应力。图2-14给出了随环境热应力增加的人体的生理热失调反应。图2-14中B区为人体能够耐受的自调节区，随着环境热应力的增加，人体排汗量增加，靠排汗散热以维持人体内温度，当排汗过量时，人体内温度开始上升，随之心跳加快，出现生理上的热失调反应，人体各机能已无法靠自己调节维持正常运作而进入生理失调区C区，随之会出现中暑、热昏厥、汗闭性热衰竭、缺盐、热浮肿等危及生命的生理现象，这便是人在过热环境中的生理反应。

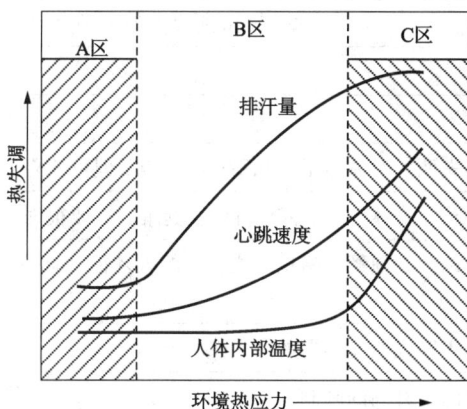

图 2-14　环境热应力与人体的生理热失调反应

2. 过热环境评价指标

（1）热应力指数 *HSI*(heat stress index)。

热应力指数是由匹兹堡大学的 Belding 和 Hatch 于1955年提出的。它假定皮肤温度恒定在35℃的基础上，在蒸发热调节区内，不考虑呼吸散热，人体维持热平衡时，通过排汗从皮肤由体内向外散发的实际散热损失（近似等于能量代谢率减去对流和辐射散热量）与该环境中可能的最大蒸发热损失之比值，即：

$$HSI = \frac{E_{req}}{E_{max}} \times 100 \qquad (2-44)$$

$$E_{req} = E_{rsw} + E_{dif} = M - R - C \qquad (2-45)$$

HSI 在概念上与皮肤湿润度相同。规定人体总蒸发散热量的最大值 E_{max} 为 390 W/m^2，相当于一个典型男子的排汗量，其值为 1 L/h。热应力指数 HIS 的简要计算方法见表 2 – 20。当 $HSI > 100$ 时，意味着人体开始蓄热，体温升高，此时必须通过暴露时间来控制体温升高，其暴露时间 AET 可采用下式计算：

$$AET = 2440/(E_{req} - E_{max}) \qquad (2-46)$$

表 2 – 20　热应力指数 HIS 的简要计算方法

物理量名称		穿衣	裸体
辐射热损失	$R/(W/m^2)$	$4.4(35 - \bar{t_r})$	$7.3(35 - \bar{t_r})$
对流热损失	$C/(W/m^2)$	$4.6v_a^{0.6}(35 - t_a)$	$7.6v_a^{0.6}(35 - t_a)$
最大蒸发热损失	$E_{max}/(W/m^2)$	$7v_a^{0.6}(5600 - P_a)$	$11.7v_a^{0.6}(5600 - P_a)$

表 2 – 21 列举了不同热应力指数 HSI 下人体热失调的生理反应。当 $HSI < 0$ 时，人体开始失热，体温下降。

表 2 – 21　热应力指数的生理反应

HSI	暴露 8 h 所反映的生理反应
– 20	极度冷失调
0	没有热失调
10 ~ 30	轻度至中度的热失调。对体力工作几乎没有影响，但可能降低技术性工作的效率
40 ~ 60	严重的热失调。除非身体健壮，否则将危及健康。需要很强的适应环境的能力
70 ~ 90	非常严重的热失调。必须经体格检查挑选过的人才能在此环境中生存，应保证摄入充分的水和盐分
100	适应环境的健康年轻人所能容忍的最大热失调
> 100	暴露时间受体内温度升高的限制

（2）湿球黑球温度指数。

湿球黑球温度指数 $WBGT$ 适用于室外炎热环境，考虑了室外炎热条件下太阳辐射的影响，目前在评价户外作业热环境时应用广泛。其标准定义式为：

$$WBGT = 0.7t_{nwb} + 0.2t_g + 0.1t_a \qquad (2-47)$$

当处在阴影下时，方程（2 – 47）可简化为：

$$WBGT = 0.7t_{nwb} + 0.3t_a \qquad (2-48)$$

黑球温度与空气温度、太阳辐射、平均辐射温度及空气运动有关，而自然湿球温度则与空气湿度、空气运动、辐射温度和空气温度有关。事实上 $WBGT$ 是一个与影响人体环境热应力的所有因素都有关的函数。我国有研究者通过回归统计，提出了一种可由室外环境参数直接计算 $WBGT$ 的关联式，此时湿黑球温度被表示为 $WBGT^*$，其表达式如下：

$$WBGT^* = 0.8288t_a + 0.0613\overline{t_r} + 0.007377Q_s + 13.8297\varphi - 8.7284v^{-0.0551} \quad (2-49)$$

以上三个公式中：

t_{nwb}——自然湿球温度，指非通风的湿球温度计测量出来的湿球温度，℃；

Q_s——太阳总辐射照度，W/m^2；

φ——相对湿度。

式(2-49)与 $WBGT$ 的计算公式(2-47)的总相关系数为 0.9858，平均相对误差为 4%。如果出于使用简便的目的，用空气温度代替平均辐射温度，用太阳直射照度代替点辐射照度，造成的平均相对误差为 4.5% 左右。

根据 GB/T 17244—1998，$WBGT$ 指数评价标准如表 2-22 所示。

表 2-22　$WBGT$ 指数评价标准（GB/T 17244—1998）

平均能量代谢率[1] /（W/m^2）	平均能量代谢率等级		$WBGT$ 指数/℃			
			好[2]	中	差	很差
$M \leqslant 65$	0	休息	≤33	≤34	≤35	>35
$65 < M \leqslant 130$	1	低代谢率	≤30	≤31	≤32	>32
$130 < M \leqslant 200$	2	中代谢率	≤28	≤29	≤30	>30
$200 < M \leqslant 260$	3	高中代谢率	≤26	≤27	≤28	>28
$M > 260$	4	极高中代谢率	≤25	≤26	≤27	>27

[1] 平均能量代谢率是指一个或多个作业人员 8 h 内各能量代谢率的平均值，其面积是指人体表面积，当作业时间内活动强度不连续或者不同时，可采用时间加权平均值。

[2] "好"级的 $WBGT$ 指数值以最高肛温不超过 38℃ 为限。

2.3.6　过冷热环境及其评价方法

过冷环境对健康的危害较过热环境小，这主要是因为低温对人体的作用比较缓慢，并且与抵御热应力相比，可以采取增加活动量、增加服装等自主调节方式来抵御冷应力的作用。但如果长时间在过冷环境中工作，人体无法产生足够的热量来维持平衡，体温就会下降，从而进入人体冷却区。人体冷却期的生理反应首先是手指、耳朵和脚产生疼痛感，体温处于 32~35℃ 时，会表现出剧烈的发抖，低于 32℃ 时发抖停止，心率呼吸受到抑制，开始出现精神错乱，如果再进一步降温可能会导致昏迷，低于 22~23℃ 时，则有生命危险。

过冷环境中，空气湿度对人的影响不大，而气温及风速是影响人体热损失的主要因素。科学家们综合了这两个因素，提出了风冷却指标 WCI（Wind Chill Index），用此表示皮肤温度在 33℃ 以下的表皮冷却速度：

$$WCI = (10\sqrt{v_a} + 10.45 - v_a)(33 - t_a) \times 4.1868 \quad (2-50)$$

式中：WCI——风冷却指标，$kJ/(m^2 \cdot h)$。

表2-23将风冷却指数与人的生理感觉联系起来，*WCI*作为过冷环境的评价指标现已得到广泛应用，美国气象局已将此作为描述冬季气候条件的寒冷程度。

*WCI*指数简单易测，但作为预测着装者的热损失指标有一定的不足，由于服装保温性能可以抵消风速对人体散热的影响，表2-23所示适合于穿合适衣服的北极探险者暴露于冷风中的皮肤生理感觉的描述，因此不能认为表中的"凉"与ASHRAE七级热感觉标度中的"凉"是一致的。

表2-23   风冷却指数与人体的生理效应

$WCI/[\text{kcal}/(\text{m}^2 \cdot \text{h})^{-1}]$	生理效应
200	愉快
400	凉
600	很凉
800	冷
1000	很冷
1200	极度寒冷
1400	裸露的皮肤冻伤
1400~2000	裸露的皮肤在一分钟内冻伤
2000以上	裸露的皮肤在半分钟内冻伤

2.3.7　热环境与工作效率

热环境不仅与人体的健康、舒适有关，而且还影响人在室内工作和学习的效率。国外研究人员很早就开始了相关研究，英国工业疲劳委员会在20世纪20年代就已经发表了一系列关于高温环境下工业部门生产效率的现场调研报告。大量的现场调研结果发现，热环境状况对人的疲劳效率有重要影响，其影响程度与劳动类型、紧张程度等因素有关。由于现场调研结果受到其他因素如噪声、工作压力、颜色等的影响，为了分析热环境的独立影响，研究者们也进行了大量的实验室研究工作。

1. 激发与工作效率

工作效率不是一个简单的概念，相同的热环境可能会提高某些工作的效能，但也可能会使另一些工作的效能降低。激发的概念可以用来解释环境应力对工作效率的影响。某种工作的最高效率可以出现在中等激发水平上，因为在较低激发水平上，人尚未清醒到足以正常工作，而在较高激发水平上，由于过度激动，人不能全神贯注于手头的工作，效率和激发呈一个倒U字关系，见图2-15(a)，其中最佳激发水平A_1与工作的复杂程度有关。一项困难而复杂的工作本身就会激起人的热情，因此在几乎没有外界刺激的情况下也能把工作做得更好；如果来自外部原因的激发太强，外界刺激则会把身体总激发的水平移到偏离最佳水平A_1的点上，致使劳动效率下降。而枯燥简单的工作无法激起人们的热情，因此往往需要有附加外部刺激的情况下工作效率才能得到提高。因此，全神贯注的学习最好在安静的环境中进行，而重复的不需要特殊技能的工作在配有音乐的环境中则效率更高。

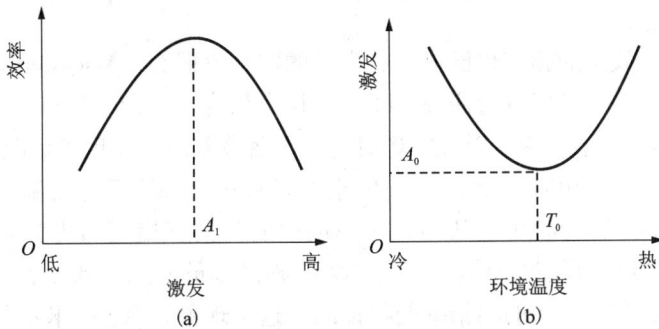

图 2 - 15　激发与效率以及热刺激的关系
(a)效率与激发的关系；(b)热刺激与激发的关系

对于简单工作和复杂工作，图 2 - 16 给出了环境温度与工作效率之间的函数关系，图 2 - 16 是将图 2 - 15 中(a)、图 2 - 15 中(b)两条曲线叠加在一起得到的。对于简单枯燥的工作，环境温度适当偏离最小激发温度反而能够获得更高的劳动效率。但是，对于复杂困难的工作，最佳工作效率只可能发生在最小激发强度时，由此也可以看出，复杂工作想要获得最佳的工作效率是相当困难的。

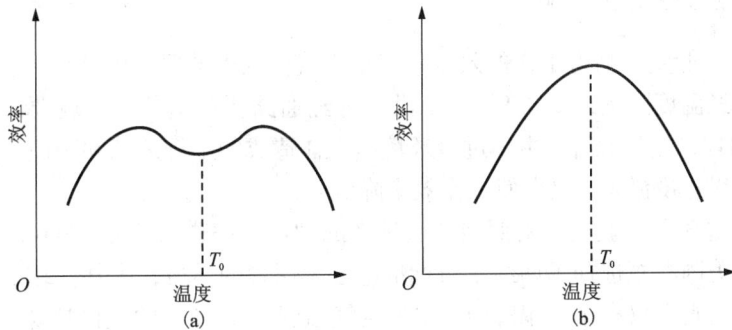

图 2 - 16　简单工作和复杂工作的环境温度与劳动效率之间的关系
(a)简单工作；(b)复杂工作

2. 热环境对体力劳动工作效率的影响

(1)寒冷环境。

人体处于非常寒冷的环境中，体力工作效率也会降低。低温对人的工作效率的影响最敏感的是手指的精细操作。当手部皮肤温度降到 $15.5\,^\circ\mathrm{C}$ 以下时，手部操作的灵活性会急剧下降，手的肌力和肌动感觉能力都会明显变差，从而导致劳动生产率的下降。当手被冷却到 $12\,^\circ\mathrm{C}$ 时，关节处的润滑液会变得黏稠，手会变得僵硬、麻木，灵活性降低，从而使得手工操作能力进一步下降。Chark 曾在实验室中要求受试者将手插入一个冰盒内打一连串结。挡手的皮肤温度降到16℃时，打结的效率不受影响。但是当温度降到13℃时，打结的效率随着时间明显降低。一般当手的皮肤温度为13~16℃时，其敏感性将明显变差。而对手进行辐射加热，可以使手工工作的效能接近正常水平。

（2）炎热环境。

炎热环境对工作效率的影响也已进行过大量的实验室研究。Mackworth 在新加坡曾对11名莫尔斯电码操作员的出错率进行研究，11名受试者均为经过训练的有经验的操作员，A组包括3名最好的，B组包括5名其次的，C组包括3名最差的。发现当标准有效温度(定义为当受试者着标准服装处于相对湿度为50%的空气环境中，与处于空气温度等于平均辐射温度、相对湿度为50%、空气静止不动的假想环境中的人具有相同的皮肤湿润度和皮肤温度时，与环境的换热量相同)超过33℃时，莫尔斯电码操作员的工作效率就开始下降，同一组中技术较差的操作员在高温下的出错率明显偏高。这个现象说明：技术不熟练者比有经验者更容易受到环境应力的影响，因此其工作效率降低得更快。也有人为热应力可以提高工作效率，因为温度升高会加快体内的化学反应速率，从而激发对环境的反应速率并提高警戒性，因此有利于提高工作效率和降低事故发生率。

一些实验研究结果进一步证实，当标准有效温度超过33℃时脑力工作和重体力劳动的效率开始下降。国外通过对煤矿的调查表明，在偏离热舒适区域的环境温度下从事体力劳动，小事故和缺勤的发生概率增加，产量下降。当环境温度超过有效温度27℃时，需要运用神经操作，警戒性和决断技能工作的效率会明显降低。非熟练操作工的效率损失比熟练操作工的损失更大。

3. 热环境对脑力劳动的影响

寒冷环境会降低复杂脑力工作的效率。当冷空气侵入人的肌体内部后，会使肌肉的收缩力度降低；当神经温度降到约低于9℃时，沿着神经通路所输送的神经就要减少。这些作用可以被认为是物理作用。此外，由于过冷环境给人体造成的不舒适感和冷应力强烈地刺激神经系统，使人变得过度激发，也会使工作效率降低。

为了对同一温度下实验组合对照组的受试者的学习效率进行比较，Mayo 于1955年做过一项研究，他从美国海军选择了两组学习标准电子学课程的学员，其中一组在24℃的空调房间中授课，另一组则在仅有排风扇降温、中午空气温度为33.6℃的室内授课，结果发现两组人员的测试成绩并无差别，尽管其中79%的人认为温度过高会对他们的学习成绩有不利影响。但多数研究结果说明，温度控制有利于提高工作效率。一般认为人们在空气温度为22~23℃的环境中的工作效率要高于其在26℃以上的环境中的效率。

复习思考题

1. 人的代谢率主要是由什么因素决定的？人体的发热量和出汗率是否随环境空气温度的改变而改变？

2. 影响人体与外界热交换的主要因素有哪些？

3. 人体温度感受系统的反应机理是什么？人体如何保持正常的生理热平衡？

4. "冷"与"热"是什么概念？单靠环境温度能否确定人体的热感觉？湿度在人体热舒适

中起什么作用?

5. 人的热舒适感主要受哪些环境客观因素的影响? ASHRAE 规定的热舒适区是如何控制这些影响因素的?

6. 某办公室的设计标准是干球温度26℃, 相对湿度65%, 风速0.25 m/s。如果最低只能使温度达到27℃, 相对湿度仍然为65%, 有什么办法可以使该空间达到与设计标准同等的舒适度?

7. 动态热环境与稳态热环境对人的热感觉影响有何差别, 原理是什么?

8. 热应力指数和风冷却指数的含义是什么?

第3章 人对室内空气品质的需求

3.1 室内空气品质简介

3.1.1 室内空气品质定义及其沿革

人们对室内空气品质(indoor air quality，IAQ)的认识经历了三个阶段，不同阶段的定义有所区别。

1.客观指标

在早期，人们把室内空气品质完全等同为一系列污染物的浓度指标。室内空气中的污染物种类众多，大部分浓度都可能会低于设定的指标值。人在含有某单一低浓度污染物的环境中不会有明显的不适感，但在多种低浓度污染物的共同作用下就会产生不适。人体经受室内低浓度污染物长期、反复的作用，危害就会加剧。此外，由于个体差异，人体受到同一污染物的影响也不相同。因此如果仅按一系列浓度指标判定室内空气环境是否达标是不科学、不全面的。

2.主观指标

在1989年室内空气品质国际会议上，丹麦哥本哈根大学教授Fanger提出：品质反映了满足人们要求的程度，如果人们对空气满意，就是高品质；反之，就是低品质。英国的CIBSE(chartered institute of building services engineers，特许建筑服务工程师协会)认为：如果室内少于50%的人能觉察到任何气味，少于20%的人感觉不舒服，少于10%的人感到黏膜刺激，并且少于5%的人在不足2%的时间内感到烦躁，此时室内空气品质是可接受的。这一观点是把室内空气品质完全等同于人的主观感受。

人们对室内空气不满意，就是低品质，这应该没什么问题。但如果认为人们感到满意的就一定是高品质的室内空气环境的话，那些无刺激性气味，其浓度又比较低，人体无法感觉到的污染物对人体健康长期的、慢性的危害就无法反映出来。

3.客观指标和主观感受相结合

ANSI/ASHRAE 62—1989中定义：空气中已知的污染物达到公认权威机构所确定的有害浓度指标，而且处于这种空气中的绝大多数人(≥80%)对此没有表示不满意。这一定义把客观指标和主观感受结合起来，体现了人们对室内空气品质认识的质的飞跃。

一段时间之后，该组织在修订版的 ANSI/ASHREA62—1989 中，又提出了可接受的室内空气质量和可接受的感知室内空气的质量等概念。前者的定义为空调房间中绝大多数人（≥80%）没有对室内空气表示不满意，并且空气中没有已知的污染物达到可能对人体产生严重健康威胁的浓度。后者的定义为空调房间中绝大多数人没有因为气味或刺激性而表示不满。它是达到可接受室内空气质量的必要而非充分条件。有些气体，如氡、一氧化碳等没有气味，对人也没有刺激作用，不会被人感受到，对人的危害却很大，因而仅仅感知室内空气质量是不够的，必须同时重视可接受的室内空气质量。

3.1.2　室内环境品质

室内环境是建筑环境中的重要组成部分，其中包括室内热湿环境和室内空气质量。

造就一个舒适、健康的环境并不仅仅是由室内空气品质决定的，它受到多方面因素的影响，比如温湿度、室内空气流速、噪声、照明、色彩、室内环境布置、心理上的满意度等。因此，室内空气品质的概念无法全面地描述室内舒适、健康的程度，而用室内环境品质（indoor environment quality，IEQ）则能更加合理、全面地反映出这方面的内涵。美国国家职业安全与卫生所提出的室内环境品质是指室内空气品质、舒适度、噪声、照明、社会心理压力、工作压力、工作区背景等因素对室内人员生理和心理上单独的和综合的作用。

人在室内对舒适和健康的环境因素的感受是很复杂的，除了对室内空气品质的一系列指标和常规的空调房间室内温湿度、空气流速有要求外，还对其他多种环境因素有着不同程度的要求。如照明，其含义并不仅仅是照度，还涉及合理的照度分布、舒适的亮度分布、宜人的光色、无眩光等。室内环境布局及环境色彩布置都属于 IEQ 的范畴。人的心理因素就更加复杂了，在高层写字楼中，如果采用全封闭的外窗，人的心理就会感到很压抑，一旦改成可开启外窗，即使在其他条件不变的情况下，人的心理感受也会好得多。理论上讲，一切能影响人的情绪的因素都可列入 IEQ 讨论的范畴，IEQ 问题的复杂性也正是在此，它是多学科综合性的问题。目前，人们对 IEQ 问题的研究还不够深入，但却是室内实现舒适、健康的环境有待解决的关键问题。

3.2　室内空气品质对人的影响及其评价方法

室内环境中，人们不仅对空气的温度和湿度敏感，对空气的成分及其浓度也非常敏感，即空气的成分及其浓度决定着空气的质量。人们每天呼吸的空气为 10 多立方米，约 20 kg。良好的室内空气质量能够使人感到神清气爽、精力充沛、心情愉悦。然而近 30 年来，世界上不少国家的室内空气质量都出现了问题，很多人抱怨室内空气质量低劣，导致他们出现一些病态反应，如头痛、困倦、恶心和流鼻涕等，即"病态建筑综合征"。此外，低劣的室内空气质量，还会引发哮喘甚至癌症。有调查和研究表明，造成室内空气质量低劣的主要原因是室内空气污染，这些污染一般可分为三类：物理污染（如粉尘）、化学污染（如有机挥发物）和生物污染（如霉菌）。

3.2.1 室内空气品质对人的影响

室内空气质量对人的影响主要有降低生活舒适度、危害人体健康和降低人的工作效率三个方面。

1. 降低生活舒适度

很多空气中的化学污染物质都具有一定的气味和刺激性。尽管其浓度可能还未达到导致人的机体组织产生病理危害的地步，但会导致室内人员感到嗅觉上的不适并导致心理烦躁不安。

许多气味都是影响室内空气质量的原因。气味种类繁多，无法一一列举，表3-1列出了一些典型气味的成分和来源。

表3-1 一些典型气味的成分及来源

气味特点	化学成分	典型气味源
臭鸡蛋味	H_2S	精炼厂、污水处理厂、垃圾场
肥料气味、牲口圈气味	主要为硫化物： 二甲基硫化物、二甲基二硫化物	下水道、堆制肥料、垃圾场
烂卷心菜气味	甲基硫醇	
洋葱味	丙烷	水果工厂、精炼厂、化工厂
天然气味	t—丁基	
鱼腥味	胺	颜料厂、污水处理厂、堆肥
汗味、体味	有机酸，如苯基乙酸	衣物
霉味	醌亚胺、C6—C10氧化物	杀虫剂、空调系统、颜料厂

2. 危害人体健康

一些健康方面的专家现已达成共识，认为一些疾病和工业厂房内的室内空气质量不好有很大关系。但是对于那些非工业厂房内如办公室、娱乐场所和住宅内的综合征人们仍然认识不足。虽然一些国家针对工业污染制定了法律和法规（属于劳动保护范畴），但是对于住宅内的室内空气污染，只有很少国家制定了一些规范。这主要是因为调查室内综合征相当困难，而室内空气质量对人体的影响又不像工业污染那么显著，因此较难对室内空气质量对人的健康影响给出结论。现在一般认为不良的室内空气质量会引起病态建筑综合征（SBS）、建筑相关疾病（BRI）和多种化学污染物过敏症（MCS）。

（1）病态建筑综合征（SBS）。

病态建筑综合征是指没有明显的发病原因，只是和某一特定建筑相关的一类症状的总称，其通常症状包括眼睛、鼻子或者咽喉刺激、头痛、疲劳、精力不足、烦躁、皮肤干燥、鼻充血、呼吸困难、鼻子出血和恶心等。这些病症有一个显著的特征，就是一旦离开污染的建筑物，病症会明显地减轻或消失。病态建筑综合征的病因尚不完全清楚。对于这种病症的研究已经超过 30 年，1993 年 Mendell 总结了 1984 年和 1992 年实验得到的 32 项研究成果，其中涉及 37 个可能和病态建筑综合征相关的因素，可见附表 3。可见，病态建筑综合征是由多个因素引起的，包括心理和生理因素。

（2）建筑相关疾病（BRI）。

建筑相关疾病包括呼吸道感染疾病、军团菌病、各种空气传染的疾病、心血管病和肺癌以及中毒反应，主要是由于在具有生物污染、物理污染、化学污染的空气中暴露所致。和病态建筑综合征不同，这些疾病病因可查，而且有明确的诊断标准和治疗对策。患建筑相关疾病的人群离开被怀疑室内空气质量不良的建筑后，症状不会很快消失，仍然需要特殊治疗，且康复时间较长，并且完全康复或症状减轻往往需要远离致病源。而且它和病态建筑综合征相区别的另外一个特点是只要诊断这一个人是否有这种疾病，不需要对其同室人的健康进行调查。一些建筑相关疾病能够通过室内空气传播，譬如军团菌病、组织胞浆菌病、肺结核和某些病毒。除了病源来自外部环境的军团菌病外，其他疾病传播的可能性通常是随着室内人员密度的增加而增大的。引起建筑相关疾病的原因也和病态建筑综合征类似，可分为化学因素、物理因素和生物因素。

（3）多种化学物过敏（MCS）。

多种化学物过敏的症状是指慢性（持续三个月以上）多系统紊乱，通常涉及中枢神经系统和一种以上的其他系统。症状通常具有不确定性，包括行为变化、疲劳、压抑、精神疾病、肌肉与骨骼、呼吸系统、泌尿生殖系统和黏膜刺激等，由于临床上的表现各种各样，缺乏明确的判断依据，通常临床医生不认为这是一种疾病。患多种化学物过敏的人群通常以低于正常剂量对某些化学物质产生对抗效应，对某些食物还会产生抵触心理。而受影响者的发病轻重也大不一样，轻者仅仅表现出轻微不适，重者甚至完全丧失劳动能力。在临床上，尽管有淋巴细胞异常等现象，但病人通常并没有其他明显的异常客观表现。这种病症的主要特征是改进和避免可疑化学物质后，症状会消除或减轻，但再次的暴露会引发症状的重现。

3. 降低人的工作效率

2004 年，Seppänen 和 Fisk 提出了一个通过不同假定和确定途径估计室内环境参数经济影响的宏观模型。该模型演示了室内环境质量对系统初投资、运行和维护费用以及人员反应的影响，计算其带来的潜在收益。改善室内空气品质可降低人员抱怨率、医药费和病假次数，提高人员工作效率，这些最终都能提高经济收益。除了这些直接收益外，室内空气质量对人员对室内环境的满意率可能也起着重要作用。

2006 年，Dorgan 等的研究表明，根据建筑状况，不良空气品质可导致工作效率下降幅度高达 6%，如果通过改善室内空气品质以提高工作效率，估算回收期不超过 2 年。

因此，不良的室内空气质量会引起巨大损失，须引起足够的重视。

3.2.2 室内化学污染对人体影响的生理基础

1. 呼吸系统

(1)呼吸系统的结构。

人体呼吸系统由鼻腔、咽、喉、气管、支气管、细支气管、终末细支气管和肺组成。临床上常将鼻腔、咽、喉称为上呼吸道，把气管至终末细支气管称为下呼吸道。肺是人体与外界进行空气交换获得 O_2 并排出 CO_2 以维持生命的器官，由呼吸性细支气管、肺泡管和肺泡组成。肺内最小的呼吸单位是肺泡，由单层上皮细胞构成，并被毛细血管网包绕。血管上皮与肺泡上皮紧密相贴，使血液与肺泡内的 O_2 和 CO_2 充分交换。

胸腔收缩和扩张，横膈膜上下移动，从而使肺部收缩、扩张来完成呼吸。肺部扩张导致肺内负压而吸入空气，肺部收缩导致正压而把空气排出。肺部压差的变化大约在正负 1 mmHg 范围内。图 3 – 1 是人体呼吸系统的示意图。

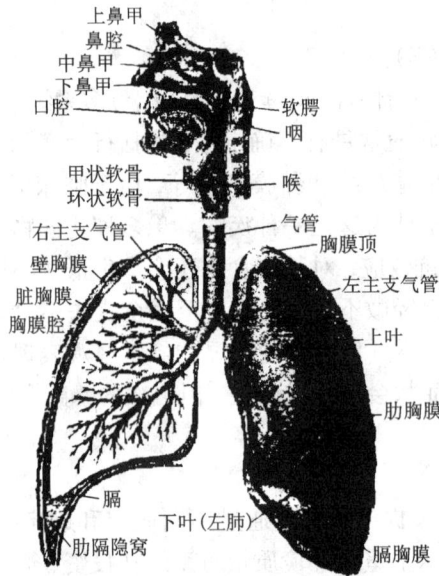

图 3 – 1 人体呼吸系统的组成

在鼻腔、气管、支气管和较大的细支气管的黏膜上具有黏液细胞和纤毛上皮，有分泌黏液和纤毛运动的功能。鼻腔还有对进入肺部的空气进行预先加热加湿的作用。黏液可以黏住吸入呼吸道内的颗粒物，通过纤毛运动，不断将其清出体外。当呼吸道的黏膜受到机械性或者化学性刺激时，会引起喷嚏反射和咳嗽反射，这些反应对人体具有保护作用。如果呼吸道的黏膜过于干燥或者受到有害气体或病原体的侵害，使纤毛运动受到抑制，就会丧失这种保护功能。

(2)每分钟肺通气量。

肺活量是人用最大力吸气后，用力呼气时所能呼出的最大空气容积，典型的人体肺活量是：男性 3500 mL，女性 2500 mL。尽管肺活量实际上只有人体肺部最大容量（即肺总容量，男性 5000 mL，女性 3500 mL）的 70% 左右，但正常情况下人呼吸一次的空气量——潮气量 V_t 要比肺活量小得多。比如，正常男性平静呼吸一次的潮气量为 500 mL 左右。

$$Q_t = f V_t \qquad (3-1)$$

式中：f——呼吸频率，指每分钟内人体呼吸的次数，一般为 10~15 次/min；

　　　V_t——潮气量，L；

　　　Q_t——肺通气量，L/min。

正常成人平静呼吸时的呼吸频率约为 12 次/min，潮气量是 500 mL，则每分钟肺通气量约为 6 L/min。而人体一次正常的呼吸循环，吸入体积流量就是在半个循环时间中吸入空气的体积流量，其数值为每分钟肺通气量的两倍，即 12 L/min。这个流量往往用于呼吸系统的流体动力计算，如计算空气流速或者雷诺数等。

当呼吸频率为 2~4 次/min 时（1~2 L/min），人可以维持短期存活。

肺泡通气量 Q_a 是指每分钟吸入肺泡与血液进行有效气体交换的新鲜空气总量，等于每分钟内肺泡换气量与无效腔通气量 V_d 之差，单位是 L/min。

$$Q_a = (V_t - V_d) f \qquad (3-2)$$

V_d 是指有通气却不能进行气体交换的区域的容积，包括鼻、口腔至终末细支气管的整个气体通道，以及无肺血流灌注的部分肺泡容积。体重为 70 kg 的正常男性平静时的 V_d 为 150 mL 左右，所以肺泡通气量约为 4.2 L/min。

由于呼吸的目的是供给机体代谢需要的 O_2 和排出 CO_2，因此呼吸功能首先须适应机体物质代谢的需要。例如，劳动或运动时，机体消耗的 O_2 量与生成的 CO_2 量增多，就必须改变呼吸运动的频率和深度，以增加肺通气量来满足机体代谢活动的需要。因此，实际情况下人体的肺通气量取决于人体的代谢率，即肌肉活动强度的水平，见表 3-2。

表 3-2　人体活动强度水平与肺通气量的关系

肌肉活动强度	肺通气量 Q_t/(L·min^{-1})	肌肉活动强度	肺通气量 Q_t/(L·min^{-1})
静坐	11.6	中等劳动	50.0
轻劳动	32.2	重劳动	80.4

(3)呼吸气体交换。

吸入肺部的空气与肺组织通过扩散的方式进行 O_2 与 CO_2 交换。这个气体交换过程包括两个部分，一个是肺泡与流经肺毛细血管的静脉血液之间的 O_2 与 CO_2 交换，叫作肺换气，另一个是组织毛细血管中的动脉血液与组织细胞之间的 O_2 与 CO_2 交换，叫作组织换气。扩散的方向与量取决于换气组织两侧的气体分压力差。气体与液体相遇的时候，气体分子可能从液体中逸出，也可能溶入液体中。

在肺换气中，O_2 从呼吸性细支气管到肺泡，穿过呼吸膜进入肺毛细血管，直至进入红细胞与血红蛋白结合为止。肺内释放的 CO_2 穿过红细胞膜、血浆、呼吸膜进入肺泡，然后扩散到呼吸性细支气管。在正常条件下，肺泡气中的 O_2 分压力为 13.86 kPa（浓度 13.7%），CO_2 分压力为 5.33 kPa（浓度 5.26%）。而流经肺毛细血管的静脉血的 O_2 分压力为 5.33 kPa，CO_2

分压力为 6.13 kPa(5.26%)。虽然血液流过肺毛细血管的平均时间为 0.75 s，但 O_2 达到扩散平衡的时间约为 0.25 s，CO_2 约为 0.4 s，所以有足够的时间进行气体交换。

同样，由于新陈代谢的作用，组织细胞内的 O_2 分压力低于动脉血的 O_2 分压力，而 CO_2 分压力高于动脉血的 CO_2 分压力。因此当动脉血流经组织毛细血管时，O_2 从血液进入组织细胞，而组织细胞消耗 O_2，所生成的 CO_2 从组织细胞向血液扩散。

CO_2 对呼吸有很强的刺激作用，是维持正常呼吸的重要生理刺激。吸入空气中的 CO_2 浓度适当增加，会刺激呼吸增强。当吸入空气中的 CO_2 体积浓度增加时，达到一定程度就会造成人体不适；当吸入空气中的 CO_2 体积浓度增加到 4.0% 时，会使人感到呼吸困难，如达到 5.0% 以上，则会导致肺泡气和动脉血中的 CO_2 分压力过高，使人产生严重不适、昏迷甚至死亡。

(4)呼吸与人体新陈代谢的关系。

人体在进行代谢的时候，会吸入 O_2，排出 CO_2。表 3-3 给出的是典型的人体吸入空气、肺泡气和呼出空气中的成分和比例。

表 3-3　呼吸空气组分的摩尔比例(吸入空气为 15℃，101 kPa，相对湿度 50%)

气体成分/%	吸入空气	肺泡气	呼出空气
N_2	74.1	74.9	74.5
O_2	19.7	13.6	15.7
CO_2	0.04	5.3	3.6
H_2O	6.2	6.2	6.2

在一定时间内机体的 CO_2 排出量和耗 O_2 量的摩尔数比值称为呼吸商 RQ(respiratory quotient)。人体的呼吸商正常变动范围为 0.71~1.00，与人体的膳食构成以及肌肉活动强度有关。对于正常混合饮食的人来说，此值等于 0.82。在标准饮食条件下，每消耗 1 L O_2，要释出 20.2×10^3 J 的新陈代谢能量，所以人体的耗 O_2 量和 CO_2 排出量主要取决于人体的代谢率。CO_2 的排出量与人体代谢率关系的实验式有：

$$V_{CO_2} = 0.04M \cdot A_D \qquad (3-3)$$

式中：V_{CO_2}——在 0℃、101.325 kPa 条件下单位时间内产生 CO_2 的体积，mL/s。

一些活动强度下人体的耗氧量见表 3-4。

表 3-4　不同强度下人体的耗氧量

活动强度	耗氧量 $V_{O_2}/(\text{mL} \cdot \text{s}^{-1})$	活动强度	耗氧量 $V_{O_2}/(\text{mL} \cdot \text{s}^{-1})$
静坐	4.2	重劳动	16~24
轻劳动	<8	很重劳动	24~32
中等劳动	8~16	极重劳动	>32

2. 人的嗅觉

（1）嗅觉感受器与嗅觉的生理特征。

人体的嗅觉感受器就是鼻子。鼻子不同部位有对温度、气味、化学物质的感知器官，是人体自我保护机能的重要组成部分（图 3-2）。鼻腔能够使吸入的空气在进入肺之前逐渐温暖湿润起来。鼻腔的结构和其表面的纤毛能够滤除部分微粒，包括花粉、细菌、真菌和灰尘。鼻腔表面的上皮细胞作为一种自我保护壁垒，能够将空气中的有害成分和微粒吸附在其表层的液体层，并通过纤毛运动，用吞咽或打喷嚏的方式带走（图 3-3）。

鼻腔与内耳相连，它的另一重要功能就是保持气压的平衡。打哈欠能够将少量空气从耳咽管带入内耳。鼻窦则是连接大脑、眼眶和上颚的通道。

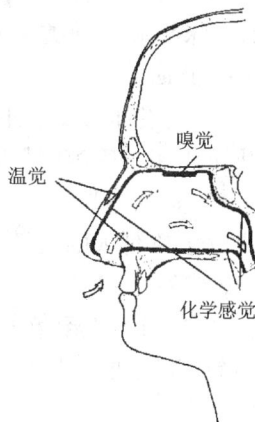

图 3-2 鼻子感觉区示意图

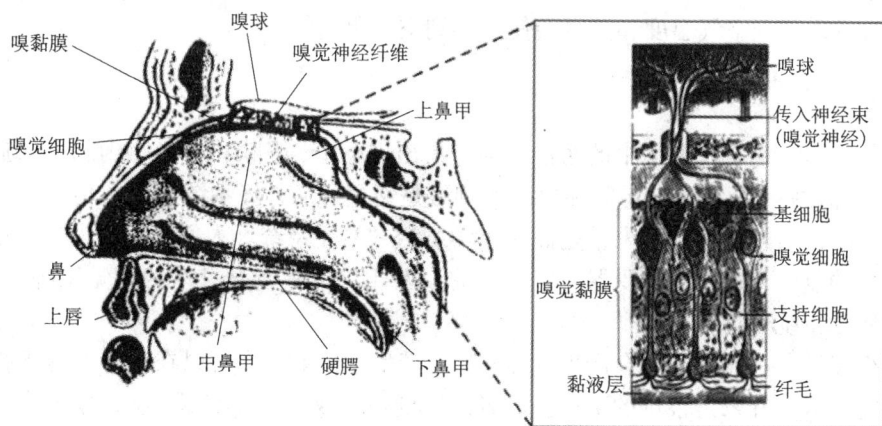

图 3-3 嗅觉系统位置和结构

鼻子受嗅觉神经、三叉神经和运动神经支配。复杂的神经结构控制鼻腔的各种功能，包括分泌、呼吸、打喷嚏等。

嗅觉感知神经位于鼻腔顶部。由人吸气动作引起的湍流将直接影响空气的输运。当气味分子溶于黏膜表面时，会引起对嗅觉神经的刺激，刺激将传入脑内的嗅球。大脑中的丘脑皮层将对这种气味进行识别，同时大脑还将做出与此气味有关的其他反应。人的嗅觉虽然不如某些哺乳动物灵敏，但也可区分上千种不同的气味。

人们对气味的敏感和识别能力会随着连续暴露时间的增加而减弱。同时也受空气条件的影响，在干冷空气中的嗅觉比在温暖潮湿空气中灵敏。

（2）影响嗅觉的因素。

人类能够辨别的气味有 2000~4000 种。通常把人对气味的敏感程度称为嗅敏度，可用嗅阈来衡量。把能引起嗅觉的气味物质在空气中的最小浓度称作嗅阈，用 mg/L 作为单位。嗅阈的大小随气味物质的种类不同而有很大的区别，如乙醚是 6 mg/L，人工麝香是 $(5 \times 10^{-9}) \sim (5 \times 10^{-6})$ mg/L。

嗅敏度可用专门设计的嗅觉计来测量，而嗅纸法是最常用的简便办法。由于个体差异的存在，对于相同的气味，嗅敏度是因人而异的，女性通常对气味比男性更敏感。有的人缺少对某种气味的感知能力，被称为嗅盲。即使是同一人，其嗅敏度的变动范围也很大。某些疾病，如感冒、鼻炎会降低人的嗅敏度。另外，嗅觉的适应较快，觉察能力会随时间的推移而迅速下降。当突然吸入有某种气味物质的空气时，可引起明显的嗅觉。如果继续吸入同样的空气，感觉会很快减弱，甚至消失。嗅觉容易疲劳，即鼻子对气味的敏感度和识别能力会随着暴露时间的增加而减弱，因此有"入芝兰之室，久而不闻其香；入鲍鱼之肆，久而不闻其臭"的说法。

鼻腔内除了上述的处于上鼻甲和鼻中隔的后上部的嗅觉区以外，整个鼻腔对吸入空气的温度都有感知能力，鼻腔还有对化学刺激的感受区。因此，环境因素如温度、湿度、气压等也会对嗅敏度产生影响。有研究者通过研究认为，在同样空气组分的环境中，如果环境空气比较温暖潮湿，鼻子对该种气味就比较敏感；如果环境空气比较干冷，鼻子对该种气味的敏感度就会下降。因此，在干冷空气环境下，人们比较容易觉得空气清新，空气质量好。例如，Fanger 等人发现降低空气温度和湿度会使人感到空气更新鲜。

3. 人体对化学刺激的感受

在有化学污染的空气环境中的居住者很容易出现鼻子、眼睛和喉咙感到刺激的症状。化学物质对面部黏膜包括眼睛、鼻腔和口腔的刺激是通过三叉神经系统感受并传导的。三叉神经的感觉支路伸出的自由神经末梢是面部化学刺激的接受系统。人们相信，化学感觉是由这些神经末梢的复合模式伤害感受器负责接收的。因此化学刺激与身体的感觉系统紧密相关，特别是与痛觉系统密切相关。

由于很多挥发性化合物既会产生气味，又会产生化学刺激，所以在这种情况下把气味和化学刺激完全区分开来是很难的事情。二者的区别往往取决于其剂量，空气中含有低浓度的化学物质可能只会让人闻到气味，如果化学物质的浓度提高了，就会出现刺激的感觉。由于很难在气味浓度比较高的条件下区别到底有没有化学刺激的出现，因此让普通受试者辨别产生化学刺激的临界浓度是很难做到的。不过通过对嗅觉缺失者的测试可以测出某种化学物质引起鼻黏膜刺激的临界浓度阈值。

眼黏膜同样有接收化学刺激的感受器。通过使受试者的眼部暴露在含有刺激性化学物质的空气中，同时又避免他们嗅到这些空气，可测得某种化学物质引起眼黏膜刺激的临界浓度阈值。对不同类型化学物质的实验结果证明，引起眼黏膜刺激的临界浓度与引起鼻黏膜刺激的临界浓度是基本一致的。而且，嗅觉正常者和嗅觉缺失者的眼黏膜刺激实验结果之间没有明显区别。

3.2.3　室内空气的评价方法

室内空气质量评价有两种方法：一种是客观评价，即依据室内空气的成分和浓度；另一种是主观评价，即依据人的感觉，Fanger 教授提出了"感知空气品质(perceived air quality)"的概念。

应该说，两种方法各有优点，也各有局限。第一种方法是对气体成分和浓度通过仪器测定后，和相关标准比较，就可确定室内空气质量，便于掌握和理解，且重复性好。但一些情况下，有害气体种类很多，难以识别，而且一些有害成分浓度很低，仪器也很难精确测定，因此这类方法在有害气体成分复杂或浓度很低的情况下会遇到困难。而且，这种思路忽略了人是室内空气质量的评价主体，而人的感觉存在个体差异。第二种方法中，"感知空气质量"强调了人的感觉。但空气污染对人的危害与其气味和刺激性不完全相关并一一对应，而且空气质量问题涉及多组分，每种组分对人的影响都不尽相同，这些组分并存时其危害按何种规则进行叠加尚不清晰。譬如，对多种 VOCs(有机挥发性化合物)成分，一些研究者采用了 TVOC(各种被测量的 VOCs，总称为 TVOC)的概念，但问题是，不同的 VOCs 成分对人的影响会很不一样，因此同样 TVOC 浓度但成分不同的气体"感知的空气品质"会不一样，危害也不一样，甚至会出现 TVOC 浓度低危害反而高的情况。如何确定空气成分与"感知的空气品质"的关系，是值得深入研究的课题。此外，一些无色、无味的有毒、有害气体，短时间人体难以感受到它的危害，又不能通过实验方法让人去感知它的长期危害。应该说，这两种方法不可互相取代，而应互相补充，否则对空气质量的评价就不全面。

1. 基于浓度测定的客观评价

室内空气质量的客观评价依赖于仪器测试。我国《室内空气质量标准》GB/T 18883—2002 规定的应测参数为：可吸入颗粒物、甲醛、CO、CO_2、氮氧化物、苯并(α)芘、苯、氨、氡、TVOC、O_3、细菌总数、甲苯、二甲苯、温度、相对湿度、空气流速、噪声和新风量等 19 项指标。要实时连续测定这些污染物的成分和浓度，可采用一些在线检测仪。

基于检测到的空气污染物的种类和浓度，与国标中规定的该种污染物的浓度限值相比，可评价室内空气质量是否达到标准。

此外，目前一种比较常用的做法是采用下式评价室内空气质量：

$$R = \sum_{i=1}^{n} \frac{C_i}{C_{i,\text{阈值}}} \tag{3-4}$$

式中：C_i——某种污染物的浓度，单位为 mol/m^3；

$C_{i,\text{阈值}}$——某种污染物的阈值(最大值)，mol/m^3。

R 值越大，室内空气质量越差。当该值小于 1 时，可认为室内空气质量是可以接受的。

2. 主观评价

室内空气质量的好坏和人们的主观感受联系密切，因此，可用人的主观感受来评价室内空气质量。人对室内空气质量最敏感的是嗅觉，因此一般主观评价室内空气质量主要靠嗅觉，前面已对人嗅觉的生理基础做了简介。

气味浓度就是依赖于嗅觉的一种可测量数据，是用将气味用无味、清洁空气稀释到可感阈值或可识别阈值的稀释倍数来描述的。可感阈值定义为一定比例人群(一般为 50%)能将这种气味与无味空气以不定义区别的气味浓度。可识别阈值定义为一定比例人群(一般为 50%)能将这种气味与无味空气以某种已知区别区分开的气味浓度。可识别阈值比可感阈值高 2～5 倍。

气味测量的单位为"阈值稀释倍数"（dilutions‐to‐threshold），简写为 D/T。美国已制定测量标准——ASTM Method E679—91。一般调查对象被安排在三个不同的测试口测试，其中两个口通无味空气，另外一个口通有味空气，测试者尝试识别出有味的空气。测试从高稀释倍数开始，最初测试者一般都不能判断出有味气体，但是随着稀释倍数的降低，测试者逐渐能够判断出有气味的气体。不同测试者的判断阈值不同，取大部分人（一般 50%）能够识别出的稀释倍数作为气味浓度的识别阈值。

气味强度是指气味感觉的可感强度，无量纲，是以 n‐丁醇作为参考物质，遵循 ASTM Method E544 标准中建议的气味强度测试方法进行标定。在该标准中介绍的标定方法有采用具有 8 个测试口的嗅觉计，每个测试口的 n‐丁醇浓度是前一个测试口的两倍。另一个方法是在 12 个瓶子中装有浓度成倍递增的 n‐丁醇水溶液。在这些标定方法中，尽管浓度是成倍递增的，但气味强度却增长得越来越慢。图 3‐4 给出的是利用嗅觉计采用 1‐丁醇作为参考物质来判定某种未知刺激物质的气味强度的示意图，标定者可以确定哪个测试口的 1‐丁醇气味强度与未知物质的气味强度相同，该物质的气味强度就等于这个测试口的 1‐丁醇气味强度。图 3‐5 是 1‐丁醇浓度与气味强度的关系图。

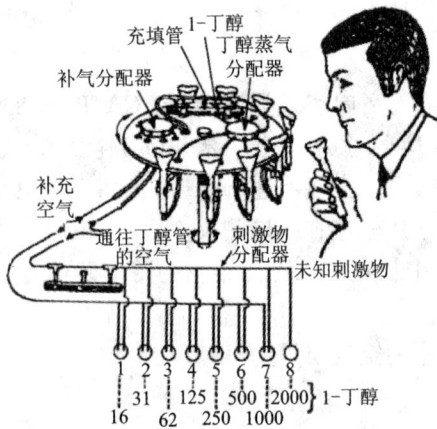

图 3‐4　利用嗅觉计和 1‐丁醇标定气味浓度

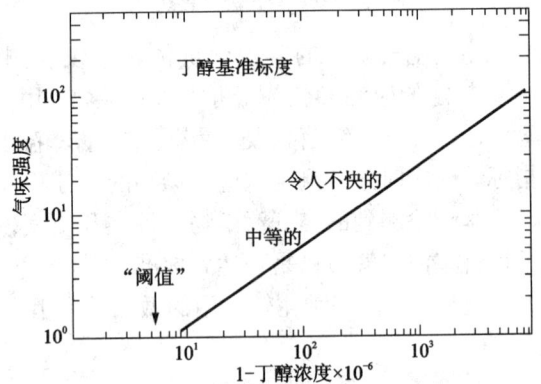

图 3‐5　1‐丁醇浓度与气味强度之间的关系

气味强度与气味浓度之间的关系可以用 Steven 定律来描述：

$$I = aC^b \tag{3-5}$$

式中：I——气味强度；

　　　C——气味浓度，阈值稀释倍数（D/T）；

　　　a，b——关系常数，不同气味数值不同，其中 b 值通常小于 1。

上式可用于计算当气味浓度降低时，气味强度随之下降的程度。也可用于预测气体扩散、通风或去味设备要降低气味强度所需要降低的气味浓度。

主观评价室内空气质量即人们进入待测室内的空间中，对室内空气质量填写一张调查单，表示自己对空气质量的满意或者不满意程度，图 3‐6 是一种被推荐使用的调查单形式。通常用对空气质量的不满意率的百分比来表示，记为 PD，其和投票得到的可接受度 ACC（在 −1 到 1 之间的一个值）之间存在以下关系：

$$PD = \frac{\exp(-0.18 - 5.28ACC)}{1 + \exp(-0.18 - 5.28ACC)} \times 100 \quad (3-6)$$

这里简要介绍几个新概念。

● 感知负荷：表征室内污染源的强弱，单位为 olf，被一个标准人引起的感知污染负荷被称为 1 olf，而其他类型的人或者家具等污染源均被等效为不同数量的标准人，表征成标准人后不同的污染源可以进行简单的叠加，比如室内有 3 个标准人和 4 个等效标准人的家具，则该室内的感知污染负荷为 7 olf。

● 感知空气质量（PAQ）：表示在一定的通风量情况下人对室内污染源的感觉，其单位为 pol，1 pol 表示在一个空间内，1 olf 的感观负荷的源在通风量 1 L/s 下的感知空气质量。即 1 pol = 1 olf/(L/s)。另一个比 pol 小的常用单位是 dp，1 dp = 0.1 pol。

研究表明，感知空气质量 PAQ(dp) 和对空气质量的不满意率之间存在着下列关系：

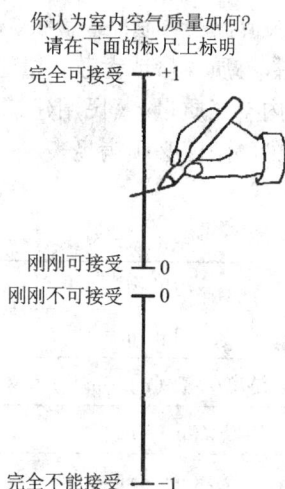

图 3-6　室内空气质量评价问卷

$$PAQ = 112[\ln(PD) - 5.98]^{-4} \quad (3-7)$$

在确定了感知空气质量之后就可以确定室内的感知污染负荷的大小了。

3.3　室内空气品质标准

3.3.1　国外室内空气质量标准简介

室内空气质量问题已经引起些国家、地区和组织的重视，已有多个国家和地区制定了相关的标准，国际卫生组织（world health organization，WHO）2010 年颁布了室内空气质量指南 *WHO Guideline for Indoor Air Quality*，见附表 4。一般来说，标准中所定污染物限值的高低和该国家或地区的发达程度相关，发达程度越高、经济条件越好的国家和地区，标准中污染物浓度限值要求越严。考虑到我国仍是发展中国家，因此，在室内空气质量控制过程中，不应盲目照搬国外标准及其控制方法，而应根据我国国情，在充分学习和吸收国外经验的同时，制定适合我国国情的室内空气质量标准，采用和发展适宜的室内空气质量控制方法。

3.3.2　国内室内空气质量标准简介

我国第一部《室内空气质量标准》，由国家质量监督检验检疫总局、环境保护部和卫计委共同制定，于 2002 年 11 月 19 日正式发布，2003 年 3 月 1 日正式实施。而与此相关的最早的标准有 1988 年的《公共场所室内卫生标准》，1996 年，此标准中关于室内空气的部分规范被新的一套《公共场所室内卫生标准》所代替，该标准主要包括了旅店、文化娱乐场所和公共浴室等的 12 个国标。具体内容见附表 5。

2002 年《室内建筑装饰装修材料有害物质限量》《民用建筑室内污染环境控制规范》两部与室内空气质量相关的标准也开始实施。其中《室内建筑装饰装修材料有害物质限量》包括十个国标，分别对聚氯乙烯卷材地板、地毯、地毯衬垫及地毯胶黏剂、混凝土外加剂、建筑材料、人造板及其制品、壁纸、木家具、胶黏剂、内墙涂料、溶剂型木器涂料等室内装饰材料中的有害物质含量或者散发量进行了限制。这项法规便于从源头上控制污染物的散发，从而改善室内空气质量。《民用建筑室内污染环境控制规范》则规定民用建筑工程验收时的室内环境污染物浓度必须满足表 3-5 的要求。

表 3-5   民用建筑工程室内环境污染物浓度限量

污染物	Ⅰ类民用建筑	Ⅱ类民用建筑
氡/(Bq·m^{-3})	≤200	≤400
游离甲醛/(mg·m^{-3})	≤0.08	≤0.12
苯/(mg·m^{-3})	≤0.09	≤0.09
氨/(mg·m^{-3})	≤0.2	≤0.5
TVOC/(mg·m^{-3})	≤0.5	≤0.6

注：1. Ⅰ类民用建筑包括住宅、医院、老年建筑、幼儿园和学校教室等；Ⅱ类民用建筑包括办公楼、商店、旅馆、文化娱乐场所、书店、图书馆、展览馆、体育馆、公共交通等候室、餐厅和理发店等。

2. 污染物浓度限量除氡外均应以同步测量的室外空气相应值为基点。

《室内空气质量标准》中的控制项目包括室内空气中与人体健康相关的物理、化学、生物和放射性等污染物控制参数，具体有可吸入颗粒物、甲醛、CO、CO_2、氮氧化物、苯并(a)芘、苯、氨、氡、TVOC、O_3、细菌总数、甲苯、二甲苯、温度、相对湿度、空气流速、噪声和新风量等 19 项指标，简要列于表 3-6 中。需要指出的是，我国《室内空气质量标准》主要参照发达国家的标准，制定时尚未来得及对我国室内空气污染物的成分、浓度水平和健康危害做很好的调研。近 10 多年来，我国开展了大量这方面的调研，为我国修订相关标准提供了一定的数据，《室内空气质量标准》的修订应该被关注。

表 3-6   《室内空气质量标准》中主要控制指标

参数	标准值	备注
温度/℃	22~28	夏季空调
	16~24	冬季空调
相对湿度/%	40~80	夏季空调
	30~60	冬季空调
空气流速/(m·s^{-1})	0.3	夏季空调
	0.2	冬季空调
新风量/[m³/(h·人)$^{-1}$]	30	1 h 均值
二氧化硫(SO$_2$)/(mg·m^{-3})	0.5	1 h 均值
二氧化氮(NO$_2$)/(mg·m^{-3})	0.24	1 h 均值

续表 3 - 6

参数	标准值	备注
一氧化碳(CO)/($mg \cdot m^{-3}$)	10	1 h 均值
二氧化碳(CO_2)/%	0.10	日均值
氨(NH_3)/($mg \cdot m^{-3}$)	0.20	1 h 均值
臭氧(O_3)/($mg \cdot m^{-3}$)	0.16	1 h 均值
甲醛($HCHO$)/($mg \cdot m^{-3}$)	0.10	1 h 均值
苯(C_6H_6)/($mg \cdot m^{-3}$)	0.11	1 h 均值
甲苯(C_7H_8)/($mg \cdot m^{-3}$)	0.20	1 h 均值
二甲苯(C_8H_{10})/($mg \cdot m^{-3}$)	0.20	1 h 均值
苯并(a)芘(B(a)P)/($mg \cdot m^{-3}$)	1.0	日均值
可吸入颗粒物(PM_{10})/($mg \cdot m^{-3}$)	0.15	日均值
总挥发性有机物(TVOC)/($mg \cdot m^{-3}$)	0.60	8 h 均值
细菌总数/($cfu \cdot m^{-3}$)	2500	依据仪器定
氡(Rn)/($Bq \cdot m^{-3}$)	400	年平均值(行动水平)

复习思考题

1. 为什么人们感觉到研究室内空气环境比较重要与紧迫？

2. 阐述室内空气品质的发展历程。

3. 感受到的可接受室内空气品质好是否就说明可接受空气品质好？为什么？

4. 什么是室内环境品质？它与室内空气品质的关系是什么？

5. 试阐述室内空气品质的评价方法。

6. 我国颁布的《民用建筑工程室内环境污染控制规范》和《室内空气质量标准》两个规范有何区别？

第4章　建筑声环境的要求

建筑声环境的基本要求是创造一个良好的室内声学环境。因此，建筑物内部或周围所有声音的强度和特性都应与空间的要求相一致。如何消除或适当地减少室内外噪声，以创造一个可接受的声学环境，是本章的重点内容。

4.1　声音的基本概念

4.1.1　声波的概念与基本物理性质

1. 声波的概念

从物理学的角度讲，声音是一种机械波，是机械振动在弹性媒质中的传播，所以也称为声波。声音源于振动的物体，通常把受到外力作用而产生振动的物体称为声源。声音是由机械振动产生的。当一物体振动时，会激励它周围的媒质也发生振动。若媒质具有压缩性，则在媒质的相互作用下，周围的媒质就产生了交替的压缩和膨胀，并且逐渐向外传播。因此，凡是具有弹性的物质，如气体、水、钢铁、混凝土等物质，都能传播声波。声音是一种波动现象。当声源（机械振动源）振动时，振动体对周围相邻媒质产生扰动，而被扰动的媒质又会对它外围的相邻媒质产生扰动，这种扰动的不断传递就是声音产生与传播的基本机理。声源必须通过媒介传播，人耳才能听到声音。存在着声波的空间称为声场。声场中能够传递上述扰动的媒质称为声场媒质。注意，真空里不能传声。

2. 频率、波长和声速

声波通过空气或其他弹性介质传播时，介质质点只是在其平衡位置附近来回振动，一次完全振动所需的时间，称为周期 T，单位为 s；周期 T 的倒数是一秒内的振动次数，称为频率，用符号 f 表示，单位为 Hz。声波在一个周期内所传播的距离，称为波长 λ，单位为 m。声波的传播速度（声速）以 c 表示，单位为 m/s。波长、频率和声速之间的关系为：

$$c = \lambda f \tag{4-1}$$

声音以一定的波速传播，它的传播速度与媒质温度也有关。空气中声速随气温的变化为：

$$c(t) = 331.4\sqrt{1 + \frac{t}{273}} \tag{4-2}$$

式中：$c(t)$——声波在某温度时的传播速度，m/s；

　　　t——介质温度，℃。

声音的传播速度还与介质的性质有关，在理想气体中声速 c_L 可以表示为：

$$c_L = \sqrt{kRT} \tag{4-3}$$

式中：k——等熵指数；

　　　R——气体常数；

　　　T——介质的热力学温度，K。

声音在不同的介质中传播速度不一样，在流体和固体中的传播速度大于在空气中的传播速度。声音在一些介质中的传播速度见表4-1。

表4-1　一些介质中的声速/($m \cdot s^{-1}$)

空气(0℃)	331	冰	3230	水(15℃)	1450	铁	5200
空气(15℃)	340	铜	3750	混凝土	3048	玻璃	3653
煤油(25℃)	1324	铝	5000	软木	3353	硬木	4267

3.声源、波阵面和声线

点声源也称为"球面声源"或"简单声源"，是机械声源中最基本的辐射体。在自由声场条件下，它向各个方向均匀地辐射声能。当声源的尺度远小于其发射声波的波长时，它的各部分振动的相位近似相同，由它产生的声场在以此声源为中心的球面上呈均匀分布。因此，在这种情况下不管辐射体是什么形状，都可看作点声源。

线声源也称为"柱面声源"。由一线状或由无数与互不相干的点声源组成的线状声源，在自由声场条件下，其辐射声能均匀分布于以线声源为轴心的圆柱面上，均可视为线声源。如铁路轨道、车流量很大的交通干线等。根据实验情况，可分为无限长线声源和有限长线声源。铁路噪声在近场可视为线声源，而远场又近似于点声源。不同的声源类型会生成不同的波阵面，各自的特点见表4-2。

表4-2　声波的类型

类型	波阵面	声线	声源类型
平面声波	垂直于传播方向的平面	相互平行的直线	平面声源
球面声波	以任何值为半径的球面	由声源发出的半径线	点声源
柱面声波	同轴圆柱面	线声源发出的半径线	线声源

空间同一时刻相位相同的各点的轨迹曲线称为波阵面。根据波阵面的形状可将声波分为不同的类型。波阵面为平面的称为平面波，波阵面为球面的称为球面波，波阵面为柱面的称为柱面波，波形见图4-1。

自声源发出的代表能量传播方向的直线称为声射线。在各向同性的媒质中，声线就是代

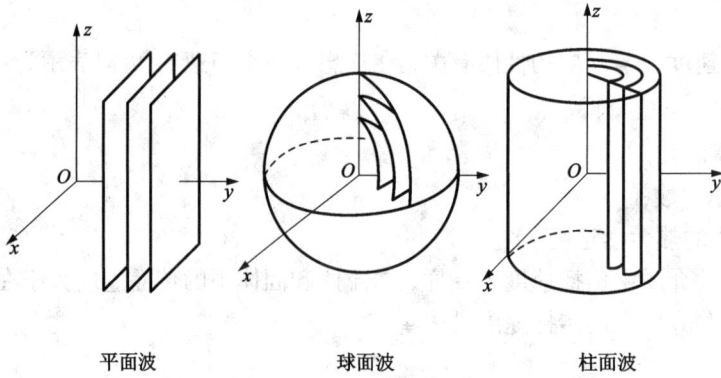

平面波   球面波   柱面波

图 4 - 1　常见的波形

表波的传播方向且处处与波阵面垂直的直线。

4. 声源的辐射特性

声源发出的声波，在各个方向上的声压分布并不一定相同，这种随方向分布的不均匀性，称为声源的指向性。在离声源中心不同距离处，测量球面上各点的声强，求得所有方向上的平均声强，将某一方向上的声强与其相比就是该方向的指向性因数。声源的指向性与声源的尺寸和频率有关。典型声源的辐射特性如表 4 - 3 所示。

表 4 - 3　几种典型声源的辐射特性

声源类型	辐射特性	声压空间分布	辐射效率
点声源	无指向性	均匀	高
线声源	有一定的指向性	—	—
平面声源	复杂的指向性分布	—	—

4.1.2　声音的计量

1. 声功率

声源辐射声波时会对外做功，声功率是指声源在单位时间内向外辐射的声能，记为 W，单位为瓦（W）或微瓦（μW）。声源的声功率或指在全部可听范围内所辐射的功率，或指在某个有限频率范围内所辐射的功率（通常称为频带声功率）。在计量时应注意所指的频率范围。在建筑声学中，声源辐射波的声功率大都可以认为不因环境条件的不同而改变，并把它看作是属于声源本身的一种特性。

2. 声压

声波在传播过程中，媒质中各处都存在着稀疏和稠密的交替变化，因而各处的压强也相应地产生变化。没有声波时，媒质中有静压强 p_0，有声波传播时，压强随声波频率产生周期性变化，其变化部分，即有声波时的压强 p 与静压强 p_0 之差，称为声压，用 p 表示。声压的大小用压强表示，单位为 Pa。一般听到的声音，其声压与静压相比是很小的。人耳很灵敏，对于 1000 Hz 纯音，人耳刚能分辨的声压大小为 2×10^{-5} Pa。两人面对面交谈时的平均声压大约为 2×10^{-2} Pa，纺织厂织布车间噪声的声压可超过 2 Pa。生活中常见的几种声压如表 4-4 所示。

表 4-4　日常生活中声音的声压数据/Pa

声音种类	声压	声音种类	声压
人耳听到的最弱的声音	2×10^{-5}	发动机	20
普通说话声	2×10^{-2}	喷气飞机	200
公交车	0.2	导弹发射	2000
纺织车间	2	核爆炸	20000

3. 声强

声波的大小或强弱也可用声强来表示。声强的定义为单位时间内通过垂直于传播方向上的单位面积内的平均声能量。声强用符号 I 表示，单位为 W/m^2。其定义式为：

$$I = \frac{\mathrm{d}W}{\mathrm{d}S} \tag{4-4}$$

式中：$\mathrm{d}S$——声能所通过的面积，m^2；

$\mathrm{d}W$——单位时间内通过 $\mathrm{d}S$ 的声能。

在无反射的自由场中，点声源发出的是球面波，距声源中心 r 的球面上的声强为：

$$I = \frac{W}{4\pi r^2} \tag{4-5}$$

声源在无损失时，对于球面波，声强与声源的声功率成正比，与声源的距离成反比。对于平面波声能与距离无关，声强为恒定值。实际过程中，声能在传播过程中总是有损失的。

声强在传播方向上的数值与声压的关系为：

$$I = \frac{p^2}{\rho_0 c_a} \tag{4-6}$$

式中：ρ_0——空气密度，kg/m^3；

c_a——空气中的声速，m/s。

在实际情况中，通常是测出声压，通过到声源点的距离，计算求出声强和声功率。

4. 声音三要素

人对声音的感知有响度、音调和音色三个主观听感要素。

人的主观听感要素与声波的客观物理量——声压、频率和频谱成分之间既有密不可分的联系，又有一定的区别，体现了人类听感是个复杂的生理与心理运动过程。人耳对声音强弱的主观感觉称为响度。它是与声波振幅这个物理量相对应的心理量。决定响度的因素主要是作用在人耳的声压或声强大小，但两者并不成正比，且同样的声压在不同频率时，感觉的响度也不同。

音调（也称音高），是人耳对声音调子高低的主观感觉。其主要取决于声音的频率，随着频率的增多而增高，但它不与频率成正比关系。对不同的频段，人耳对音调的辨别能力不同，中频段最灵敏，高频段和低频段较差。低频率的调子给人以低沉、厚实和粗犷的感觉，而高频率的调子则给人以亮丽、明快和尖刻的感觉。

音色是人耳对声源发声特色的主观感觉。它是人在听觉上区别具有同样响度和音调的两个声音之所以不同的声音要素。

5. 声音的频谱

表征声音的特性量随频率变化的曲线，叫作频谱，主要用来反映复音中不同频率组合的强度分布特性。频谱图是把声音按照频率大小依次排列起来的图，包括线状谱、连续谱和混合谱。周期性的声信号称为复音，如管弦乐器发出的声音。其频谱图可以表示为在基频 f_0 和 $2f_0$，$3f_0$，$\cdots$，nf_0 处的一些高矮不等的竖直线，如图 4-2 所示，称为线状谱。

噪声，一般不是周期性信号，不能用离散的简谐分量的叠加表示，通常由连续的频谱组成，如图 4-3 所示。

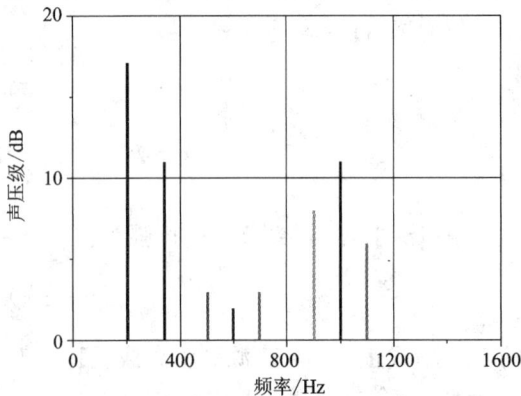

图 4-2　基音为 100 Hz 的黑管频谱图

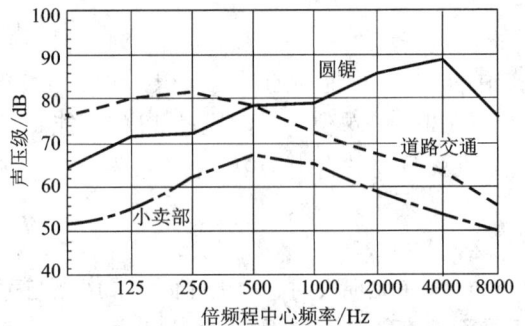

图 4-3　几种噪声的频谱

在建筑声学中，频带划分通常是以各频带的频程数 n 划分。频程 n 与各频带的下界频率 f_1、上界 f_2 的关系为：

$$\frac{f_2}{f_1} = 2^n \tag{4-7}$$

式中：n——正整数或者分数，$n=1$，称为一个倍频程，$n=\frac{1}{3}$ 倍频程。

中心频率 $f_c = \sqrt{f_1 f_2}$。工程上采用 $n=1$ 的倍频程，国际标准化组织（ISO）和中国对中心频率的规定为：31.5 Hz、63 Hz、125 Hz、250 Hz、500 Hz、1000 Hz、2000 Hz、4000 Hz、8000 Hz、16000 Hz。

6. 分贝标度和声级

(1)级的概念。

人耳对声音非常敏感,人耳刚能感受到的声音为听阈声,经常作为基准声,使人耳感到疼痛的声音为痛阈声。对于频率为 1000 Hz 的声音,听阈声的声强为 10^{-12} W/m^2,其声压为 2×10^{-5} N/m^2,而痛阈声的声强为 1 W/m^2,其声压为 20 N/m^2。可以看出,人耳可接受的声强是基准声的 1 万倍,声压也达到了 100 万倍,其计量范围太宽,使用不便。人耳能听到的最小声压和能忍受的最大声压相差很大,达到 100 万倍以上。为了讨论方便,同时实验也已证明,人耳对声音强弱的感觉是与声压的对数成正比的,这就是著名的韦伯定律。因此引入声压级的概念,单位为分贝(dB)。分贝标度大体符合人类对声音响度变化的感觉,采用其作单位后人耳听到的声压与声强变化的表示范围便缩小了。

(2)声压级、声强级和声功率级。

声压级 L_p 的定义式为:

$$L_p = 20 \lg \frac{p}{p_0} \tag{4-8}$$

式中:L_p——考察点声压级,dB;

p——考察点声压,Pa;

p_0——基准点声压,在空气中 $p_0 = 2 \times 10^{-5}$ Pa。

表 4-5　自然界可能出现的各种声源的声压级

声源名称	声压级/dB	声源名称	声压级/dB
正常人耳能听到的最弱声音	0	织布车间	100
郊区静夜	20	柴油机	120
耳语	40	喷气机起飞	140
相隔 1 m 处讲话	60	导弹发射	160
高声讲话	80	核爆炸	180

声强级 L_I 的定义式为:

$$L_I = 10 \lg \frac{I}{I_0} \tag{4-9}$$

式中:L_I——考察点声强级,dB;

I——考察点声强,W/m^2;

I_0——基准声强,在空气中 $I_0 = 1 \times 10^{-12}$ W/m^2。

声功率级 L_w 的定义为:

$$L_w = 10 \lg \frac{W}{W_0} \tag{4-10}$$

式中:L_w——考察点声压级,dB;

W——考察声源声功率；

W_0——基准声功率，在空气中 $W_0 = 1 \times 10^{-12}$ W。

声压级常用于描述声场声量的大小；声强级则反映声源在空间体中声能量的大小，具有方向性；声功率级则仅表示声源发声能力的大小。

点声源在自由声场中时，声功率级与声压级的关系为：

$$L_\mathrm{p} = L_\mathrm{w} + 10\lg\frac{1}{4\pi r^2} \tag{4-11}$$

在式（4-6）成立的条件下，声压级与声强级之间可以互相转换：

$$L_\mathrm{I} = L_\mathrm{p} + 10\lg\left(\frac{p_0^2}{I_0} \cdot \frac{1}{\rho_0 c}\right) \approx L_\mathrm{p} \tag{4-12}$$

式中：ρ_0——空气的密度，kg/m³；

c——声速，m/s。

由于在一个大气压和室温条件下，$\rho_0 c$ 的值很接近400，因此式（4-12）中右端第二项接近于0。故在一般条件下，可以认为声强级和声压级的数值近似相5等。但是在高原地区和其他特殊条件下，声强级和声压级未必相等。

（3）声级的叠加。

当几个不同的声源同时作用于某一点时，若不考虑干涉效应，该点的总声强是各声强的代数和。即：

$$I = I_1 + I_2 + I_3 + \cdots + I_n \tag{4-13}$$

它们的总声压是各声压的均方根值，即：

$$p = \sqrt{p_1^2 + p_2^2 + p_3^2 + \cdots + p_n^2} \tag{4-14}$$

n 个声压级为 L_p1 的声音叠加，需按照对数运算规律进行，因此，总声压级：

$$L_\mathrm{p} = 20\lg\frac{\sqrt{np_1^2}}{p_0} = L_\mathrm{p1} + 10\lg n \tag{4-15}$$

由式（4-15）可以看出，两个数值相等的声压级叠加时，只比原来增加3 dB，这个结果同样适用于声强级和声功率级的叠加。

如果两个声压级分别为 L_p1、L_p2（$L_\mathrm{p1} \geqslant L_\mathrm{p2}$），其总的声压级为：

$$L_\mathrm{p} = L_\mathrm{p1} + 10\lg\left(1 + 10^{\frac{L_\mathrm{p1} - L_\mathrm{p2}}{10}}\right) = L_\mathrm{p1} + \Delta L \tag{4-16}$$

式中：ΔL——声压差，它的值可以从图4-4中查出。两声压级差所对应的附加值，加到较高的那个声压级上即可得所求的总声压级。如果两个声压级差超过 10～15 dB，附加值很小，则可略去不计。

图4-4   声压级叠加的差值与增值的关系

相同声源的叠加

例1 某种型号机器的噪声频带如表4-6所示，求出总声压级是多少？

表4-6　某种机器的噪声频带

倍频程的中心频率/Hz	63	125	250	500	1000	2000	4000	8000
声压级/dB	90	95	100	93	82	75	70	70

[解]　根据图4-4依次逐个叠加。

总声压级为：

$$
\begin{array}{l}
100 \\
\quad + \quad 101.2 \\
95 \\
\quad\quad\quad + \quad 101.8 \\
93 \\
\quad\quad\quad\quad\quad + \quad 102.1 \approx 102\ \text{dB} \\
90
\end{array}
$$

4.2　人的听觉特征及其对环境噪声的反应

4.2.1　人耳的听觉特性

1. 人耳的结构

人耳是声音的最终接受者，其主要由三部分组成：外耳、中耳和内耳(图4-5)。声波通过外耳道使鼓膜产生振动，推动听小骨，听小骨的振动通过鼓室，使淋巴液运动，引起耳蜗基底膜振动，形成神经脉冲信号，通过听觉传导神经传到大脑听觉中枢，使人产生听觉(图4-6)。

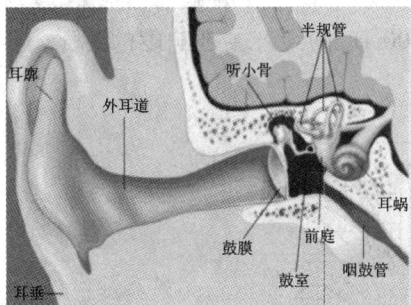

图4-5　人耳的结构

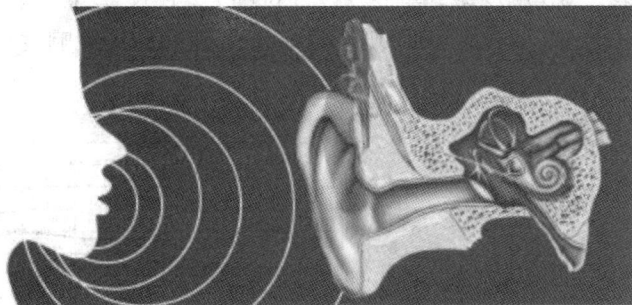

图4-6　声波传递到耳朵的过程

2. 人耳的听觉特性

声波是在弹性媒质中传播的一种机械波，然而并非所有声波都能被人耳所感知(听觉)，即使人耳能感知到声音，其感觉也各有不同，因为人的听感是一个非常复杂的物理—生理—心理过程。这说明，声音虽然由振动产生而客观存在，但是它给予人的主观感受却与客观实际有一定差距，甚至还可能会产生"错觉"，这就是人耳的听觉特性。

人耳是一个传声器，可以接受 10^7 数量级的动态声强范围。对于外界不同强度的声音，可以自动调节、自动保护。人耳可以听到的声音频率范围，通常是 20～2000 Hz，这个频率范围的声音称为可听声。在噪声控制中通常粗略地把声波的频率分为三个频段：300 Hz 以下的称为低频声；300～1000 Hz 的称中频声；1000 Hz 以上的称高频声。

人耳的听觉范围如图 4－7 所示。由图 4－7 可见，人耳只能在一定的频率和声强范围内才能听得见。通常声压在 120 dB 以上人体就会感到烦恼；超过 130 dB，耳朵就会感到痒；继续增加到 140 dB，耳朵就会有痛感；如果声压级继续增加，会造成耳朵出血，严重时会损坏听觉器官。

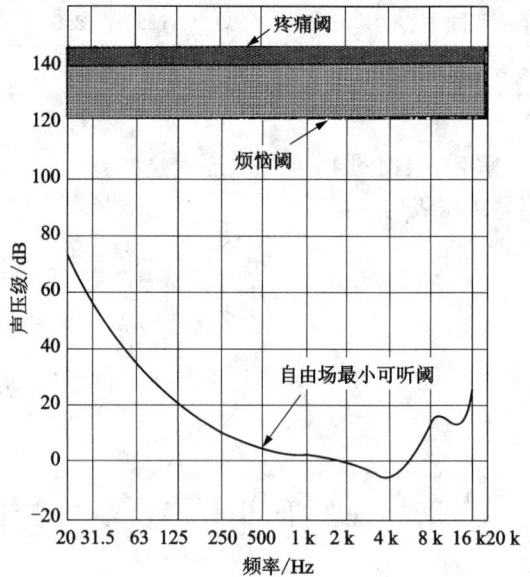

图 4－7　人耳听觉范围

3.响度和响度级

人耳对声音强弱的主观感觉称为响度。它是与声波振幅这个物理量相对应的心理量。决定响度的因素主要是作用在人耳的声压或声强大小，但两者并不成正比，且同样的声压在不同频率时，感觉的响度也不同。将听起来一样响的声音的响度用 1000 Hz 纯音的声压级代表，称作响度级，单位为方（phon）。它反映了人耳对不同频率声音的敏感度变化。以 1000 Hz 纯音为标准，通过不同频率纯音的主观响度与 1000 Hz 的纯音主观响度的对比，可得到一组曲线，称为等响曲线，如图 4－8 所示。

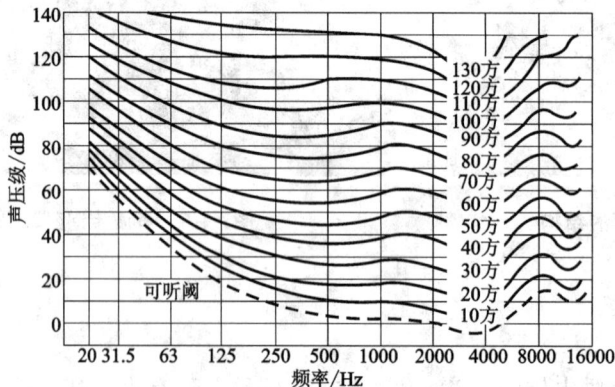

图 4－8　等响曲线

由图 4-8 可以看到，低频部分对应的声压级高，高频部分对应的声压级低，说明人耳对低频声不敏感，对高频声较敏感。当声压级高于 100 dB 时，等响曲线逐渐拉平，说明声压级较高时，人耳分辨高、低频声音的能力下降，声音的响度级与频率的关系已然不大，而主要取决于声压级。

从等响曲线可以看出：

①人耳对高频声音，特别是 3000 ~ 4000 Hz 的声音敏感，而对于低频声音，特别是 100 Hz 以下的低频声音不敏感。如同样的响度级 80 方，对于 20 Hz 的声音，声压级是 114 dB；而对于 120 Hz 的声音，声压级是 82 dB；对于 1000 Hz 的声音来说，声压级是 80 dB；对于 4000 Hz 的声音，声压级是 70 dB；它们都在响度级为 80 方的等响曲线上。

②当声压级小、频率低时，对于某一声音，声压级和响度级的差别很大，如声压级为 40 dB 的 50 Hz 的低频声是听不见的（低于听阈线），它的响度还不到零方。而同样 40 dB 声压级的 80 Hz 的低频声的响度级为 20 方，600 Hz 的中音为 42 方，1000 Hz 的高音为 40 方。

③当声压级高于 100 dB 时，等响曲线已逐渐拉平。这说明，当声音达到一定程度（高于 100 dB）时，人耳已不易分辨出高低频声音，声音的响度只取决于声压级，而与频率的关系不大。

测量声音响度级与声压级时所使用的仪器称为声级计。声级计中共有 A、B、C、D 四套计权网格。A、B、C 计权分别主要模拟 40 方、70 方、100 方等响曲线。A 计权声级是模拟人耳对 55 dB 以下的低强度噪声的频率特性，B 计权声级是模拟 55 ~ 85 dB 的中等强度噪声的频率特性，C 计权声级是模拟高强度噪声的频率特性。三者的主要差别是对噪声低频成分的衰减程度不同，A 衰减最多，B 次之，C 最少。D 计权主要用于测量航空噪声。用声级计测得的不同声级，分别称为 A 声级、B 声级、C 声级和 D 声级。单位分别为 dB(A)、dB(B)、dB(C) 和 dB(D)。A 计权声级由于其特性曲线接近于人耳的听感特性，是目前世界上噪声测量中应用最广泛的一种，B、C 已逐渐不用。

4. 语言干扰级

在噪声干扰下，正常语言交谈便会受到妨碍。

国际标准化组织（ISO）规定，把 500 Hz、1000 Hz、2000 Hz、4000 Hz 为中心频率的四个倍频程声压级算术平均值定为"语言干扰级"（SIL），单位是 dB。

$$SIL = \frac{L_{500} + L_{1000} + L_{2000} + L_{4000}}{4} \qquad (4-17)$$

谈话的总声压级与语言干扰级相比，如果前者比后者高 10 dB，可以听得清楚；如果两者相等，可以勉强听清；如果前者比后者低 10 dB，就完全听不清了。

5. 掩蔽效应

声音必须达到一定的强度才能引起听觉，引起最小听觉的强度称为听阈。人们在安静环境中听一个较弱的声音（被掩蔽音），如果同时存在另一个声音（掩蔽声），就会影响到人耳对所听声音的听闻效果，这时对所听声音的听阈就要提高。这种由于某个声音的存在而使人耳对别的声音听觉灵敏度降低的现象，称为人耳的掩蔽效应。被掩蔽音单独存在时的听阈分贝值，或者说在安静环境中能被人耳听到的纯音的最小值称为绝对闻阈。实验表明，3 ~ 5 kHz

的绝对闻阈值最小，即人耳对它的微弱声音最敏感；而在低频和高频区绝对闻阈值要大得多。在 800 ~ 1500 Hz 范围内闻阈随频率变化最不显著。

由于某一个声音的存在，要听清另外的声音就必须将其声音提高，这些声音可闻时听阈所提高的分贝数称为掩蔽量。一个声音对另一个声音的掩蔽机理是很复杂的。频率相近时声音掩蔽最显著，掩蔽声的声压级越大，掩蔽量就越大。低频声对高频声的掩蔽作用较大，特别在低频声波很响的情况下，掩蔽效应更大。同理，高频声对低频声的掩蔽作用是有限的。此外，听者对某个声音的注意力也会影响到掩蔽效应的强度。图 4 – 9 给出的是中心频率为 1200 Hz 的窄带噪声的掩蔽谱。

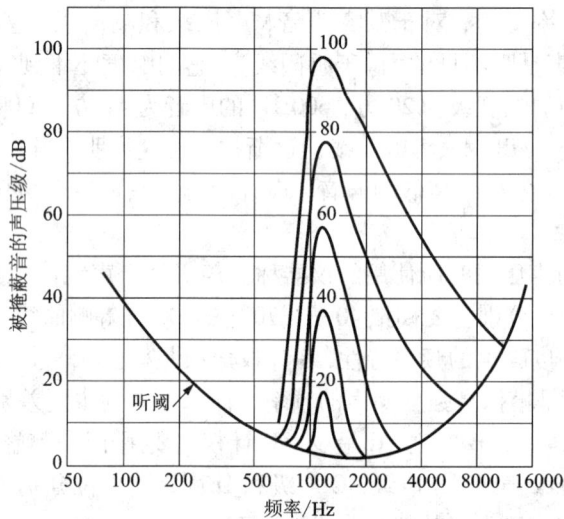

图 4 – 9   中心频率为 1200 Hz 的窄带噪声的掩蔽谱

6. 双耳听闻效应

同一声源发出的声音传至人耳时，由于到达双耳的声波之间存在一定的时间差、位相差和强度差，使人耳能够辨别声音来自哪个方向。双耳的这种辨别声源方向的能力称为方位感。方位感很强的声音更能吸引人的注意力，即使多个声源同时发声，人耳也能分辨出它们各自所在的方向，甚至在声音很多的情况下，某一声音(直达声和反射声)在不同时刻到达双耳，人耳仍能判断出它们是来自同一声源的声音。因此，往往声源方位感明显的噪声更容易引起人心理上的烦躁，而无明确方位感的噪声则易被人忽略。所以，在利用掩蔽效应进行噪声控制时，应尽量弱化掩蔽声声源的方位感。

7. 鸡尾酒会效应

值得一提的是，听者对某个声音的注意力也会影响其他声音的掩蔽作用。人耳具有一种不寻常的能力，能在噪声环境下有选择地分出他所感兴趣的某些"信号"，而目前的精密仪器还做不到这一点，这是因为人耳对声音除了有方位感外，还有注意力集中的心理因素。例如我们坐在播放着较响音乐的收音机旁(这里把音乐当作干扰噪声)，仍可用不大的声音交谈。

当然，这时必须注意力集中才能听清对方的讲话，并且还容易疲劳。通常把这种在相当严重的掩蔽噪声下听出想要听的声音来的容忍能力称为"鸡尾酒会效应"。

8. 优先效应

实验证明，人的听觉有先入为主的特性。优先效应(也称哈斯效应)是由哈斯发现的一种人们不能分辨出来某些延迟音的现象。当两个强度相等而其中一个经过延迟的声音一同传到人耳时，延迟时间小于30 ms，听觉上会感到声音只是来自未经延迟的声源；延迟时间为30～50 ms，可以感到延迟声的存在，但仍感到声音来自未延迟的声源；延迟时间大于50 ms，延迟声就再不能被掩盖，听觉上会感觉到延迟声是个清晰的回声。人耳的这种特性也是产生听觉定位的重要因素。

4.2.2　噪声的评价

噪声的标准定义：人们不愿意听到的各种声音都是噪声。比如，悠扬的钢琴声平时听起来非常好，但是对于一个劳累需要休息的人来讲就是一种噪声。人们对于噪声的主观感觉与噪声强弱、噪声频率、噪声随时间的变化有关。如何才能把噪声的客观物理量与主观感觉量结合起来，得出与主观响应相对应的评价量，用以评价噪声对人的干扰程度，是一个复杂的问题。迄今为止，稳态噪声对人的影响已经有不少研究结果，并应用于噪声评价和制订噪声允许标准。噪声评价量和评价方法已有几十种，下面介绍的是基本已被公认的评价量和评价方法。

1. A 声级

A 声级由声级计上的 A 计权网格直接得到，用 L_A 或 L_{PA} 表示，单位为 dB(A)。它对 500 Hz 以下的声音有较大的衰减，可模拟人耳对低频不敏感的特性。A 声级与人的主观反应有很好的相关性，目前世界各国声学界、医学界公认以 A 声级来作为保护听力和健康、以及环境噪声的评价量。使用下式可以将一个噪声的倍频程转换为 A 声级：

$$L_A = 10\lg \sum_{i=1}^{n} 10^{\frac{L_i + A_i}{20}} \tag{4-18}$$

式中：L_i——各倍频带声压级；

A_i——各倍频带声压级的 A 响应特性修正值，A 声级计权修正值 ΔA_i 见表 4-6。

表 4-6　A 声级计权修正值

倍频程中心频率 f/Hz	A 声级计权修正值 ΔA_i/dB	倍频程中心频率 f/Hz	A 声级计权修正值 ΔA_i/dB
31.5	-39.4	1000	0
63	-26.2	2000	+1.2
125	-16.1	4000	+1
250	-8.6	8000	-1.1
500	-3.2		

2. 等效连续 A 声级

对于声级随时间变化的噪声，L_A 是变化的，等效连续 A 声级利用某一段时间内能量平均的等效声级方法，将起伏暴露的几个不同的 A 声级噪声利用加权平均的方法，以一个 A 声级表示该段时间（$t_1 \sim t_2$）的噪声大小，称为等效声级（记为 $L_{Aeq,T}$）。在实际工程中大量的实践证明，等效连续 A 声级与人的主观反应存在良好的相关性。在全世界被广泛应用于各种环境噪声的评价。

$$L_{Aeq,T} = 10\lg\left[\frac{1}{t_2 - t_1}\int_{t_1}^{t_2} 10^{L_A(t)/10}\mathrm{d}t\right] \tag{4-19}$$

3. 累积声级 L_X

实际的噪声并不都是稳态的，如城市交通噪声就是一种随时间起伏的随机噪声，为了描述这类噪声，利用统计的方法记录它随时间的变化，这种方法获得的声级称为累积声级，记为 L_X。L_X 表示 X% 测量时间的噪声所超过的声级。例如，$L_{50} = 60$ dB，表示有 50% 的测量时间内声级超过 60 dB。通常在噪声评价中多用 L_{10}、L_{50}、L_{90} 来表示起伏噪声的峰值。L_{50} 噪表示中值，L_{90} 表示背景噪声。累积声级主要用于噪声随机变化的交通噪声和城市噪声。英国、美国等国家采用 L_{10} 作为交通噪声的评价指标，日本采用 L_{50}，中国采用 $L_{Aeq,T}$。当随机噪声的声级符合正态分布时，$L_{Aeq,T}$、L_{10}、L_{50} 和 L_{90} 存在如下关系：

$$L_{Aeq,T} = L_{50} + \frac{(L_{10} - L_{90})^2}{60} \tag{4-20}$$

4. 噪声评价曲线

虽然 A 声级能够较好地反映人对噪声的主观反应，但单值 A 声级并不能反映噪声的频谱特性。A 声级相同的声环境，频谱特性可能偏高，也可能偏低。为此，ISO 组织提出了噪声评价曲线（NR 曲线），它是一组评价曲线，用于评价已存在的噪声问题，如图 4-10 所示。由图 4-10 可见，每一条曲线表示一个 NR 值，包括了 31.5 Hz, 63 Hz, 125 Hz, 250 Hz, 500 Hz, 1000 Hz, 2000 Hz, 4000 Hz, 8000 Hz 共 9 个倍频声带声压级。各倍频带声压级与 NR 的关系如下：

$$L_P = a + bNR \tag{4-21}$$

式中：a, b 为常数，列于表 4-7 中。

NR 值与 A 声级有很好的相关性，它们之间的关系为：

$$L_A = NR + 5 \text{ dB} \tag{4-22}$$

表 4-7　常数 a 和 b

倍频带中心频率 f/Hz	a/dB	b/dB
63	35.5	0.790
125	22.0	0.870
250	12.0	0.930

续表 4 - 7

倍频带中心频率 f/Hz	a/dB	b/dB
500	4.8	0.974
1000	0	1.000
2000	-3.5	1.015
4000	-6.1	1.025
8000	-8.0	1.030

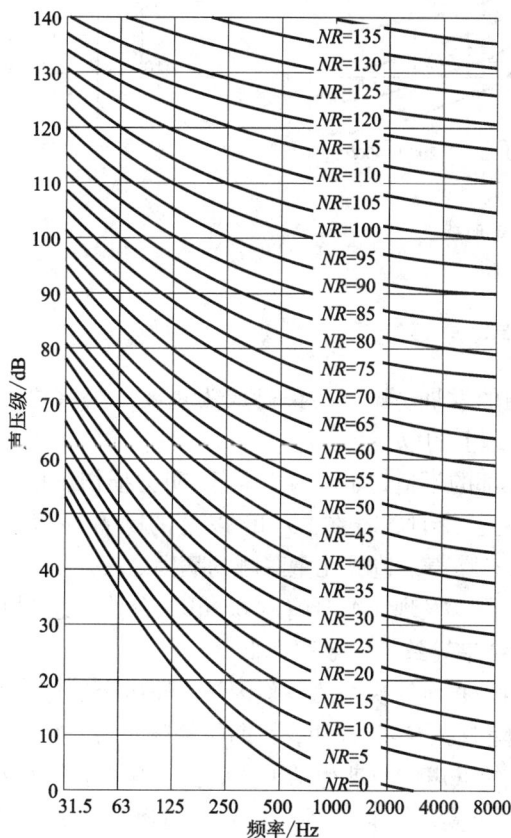

图 4 - 10　*NR* 曲线

NC 曲线(noise criterion curves)是 Beranek 于 1957 年提出的,它对低频的要求比 *NR* 曲线苛刻。*PNC* 曲线(preferred noise curves)是对 *NC* 曲线的修正,对低频部分进一步进行了降低。*NC* 曲线和 *PNC* 曲线主要用于评价室内噪声对语言的干扰和噪声引起的烦恼,如图 4 - 11 和图 4 - 12 所示。

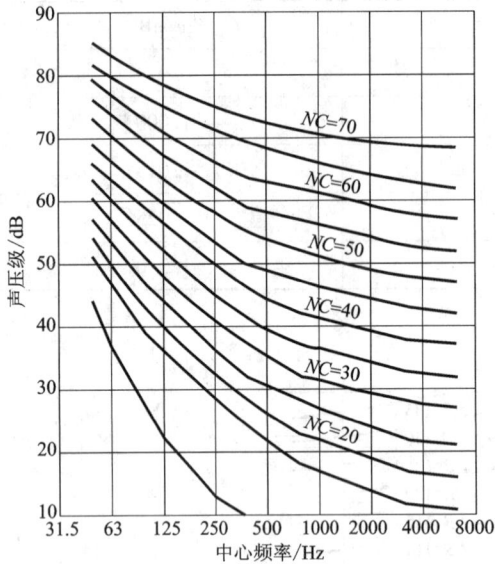

图 4-11   *NC* 曲线

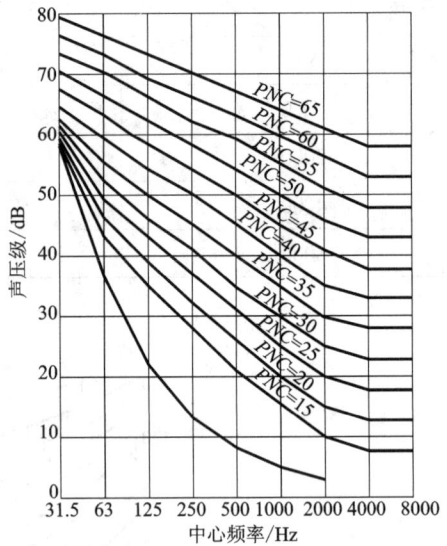

图 4-12   *PNC* 曲线

4.2.3   噪声的危害

随着现代工业和交通的发展，噪声污染已成为重要的公害之一。噪声的危害是多方面的，它给人带来生理和心理上的危害有：

①强的噪声会引起耳部的不适，如耳鸣、耳痛、听力损伤。据测定，超过 115 dB 的噪声还会造成耳聋。据临床医学统计，若在 80 dB 以上的噪音环境中生活，造成耳聋者可达 50%。医学专家认为，家庭噪声是造成儿童聋哑的病因之一。

②使工作效率降低。研究发现，噪声超过 85 dB，会使人感到心烦意乱，人们会感到吵闹，因而无法专心工作，结果导致工作效率降低。

③损害心血管。噪声是心血管疾病的危险因子，噪声会加速心脏衰老，增加心肌梗死的发病率。医学专家经人体和动物实验证明，长期接触噪声会使体内肾上腺分泌增加，从而使血压上升，在平均 70 dB 的噪声中长期生活的人，会使其心肌梗死发病率增加 30% 左右，特别是夜间噪音会使发病率更高。调查发现，生活在高速公路旁的居民，心肌梗死率增加了 30% 左右。

④噪声还会引起如神经系统功能紊乱、精神障碍、内分泌紊乱。高噪声的工作环境，会使人出现头晕、头痛、失眠、多梦、全身乏力、记忆力减退以及恐惧、易怒、自卑甚至精神错乱。

⑤干扰休息和睡眠。休息和睡眠是人们消除疲劳、恢复体力和维持健康的必要条件。但噪声使人不得安宁，难以休息和入睡。当人辗转不能入睡时，便会心态紧张，呼吸急促，脉搏跳动加剧，大脑兴奋不止，第二天就会感到疲倦，或四肢无力，从而影响到工作和学习，久而久之，就会得神经衰弱症，表现为失眠、耳鸣、疲劳。

⑥对女性生理机能的损害。女性受噪声的威胁，还会有月经不调、流产及早产等，如导

致女性性机能紊乱、月经失调、流产率增加等。

⑦噪声对儿童身心健康危害更大。因儿童发育尚未成熟,各组织器官十分娇嫩和脆弱,不论是体内的胎儿还是刚出世的孩子,噪声均可损伤听觉器官,使听力减退或丧失。据统计,当今世界上有 7000 多万耳聋者,其中相当部分是由噪声所致。

⑧噪声对视力的损害。人们只知道噪声影响听力,其实噪声还影响视力。试验表明:当噪声强度达到 90 dB 时,人的视觉细胞敏感性会下降,识别弱光的反应时间延长;噪声达到 95 dB 时,有 40% 的人会瞳孔放大,视野模糊;而噪声达到 115 dB 时,多数人的眼球对光亮度的适应都有不同程度的减弱。所以长时间处于噪声环境中的人很容易发生眼疲劳、眼痛、眼花和视物流泪等眼损伤现象。同时,噪声还会使色觉、视野发生异常。所以驾驶员应避免立体场音响的噪声干扰,不然易造成行车事故。

4.2.4 噪声允许标准和法规

噪声的危害越来越受到人们的关注,这就要求以立法的形式制定噪声标准。当前主要的噪声标准见表 4 - 8。

表 4 - 8 主要的噪声标准

标准名称	标准号
《工业企业噪声卫生》	
《声环境质量标准》	GB 3096—2008
《民用建筑隔声设计规范》	GB 50118—2010
《工业企业噪声控制设计规范》	GB/T 50087—2013
《建筑施工场界环境噪声排放标准》	GB 12523—2011
《铁路边界噪声限值及其测量方法》	GB 12525—90
《剧院、电影院和多用途厅堂声学设计规范》	GB/T 50356—2005
《办公建筑设计规范》	JGJ 67—2016

复习思考题

1. 在声音的物理计量中采用"级",有什么实用意义?
2. 声强和声压有什么关系? 声强级和声压级是否相等? 为什么?
3. 什么是响度? 什么是掩蔽效应?
4. 解释双耳听闻效应。
5. 分析评价噪声的几个指标。
6. 等响曲线与 NR、NC 曲线有什么异同?
7. 噪声的危害有哪些?

第 5 章　建筑光环境的要求

为营造一个健康舒适的建筑环境，除考虑室内的热、湿环境外，建筑光环境也占有重要的地位。随着现代建筑的发展，人们对室内光环境的要求从只要求"亮"逐渐发展到有合理的照度和亮度分布、宜人的光色以及正确的投光方向，从而达到满足人们视觉和心理需求的目的。本章将对可见光所呈现的基本特点、人眼的视觉特征及舒适性光环境的基本要素进行阐述。

5.1　光与颜色的基本概念

5.1.1　基本光度量单位及相互关系

光是以电磁波形式传播的辐射能，电磁波的范围很广，其光谱分布情况如图 5 - 1 所示。在波长 380 ~ 760 nm 的波段中的辐射可引起光视觉，我们称为可见光，不同波长的光呈现不同的颜色。波长小于 380 nm 的是紫外线、X 射光、γ 射线、宇宙线；波长大于 760 nm 的是红外线、无线电波等，这些光人眼是看不见的，但从生理上可感觉到，如果辐射强度足够大，人们就会感觉到皮肤发热，所以紫外线、可见光、红外线统称为光辐射。

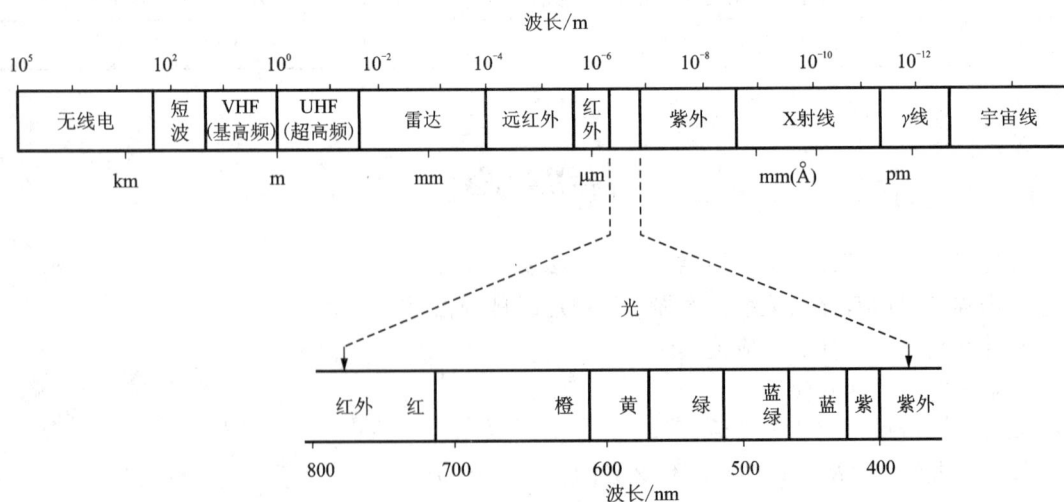

图 5 - 1　辐射光谱

1. 光通量

光源向周围辐射电磁波能量，其表面上的微小面积 ds 在单位时间内向所有方向辐射的能量，称为该微小面积的辐射功率或辐射通量，辐射通量具有功率的量纲，单位为 W。相应的辐射通量中被人眼感觉为光的那部分能量称为光通量。

人眼对不同波长单色光的视觉亮度感受不一样。人眼对不同波长光的视觉效应引用视见函数 $V(\lambda)$ 表示（λ 为光的波长），它等于光通量与辐射量之比。视见函数 $V(\lambda)$ 与外界照度条件有关，在白天照度较大时（适应亮度大于 3 cd/m²），辐射功率相等的单色光看起来以波长 555 nm 的黄绿光最明亮。在较暗的环境中（适应亮度小于 0.03 cd/m² 时），人的视觉感受性将发生变化，以 $\lambda = 510$ nm 的蓝绿光最为敏感。对于可见光以外的辐射能，$V(\lambda) = 0$，即无论其辐射功率有多大，也不能引起人眼的光刺激，故称不可见光。图 5 – 2 为人眼的光效率曲线。

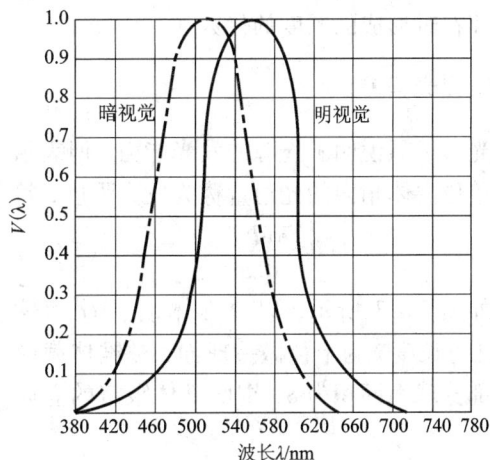

图 5 – 2　人眼的光效率曲线

根据辐射通量的定义，光通量可由辐射能通量及 $V(\lambda)$ 函数导出。

$$\Phi = K_{\max} \int \phi_{e,\lambda} V(\lambda) \, d\lambda \qquad (5 - 1)$$

式中：Φ——光通量，lm；

　　$\phi_{e,\lambda}$——波长为 λ 的单色辐射能通量，W/nm；

　　$K_{\max}$——最大光谱光视效能，lm/W。

光视效能 K 是描述光和辐射之间关系的量，它是与单位辐射通量相当的光通量（$K = \phi_n / \phi_e$）。但是 K 值是随光的波长而变化的，最大值 $K_{\max}$ 在 $\lambda = 555$ nm 处，根据一些国家权威实验室的测量结果，1977 年国际计量委员会决定采用 $K_{\max} = 683$ lm/W。

光通量的单位是流明，符号是 lm。在国际单位制和我国规定的计量单位中，它是一个导出单位。1 lm 是发光强度为 1 cd[发光强度的单位为坎德拉（Candela），符号为 cd]的均匀点光源在 1 球面度立体角发出的光通量。

在照明工程中，光通量表示光源发光能力的基本量，例如一只 40 W 白炽灯的光通量为 350 lm；一只 40 W 荧光灯的光通量为 2100 lm。

2. 照度

照度是受照平面上接受的光通量的密度，符号为 E。若照射到表面一点面元上的光通量为 $d\phi$，该面元的面积为 dA，则照度为：

$$E = \frac{d\Phi}{dA} \qquad (5 - 2)$$

照度的单位是勒克斯，符号为 lx，1 lx 相当于 1 lm 的光通量均匀分布在 1 m^2 表面上的照度。夏季中午日光下，地平面上的照度可达 10^5 lx；在 40 W 白炽灯的书写台灯下看书，桌面照度平均为 200～300 lx；晴天中午阳光下的室外照度为 80000～120000 lx；阴天中午的室外照度为 8000～20000 lx；月光下的照度只有几个勒克斯。

照度可直接相加，几个光源同时照射被照面时，其上的照度为单个光源分别存在时形成的照度的代数和。

3. 发光强度

光通量只说明了光源的发光能力，但表示不了光通量在空间的分布情况。因此，将点光源在单位立体角内的光通量称为发光强度，符号为 I。

$$I = \frac{\mathrm{d}\Phi}{\mathrm{d}\Omega} \qquad (5-3)$$

如图 5-3 所示，以一锥体顶点 O 为球心，任意长度 r 为半径做一球面，被锥体截取的一部分球面面积为 S，则此锥体限定的立体角 Ω 为：

$$\Omega = \frac{S}{r^2} \qquad (5-4)$$

发光强度常用于说明光源和照明灯具发出的光通量在空间各方向或在选定方向上的分布密度。例如，一只 40 W 白炽灯发出 350 lm 光通量，它的平均光强度为 $350/(4\pi) = 28$ cd。若在裸灯泡上面装一盏白色搪瓷平盘灯罩，灯的正下方的发光强度能提高到 70～80 cd；若配上一个聚焦合适的镜面反射罩，则灯下的发光强度可高达数百坎德拉。在后两种情况下，灯泡发出的光通量并没有变化，只是光通量在空间的分布更为集中了。

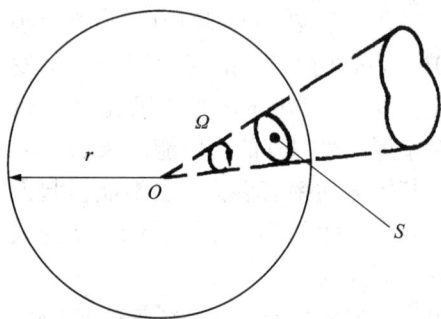

图 5-3　立体角定义

4. 光亮度

发光强度表示了点光源的辐射特性，当光源是一有限面积时，其辐射特性在不同的方向是不一样的。如图 5-4 所示，所以将某一单元表面在某 θ 方向的发光强度 $\mathrm{d}I_\theta$ 与此面积在这个方向上的投影面积 $\mathrm{d}A\cos\theta$ 之比称为光亮度 L_θ，简称亮度，单位为 cd/m^2。

$$L_\theta = \frac{\mathrm{d}I_\theta}{\mathrm{d}A\cos\theta} \qquad (5-5)$$

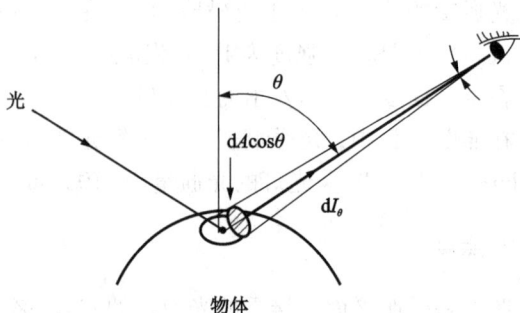

图 5-4　亮度概念

式(5-5)所示的亮度是一物理亮度，它与主观亮度还有一定区别。如在白天和夜间看同一盏交通信号灯时，感觉夜晚灯的亮度高得多。这是因为眼睛适应了夜间相当低的环境亮度的缘故。如在房间同一位置放置一黑色物体和一白色物体，在相同的照度下，白色的物体看起来比黑色的物体亮得多，这说明物体表面的照度并不能直接表明人眼对物体的视觉感觉。

太阳的亮度高达 $2 \times 10^9 \, \mathrm{cd/m^2}$，白炽灯为 $(3 \sim 5) \times 10^6 \, \mathrm{cd/m^2}$，而普通荧光灯的亮度只有 $(6 \sim 8) \times 10^3 \, \mathrm{cd/m^2}$。

5. 照度和亮度的关系

光源亮度和它所形成的照度的关系如图 5 - 5 所示，设 A_1 为各方向亮度都相同的发光面，A_2 为被照面，在 A_1 上取一微元面积 $\mathrm{d}A_1$，因 $\mathrm{d}A_1$ 的尺寸和其被照面间的距离 r 相比，显得很小，故可视为点光源。微元体光面积 A_2 为被照面，微元发光面 $\mathrm{d}A_1$ 射向 O 点的发光强度为 $\mathrm{d}I_0$，这样它在 O 点处形成的照度 $\mathrm{d}E$ 为：

$$\mathrm{d}E = \frac{\mathrm{d}I}{r^2} \cos i \tag{5 - 6}$$

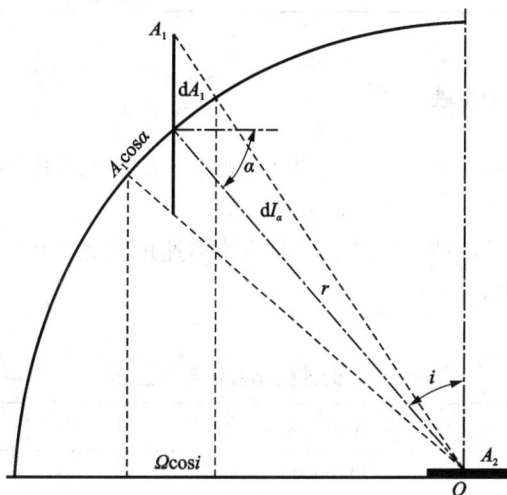

照度与亮度的关系

图 5 - 5　照度与亮度的关系

i——被照面 A_2 法线方向与 A_1、A_2 面中心连线的夹角；

α——发光面 A_1 法线方向与 A_1、A_2 面中心连线的夹角。

对于微元发光面 $\mathrm{d}A_1$，由亮度与光强的关系式可得：

$$\mathrm{d}I = L_\theta \mathrm{d}A_1 \cos\alpha \tag{5 - 7}$$

将式 (5 - 7) 代入式 (5 - 6) 得：

$$\mathrm{d}E = L_\theta \frac{\mathrm{d}A_1 \cos\alpha}{r^2} \cos i \tag{5 - 8}$$

式 (5 - 8) 中，$\dfrac{\mathrm{d}A_1 \cos\alpha}{r^2}$ 是 $\mathrm{d}A_1$ 对 O 点所张开的立体角 $\mathrm{d}\Omega$，因此，式 (5 - 8) 可写成：

$$\mathrm{d}E = L_\theta \mathrm{d}\Omega \cos i \tag{5 - 9}$$

因为光源在各方向的亮度相同，则整个发光面在 O 点形成的照度可用式 (5 - 9) 表示。

式(5-9)表示某一亮度为 L_θ 的发光表面在被照面上形成的照度值的大小等于这一发光表面的亮度与该表面在被照点上形成的立体角的投影的乘积。这一定律也表明：某一发光表面在被照面上形成的照度，仅与发光表面的亮度及其在被照面上形成的立体角有关。

综上所述，4 个基本光度量的定义与单位如表 5-1 所示。

表 5-1   光度量的定义与单位

名称	符号	定义公式	单位符号
光通量	Φ	$\Phi = K_{max}\int \Phi_{e,\lambda} V(\lambda)\,\mathrm{d}\lambda$	lm
照度	E	$E = \dfrac{\mathrm{d}\Phi}{\mathrm{d}S}$	lx
发光强度	I	$I = \dfrac{\mathrm{d}\Phi}{\mathrm{d}\Omega}$	cd
亮度	L	$L_\theta = \dfrac{I_\theta}{\mathrm{d}A\cos\theta}$	cd/m^2

5.1.2   材料的光学特性

借助于材料表面反射的光或材料透过的光，人眼才能看见周围环境中的人和物。也可以说，光环境就是由各种反射与透射光的材料构成的。

光在均匀介质中沿直线传播，它在空气中的传播速度接近 3×10^8 m/s，在不同的介质中光速的精确值与折射指数如表 5-2 所示。

表 5-2   光速的精确值与折射指数

介质的种类	光速/$(m \cdot s^{-1})$	折射指数
真空	2.99792×10^8	1.000000
空气	2.99704×10^8	1.000293
水	2.4900×10^8	1.333000
玻璃	1.98210×10^8	1.512500

光在传播过程中遇到新的介质时，会发生反射、透射与吸收现象(图5-6)。若入射光通量为 Φ_i，反射光通量为 Φ_ρ，透射光通量为 Φ_τ，吸收光能量为 Φ_α，则根据能量守恒定律，它们存在下述关系：

$$\Phi_i = \Phi_\rho + \Phi_\tau + \Phi_\alpha \tag{5-10}$$

将反射、透射、吸收的光通量与入射光通量之比，得出反射率 ρ，穿透率 τ，吸收率 α，即三者相加为 1。

从照明的角度来看，反射比或透射比高的材料才有使用价值。附表 6 列出了照明工程常用的 τ 和 ρ 值，仅供参考。

1. 反射

当辐射由一个表面返回时，组成辐射的单色分量的频率没有变化，这种现象叫作反射。反射光的强弱分布形式取决于材料表面的性质和入射方向。例如垂直入射到透明玻璃板上的光线约有 8% 的反射比；加大入射角度，反射比也随之增大，最后会产生全反射。

反射光分布形式有规律反射与扩散反射两大类，扩散反射又可分为定向扩散反射、漫反射和混合反射。

图 5-6　光通量的反射、透射与吸收

（1）规律反射。

规律反射也称为镜面反射，其特征是光线经过反射之后，仍按一定的方向传播，立体角 α 没有变化，见图 5-7(a)。光滑的表面，如玻璃镜面、磨光金属表面，都形成规律反射。

（2）定向扩散反射。

扩散反射保留了规律反射的某些特性，即在产生规律反射的方向上，反射光最强，但反射光束被"扩散"到较亮的范围，如图 5-7(b)所示。经过冲砂、酸洗或锤点处理的毛糙金属表面具有定向扩散反射的特性。

（3）漫反射。

漫反射的特点是反射光的分布与入射光方向无关，在宏观上无规则反射。

若反射光的光强度分布正好是正切于入射光线与反射表面交点的一个圆球，这种漫反射称为均匀漫反射，如图 5-7(c)所示。其反射光强度有以下关系：

$$I_\theta = I_0 \cos\theta \tag{5-11}$$

式中：I_θ——反射光与表面法线夹角为 θ 方向的光强，cd；

I_0——反射光在反射表面法线方向的最大光强，cd。

式（5-11）为郎伯余弦定律。符合郎伯定律的材料称为郎伯体。这类材料无论反射光的方向如何，其表面各方向上的亮度都相等。氧化镁、硫酸钡、石膏等具有这种特性。而粉刷涂料、乳胶漆、无光塑料墙纸、陶板面砖，可近似看作均匀漫反射材料。

按照朗伯定律可导出，由照度计算均匀漫反射材料表面亮度的简便公式如下：

$$L = \frac{\rho E}{\pi} \tag{5-12}$$

对均匀漫透射材料有：

$$L = \frac{\tau E}{\pi} \tag{5-13}$$

例[5-1]　某房间墙壁用乳胶漆饰面，其反射比 $\rho = 0.20$，已知墙面平均照度为 50 lx，求墙面平均照度。

[解]　按式（5-12）计算可得：

$$L = \frac{\rho E}{\pi} = \frac{0.20 \times 50}{3.14} = 11.15 \ \text{cd/m}^2$$

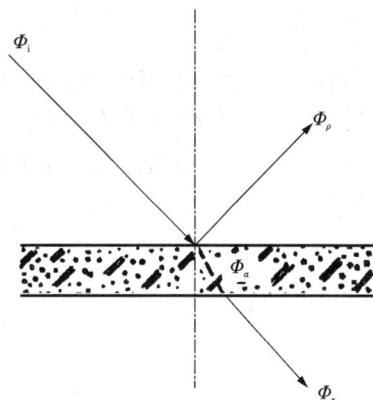

（4）混合反射。

多数的材料表面兼有规律反射和漫反射的特性，称为混合反射，如图 5 - 7(d)所示。光亮的搪瓷表面呈现混合反射的特性。如在漫反射表面涂一层薄的透明清漆，当光入射角很小时，近似漫反射；入射角加大，有 5% ~ 15% 的入射光为镜面反射；入射角很大时，则完全是镜面反射。

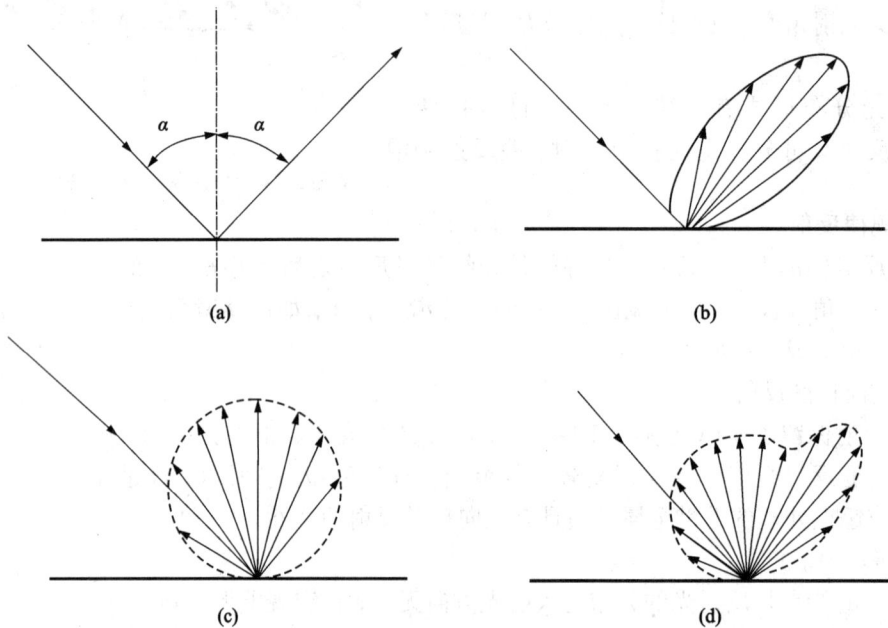

图 5 - 7   反射光的分布形式
（a）规则反射；（b）定向扩散反射；（c）混合反射；（d）均匀漫反射

2. 透射

光线通过介质后，组成光线的单色分量频率不变，这种现象称为透射。玻璃、晶体、某些塑料、纺织品、水等，都是透光材料，它们能透过大部分入射光。材料的透光性能不仅取决于它的分子结构，还同它的厚度有关。非常厚的玻璃或水是不透光的，而一张极薄的金属膜都可能是透光的。

透射规律

材料透射光的分布形式可分为规则透射、定向扩散透射、漫透射和混合透射四种，如图 5 - 8 所示。透射材料属规则透射，在入射光的背侧，光源与物像清晰可见。磨砂玻璃属定向扩散透射，在背光的一侧仅看到光源的模糊影像。乳白玻璃具有均匀漫透射特性，整个透光面亮度均匀，完全看不见背侧的光源和物象。在透明玻璃上均匀地喷上一层薄漆，其透光性近似于混合透射。如将白炽灯泡放在这种玻璃的一侧，由另一侧看去，表面亮度相当均匀，同时灯丝的像也很清楚。

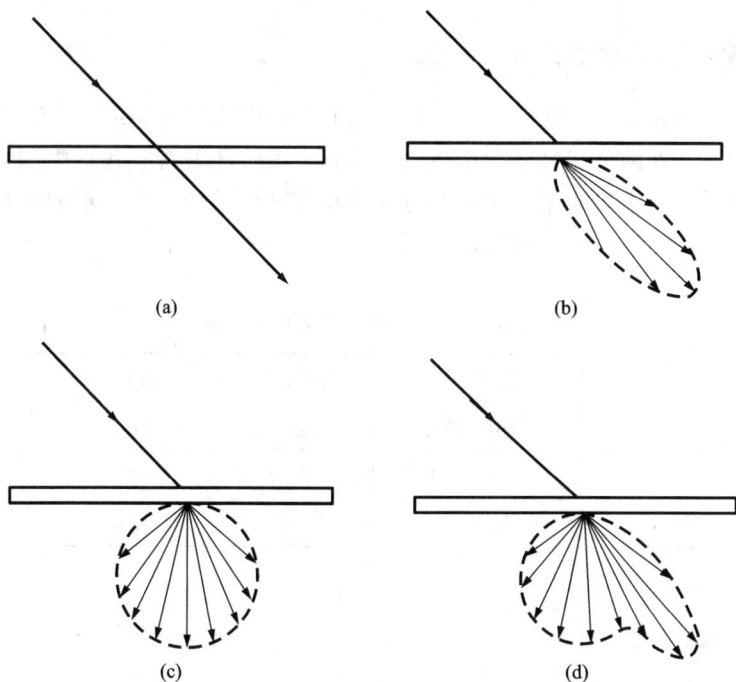

图 5 - 8　透射光的分布

(a)规则透射；(b)定向扩散透射；(c)漫透射；(d)均匀漫透射

3.折射

光在透明介质中传播，当从密度小的介质进入密度大的介质时，光速减慢，反之，光速加快。这种由于光速的变化而造成的光线方向改变的现象，称为折射，如图5-9所示。光的折射满足下面关系：

$$\frac{\sin i}{\sin \gamma} = \frac{n_2}{n_1} \tag{5-14}$$

式中：n_1、n_2——分别为第 1 种、第 2 种介质的折射率；

i、γ——分别为入射角、折射角。

利用折射性改变光线方向原理，可制成折光玻璃、各种棱镜灯罩，能精确地控制光分布。

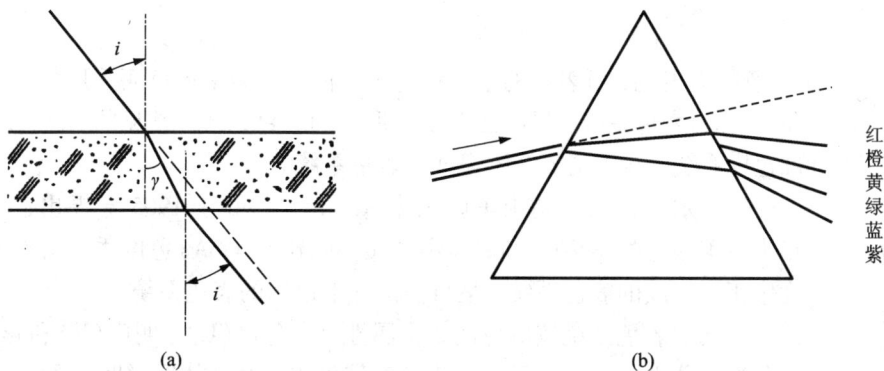

图 5 - 9　光的折射

(a)光通过平行表面的折射；(b)光通过三角形棱镜的折射

5.1.3　颜色的基本概念

可见光包含不同波长的单色辐射,其在视觉上反映出不同的颜色,表5-3是光谱颜色的波长和光谱的范围,在两个相邻颜色范围的过渡区,人眼还能看到各种中间颜色。颜色同光一样,是构成光环境的主要要素,它对人的生理和心理活动会产生一定的影响。颜色设计需要物理学、心理学及美学等各方面的知识。

表5-3　光谱颜色的波长及范围

颜色	波长	范围/nm	颜色	波长	范围/nm
红	700	640~750	绿	510	480~550
橙	620	600~640	蓝	470	450~480
黄	580	550~600	紫	420	400~450

1. 颜色的分类及基本特点

(1)颜色的分类。

颜色可分为有彩色和无彩色两大类。无彩色在知觉意义上是指无色调的知觉色,也即指从白到黑的一系列中性灰色。

任何一种彩色的表现颜色都可以用色调、明度、彩度3个主观属性来描述。色调是各彩色彼此区别的特性,即各种单色光在白色背景上的呈现,如红、橙、黄、绿、蓝等。明度是指颜色相对明暗的特性。彩色光亮度越高,人眼越感觉明度高,反之,则明度低。彩度是指彩色的纯洁性。可见光谱中各种单色光彩度最高,光谱色掺入白光成分越多,彩度越低。非彩色指白色、黑色和中间深浅不同的灰色。它们只有明度的变化,没有色调和彩度的区别。

(2)颜色的混合。

人眼能够感知和辨认的每一种颜色都能用特定波长的红、绿、蓝三种颜色匹配出来,在色度学中将红、绿、蓝称为三原色。颜色的混合,可以是颜色光的混合,也可以是物体(颜料)的混合。

2. 颜色的度量

定量地表示颜色称为表色,所表示的数值称为表色值。把为了表色而采用的一系列规定和定义所形成的体系称为表色系统,目前已有多种形式的表色系统,常见的有孟塞尔表色系统、CIE1931标准色度系统,本节主要介绍孟塞尔表色系统。

孟塞尔表色系统是由美国画家A. H. Munsell于1905年提出,并于1930年末由美国光学学会(optical socyety of america, OSA)色度委员会对其进行尺度修正后形成的表色系统,是目前国际上通用的表色系统。

孟塞尔表色系统按颜色的3个属性——色调(H)、明度(V)和彩度(C)对颜色进行分类与标定。孟塞尔表色系统可用一个主体图说明,见图5-10,中央轴代表无彩色(中性色)明色等级,从下理想黑度0,到上理想白色10,共有

孟赛尔表色系

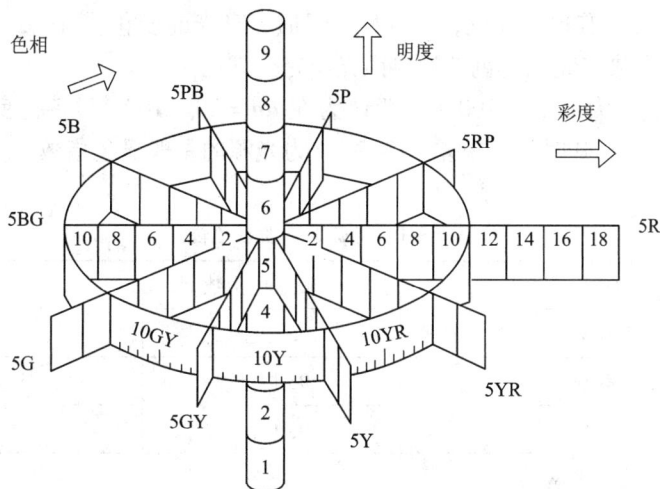

图 5 – 10 孟塞尔颜色立体图

感觉上等距离的 11 个等级。颜色样品离开中央轴的水平距离,代表彩度的变化。中央轴彩度为 0,离中央轴距离愈大,彩度愈大。

颜色立体水平剖面各个方向表示 10 种孟塞尔色调,其中有红(R)、黄(Y)、绿(G)、蓝(B)、紫(P)5 种色调和黄红(YR)、绿黄(GY)、蓝绿(BG)、紫蓝(PB)、红紫(RP)5 种中间色调,每种色调又分为 10 个等级,主色调与中间色调的等级都定为 5。

孟塞尔表色系统的表示方法为:HV/C = 色调×明度/彩度。

例如:标号为 10Y8/12 的颜色,其色调是黄与绿黄的中间色,明度值为 8,彩度为 12。

无彩色用 N 表示,即 NV/。例如:N7/表示明度值为 7 的中性值。

孟赛尔颜色表示

3. 光源颜色的质量

在光环境设计实践中,照明光源的颜色质量常用两个性质不同的术语来表示:①光源的色表,即灯光的表现颜色;②光源的显色性,指灯光对它照射的物体颜色的影响作用。

(1)光源的色表。

在照明应用领域里,常用色温定量描述光源的色表。当一个光源的颜色与完全辐射体(黑体)在某一温度时发出的光色相同时,完全辐射体的温度就叫作光源的色温,用符号 T_0 表示,单位是 K(绝对温度)。

热辐射光源中,如白炽灯,其光谱分布与黑体辐射光谱非常相近,都是连续光谱。因此,用色温来描述它的色表很恰当。而非辐射光源,如荧光灯、高压钠灯,它们的光谱功率分布形式与黑体辐射相差甚大,此时不能用色温来描述这类光源的色表,但允许用与某一温度辐射最接近的颜色来近似地确定这类光源的色温,称为相关色温,以符号 T_{cp} 表示。附表 7 列出了自然光和部分人工光源的色温。

(2)光源的显色性。

物体颜色随照明条件的不同而变化,将物体在待定光源下的颜色与它在参照光源下的颜

色相比的符合程度定义为待测光源的显色性。一般公认中午的日光是理想的参照光源。虽然，日光光谱在一天中有很大变化，但人眼已习惯了日光的变化，因此，当两者的色温相近时，将日光作为评定热工光源显色性的参照光源是合理的。

显色指数 Ra 的最大值定为 100。一般认为在 $Ra = 80 \sim 100$，显色优良；在 $Ra = 50 \sim 79$ 时，显色一般；在 $Ra < 50$ 时显色较差。表 5-4 为光源的一般显色指数。

表 5-4　光源的一般显色性

光源名称	一般显色指数	相关色温/K
白炽灯(500 W)	95 以上	2900
碘钨灯(500 W)	95 以上	2700
溴钨灯(500 W)	95 以上	3400
日光色荧光灯(400 W))	70 ~ 80	6600
外镇高压汞灯(400 W)	30 ~ 40	5500
内镇高压汞灯(450 W)	30 ~ 40	4400
镝灯(1000 W)	85 ~ 95	4300
高压钠灯(400 W)	20 ~ 25	1900

4. 颜色心理效果

颜色对人们的视觉影响是一种物理—生理—心理过程。对色觉的判断，不仅只是眼睛的作用，还有听觉、嗅觉、味觉、触觉等作用的综合影响。

在色觉的心理上，不同的经历、个性、年龄、教养、民族、性别对色觉的感受是不同的，表 5-5 为色感的共通性表。

表 5-5　色感的共通性表

心理感受	左趋势	积极色				中性色		消极色			右趋势
明暗感	明亮	白	黄	橙	绿、红	灰	灰	青	紫	黑	黑暗
冷热感	温暖		橙	红	黄	灰	绿	青	紫	白	凉爽
脉缩感	膨胀		红	橙	黄	灰	绿	青	紫		收缩
距离感	近		黄	橙	红		绿	青	紫		远
重量感	轻盈	白	黄	橙	红	灰	绿	青	紫	黑	沉重
兴奋感	兴奋	白	红	橙红	黄、绿 红、紫	灰	绿	青 绿	紫 青	黑	沉静

5.2　视觉与光环境

5.2.1　眼睛与视觉特征

1. 眼的构造

眼睛大体是一个直径 25 mm 的球体,主要由角膜、虹膜、水晶体、玻璃体、视网膜、脉络膜、视神经等组成,其结构如图 5 - 11 所示。

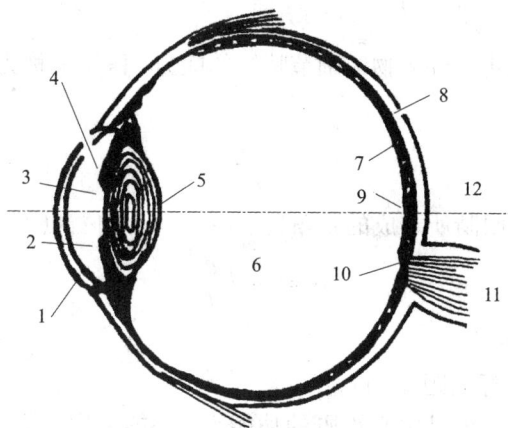

图 5 - 11　人眼剖面图
1—角膜;2—虹膜;3—瞳孔;4—前房;5—水晶体;6—玻璃体;7—视网膜;
8—脉络膜;9—中央凹;10—盲点;11—视神经;12—视轴

位于眼球前方的部分是透明的角膜,角膜后是虹膜。虹膜是一个不透明的"光圈",光线经过瞳孔进入眼睛,瞳孔直径为 2~8 mm,瞳孔的大小可根据视野的亮度改变,亮度大,瞳孔变小;亮度小,瞳孔放大。虹膜后面的水晶体起调焦成像作用,能自动改变焦距,保证在远眺或近看时都能在视网膜上形成清晰的像,这个过程称为调视。

眼球内壁 2/3 的面积为视网膜。视网膜是眼睛的感光部分,感光细胞有锥体细胞和杆体细胞两种。锥体细胞密集地分布在视网膜中心与视轴焦点的中央凹附近,有辨认细节和分辨颜色的能力,这种能力随亮度的增加而增加。锥体细胞对于光不太敏感,当亮度高于 3 cd/m² 时,锥体细胞才充分发挥作用,这时称为明视觉。所有的室内照明,都是按明视觉条件设计的。杆体细胞在视轴近旁极少,而是广泛地分布在其以外部分。杆体细胞对光非常敏感,但不能分辨颜色,在眼睛能够感光的亮度阈限(10^{-6}~0.03 cd/m²)的亮度水平,主要是杆体细胞起作用,称为暗视觉。当亮度为 0.03~3 cd/m² 时,眼睛处于明视觉和暗视觉的中间状态,称为中间视觉。一般道路照明的亮度水平,就相当于中间视觉的条件。

当外界目标在光源照射下,产生颜色、明暗和形体差异的信号时,即进入人眼瞳孔,并借助眼球调视在视网膜上成像。视网膜上接受的光刺激(即物象)变为脉冲信号,经视神经传给大脑,并通过大脑的解释、分析、判断而产生视觉。因此,视觉的形成依赖于眼睛的生理机能和大脑积累的视觉经验,也和照明状况密切相关。

2. 视觉特征

视觉是一个极为复杂的系统,它具有自调能力,能将传递的信息自行调节到最佳清晰度,其具有以下几种特征。

(1)亮度阈限。

对于在眼中长时间出现的大目标,其视觉阈限值遵守里科定律,即亮度×面积=常数;也遵守邦森-罗斯科定律,即亮度×时间=常数。这就是说,目标越小或呈现时间越短,越需要更高的亮度才能引起视知觉。视觉可忍受的亮度上限约为 10^6 cd/m^2,超过这个数值,视网膜就会因为辐射过强而受到伤害。

(2)视觉敏锐度。

视觉敏锐度 V 是视觉辨认外界物体细节特征的能力,医学上称为视力。通常用可辨视角 $\alpha_{\min}$ 的倒数表示,即:

$$V = \frac{1}{\alpha_{\min}} \tag{5-15}$$

视角即物体的大小对眼睛所形成的张角(图5-12),单位为(°),视角 α 由下式计算:

$$\alpha = \tan^{-1}\frac{d}{l} \tag{5-16}$$

式中:d——目标大小,m;

l——眼睛角膜到目标的距离,m。

眼睛分辨细节的能力主要是中心视野的功能,这一能力因人而异。医学上用兰道尔环,或"E"形视标检验人的视力,如图5-13。用此方法测定视觉的敏锐度,不仅可反映视觉的明度辨别能力,而且还表明了一定的解象和定位能力。

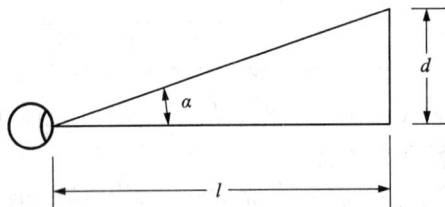

图5-12 视角的定义

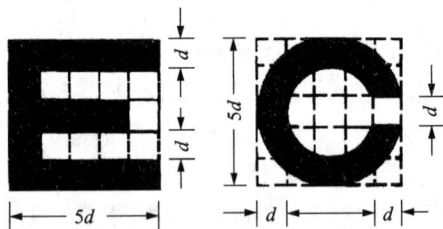

图5-13 检验视力用的视标

(3)对比忍受性。

任何视觉目标都有它的背景,如看书时白纸是黑字的背景,而桌子又是书本的背景。目标和背景之间在亮度或颜色上的差异,是人们视觉上能认知世界万物的基本条件。前者为亮度对比,后者为颜色对比。亮度对比是视野中目标和背景的亮度与背景(或目标)亮度之比,用符号 C 表示。

$$C = \frac{|L_\text{o} - L_\text{b}|}{L_\text{b}} \tag{5-17}$$

对均匀照明的无光源的背景和目标,亮度比 C 可用下式表示:

$$C = \frac{|\rho_0 - \rho_b|}{\rho_b} \qquad (5-18)$$

式中:L_o——目标亮度,cd/m^2;

　　　L_b——背景亮度,cd/m^2;

　　　ρ_0——目标反射比;

　　　ρ_b——背景反射比。

人眼刚刚能够知觉的最小亮度对比,称为阈限对比,记作 $\overline{C}$,其倒数表示人眼的对比感受性,称为对比敏感度,用符号 S_c 表示。

$$S_c = \frac{1}{\overline{C}} = \frac{1}{\Delta L} \qquad (5-19)$$

S_c 随照明条件变化而变化,并同观察目标的大小和呈现的时间有关。在理想条件下,视力好的人能够分辨 0.01 的亮度对比,即对比感受性最大可达 100。图 5-14 是一组以 20~30 岁青年做的实验获得的平均结果。

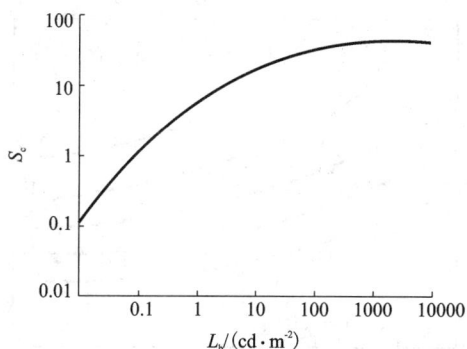

图 5-14　对感受性与背景亮度关系

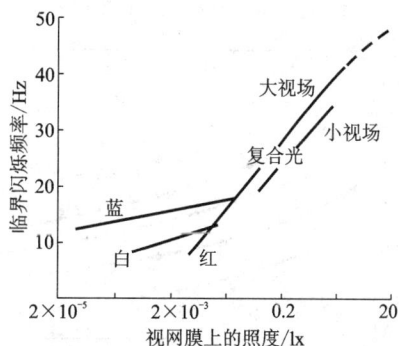

图 5-15　临界闪烁频率与波动光亮度关系曲线

(4)人眼对间断光的响应。

人眼对间断光的响应主要表现为对稳定刺激和不同频率的闪光刺激的分辨能力。当光的波动频率较低时,人眼可明显感到光亮闪动;频率越高,产生的闪烁越强,进一步增高频率,闪烁光消失。周期性波动光在主观下不引起闪烁光时的最低频率叫作临界闪烁频率。临界闪烁频率与波动光的亮度、波形以及振幅有关,在亮度较低时,还与颜色有关。图 5-15 是以全对比的矩形波动光为例,得出的视网膜上的照度与临界闪烁频率的关系。

从图 5-15 中得出,不同波长的色光对临界闪烁频率的影响主要发生在较低的网膜照度水平处,当照度大于 1.2×10^2 lx 时,临界闪烁频率与颜色无关。人眼最大临界闪烁频率不大于 50 Hz。

(5)视觉速度。

从发现物体到形成知觉需要一定的时间。我们将物体出现到形成视知觉所需要的时间倒数称为视觉速度($1/t$)。实验表明,在照度很低的情况下,视觉速度很慢,随着照度的增加(100~1000 lx),视觉速度上升很快;但达到 1000 lx 以上,视觉速度的变化就不明显了。

（6）视觉能力的个人差异。

视觉能力取决于眼睛光学系统各种部件的形状和透明度、眼睛的调视、对光感知能力及视网膜的光谱灵敏度等因素。视觉能力因人而异。一般中年以后，视觉能力就会随年龄的增长而衰退，而60岁老人的视力只有20~30岁年轻人的1/3。

5.2.2　视觉功效

人借助视觉器官去完成视觉作业的效能称为视觉功效（Visual performance），它取决于作业面大小、形状、位置和所成的光环境，即除去个人因素外，主要与视角、照度、亮度对比系数和识别时间有关。作业可见度是作业时可以被看清的难易程度，主要影响因素为作业的细节和大小、背景的颜色和反射比、呈现时间与亮度。

识别概率是一种视觉生理阈限的量度，即正确识别次数与识别总次数的比率。图5-16是对男女各10名的20~30岁的青年工人进行视觉功效的实验数据。其中，图5-16（a）为50%的辨认概率，相当于阈限可见度水平；图5-16（b）为95%的辨认概率，接近于辨认完全正确的水平。从这些曲线反映的视角、对比、照度和视觉功效的关系，可以总结出以下规律：

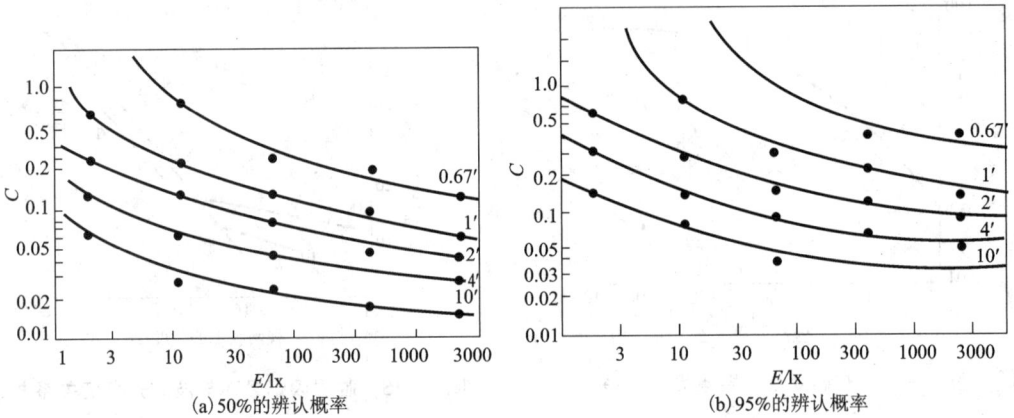

图5-16　中国青年的视觉功效曲线——识别概率

①在不同照度下，达到95%辨认精度（较高的视觉功效）所需的亮度与高于50%的辨认精度所需的亮度对比（阈限对比），两者的比值是一个常数。

②在相同照度下，视角和亮度对比可以互相补偿，即加大亮度对比能使辨认的视角减小；视角增大，需要的亮度对比可以降低。

③亮度对比一定，分辨的视角越小，需要的照度越高。

④视角不变，减小亮度对比，则达到一定辨认水平所需的照度增高。亮度对比越小，同等对比变化率所需要的照度增量越大。

5.2.3　舒适光环境要素

评价光环境的质量，除用户的感觉外，还应在生理和心理上提出具体的物理指标作为设计依据。世界各国的科学工作者都进行了大量的研究工作，通过大量视觉功效的心理物理实验，找出了评价光环境质量的客观标准。舒适光环境要素主要包括以下几个方面。

（1）适当的照度或亮度水平。

人眼对外界环境明亮差异的知觉，取决于外界景物的亮度。确定照度水平要综合考虑视觉功效、舒适感与经济、节能等因素。表 5 – 6 列出了国际照明组织（CIE）对不同作业区和不同活动推荐的照明标准。

表 5 – 6　CIE 对不同作业区和不同活动推荐的照度

照度范围/lx	作业或活动的类型
20 ~ 50	室外入口区域
50 ~ 100	交通区，简单地判别方位或短暂逗留
100 ~ 200	非连续工作的房间
200 ~ 500	有简单视觉要求的作业，如粗加工，讲课
300 ~ 750	有中等视觉要求的作业，如普通机加工、在办公室工作、在控制室工作
500 ~ 1000	有较高视觉要求的作业，如缝纫，检验和试验，绘图室
750 ~ 1500	难度很高的视觉作业，如精密加工和装配，颜色辨别
1000 ~ 2000	有特殊视觉要求的作业，如手工雕刻，很精细的工件试验
72000	极精细的视觉作业，如微电子装配，外科手术

（2）合理的照度分布。

规定照度的平面称为参考面，通常以假想的水平工作面照度作为设计标准。对于站立的工作人员，水平面工作距地面 0.9 m；对于坐着的工作人员是 0.75 ~ 0.8 m。对一般照明还应考虑照度均匀度的要求，照度均匀度以工作面上的最低照度与平均照度之比表示，一般不小于 0.7，CIE 建议数值为 0.8。

在交通区、休息区和大多数的公共建筑，适当的垂直照明比水平面的照度更为重要，一般认为空间内照度最大值、最小值与平均值相差不超过 1/6 是可以接受的。

（3）舒适的亮度分布。

在工作房间，作业近邻环境的亮度应当尽可能低于作业本身的亮度，但最好不低于作业亮度的 1/3，而周围视野（包括顶棚、墙、窗等）的平均亮度，应尽可能不低于作业亮度的 1/10。灯和白天的窗亮度应控制在作业亮度的 40 倍以内。要实现这个目标，最好统筹考虑照度和反射比这两个因素，因为亮度与二者的乘积成正比。

墙壁的反射比，最好为 0.3 ~ 0.7，其照度为作业照度的 1/2 为宜。照度水平高的房间要选低一点的反射比。地板空间的反射比应为 0.1 ~ 0.3，这个数值是考虑了工作面以下的地面受家具遮挡的影响后提出来的，多半要用浅色的家具设备（反射比为 0.25 ~ 0.50）、浅色的地面才能达到要求。

非工作房间，特别是装修水准高的公共建筑大厅的亮度分布，往往要根据建筑创作的意图来决定。其目的是突出空间或结构的形象，渲染特定的气氛或强调某种室内装饰效果。这类光环境亮度水平的选择和亮度分布的设计也应考虑视觉舒适感，但不受上述亮度比的限制。

　　（4）宜人的光色。

　　在人类漫长的进化过程中，由于对太阳光线物理特性的适应，形成了人的视觉器官的特殊结构，以适应光线强度的变化。太阳的辐射光是连续光谱，在日出前或日落后，色温较低，为 2000～4500 K，在中午及阴天时，色温较高，为 5000～7000 K。在夜晚，人们常常利用火光照明，先是用火把，后来发明了蜡烛与油灯，火光是色温较低的连续光谱。总之，人类在数十万年的历史进程中特别习惯于日光与火光，对这两种光色形成了特殊的偏好。人对光色的爱好同照度水平有相应的关系，1941 年 Kruithoff 根据他的实验，首先定量地提出了光色舒适区的范围，如图 5 - 17 阴影部分所示。

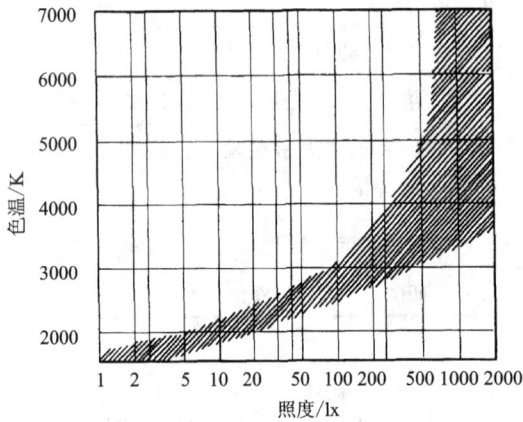

图 5 - 17　照度水平与舒适光色温

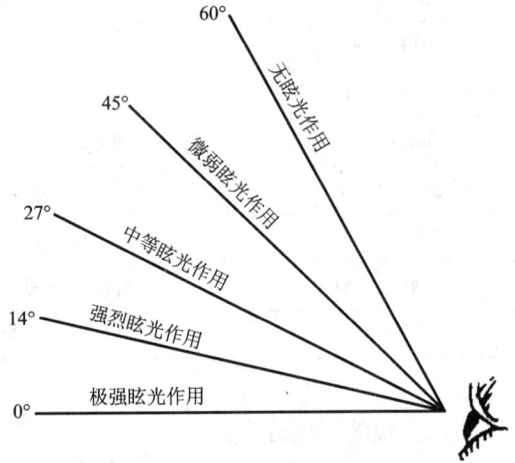

图 5 - 18　发光体角度与眩光关系

　　（5）避免眩光干扰。

　　当视野内出现高亮度或过大的亮度比时，会引起视觉上的不舒适、烦恼或视觉疲劳，这种高亮度或亮度对比称为眩光。它是评价光环境舒适性的一个重要指标。当这种光被人眼直接看到时，称直接眩光；若是从视野内的光滑表面反射到眼睛，则称反射眩光或间接眩光。眩光效应与光源的亮度和面积成正比，并随着光源对视线的偏角而减弱（图 5 - 18）。

　　根据眩光对视觉的影响程度，可分为失能眩光和不舒适眩光。失能眩光的出现会导致视力下降，甚至丧失视力。不舒适眩光的存在使人感到不舒服，影响注意力的集中，时间长了会增加视觉疲劳，但不会影响视力。

　　（6）光的方向性。

　　在光的照射下，室内空间结构特征、人和物都能清晰而自然地显示出来，这样的光环境给人的感受就比较生动了。一般来说，照明光线的方向性不能太强，否则会出现生硬的阴影，令人心情不愉快；但光线也不能过分漫射，以致被照物体没有立体感，平淡无奇。

复习思考题

1. 波长为 540 mm 的单色光源，其辐射功率为 5 W，试求：(1)这单色光源发出的光通量；(2)如它向四周均匀发射光通量，求其发光强度；(3)离它 2 m 处的照度。

2. 一个直径为 250 mm 的乳白玻璃球灯罩，内装一个光通量 1179 lm 的白炽灯，设灯罩的光透射比为 0.60，求灯罩外表面亮度(不考虑灯罩的内反射)。

3. 一房间平面尺寸为 7 m×15 m，净空高 3.6 mm，在顶棚正中布置一亮度为 500 cd/m² 的均匀扩散光源，其尺寸为 5 m×13 m，求房间正中和四角的地面照度(不考虑室内反射光)。

4. 有一白纸的反射比为 0.8，最低照度是多少时我们才能看见它？ 达到刺眼时的照度又是多少？

5. 试说明光通量与发光强度、照度与亮度间的区别和联系？

6. 看电视时，房间是完全黑暗好，还是有一定亮度好？ 为什么？

7. 你们教室的黑板上是否存在反射眩光(窗、灯具)？ 它是怎么形成的？ 如何消除它？

第6章 工农业建筑环境要求

6.1 室内环境对工农业生产的影响机理

6.1.1 环境对植物生长发育的影响

植物生长发育是和环境条件有密切关系的。温度、水(湿度)、空气、光照和无机盐类物质(土壤)是植物生长发育的 5 个基本要素,其中,温度、湿度、空气(成分、风速和大气压力)属于建筑环境因素。

1.温度

任何一种植物均需在一定温度范围内才能生长发育。各种温度值对植物的作用效果是不同的,其中有最低温度点、最适温度点和最高温度点,称为温度的三基点。不同植物种子萌发的温度三基点各不相同,见附表 8。

2.湿度

空气的相对湿度影响着植物的生长发育。相对湿度越低,空气越干燥,植物的蒸腾和土壤的蒸发就越强。当植物的蒸腾量超过根系的吸水量时,就会破坏植物体的水分平衡,如土壤供水不足,植物就会发生萎蔫,严重时甚至死亡。当大气中的水蒸气含量达到饱和时就会形成雾,雾作为水分可以被植物吸收,在无雨的海岸地区,它是植物的主要水源;在不太干旱的地区,雾降落得多时,在叶面上形成水滴,水滴降落到地面可增加土壤的水分供给,补偿干旱季的降水不足,有利于植物的生长发育。

3.空气

空气是维系生命最重要的物质基础,其中空气成分对植物的影响更为明显。

(1)氧气。

O_2 是生物呼吸作用的必要条件,同时又是植物光合作用的产物。作物在各个生命期均需要 O_2 进行正常呼以维持其生命活动,O_2 浓度降低,作物有氧呼吸降低,无氧呼吸增加。作物在长时间低 O_2 浓度环境下会发育不良甚至死亡。

(2)二氧化碳。

CO_2 是植物光合作用的物质基础。绿色植物每合成 1 kg 葡萄糖,需要吸收 2500 m³

的 CO_2。

（3）植物的挥发性分泌物。

在大气中除了含有 N_2、O_2、CO_2 等气体外，局部还含有芳香油、醇、醚、醛和酮等植物自身的挥发性分泌物，它们对邻近的生物有一定的影响。

（4）污染气体和悬浮颗粒物。

对植物有影响的空气成分还有 SO_2、HF、Cl_2、NO_x、NH_3、尘埃等气体或固体污染物，它们一般会通过植物的气孔、皮孔、根部等进入植物体内，并在植物中不断积累，对其生长发育造成严重影响，导致产量降低、品质变坏，当被人类和动物食用后，将直接危害到人畜安全。

从上述影响植物生长发育的环境因素来看，适宜的温度、湿度和空气成分有利于植物的生长发育。此外，大气压力对植物而言不是一种影响显著的环境因素，但风却对植物生长有一定的影响，故应注重植物环境的适度通风，以调节植物叶幕或株丛内部的空气成分，减少植株受病毒感染的概率。这些规律是建造人工温室、栽培植物的重要理论基础。

6.1.2 环境对动物的影响

1. 温度、湿度、风速对动物的影响

温度和湿度往往共同影响着动物的新陈代谢。湿冷的空气使有机体的热量散失很快，变温动物在这种条件下新陈代谢迅速降低，恒温动物的新陈代谢则加强，以保证体温；在干冷的环境中，热量散失较慢，其结果是使变温动物体温降低较慢，而恒温动物的新陈代谢增进并不明显；在干热的空气中，体表水分蒸发较快，其降温效果使得变温动物和恒温动物的体温调节成为可能；热湿空气将阻碍体表水分的蒸发，使动物丧失体温调节机能，导致病变和死亡。

风速对动物的生长、发育与繁殖一般没有直接影响，但会影响其进食行为，同时还会通过动物体内的水分蒸发和热量散失而间接地影响动物的新陈代谢率和水分代谢。

2. 空气成分和气压对动物的影响

（1）空气成分对动物的影响。

空气中的 O_2 和 CO_2 在动物的生活中起着十分重要的作用。大气能满足动物的生长发育需求。即使在海拔 1000 m 以上的地方，大气成分也能满足动物对 O_2 的需求；空气中的 CO_2 通常不会对动物的生活造成影响，只有在山洞、巢穴以及种群密集处，由于这些场所污染严重，或动物呼吸产生的污染气体浓度过高，或受到环境污染时，才会造成空气成分的变化，对动物的生活造成影响。

（2）大气压力对动物的影响。

大气压力随海拔高度的增加而降低，即使如此，对陆生动物的影响也并不明显。研究表明，大多数情况下，海拔高度增加使动植物稀少的主要原因不是由于气压降低所致，而是其他不良环境条件如气候寒冷、土壤不良和食物缺乏所致。

由于气压降低引起空气中的含氧量减少，相对而言，对恒温脊椎动物造成的影响较为明显。由于氧气含量减少，给呼吸带来困难，它们必须有特殊的适应能力（血液中所含的血红

细胞数量和血红蛋白含量较多），才能在高山低气压环境中生存。

6.1.3　影响食品的贮运保鲜的因素

引起食品腐败变质的主要原因是微生物作用和酶的催化作用，这些作用的强弱均与水分活度、温度、相对湿度、空气成分等具有密切的关系。

1. 水分活度

（1）对微生物繁殖的影响。

任何微生物的生长与繁殖都与它周围水分的活度有关，水分活度越高，微生物就越容易生长与繁殖；水分活度越小则微生物能利用的水分也就越少。食品贮藏中所涉及的微生物主要有细菌、霉菌和酵母菌。

绝大多数新鲜食品的水分活度都在 0.95 以上，所以各种微生物都会导致新鲜食品的腐败。

（2）对酶活性的影响。

食品腐败变质的原因除由微生物引起外，还由酶的活性引起。酶是食品内部生化反应的催化剂，其生化反应速率除与酶的活性有关外，还与酶的浓度、酶作用对象的浓度有关。一般而言，随着水分活度的降低，酶的活性、细菌繁殖、非酶褐变反应等速率均会降低。

（3）对非酶褐变反应的影响。

引起食品变质的化学反应大部分是由于酶的作用，但也存在非酶褐变反应（或称为"美拉德反应"）。非酶褐变反应在食品干燥与干藏中容易出现，同时在湿食品中也有发生。湿食品容易出现非酶褐变反应的最适水分活度为 0.60~0.80，果蔬制品为 0.67~0.75，干乳制品约为 0.70。由于食品存在着成分差异，即使是同类食品，因加工工艺不同，引起非酶褐变反应的最适水分活度也有所不同。

（4）对脂质氧化反应的影响。

水分活度影响着食品内的脂质氧化反应速度。水分活度很低的含有不饱和脂酸的食品放在空气中极容易遭受氧化酸败，当水分活度增加到 0.30~0.50 时，脂肪自动氧化的速率和量才减少，此后，随着水分活度的增加，氧化速率迅速提高，直到水分活度达到中湿状态以上，脂肪氧化反应才进入稳定状态或有所减弱。

（5）对维生素的影响。

在低水分活度的环境中，维生素 C 比较稳定，随着水分活度的增加，维生素 C 的降解速度迅速增加；其他维生素随水分活度的变化也有同样的变化规律。

2. 温度

（1）对微生物繁殖的影响。

根据微生物对温度耐受程度的不同，可将其分为嗜冷菌、适冷菌、嗜温菌和嗜热菌，各类细菌生长发育的温度范围见表 6-1。

表 6 - 1　细菌生长发育的温度范围

细菌类型	最低温度/℃	最适温度/℃	最高温度/℃
嗜冷菌	<0 ~ 5	12 ~ 18	20
适冷菌	<0 ~ 5	20 ~ 30	35
嗜温菌	10	30 ~ 40	45
嗜热菌	40	55 ~ 65	>80

温度对微生物的生长繁殖影响很大，温度越低，它们的生长与繁殖速率就越低，当它们处于最低生长温度时，其新陈代谢已减弱到极低程度，并出现部分休眠状态。

（2）对酶的活性的影响。

食品中的很多反应都是在酶的催化下产生的，这些酶中有些是食品中固有的，有些是微生物生长繁殖中分泌出来的。

一般而言，在 0 ~ 40℃ 范围内，随着温度的升高，酶的活性增强；在 40 ~ 50℃（一般不会超过 60℃）时达到最强；当温度进一步升高时，酶蛋白质发生变性，其活性会急剧下降。

酶的活性在低温环境中受到严重抑制，例如当温度降至 -12℃ 与 -30℃ 时，脂肪酶的活性分别降为 40℃ 时的 1% 与 0.1%。低温处理虽然会使酶的活性下降，但不会完全丧失。温度降低到 -18℃ 才能比较有效地抑制酶的活性，因此，商业上一般采用 -18℃ 作为贮藏温度，实践证明，多数食品在数周至数月内是安全可行的。

（3）对食品物料的影响。

低温对食品物料的影响因物料种类的不同而不尽相同。食品物料主要分为两人类：①植物性食品物料，主要是指新鲜果蔬；②动物性食品物料，包括水产品、家禽与牲畜肉类、蛋乳制品。

动物性食品的贮藏应尽量延缓动物体死后的变化过程，降低温度可以减弱生物体内酶的活性，延缓化反应过程，并减少微生物的繁殖。

一般情况下，温度降低会使植物性食品个体的呼吸强度降低、新陈代谢速度放慢，植物个体内存贮物质的消耗速度也减慢，使其贮藏期延长，因此低温具有保存植物性食品的新鲜状态的作用。但必须注意的是，贮藏温度必须以不破坏植物正常的呼吸作用为前提，温度过低，植物个体便会由于生理失调而产生低温冷害，使植物个体正常的生命活动难以维持，活态植物性食品的免疫功能也会受到破坏和削弱。

从抑制植物性食品的呼吸作用和蒸发作用方面来看，在低温下贮存植物性食品的基本原则是：既降低植物个体的呼吸作用等新陈代谢活动，又维持其基本的生命活动，使植物性食品处于一种低水平的新陈代谢状态。通常贮藏温度选择在接近冰点但又不致使植物个体发生冻死现象的温度。

3. 相对湿度

食品贮藏环境的相对湿度和空气成分也对食品保鲜效果具有一定的影响，特别是对植物性食品的影响不可忽视。

一般而言，提高空气的相对湿度可降低植物性食品的蒸发作用，以减少食品的干耗（动物性食品也是如此),但降低相对湿度又有利于抑制植物性食品的呼吸作用。因食品的种类不同,受相对湿度的影响也不尽相同,如大白菜、韭菜、柑橘采摘后需要晾晒,轻微的失水有利于抑制其呼吸强度;大蒜、洋葱在低湿度下休眠,能延缓发芽;香蕉在低于80%的相对湿度条件下不能正常成熟,有利于延长贮藏期。

4. 空气成分

对于食品贮藏环境的空气成分而言,主要关注的是 O_2、CO_2 和乙烯,他们对动物性食品的影响较小,但却是影响植物性食品(包括切花)贮藏的重要因素。维持适宜的 O_2 与 CO_2 浓度,是实现植物性食品长期贮运的有效途径。

(1)氧气。

O_2 是生物活体维持呼吸作用的必要条件,降低环境空气中的 O_2 浓度可抑制呼吸作用,当 O_2 浓度低于10%时,呼吸强度明显减弱,有利于保鲜贮藏;但 O_2 浓度低于2%时会产生无氧呼吸,对保鲜贮藏不利。对于大多数果蔬保鲜来说,O_2 浓度取2%~5%比较合适,有些热带、亚热带水果则要求 O_2 浓度为5%~9%。

(2)二氧化碳。

提高 CO_2 浓度也可降低呼吸强度,其作用比 O_2 更为明显,但 CO_2 浓度过高,会产生无氧呼吸。对于大多数果蔬保鲜的 CO_2 浓度以1%~5%为宜。

在果蔬贮藏保鲜中,如能控制 O_2 和 CO_2 两种气体的适当比例,比单独控制 O_2 和 CO_2 的含量对抑制其呼吸强度效果更好,气调贮藏就是基于这一原理发展起来的。

(3)乙烯。

乙烯是果蔬在成熟过程中的一种自然代谢物,是一种催化激素。乙烯浓度提高,将增强果蔬的呼吸作用,加速成熟(果实已经完成了生长过程进入成熟阶段,其特征是达到食用时的生理状态)和衰老(是植物发育的最后阶段,采后各种生理生化变化完成后,会导致细胞崩溃最后腐烂变质,其特征是乙烯产量达到最高峰)过程,不利于贮藏保鲜。

6.1.4　环境对工业生产的影响

1. 精密机械加工

机械加工在各种热源(摩擦热、切削热、环境温度、热辐射等)的作用下,机床、刀具、被加工工件等温度发生变化会产生热变形,从而影响工件与刀具间的相对位移,造成加工误差,进而影响零件的加工精度。如钢材的线膨胀系数为 1.2×10^{-5}℃,对于长度为100 mm的钢件,当温度上升1℃时将伸长1.2 μm。温度变化除了直接影响工件的伸缩外,对机床设备精度也有影响。据有关资料统计,在精密加工中,由于热变形引起的加工误差占加工总误差的40%~70%。

2. 纺织工业

纺织工业是以纯棉或棉与化学纤维混纺为原料的加工业。棉纤维具有吸湿和放湿性能,对空气湿度比较敏感。棉纤维的含湿量直接影响纤维强度,也影响纤维之间和纤维与机械之间相互摩擦产生的静电大小,与纺织工艺和产品质量关系密切。棉纤维外表有一层棉蜡,当温度低于 18.3℃时棉蜡硬化，会影响纺纱工艺；当温度高于 18.3℃时棉蜡软化，纤维变得润滑柔软，可纺性增强。化纤原料中除纤维素、人造纤维吸湿性比较强以外，合成纤维的吸湿性也较强。因此，纯棉与混纺车间的温湿度要求有一定的差别。总之，纺织车间湿度以保证工艺需要的相对湿度为主，温度能满足工人的劳动卫生需要和保持相对稳定即可。

3.电子工业

在电子工业中，尤其是大规模和超大规模集成电路生产中，生产环境的洁净度已成为影响产品质量的一个重要因素。生产环境中的尘粒可能对集成电路造成缺陷，这种缺陷大致分为三种：第一是对表面的污染，在工艺处理中存留在芯片的表层。第二是基片内侵入不纯物，到达一定浓度之后，足以使大规模集成电路成为次品。第三是造成图形缺陷。一般认为，包括影响可靠性的缺陷在内，尘粒的粒径必须小到所用最小图形尺寸的 1/10~1/5，才有把握避开影响。

4.制药工业

药品是一种特殊的商品，其质量的好坏直接关系着每一个人的健康和生命安全，而医药工业室内环境是医药产品质量保证体系中非常重要的环节之一，属于生物洁净室的一种。

世界卫生组织（WHO）早在 1969 年就制订了"民药品的制造与品质管理经验"（good practice in manufacture and quality control of drugs），并做出决议向各参与国推荐，一般称为 GMP。GMP 包括了制造与质量的管理、制造场所的构造与设备、对于质量问题的处理这三部分。

药品的种类很多，有净化要求的至少包括：抗生素的制造、注射药的制造、锭剂制造、点眼药制造以及医疗器械制造等几个方面。其中注射剂和口服剂的生物洁净要求很高。

（1）注射剂。

现代医学表明，注射或静脉输液的热源反应是由细菌所产生的多酶物质引起的。一定数量及粒径的微粒子进入人体血液循环系统中，将会引起各种有害症状。例如静脉血液中如果含有 7~12 μm 的细微颗粒，就会引起热源反应、抗原性或致癌反应，引起肺动脉炎、血管栓塞、异物肉芽肿及动脉高血压症。在制药厂工艺过程中，粒子来源很多，如空气无菌过滤器清洗、吹干以及溶液所用介质金属设备、容器、胶塞、胶管等均可产生不同粒径及数量的粒子。此外，粒子物质常悬浮于空气中，一遇机会也会沉降到药品中。

在粉针剂抗生素的制作过程中，细菌培养罐内的空气与培养物质均应无杂菌。从反复过滤提纯菌体溶液开始到提取结晶、真空烘干以及粉剂研磨，相互间如果不是密封流水线都将直接接触空气，需要对室内环境进行净化。

水针剂于灌封后还要进行灭菌检漏，以保证无菌。但从防微粒子无尘的角度，则要求从配药过滤、洗瓶、干燥到灌封都必须保持洁净。

（2）口服剂。

为了保证口服药品的质量，我国曾于 1978 年制订了药品卫生标准。除不允许存在致病菌与活螨外，对于杂菌与霉菌的总数也做出了规定：西药片剂、粉剂、胶丸、冲剂等，杂菌每克不得超过 1000 个，霉菌总数每克不得超过 100 个，糖浆合剂、水剂等液体制剂霉菌与杂菌每升不得超过 100 个等。

5.医院洁净手术室

微生物污染是指在预定的环境或物质中存在着不希望存在的微生物。微生物污染控制是为达到必要的无菌条件所采取的手段。其控制对象主要是细菌与真菌。它们的粒径尺寸在 0.2 μm 以上，常见的细菌都在 0.5 μm 以上。而且一般认为多依附于其他物质或浮游微粒之上，因此对于空气中的浮游细菌可以使用高效过滤方法给予控制。但微生物污染渠道不仅只是空气，还与人体和操作人员的服装有关。医院内使用微生物洁净室的主要目的是防止感染。手术后感染引起的伤残和所需费用给病人和社会造成了极大的影响，研究表明，绝大部分术后感染均可溯源于手术时刻，与手术室内的细菌浓度尤其是手术创口附近的细菌浓度过高有关，而室内细菌浓度则与室内空气的洁净程度有关。表 6-2 给出了空气中的细菌与术后感染率的关系，从表 6-2 可以看出，随着空气中细菌个数的增加，术后感染率也随之提高。

表 6-2   空气中的细菌与术后感染率关系

个/ft³	感染率/%	项目调查	个/ft³	感染率/%	项目调查
0.10	0.00	17	1.60	1.52	2
0.10	1.25	2	2.50	3.70	11
0.10	1.40	12	2.50	6.30	10
0.20	3.10	12	3.50	2.90	8
0.48	0.60	1	3.90	0.00	17
0.60	2.40	1	6.50	8.90	8
0.88	0.70	18	8.10	7.70	8
1.46	2.50	1	12.40	10.70	8

长期的应用实践证明，洁净技术对于降低感染率有明显的作用。例如 2000 年，我国广州某医院成立洁净手术部之前，无菌手术切口感染率为 0.2%，成立洁净手术部之后，手术切口感染率为 0.1%。

6.宇航工业

地球上任何一种微生物通过宇航飞行器带入宇宙或者其他星球，都将会造成交叉污染，或使宇宙空间的生态平衡发生不利的变化。所以要求在制造宇航飞行器时对微生物的污染进行严格的控制，宇航飞行器的环境属于生物洁净室的一种。

6.2　典型工农业建筑的室内环境设计指标

6.2.1　植物适宜的生长发育环境——温室内的人工环境

温室是在应用环境因素对植物生长发育规律的基础上,建立起来的能够调控环境因素并用于作物栽培、品种改良、植物展示的半密闭微气候环境设施。由于温室可对室内空气的温度、湿度、成分、风速等影响植物生长发育的环境因素进行人工调控,故可为植物提供适宜的生长发育环境。根据用途、建筑结构、温度、采光材料、外形的不同,温室有各种分类。例如,按采光材料可分为玻璃温室、塑料温室和日光温室三大类;按照温室的温度范围可分为高温温室、中温温室、低温温室、冷温温室等。

温室是典型的人工环境,它主要包含以下几个方面。

1. 温度环境

温室内的温度环境包括空气温度和土壤温度。温室通过太阳辐射后,由于温室效应使得室内积蓄大量热量,为农作物生长创造基本的温度条件,但由于室内温度需要调控,故通常在温室内还需配置降温、升温设备,以保证室内不出现过低或过高温度,使其始终位于作物生长发育的最适温度范围。

2. 湿度环境

温室内的湿度环境是指空气湿度和土壤湿度,通风换气是调节室内空气湿度的常用方法,此外,也可根据需要设置除湿、加湿设备以改善空气湿度状况;节水灌溉、地膜覆盖是调节土壤湿度的有效途径。

3. 空气环境

温室气体环境包括 CO_2、O_2 及 C_2H_4 等气体。半密闭温室的室内空气环境往往比室外更恶劣,为保证作物正常生长,常常采用空气调节措施为作物创造适宜的气体环境。通风换气和 CO_2 施肥技术被认为是目前控制温室气体成分最为有效的方法。

由于植物的种类繁多,原产地来源广泛,因此其温室内的人工环境条件也很难确定,但确定其原则是模拟各种植物在其原产地的生理过程选择最适宜的生存条件。附表 9 是根据有关文献给出的资料而汇总出的温室环境条件,可供读者参考。

温室环境是人工创造的植物生长发育环境,除需创造适宜的温度、湿度和微气候气体环境外,还需控制其光环境和土壤(包括无土栽培的营养液)环境,使之模拟无自然灾害的大自然环境,对于改善传统农业结构,推进农业产业化、现代化具有重要的实用价值。

6.2.2　动物适宜的生长发育环境

由于动物的种类繁多,其适宜的生长发育环境参数也各不相同,并且随着年龄(月龄)的变化而有所变化,附表 10 是根据有关文献整理出的典型经济动物生长发育的主要人工环境条件。

在设计动物园或经济动物圈舍时，必须根据各种动物自身的生活习性，为其创造适宜的热舒适环境(温度、湿度和风速)、空气品质和空气成分，以适宜动物的生长发育，提高产量。

6.2.3　食品的贮运环境要求

各种食品均有自己的最适贮藏环境条件，这些条件主要包括：空气的温度、相对湿度以及空气成分。贮藏期限越长，对其贮藏条件的要求就越严格。对于无呼吸作用的动物性食品，则主要考虑食品的温湿度条件；对于一般要求的植物性食品，除考虑温湿度条件外，还需考虑通风换气问题，以便于维持其最低的生命活动需求；对于要求严格的果蔬产品，尚需采用气调贮藏技术，以控制其贮藏环境的空气成分(包括氧气、二氧化碳以及乙烯浓度等)。

下面将给出部分食品的最适贮藏环境参数。

1. 食品的冷藏环境

附表 11 ~ 16 列出了部分植物性、动物性食品及其相关制品的冷藏环境及贮藏期。

2. 果蔬的气调贮藏环境

气调贮藏是通过控制贮藏环境中的气体成分和适当的贮藏温度来进行果蔬贮藏的技术措施。气调贮藏包括 CA 贮藏(controlled atmosphere storage)和 MA 贮藏(modified atmosphere storage)两种方式，前者是将 O_2 和 CO_2 严格控制在一定指标范围内；而后者对 O_2 和 CO_2 的浓度控制范围则要宽一些。一般而言，气调贮藏主要是指 CA 贮藏。

温度、相对湿度、O_2 和 CO_2 浓度是气调贮藏过程中的四个主要技术参数，称为气调环境参数，它们之间是相互关联、相互制约的。温度是果蔬呼吸代谢过程中最为重要的影响因素，任何贮藏都以适宜的温度为基础条件，只有在适宜的温度条件下，辅助以适宜的气体组分，才能使果蔬取得最佳的贮藏效果。此外，贮藏环境的相对湿度也会对贮藏效果产生一定的影响。在 CA 贮藏中，空气的温度、相对湿度、O_2 和 CO_2 浓度共同作用于果蔬，产生综合的保鲜效果，只有结合果蔬、切花的实际情况，经过反复研究才能得出最佳的保鲜贮藏环境参数。因此，CA 贮藏的温、湿度范围并非与附表 11、附表 12 中的数据严格一致。

附表 17 给出了部分果蔬 CA 贮藏保鲜的环境条件。

6.2.4　工业生产环境要求

1. 精密机械加工

在高精度精密加工中，为了避免工件因温度变化产生胀缩，一般要严格规定环境的基准温度，并制定温度变化的偏差范围，$(20 \pm 0.2)℃$ 和 $(20 \pm 0.01)℃$ 的恒温加工已经出现。

另外，为了避免工件由于湿度过大而引起表面锈蚀，一般也要规定环境的相对湿度。部分精密加工的室内空气参数要求见表 6 - 3。

表 6-3　精密加工的室内空气参数要求

加工类型	空气温度基数及其允许波动范围/℃		空气相对湿度 /%
	夏季	冬季	
Ⅰ级坐标镗床、大型高精度分度涡轮滚齿机、量具半精研及手工研磨等	20±1	20±1	40~65
Ⅱ级坐标镗床、精密丝杠车床、精密轴承装配、分析天平	23±1	17±1	40~65
精密轴承精加工	16~27		40~65
高精度外圆磨床、高精度平面磨床	16~24		40~65
高精度刻线机(机械刻划法)	20±0.1~-20±0.2		40~65
高精度刻线机(光电瞄准并联机械刻划法)	18~22		40~65

2. 纺织工艺

根据不同纺织车间的加工要求,纺织工艺与相对湿度的关系均有所不同,如纱支品种和工艺的差别就很大,所以对相对湿度的参数及其湿度精度要求也各不相同。相对湿度的过低或过高,都会影响工序的生产和产品的质量。因此纺织厂车间以保证工艺需要的相对湿度为主,各车间的温湿度控制范围见表 6-4,而温度则以满足作业人员的劳动卫生需要和保持相对稳定即可。

表 6-4　棉纺织厂各主要车间温湿度控制范围

车间	冬季		夏季	
	温度/℃	相对湿度/%	温度/℃	相对湿度/%
清棉	18~20	55~60	31~33	55~60
梳棉	20~25	55~60	31~33	55~60
精梳	22~24	60~65	28~30	60~65
并粗	22~24	60~65	30~32	60~65
细纱	24~27	55~60	30~32	55~60
并捻	18~26	65~75	30~32	65~75
络筒	20~22	60~70	29~32	65~75
浆纱	20~25	<75	<36	<75
穿筘	18~22	60~70	29~32	65~75
织布	22~24	68~78	<32	68~80
整理	18~22	55~65	29~32	60~65

表6-4中的相对湿度参数都是一般的控制范围,具体确定时还必须考虑原棉的含水、含杂、成熟度、细度以及所纺织量等因素。

3. 电子工业

近年来,世界范围内微电子技术发展迅速,集成电路每两三年就更新一代,集成度越来越高,加工的芯片面积越来越大,加工的线越来越细,加工的次数越来越多,因此对生产环境受控尘粒的粒径要求越来越小,对环境洁净度的要求越来越高。目前,电子工业洁净厂房室内环境设计主要依据《洁净厂房设计规范》(GB 50073—2001)的规定。下面主要介绍这一标准。

(1)洁净厂房洁净度。

根据《洁净厂房设计规范》(GB 50073—2001)的规定,洁净厂房的空气洁净度应按表6-5规定划分为9个等级。不同电子工艺生产过程根据工艺要求选用表6-5中的不同等级进行净化空调系统设计。如集成电路的生产环境一般取最小加工线宽的1/10~1/5为微粒粒径的控制尺寸,即如果加工线宽为1 μm,则控制粒径为0.1 μm。

表6-5 空气洁净度

等级/N	大于或等于表中粒径的最大浓度限值/$(pc \cdot m^{-3})$					
	0.1 μm	0.2 μm	0.3 μm	0.5 μm	1 μm	5 μm
1	10	2	—	—	—	—
2	100	24	10	4	—	—
3	1000	237	102	35	8	—
4	10000	2370	1020	352	83	—
5(100级)	100000	23700	10200	3520	832	29
6(1000级)	1000000	237000	102000	35200	8320	293
7(10000级)	—	—	—	352000	83200	2930
8(100000级)	—	—	—	3520000	832000	29300
9	—	—	—	35200000	8320000	293000

注:括号内的洁净度等级是GBJ 73—1984《洁净厂房设计规范》定义的等级。

(2)洁净室内的温湿度。

人是洁净室主要的发尘源,作业人员进入洁净室必须着与洁净室空气洁净度等级相适应的洁净工作服。由于洁净工作服的透气性差,为保证作业人员的工作环境,提高劳动生产率,在洁净室生产工艺对环境温湿度没有特殊要求时,洁净室内的温湿度控制主要以创造作业人员的舒适环境为目的。表6-6为洁净室温湿度控制范围。

表 6 - 6　洁净室温湿度控制范围

房间性质	温度/℃		湿度/%	
	冬季	夏季	冬季	夏季
生产工艺有温湿度要求的洁净室	按生产工艺要求确定			
生产工艺无温湿度要求的洁净室	20 ~ 22	24 ~ 26	30 ~ 50	50 ~ 70
人员净化及生活用室	16 ~ 20	26 ~ 30		

（3）洁净室内的噪声限制

洁净室噪声控制主要考虑噪声的烦恼效应、语言通信干扰和对工作效率的影响。洁净室内的噪声级（空态），非单向流洁净室不应大于 60 dBA，单向流、混合流洁净室不应大于 65 dB（A）。室内噪声频谱限制不宜大于表 6 - 7 中的规定值。

表 6 - 7　洁净室噪声频谱的限制值（空态）

倍频程声压级/dB　中心频率/Hz		63	125	250	500	1000	2000	4000	8000
洁净室分类	非单向流	79	70	63	58	55	52	50	40
	单向流、混合流	83	74	68	63	60	57	55	54

（4）洁净室内的照明要求

由于洁净室天然采光较少，选用光源时应考虑光源光谱分布尽可能接近自然光，一次一般选用荧光灯作为光源。为防尘粒渗入、便于清扫和灯具维护，灯具一般采用吸顶明装，并作密封处理。无采光窗洁净区照度根据视觉工作等级在工作面上的最低值不应低于表 6 - 18 中的规定值，室内混合中的一般照明，其照度值应按各视觉等级相应混合照度值的 10% ~ 15% 确定，开小低于 200 lx。洁净室内一般照明的照度均匀度不应小于 0.7。

表 6 - 8　无采光窗洁净区工作面上的最低照度值

识别对象的最小尺寸（d/mm）及场所	视觉工作分类		亮度对比	照度/lx	
	等级			混合照明	一般照明
$d \leqslant 0.15$	I	甲	小	2500	500
		乙	大	1500	300
$0.15 \leqslant d \leqslant 0.3$	II	甲	小	1000	300
		乙	大	750	200
$0.3 \leqslant d \leqslant 0.6$	III	甲	小	750	200
		乙	大	750	200

续表 6-8

识别对象的最小尺寸(d/mm)及场所	视觉工作分类	亮度对比	照度/lx	
	等级		混合照明	一般照明
d>0.6	IV	—	—	750	200
通道、休息室	—	—	—	—	100
暗房工作室	—	—	—	—	30

（5）其他要求

为保持洁净室内一定的洁净度，不同洁净度级别的洁净室还对气流流型、平均风速、送风量、室内压力有不同程度的要求，详见《洁净厂房设计规范》（GB 50073—2001）。

4. 制药工业

国际上早在 1969 年就由世界卫生组织颁布了具有国际性的《药品生产和质量管理规范》（good manufacture practice，GMP），在这之后世界主要国家和地区相继制订了自己的 GMP。在 1985 年，由中国医药工业公司发布了我国的 GMP 以及《GMP 实施指南（1985）》，又称"85 版指南"，卫计委也于 1988 年颁布了 GMP。1992 年中国医药工业公司与中国化学制药工业协会对"85 版指南"进行了大量的修改，出版了《GMP 指南（1992）》（简称"92 版指南"），同年卫计委也发布了"92 版 GMP"，对空气净花设施提出了详尽而又具体的要求，并且对空气温度、相对湿度、含尘浓度和含菌浓度（活微生物）都有非常严格的要求。制药工业中抗生素制造车间室内空气温湿度要求见表 6-9。不同洁净等级的制药工业厂房空气洁净要求见表 6-10。

表 6-9　抗生素制造车间室内温湿度要求

工作类别	空气温度/℃		空气相对湿度/%	备注
	夏季	冬季		
抗生素无菌分装车间青霉素、链霉素分装，菌落实验，无菌鉴定，无菌衣更衣室等房间	≤22(盖瓶塞的工艺操作) ≤25(罐装等发热量较大情况)	20	≤55	要求工作人员夏季穿两套无菌工作服，冬季无菌工作服内不能穿毛衣等内衣，所以房间空气温度主要是满足人的舒适要求
针剂及大输液车间调配、罐装等属于半无菌操作的房间	25	18	≤65	穿一件无菌工作服
青霉素片剂车间	一般	一般	≤55	

表 6 - 10　不同洁净等级的制药工业厂房空气洁净要求

洁净等级	尘粒数/（个·m^{-3}）		活微生物数/（个·m^{-3}）	
	≥0.5 μm	≥5 μm	沉降菌	浮游菌
100 级	≤3500	0	≤1	≤5
10000 级	≤350000	≤2000	≤3	≤100
100000 级	≤3500,000	≤20000	≤10	≤500

5. 医院洁净手术室

手术室采用生物洁净室对降低术后感染率起到了重要作用。美国外科学会手术环境委会和国家研究总署对近代医院手术室的浮游菌做了规定，见表 6 - 11。

表 6 - 11　近代医院手术室的浮游菌标准

级别	浮游菌个数/（个·m^{-3}）	使用场所	级别	浮游菌个数/（个·m^{-3}）	使用场所
I 级	<35	清洁手术（人工脏器移植）	III 级	<700	一般手术
II 级	<175	准清洁手术			

6. 宇航工业

美国国家航空和宇宙航行局（NASA）为了对制造宇航飞行器时的微生物污染进行严格控制，制订了 NASA - NHB5340 生物洁净室标准（表 6 - 12），除了对空气中的浮游尘粒严格控制外，对于在空气中的浮游生物粒子及其沉降量也分别做出了规定。

表 6 - 12　美国国家航空和宇宙航行局 NASA - NHB5340 生物洁净室标准

级别	微粒		生物微粒	
	≥0.5 μm	≥5 μm	浮游菌	沉降菌
	个/L	个/L	个/L	个/（m^2·周）
100 级	3.5	—	0.0035	12900
1000 级	350	2.3	0.0157	64600
10000 级	3500	25	0.0884	323000

复习思考题

1. 哪些环境因素对植物的生长发育有影响，是如何产生影响的？
2. 影响动物的环境因素有哪些？

3. 水分活度和温度是如何影响食品贮藏保鲜的?

4. 环境是如何对工业生产(包括精密机械加工、纺织工业、电子工业、制药工业、医院洁净手术室和宇航工业)产生影响的?

5. 温室的环境基本条件有哪些?

6. 适宜的动物生长发育环境有哪些要素?

7. 食品的冷藏和气调贮藏环境有什么区别?

8. 分类说明工业生产环境的基本要求。

第二篇 建筑环境的影响参数

建筑环境既受到外部空间环境的影响，也受到内部环境参数的制约。

外部空间环境，我们称为建筑外环境(外扰)。建筑外环境中的太阳辐射、风场、降水等因素都可能直接或间接地通过围护结构影响室内热湿环境。

内扰则包括围护结构的热湿传递和室内热源与湿源、室内污染物的影响、室内声音的传播和衰减、天然光环境的影响因素等，分别影响室内的热湿环境、空气品质、声环境和光环境。

第 7 章　外扰——建筑外环境

在建筑环境的影响因素中，外扰指的是建筑外环境，即建筑物所在地的气候条件和外部环境，它会通过围护结构影响室内环境。为了得到良好的室内环境以满足人们生活和生产的需要，必须了解建筑外环境的变化规律及特征。另外，为了更好地利用当地的室外空气、太阳能、地层蓄能、地下水蓄能、风能等可再生能源以实现建筑节能，也需要了解建筑外环境的相关要素及特征。

建筑外环境的内容包括宏观气候和微观气候两部分。宏观气候是指由于太阳辐射对地球环境的作用而形成的地球气候，包括太阳辐射、气温、湿度、风、降水、天空辐射、土壤温度等。微观气候是指由于建筑物的布局及人类生活、生产活动的影响而形成的局部微气候。

建筑外环境与建筑物的关系

7.1　经度、纬度与赤纬

1. 经度和纬度

地球上任何一点的位置都可以用地理经度和纬度来表示。一切通过地轴（即地球南北极连线）的平面同地球表面相交而成的圆，称为经度圈。经度圈通过地球南北两极，由地轴分割成两个半圆线，称为经线，或称子午线。地球分为 180 个经度圈，有 360 条经线。1884 年经国际会议商定，以英国伦敦的格林威尼天文台所在的子午线为全世界通用的本初子午线，如图 7 - 1 所示。一切垂直于地轴的平面同地球表面相割而成的圆，称为纬线，它们彼此平行。其中通过地心的纬线叫作赤道。赤道所在的平面叫赤道平面。赤道平面把地球等分成南半球和北半球，如图 7 - 2 所示。

不同的经线和纬线分别以不同的经度和纬度来区分，如图 7 - 3 所示。经度是本初子午线所的平面与本地子午线所在平面的夹角。因此，经度以本初子午线为零度线，自零度线向东分为 180°，称为东经，向西分为 180°，称为西经。纬度是地球表面某地的本地法线（地平面的垂线）与赤道平面的夹角，是在本地子午线上度量的。赤道面是纬度度量的起点，赤道上的纬度为 0°。自赤道向北极方向分为 90°，称为北纬，向南极方向分为 90°，称为南纬。赤道、南回归线、北回归线、南极圈和北极圈是特殊的纬线，对应的纬度分别为 0°、南纬 23°26′、北纬 23°26′、南纬 66°34′和北纬 66°34′。纬度数值为 0°～30°的地区称为低纬度地区，纬度数值为 30°～60°的地区称为中纬度地区，纬度数值为 60°～90°的地区称为高纬度地区。地球上任何一点的位置都可以用经度和纬度来表示，如北京市位于北纬 39°56′，东经 116°19′。

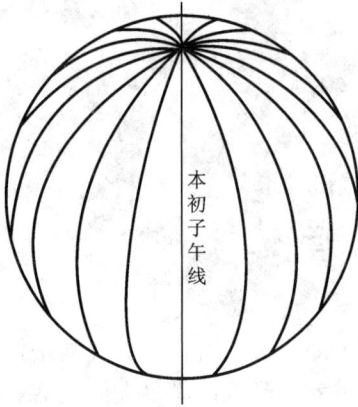

图7-1　地球经度圈

图7-2　地球纬度圈

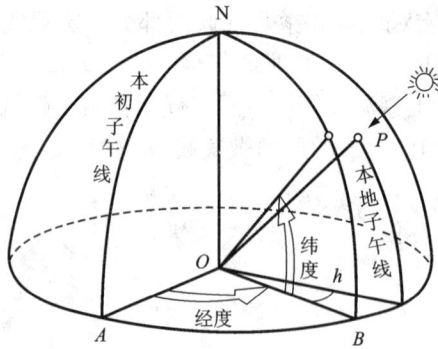

图7-3　经度和纬度

h——时角,表示地球自转的位置,即时间的变化

2.赤纬

地球公转及黄赤交角的存在造成了四季的交替。季节更迭的根本原因是地球的自转轴与其公转轨道平面不垂直,偏离的角度为黄赤交角。地球中心和太阳中心的连线与地球赤道平面的夹角(亦即太阳光线与地球赤道平面的夹角),称为赤纬(或赤纬角)。由于地轴的倾斜角永远保持不变,致使赤纬随地球在公转轨道上的位置即日期的不同而变化,全年赤纬在$+23.45° \sim -23.45°$变化,从而形成了一年中春、夏、秋、冬四季的更替。赤纬δ随时都在变化,可用以下简化公式计算:

$$\delta = 23.45 \times \left(360 \frac{284+n}{365}\right) \tag{7-1}$$

式中:δ——赤纬,(°);

　　　n——计算日在一年中的日期序号。

赤纬从赤道平面算起,向北为正,向南为负。春分时,太阳光线与地球赤道面平行,赤纬为0°,阳光直射赤道,并且正好切过两极,南北半球的昼夜相等。春分以后,赤纬逐渐增

加，到夏至达到最大，为 +23.45°，此时太阳光线直射到地球北纬 23.45°，即北回归线上。此后赤纬一天天地变小，秋分日的赤纬又变回到 0°。在北半球，从夏至到秋分为夏季，北极圈处在太阳一侧，北半球昼长夜短，南半球夜长昼短，到秋分时又是日夜等长。当阳光又继续向南半球移动时，到冬至日，赤纬达到 −23.45°，阳光直射南纬 23.45°，即南回归线，这情况恰与夏至相反。冬至以后，阳光又向北移动返回赤道，至春分时太阳光线与赤道平行。如此周而复始。由计算式(7-1)可求出主要季节的太阳赤纬 δ 值。

地球在绕太阳公转的行程中，春分、夏至、秋分、冬至是四个典型的季节日。从天球上看，这四个季节日把黄道等分成四个区段，若将每一个区段再等分成六小段，则全年可分为 24 小段，每小段太阳运行大约为 15 d。这就是我国传统的历法——二十四节气，它是中国古代发明的一种用来指导农事的补充历法。二十四节气的命名反映了季节、气候现象、气候变化等。

7.2 太阳位置的表示方法

地球上某一点所看到的太阳方向，称为太阳位置。确定不同季节设计代表日或者代表时刻的太阳位置，可以进行建筑朝向确定、建筑间距以及周围阴影区范围计算等建筑的日照设计，可以进行建筑的日射得热量与空调负荷的计算，还可以进行建筑自然采光的设计。

太阳位置常用两个角度来表示，即太阳高度角 β 和太阳方位角 A。太阳高度角 β 是指太阳光线与水平面间的夹角。太阳方位角 A 为太阳至地面上某给定点的连线在地面上的投影与当地子午线(南向)的夹角。太阳偏东时为负，太阳偏西时为正，如图 7-4 所示。

影响太阳高度角和方位角的因素有三：地理纬度 φ，它表明观察点所在地方的差异；赤纬 S，它表明季节(即日期)的变化；太阳高度角与方位角可用下列两式计算：

$$\sin\beta = \sin\varphi\sin S + \cos\varphi\cos S\cos h \qquad (7-2)$$

$$\cos A = \frac{\sin\beta\sin\varphi - \sin S}{\cos\beta\cos\varphi} \qquad (7-3)$$

图 7-4 太阳高度角与方位角

式中：β——太阳高度角，(°)，日出日落时为 0°；

φ——地理纬度，(°)；

S——赤纬，(°)；

h——时角，(°)，以正午为 0°，每小时时角为 15°，下午取正，上午取负；

A——太阳方位角，(°)，以当地正午时为 0°，上午为负值，下午为正值。

任何一个地区，在日出、日没时，太阳高度角 $\beta = 0°$；一天中的正午(即真太阳时 12 时)，太阳高度角最大，此时太阳位于正南(或北半球)，太阳方位角 $A = 0°$(或 180°)。

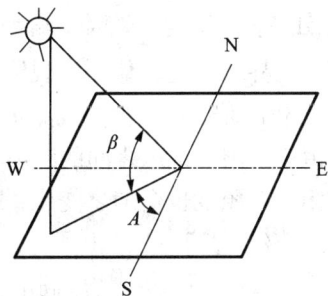

7.3　太阳辐射与日照

太阳辐射能是地球上热量的基本来源，是决定气候的主要因素，也是建筑物外部最主要的气候条件之一。建筑日照主要用于研究太阳直射辐射对建筑物的作用和建筑物对日照的要求。

7.3.1　太阳常数与太阳波谱

1. 太阳常数 I_0

太阳是一个直径相当于地球110倍的高温气团，其表面温度约为6000 K左右，内部温度则高达 2×10^7 K。太阳表面不断以电磁辐射形式向宇宙空间发射出巨大的能量，其辐射波长范围为从波长0.1 μm的X射线到波长达100 m的无线电波。地球接受的太阳辐射能约为 1.7×10^{14} kW，仅占其辐射总能量的二十亿分之一左右。

太阳辐射热量的大小用辐射照度来表示。它是指1 m² 黑体表面在太阳辐射下所获得的辐射能通量，单位为 W/m²。辐射能通量是指太阳以辐射形式发射出的功率，也称为辐射功率，单位为 W。地球大气层外与太阳光线垂直的表面上的太阳辐射照度几乎是定值。在地球大气层外，太阳与地球的年平均距离处，与太阳光线垂直的表面上的太阳辐射照度称为太阳常数，以符号 I_0 表示。因观测手段与推算方法的差异，I_0 在几种文献中略有不同。1981年10月，世界气象组织仪器和观测方法委员会确定太阳常数 $I_0 = (1367 \pm 7)$ W/m²，对于太阳能利用技术的研究和开发，可以取太阳常数为 1367 W/m²。

由于太阳与地球之间的距离在逐日变化，地球大气层上边界处与太阳光线垂直的表面上的太阳辐射照度也会随之变化，1月1日最大，为1405 W/m²，7月1日最小，为1308 W/m²，相差约7%。表7-1给出了各月大气层外边界太阳辐射照度。计算太阳辐射时，如果按月份取不同的数值，可达到比较高的精度。

表 7-1　各月大气层外边界太阳辐射照度

月份	1	2	3	4	5	6	7	8	9	10	11	12
辐射照度/(W·m⁻²)	1405	1394	1378	1353	1334	1316	1308	1315	1330	1350	1372	1392

2. 太阳波谱

太阳辐射的波谱见图7-5，在各种波长的辐射中能转化为热能的主要是可见光和红外线。可见光的波长在 0.38～0.76 μm 的范围内，是人眼所能感知的光线，在照明学上具有重要的意义。波长在 0.76～0.63 μm 范围的为红色，在 0.63～0.59 μm 范围的为橙色，在 0.59～0.56 μm 范围的为黄色，在 0.56～0.49 μm 范围的为绿色，在 0.49～0.45 μm 范围的为蓝色，在 0.45～0.38 μm 范围的为紫色。太阳的总辐射能中约有7%来自波长为 0.38 μm 以下的紫外线，45.6%来自波长为 0.38～0.76 μm 的可见光，45.2%来自波长为 0.76～

3.0 μm 的近红外线，2.2% 来自波长为 3.0 μm 以上的长波红外线(或称作远红外线)。

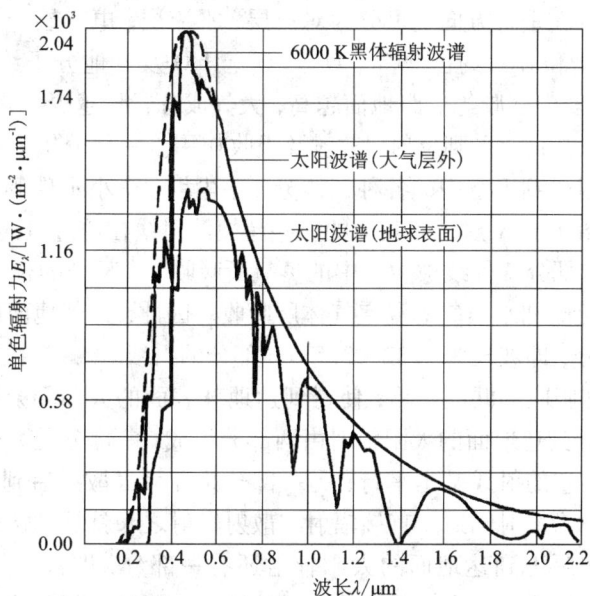

图 7-5　太阳辐射的波谱

　　当太阳透过大气层时，由于大气对不同波长的射线具有选择性的反射和吸收作用，到达地球表面的光谱成分发生了一些变化。在不同的太阳高度角下，太阳光的路径长度不同，导致光谱的成分变化也不相同，见表 7-2。从表 7-2 中可以看出，太阳高度角越高，紫外线及可见光的成分就越多；红外线则相反，它的成分随太阳高度角的增加而减少。

表 7-2　太阳辐射光谱的成分/%

太阳高度角	紫外线	可见光	红外线
90°	4	46	50
30°	3	44	53
0.5°	0	28	72

3. 太阳常数与太阳波谱的关系

　　太阳常数与太阳辐射光谱之间的关系可用下式表示：

$$I_0 = \int_0^\infty E(\lambda)\,\mathrm{d}\lambda \tag{7-4}$$

式中：I_0——太阳常数，W/m^2；

　　　λ——辐射波长，μm；

　　　$E(\lambda)$——太阳辐射频谱强度，$W/(m^2 \cdot \mu m)$。

7.3.2   地球表面的太阳辐射

地球周围的大气层在垂直方向上可分为对流层、平流层、电离层。主要成分为分子和其他微粒,分子主要有 N_2 和 O_2,约占 99%；O_3、CO_2、H_2O 及其他分子约占 1%；微粒主要有烟、尘埃、雾、小水滴及气溶胶等。距地面越高,大气成分含量越少,空气越稀薄。

太阳辐射通过大气层时,受到反射、散射及吸收作用。一部分辐射能被云层反射到宇宙空间。一部分短波辐射受到天空中的各种气体分子、尘埃、微小水珠等质点的散射,使得天空呈现蓝色。太阳光谱中的 X 射线和其他的一些超短波射线在通过电离层时,会被氧、氮及其他成分强烈吸收,大部分紫外线被大气中的臭氧所吸收,大部分的长波红外线(远红外线)则被大气层中的二氧化碳和水蒸气等温室气体所吸收。因此,达到地面的太阳辐射能主要是可见光和近红外线部分,即波长为 $0.32 \sim 2.5$ μm 部分的射线。

由于反射、散射和吸收的共同影响,使得到达地球表面的太阳辐射强度大大削弱,辐射光谱也因此发生变化。到达地面的太阳辐射由两部分组成,一部分是太阳直接照射到地面的部分,称为直接辐射,它的射线基本平行；另一部分是经大气散射后到达地面的部分,它的射线来自各个方向,称为散射辐射。直接辐射与散射辐射之和就是到达地面的太阳辐射能的总和,称为总辐射。实际上到达地面的太阳辐射还有一部分,即被大气层吸收掉的太阳辐射,其会以长波辐射的形式将其中一部分能量送到地面。不过这部分能量相对于太阳总辐射能量来说要小得多,一般忽略不计。

大气对太阳辐射的削弱程度取决于射线在大气中行程的长短及大气质量。而行程长短又与太阳高度角和海拔高度有关。水平面上的太阳直接辐射照度与太阳高度角、大气透明度(是衡量大气透明的标志,一般为 $0.65 \sim 0.75$,值越大表示越透明)成正比。因此,到达地面的太阳辐射照度大小取决于地球对太阳的相对位置与大气透明度。图 7 - 6 表明,在低纬度地区,太阳高度角高,阳光通过的大气层厚度较薄,因而太阳直接辐射照度较大。高纬度地区,太阳高度角低,阳光通过的大气层厚度较厚,因此太阳直接辐射照度小。又如,在中午,太阳高度角大,太阳射线穿过大气层的射程短,直接辐射照度就大；早晨和傍晚的太阳高度角小,行程长,直接辐射照度就小。

图 7 - 7 给出了北纬 40° 全年各月水平面、南向表面和东西表面每天获得的太阳

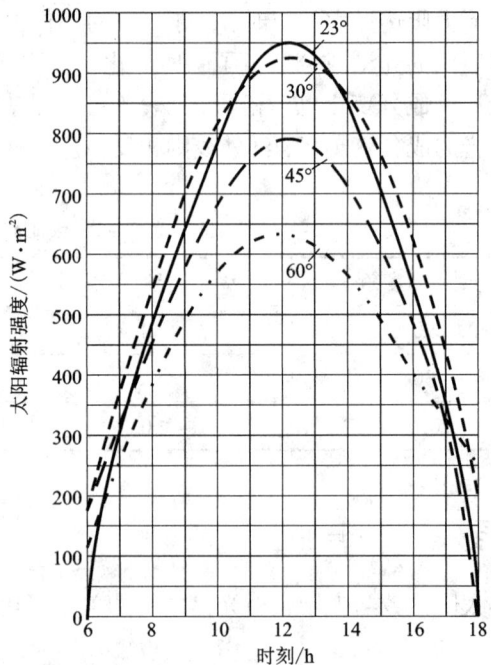

图 7 - 6   不同纬度水平面上太阳辐射强度

总辐射照度。从图中可以看出,对于水平面来说,夏季总辐射照度达到最大；而南向垂直表面,在冬季所接受的总辐射照度为最大。

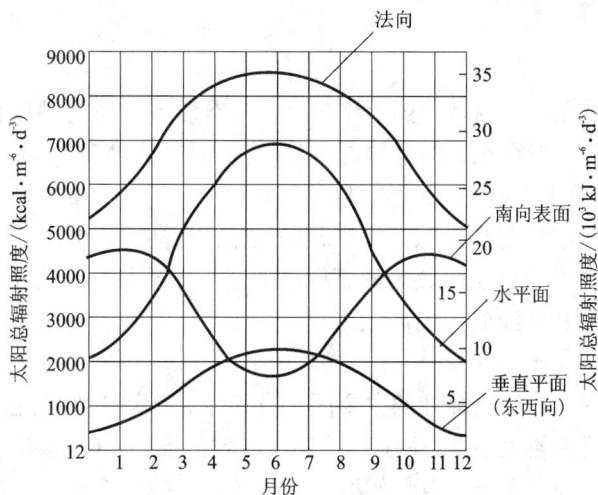

图 7 - 7　北纬 40°的太阳总辐射照度

因此，不同地区地面上受到的太阳辐射强度（又称辐射照度）随当地地理纬度、大气透明度、季节与时间的变化而有所不同。

7.3.3　日照与建筑日照

1. 日照的作用与建筑物对日照的要求

日照是指物体表面被太阳光直接照射的现象。阳光直接照射到建筑地段、建筑物外围护结构表面和房间内部的现象称为建筑日照。建筑日照主要是用于研究太阳直射辐射对建筑物的作用和建筑物对日照的要求。

日照有许多有利的作用。太阳光中波长范围为 $0.2 \sim 0.38 \ \mu m$ 的紫外线具有强大的杀菌作用，尤其是波长范围为 $0.25 \sim 0.295 \ \mu m$ 的杀菌作用更为明显。适宜的日照可以杀灭室内空气中的致病微生物，提高肌体的抗菌能力，降低空气中化学污染物的浓度和细菌数量，使室内有良好的卫生条件。波长范围为 $0.29 \sim 0.32 \ \mu m$ 的紫外线还能帮助人体合成有助于骨骼生长的维生素 D，对婴幼儿进行适当的日光浴，可预防和治疗由于骨骼组织发育不良形成的佝偻病；其次，太阳光中的可见光照射对建筑的自然采光和居住者的心理影响具有重要意义。冬日居室内的大片光斑会给人带来温暖愉悦的感觉。研究表明日照过少会导致人体产生的褪黑色素增加，引起精神忧郁，导致人变得胆小、疲劳和抑郁；此外，太阳光中波长在 $0.76 \sim 4.0 \ \mu m$ 的红外线是造成热效果的主要因素。冬季保证有足够的日照，充分利用太阳能采暖，能够减少建筑的采暖负荷，达到建筑节能的目的。

建筑日照是城乡规划和建筑设计中必须考虑的重要因素。但是，过量的日照，特别是在我国南方炎热地区的夏季，容易造成室内过热，恶化室内热环境；若阳光直射到工作面上，可能产生眩光，不仅会影响视力、降低工作效率，甚至会造成严重事故；此外，直射阳光可使许多物品褪色、变质、损坏，有时还有导致爆炸的危险。

因此，如何利用日照有利的一面，控制与防止日照不利的影响，是建筑日照设计时应当考虑的问题。

2.日照标准

日照标准,是为了保证室内环境的卫生条件,根据建筑物所处的气候区、城市大小和建筑物的使用性质确定的,即在规定的日照标准日(冬至日或大寒日)有效日照时间范围内,以底层窗台面为计算起点的建筑外窗获得的日照时间。

日照标准中的日照质量包括日照时间和日照质量两个方面。日照时间是以建筑向阳房间在规定的日照标准日受到的日照时数为计算标准的。日照质量是指每小时室内墙面阳光照射积累的多少以及阳光中紫外线效用的高低。

(1)住宅日照标准。

对于住宅建筑,决定其日照标准的主要因素有两个,一是所处的地理纬度和当地的气候特征,二是所处城市规模的大小。《中国建筑气候区划标准》(GB 50178—93)根据各地气象、气候等因素,将我国划分为7个建筑气候区,不同气候区的住宅日照标准不同。每套住宅应至少有一个居住空间能获得冬季日照,具体的日照标准应符合表7-3的规定。

表7-3 住宅建筑日照标准表

建筑气候区划	Ⅰ、Ⅱ、Ⅲ、Ⅳ气候区		Ⅳ气候区		Ⅴ、Ⅵ气候区
	大城市	中小城市	大城市	中小城市	
日照标准日	大寒日				冬至日
日照时数/h	≥2		≥3		≥1
有效日照时间带/h	8~16				9~15
计算起点	底层窗台面				

注:底层窗台面是指距室地坪0.9 m高的外墙位置。

(2)其他建筑日照标准。

有关其他建筑的日照标准应符合下列规定:

①宿舍半数以上的居室,应能获得同住宅居住空间相等的日照标准。

②托儿所、幼儿园的主要生活用房,应能获得冬至日不小于3 h的日照标准。

③老年人住宅、残疾人住宅的卧室、起居室、医院及疗养院半数以上的病房和疗养室、中小学半数以上的教室应能获得冬至日不小于2 h的日照标准。

关于建筑日照的具体内容详见第12章12.1.3节。

7.4 室外气候

7.4.1 气压

1. 气压及标准大气压

空气分子不断地做无规则的热运动，不断地与物体表面相碰撞，宏观上，物体表面就受到一个持续的、恒定的压力。物体表面单位面积所受的大气分子的压力称为大气压强或气压，单位是帕斯卡，简称帕，符号是 Pa。

由于地球引力的作用，大气层上疏下密，空气聚集于地表之上，地表气压最高，离地表越远，空气越稀薄，气压便越低。因此气压一般折算至平均海平面，并定义平均海平面大气压力为标准大气压，为 101325 Pa，即每平方厘米的空气柱质量约为 1 kg。随着海拔高度的增加，气压值按指数减少。离地面 10 km 处的气压值只有海平面的 25%。我国城镇海拔高度最高达 4000 m 以上，气压变化很大。图 7-8 为我国不同海拔高度城市的大气压分布，北京海拔为 31 m，大气压力为 101 kPa；珠穆朗玛峰海拔为 8848 m，大气压力为 31 kPa，数值相差 3 倍以上。

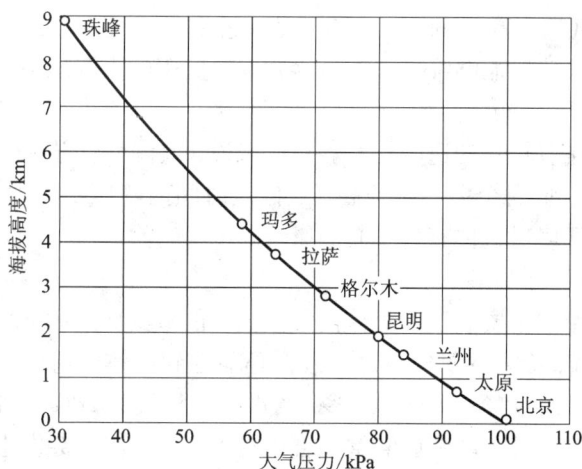

图 7-8 我国不同海拔高度城市的大气压

气压不仅随高度变化，也随温度而异。在陆地上的同一位置，冬季的大气压力要比夏季高，但变化范围仅在 5% 以内。气压的变化与天气变化密切相关，阴天的空气湿度大，水蒸气含量大，空气密度小，因此阴天的大气压比晴天低。

2. 地球表面气压的分布

地球表面因接受的太阳辐射量不同，其表面冷热不一，赤道的高温和南北两极的低温形成了赤道低压带和极地高压带，地球在与黄道面倾斜 23.5° 的自转作用下，形成了赤道低气压带、副热带高气压带、副极地低气压带和极地高压带,造成了如图 7 - 9 所示的大气环流。地球表面不同的气压,使空气由高压地区流向低压地区,这种因气压不同而造成的空气流动的力称为气压梯度力,气压梯度的方向是沿着气压变化最快的路径,从高压指向低压。如果气压梯度为唯一的控制大气运动的力,则风向应与气压梯度一致,即自高气压处吹向低气压处,但一般实测风向并非自高压向低压直吹,而是斜吹,这是因为地球自转所造成的偏向,北半球向行径路程的右侧偏,而南半球则向左偏。

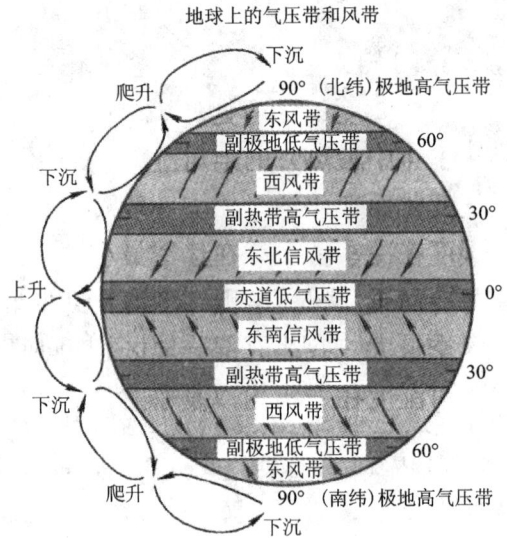

地球上的气压带和风带

图 7 - 9   太阳辐射以及地球自转作用下的大气环流

3. 气压对人的影响

由于人类是长期在海平面高度的大气压力下繁衍进化的生物,因此适合的大气压力对人体健康与生命安全有着至关重要的作用。但现代的技术使得人类可以进入非传统的人类生存空间,如进入 10000 m 以上高空的飞行器、进入太空的航天运载工具、进入水下的潜艇等。在这些人工环境中必须营造能够维持人体生存并保证健康的大气压力。因此,了解大气压力对人体健康的影响是非常重要的。

人体对气压的变化有较强的适应能力。一般来说,人体可以忍受的大气压力范围包括从 0.303 个大气压的低压到 15 个大气压的高压,但短时间内气压变化太大,人体便很难适应。低气压环境和高气压环境对人体有着不同的影响。

(1) 低气压的影响。

低气压对人体的影响主要表现为对体内氧气供应的减少导致的缺氧。一个人每天大约需要吸入 0.75 kg 的氧气,吸入的氧气通过血液循环输送到身体的每个细胞,在那里氧化产生热量,维持生命运动。大脑需要的氧气最多,约占吸入氧气的 20%。如果气压降低,大气氧分压和肺泡氧分压也会降低,动脉血氧饱和度也将下降,人体即会发生一系列生理反应。如登上空气稀薄的高山时,由于气压降低,会出现呼吸急促、心率加快、头晕、恶心、呕吐和乏力等缺氧反应,严重时会出现肺水肿和昏迷等症状,这便是高山反应。当气压降低至 240 mmHg(32.0 kPa,相当于 8500 m 高处气压)时,体内氧气的储备降至正常时的 45%,对于体质较差的人来说就会有生命危险。

(2) 高气压的影响。

超过一个大气压的压力谓之高压。但高气压作用下,由于血液中的含氧量增加,体内的红细胞和血红蛋白含量均会减少,而白细胞数会增加。另外,心率、呼吸频率都会减慢,呼吸阻力加大,呼吸困难。在快速加压过程中,耳膜会被压迫向内凹陷,产生耳痛、耳聋,甚至鼓室内液体渗出,造成气压性损伤;鼻窦腔内也会因外部压力过高而形成内部负压,产生黏膜充血、肿胀、出血等症状。另外,在高气压的环境中,肌体各组织逐渐被氮饱和(一般在高压下工作 5 ~ 6 h 后，人体就会被氮饱和），当人体重新回到标准大气压时，体内过剩的氮便随呼气排出，但这个过程比较缓慢，如果从高压环境突然回到标准气压环境，则脂肪中蓄积的氮就可能有一部分停留在肌体内，并膨胀形成小的气泡，阻滞血液和组织，易形成气栓而引发病症，严重者会危及人的生命。

为保证人体健康，对于飞机、潜水艇这类特殊的交通工具环境，必须考虑设计合理的舱内压力。例如，为了保证乘客的舒适和活动方便，不使用供氧装备而不至于产生明显的疲劳感觉，同时要保证呼吸循环系统条件不是很好的乘客的健康，现代大型喷气式客机客舱内的空气压力，一般控制在相当于海拔高度 1500 ~ 2000 m 的大气压力，即为 80 ~ 85 kPa (0.8 atm)；而长途客机客舱内的空气压力，则相当于海拔高度 900 ~ 1500 m 的大气压力，即为 85 ~ 90 kPa(0.85 atm)。

7.4.2 风

风是指由于大气压差所引起的大气水平方向的流动。地表增温不同是引起大气压差的主要原因，也是风形成的主要原因。按风的形成机理，可分为大气环流和地方风两大类。由于照射在地球上的太阳辐射不均匀，造成赤道和两极间的温差，引起大气从赤道到两极和从两极到赤道的经常性活动，叫作大气环流。而局部地方增温或冷却不均所产生的气流，叫作地方风。地方风主要有海陆风、季风、山谷风、庭院风和巷道风等。

风向和风速是描述风的特征的两个要素。通常，人们把风吹来的方向确定为风的方向，如风来自西北方则称为西北风，如风来自东南方则称为东南风，在陆地上常用 16 个方位表示。风的强弱用风速来表示，定义为单位时间风所行进的距离，用 m/s 来表示。气象台一般以距平坦地面 10 m 高处所测得的风向和风速作为当地的观测数据。气象学上将风分为 13 级，风力的等级用蒲福(Francis Beaufort)风力等级来描述，1946 年以来，对风力等级，又做了扩充，增加了 13 ~ 17 级 5 个等级，如表 7 - 4 所示。

表 7 - 4 蒲福风力等级表

风力等级	自由海面状况（浪高）		陆地地面征象	距地 10 m 高处相当风速/(m·s⁻¹)
	一般/m	最高/m		
0	—	—	静，烟直上	0 ~ 0.2
1	0.1	0.1	烟能表示方向，但风向标不能转动	0.3 ~ 1.5
2	0.2	0.3	人感觉有风，树叶微响，风向标能转动	1.6 ~ 3.3
3	0.6	1.0	树叶及树枝摇动不息，旌旗展开	3.4 ~ 5.4
4	1.0	1.5	能吹起地面灰尘和纸张，树的小枝摇动	5.5 ~ 7.9
5	2.0	2.5	有叶的小树摇摆，内陆的水面有小波	8.0 ~ 10.7
6	3.0	4.0	大树枝摇动，举伞困难	10.8 ~ 13.8
7	4.0	5.5	全树摇动，迎风步行感觉不便	13.9 ~ 17.1
8	5.5	7.5	树枝折毁，人向前行，感觉阻力甚大	17.2 ~ 20.7

续表 7 - 4

风力等级	自由海面状况（浪高）		陆地地面征象	距地 10 m 高处相当风速/(m·s⁻¹)
	一般/m	最高/m		
9	7.0	10.0	建筑物有小损，烟囱顶部及平屋摇动	20.8 ~ 24.4
10	9.0	12.5	可使树木拔起或使建筑物损坏较重，陆上少见	24.5 ~ 28.4
11	11.5	16.0	陆上很少见，有则必有广泛破坏	28.5 ~ 32.6
12	14.0	—	陆上绝少见，摧毁力极大	32.7 ~ 36.9
13	—	—	陆上少见，摧毁力极大	—
14	—	—	陆上少见，摧毁力极大	—
15	—	—	陆上少见，摧毁力极大	—
16	—	—	陆上少见，摧毁力极大	—
17	—	—	陆上少见，摧毁力极大	—

大气中高度不同风速不同，不同高度的风速计算在城市高层建筑设计中尤为重要。从地球表面到 500 ~ 1000 m 高的空气层叫作大气边界层，其厚度主要取决于地表的粗糙度。图 7 - 10 给出了不同下垫面区域的风速分布。在下垫面对气流的摩擦力作用下，贴近地面处的风速为 0；由于地面摩擦力的影响越往上越小，所以风速沿高度方向递增；到达一定高度以后，风速不再增大，人们往往把这个高度称为边界层高度。在平原地区边界层薄，在城市和山区边界层厚。城市、农村等由于地表下垫面的粗糙度不同，同样高度的风速是不同的。

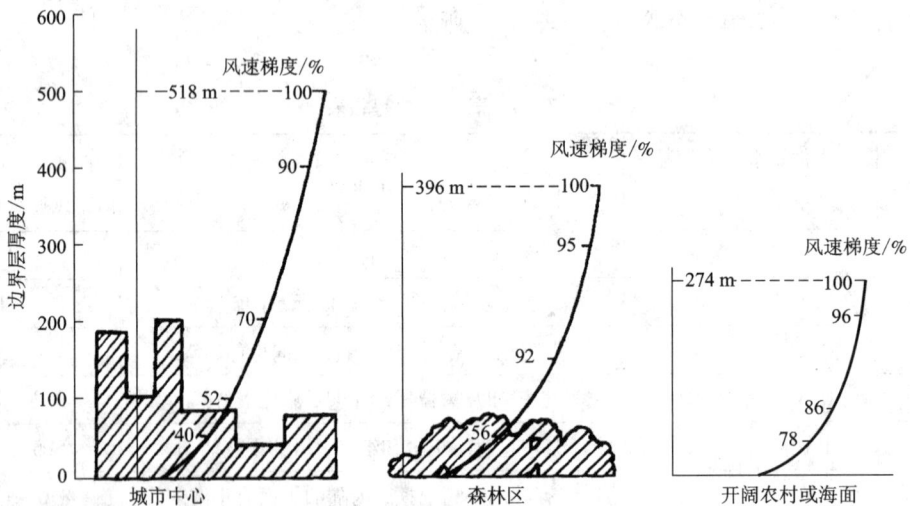

图 7 - 10　不同下垫面区域的风速分布

对于垂直方向的风速梯度，达芬堡（Davenport）提出了一个按幂函数规律分布的计算公式：

$$V_{h} = V_{g} \left(\frac{h}{h_{g}} \right)^{a} \tag{7-5}$$

式中：h_{g}——当地边界层厚度，m；

V_{g}——边界层处的风速，m/s。

据式(7-5)可以求出高度为 h 的某点风速 V_{h}。由于气象站所记录的风速都是当地 10 m 高处的风速，使用上式不方便，所以又有研究者提出了可利用气象站风速测量点的高度 h_{met} 和测量点处的风速 V_{met} 来求出高度为 h 的某点风速 V_{h} 的公式，该公式被引入了 ASHRAE 手册：

$$V_{h} = V_{met} \left(\frac{\delta_{met}}{h_{met}} \right)^{a_{met}} \left(\frac{h}{\delta} \right)^{a} \tag{7-6}$$

式中：h_{met}——气象站风速测量点的高度，m；

V_{met}——气象站风速测量点处的风速，m/s；

δ_{met}——气象站当地的大气边界层厚度，m，见表 7-5；

a_{met}——对应气象站当地的大气层厚度的指数，见表 7-5；

δ——需要求风速地点的大气边界层厚度，m，见表 7-5；

a——对应需要求风速地点的大气边界层厚度的指数，见表 7-5。

如果要求取城市中心的风速，而气象站位于开阔的乡村，则 δ_{met}、a_{met} 的取值为 270 m 和 0.14 m，δ、a 的取值为 460 m 和 0.33。

表 7-5　大气边界层的参数

序号	地形类型描述	指数 a	边界层厚度 δ/m
1	大城市中心，至少有 50% 的建筑物高度超过 21 m；建筑范围至少有 2 km，或者达到迎风方向上的建筑物高度的 10 倍以上，二者取高值	0.33	460
2	市区、近郊、绿化区、稠密的底层住宅区；建筑物范围至少有 2 km，或者达到迎风方向上的建筑物高度的 10 倍以上，二者取高值	0.22	370
3	平坦开阔地区，有稀疏的 10 m 以下高度的建筑物，包括气象站附近的开阔乡村	0.14	270
4	面向 1.6 km 以上水面来流风的开阔无障碍物地带；建筑范围至少有 500 m，或者在陆上构筑物高度的 10 倍以上，二者取高值	0.1	210

为了直观地反映出一个地方的风向和风速，通常用当地的风玫瑰图来表示，见图 7-12。风玫瑰图包括风向频率分布图和风速频率分布图，因图形与玫瑰花相似而得名。风向频率是按照逐时实测的各个方向风所出现的次数，分别计算出每个方向风出现的次数占总次数的百分比，并按一定比例在各方位线上标出，最后连接各点而成的。风向频率图可按年或按月统计，分为年风向频率图和月风向频率图。图 7-11(a) 表示了某地全年(实线部分)及 7 月份(虚线部分)的风向频率，其中，除圆心以外每个圆环间隔代表的频率为 5%。从图 7-11(a)

可以看出,该地区全年以北风为主,出现频率为23%;7月份以西南风为最盛,频率为19%。在城市工业区布局及建筑物个体设计中,都要考虑风向频率的影响。风速频率分布图的绘制方法也类似。图7-12(b)给出了某地各方位的风速频率分布。从图7-11(b)可以看出,该地一年中以东南风为主,风速也较大,西北风发生的频率虽较小,但高风速的次数却有一定的比例。

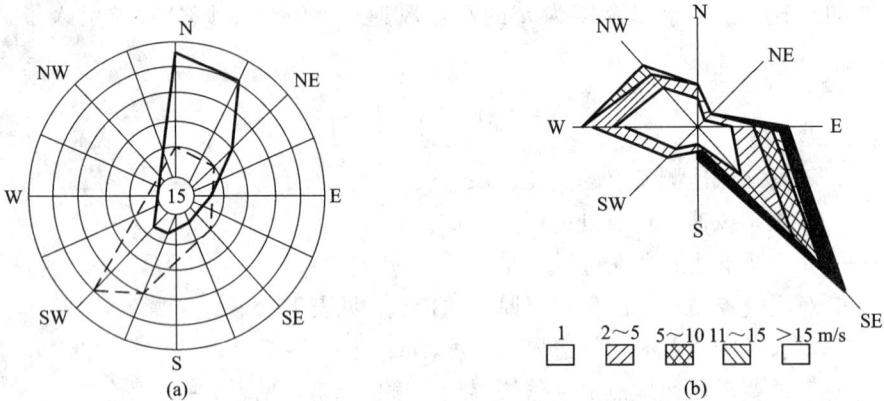

图7-11 某地的风玫瑰图

(a)风向频率分布图;(b)风速频率分布图

在建筑设计中,风向在城市规划、工厂总平面设计和建筑设计中又有更直接的关系,而主导风向通常是确定房屋间距、保证良好通风和卫生条件的因素之一。因此,风向玫瑰图可以使设计者能更好地根据风向情况来合理地进行布局和设计。另外,在一些专业工程设计中也应用较多,比如空气调节设计中的新风口和排风口位置的确定、化工厂选址、城市燃气规划设计以及燃气储配站设计等,均需考虑当地年主导风向的影响。

根据我国各地1月、7月和全年的风向频率图,按其相似形状进行分类,可分为季风变化、主导风向、无主导风向和准静止风(风速小于1.0 m/s)四大类。

7.4.3 室外气温

地面上不同高度的空气温度是不一样的,室外气温是地面气象观测规定高度(即1.25~2.00 m,国内为1.5 m)上的空气温度。室外气温可由安装在百叶箱中的温度表或温度计测得。

大气中的气体分子在吸收辐射能时具有选择性,特别是空气中的二氧化碳和水蒸气,对部分波段的长波红外线有较高的吸收频率,但以可见光与近红外线为主的太阳辐射几乎是透明体,因此大气直接接受太阳辐射的增温是非常微弱的,它主要靠吸收地面的长波辐射(波长3~120 μm)而升温。与温暖的地表直接接触的空气层,由于与地面的对流换热作用而被加热,此热量又靠对流作用被转移到上层空气,气流或者风带着空气团不断地与地表接触而被加热。因此,地面与空气的热量交换是气温升降的直接原因。

影响地面附近气温的主要因素有三个:一是入射到地面上的太阳辐射热量,它起着决定性作用。气温四季的变化、一日的变化以及随地理纬度的变化,都是由于太阳辐射热量的变化而引起的；二是地表的覆盖面，例如草原、森林、沙漠和河流等以及不同的地形对气温的影响。不同的地表覆盖面及地形对太阳辐射的吸收和反射性质不同，从而使得地面的增温也不同；三是大气的对流作用，它以最强的方式影响气温，无论是水平方向还是垂直方向的空气流动，都会使两地的空气进行混合，从而减少两地的气温差异。

气温有明显的日变化与年变化。一般晴朗日，气温一昼夜的变化是有规律的，图 7 - 12 是武汉九月初某一天的气象数据。从图中可以看出，气温日变化中有一个最高值和一个最低值。最高值出现在下午 14 时左右，而不是正午太阳高度角最大的时刻；最低气温出现在日出前后，而不是在午夜。这是因为地面具有蓄热特性，空气与地面间因辐射换热而增温或降温都需要经历一段时间。一日内气温的最高值与最低值之差称为气温的日较差，通常用来表示气温的日变化。由于海陆分布与地形起伏的影响，我国各地气温的日较差一般从东南向西北递增。例如，青海省的玉树，夏季计算日较差达到了 12.7℃；而山东省的青岛市，夏季计算日较差则只有 3.5℃。

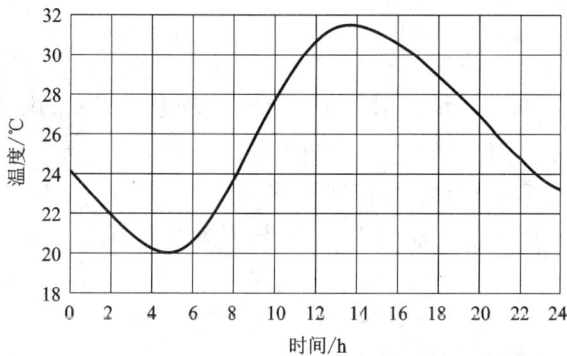

图 7 - 12　武汉 9 月份某日气温逐时变化曲线

一年中各月平均气温也有最高值和最低值。对处于北半球的我国来说，年最高气温出现在 7 月(大陆地区)或 8 月(沿海或岛屿)，而年最低气温出现在 1 月或 2 月。一年内最热月与最冷月的平均气温差称为气温的年较差。我国各地气温的年较差自南向北、自沿海向内陆逐渐增大。华南和云贵高原为 10 ~ 20℃，长江流域增加到 20 ~ 30℃，华北和东北南部约为 30 ~ 40℃，东北的北部与西北部超出了 40℃。图 7 - 13 为上海、西安、北京地区的气温月变化曲线。

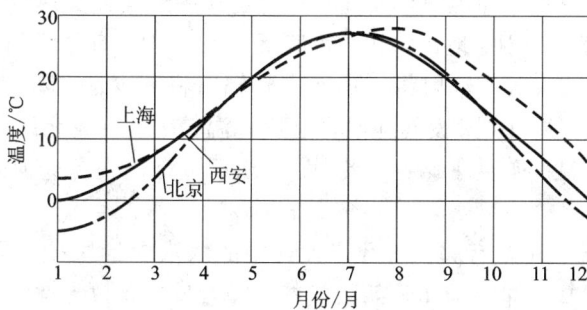

图 7 - 13　气温月变化规律图

7.4.4　有效天空温度

1. 大气逆辐射

大气层的辐射主要是由 CO_2、H_2O、臭氧等气体分子与尘埃、水汽所造成的，它们吸收一部分透过大气层的太阳辐射（约占 10%）和来自地面的反射，从而具有一定的温度，因此会向地面进行长波辐射，波长范围主要集中在 $5 \sim 8~\mu m$ 及 $13~\mu m$ 以上。大气层向地面投入的长波辐射与地面辐射方向相反，在气象学中称为大气逆辐射。

大气逆辐射对于地面热量平衡具有重要意义。透过大气的太阳能大部分是短波，地球表面吸收了到达其表面上的太阳辐射能而温度升高，从而向大气以长波辐射的方式传递热量。但大气层的逆辐射作用，阻碍了地表热量的散失，对地面起到保温作用。大气向下逆辐射的强弱由气温、水汽含量及云的状况决定。气温越高，云量越多，大气中水汽含量越大，大气逆辐射越强。所以，有云的夜晚通常要比无云的夜晚暖和一些。

2. 有效辐射及有效天空温度

虽然大气层辐射并不具备黑体辐射性质，但经验表明，可以采用有效天空温度 T_{sky} 来计算大气层对球表面投入的辐射热量 Q_{sky}。有效天空温度定义为与大气辐射完全等效的黑体所具有的温度。如果将天空看作黑体，根据斯蒂芬 – 波尔兹曼定律，地面与大气层之间的辐射换热量 Q_K，就是地面向大气层的辐射能量 Q_g 与大气层向地面的逆辐射换热量 Q_{sky} 之差额，即：

$$Q_R = Q_g - Q_{sky} = \sigma(\varepsilon T_g^4 - T_{sky}^4) \tag{7-7}$$

式中：ε——地面的长波发射率，平均为 0.9；

σ——斯蒂芬 – 波尔兹曼常数，$5.67 \times 10^{-8}~W/(m^2 \cdot K^4)$；

T_g——地表温度，K。

根据式（7 – 11），可得有效天空温度 T_{sky}：

$$T_{sky} = \sqrt[4]{\left(\varepsilon T_g^4 - \frac{Q_R}{\sigma}\right)} \tag{7-8}$$

地面与大气层之间的辐射换热量 Q_R，在气象学上称为地表有效辐射，即地表面因辐射而损失的能量，可以用地面辐射平衡表测出。根据气象站地面辐射平衡的观测资料，可以计算得出有效天空温度 T_{sky} 的值。

有效辐射一般总是正的，即地面与大气的热量交换中地面损失热量，大气得到热量。白天太阳辐射能量超过有效辐射，地面增温；夜晚无太阳辐射，有效辐射的结果使地面降温。若天空布满云且湿度高，大气逆辐射将增强而有效辐射将减少，故阴雨天夜间地面降温少；若天气晴朗干燥，有效辐射强烈，夜间地面将迅速降温，在小风或无风条件下常形成自地面开始的逆温，称辐射逆温。逆温在黎明时最强，日出后逐渐消失。这种逆温与大气污染关系最密切。

有效天空温度不仅与气温有关，而且与大气中的水汽含量、云量及地面温度等因素有关，其值为 $-43℃ \sim 12℃$。即便是在晴朗天气的夏季夜间，有效天空温度也有可能达到 0℃以下。天气越晴朗，夜间的有效天空温度就越低。因此，夜间室外物体朝向天空的表面会向天空辐射散热,这就是为什么清晨室外一些朝上的物体表面,如地面、植物叶片等会结霜、结露。

有效天空温度对建筑热环境的影响主要体现在夜间。夜间没有太阳辐射的作用,天空的背景温度远远低于空气温度,建筑物向天空的辐射换热量比较大。在沙漠中由于天气晴朗以及空气中的水汽量稀少,所有有效天空温度很低。利用这种地区夜间较低的有效天空温度为建筑进行夜间降温,是控制夏季室内热环境的节能方法。但冬季夜间较低的有效天空温度会造成建筑物额外的采暖能耗。

有效天空温度是确定地面、建筑物表面等与天空之间辐射换热的重要参数。在对我国 82 个气象站长年的观测数据进行了统计分析之后,有学者给出了一个与实测数据符合的较好的有效天空温度表达式:

$$T_{sky} = \left[0.9 T_g^d - (0.32 - 0.026 \sqrt{P_a})(0.30 + 0.70S) T_a^4 \right]^{1/4} \qquad (7-9)$$

式中:T_a——距地面 1.5~2.0 m 处的气温,K;

P_a——地面附近空气的水蒸气分压力,mbar;

S——日照率,即全天实际日照时数与可能日照时数之比。

7.4.5 地温

地温是气象观测项目之一,要用特制的地温表来测量,是十分有用的气候资源。地层表面温度对地面上的建筑围护结构的热过程有着显著影响,而地层深部的温度变化又对地下建筑的热过程起着决定性的作用。此外,地下水的温度往往取决于地下含水层的地层温度。因此在建筑环境控制中,无论是分析建筑热过程,还是利用地热能来控制室内热环境,对地温形成及地层温度分布特性的了解都是十分重要的。

平原地区的地层表面温度的变化取决于太阳辐射和地面对天空的长波辐射,可看作是周期性的温度波动。地层表面的月平均温度的年波动幅度基本等于室外月平均气温年波动的幅度。按照能量平衡原理,在白天,地面因受到太阳辐射而获得热量,使地表温度高于下层土壤,于是除部分热量与空气对流换热和部分热量消耗于蒸发外,其余部分的热量均从地表向下层传输;到了夜间,地面得不到太阳辐射而冷却,地表温度低于下层土壤,于是下层的热量向上输送,通过这种方式,地层表面的温度波动向土壤深处传递。

由于地层的蓄热作用,温度波在向地层深处传递时,会造成温度波的衰减和时间的延迟。随着地层深度的增加,温度变化的幅度越来越小。这种以 24 h 为周期的日温度波动影响深度只有 1.5 m 左右,当深度大于 1.5 m 时,日温度波动由于衰减可忽略不计。除日温度波动外,土壤表层温度还随着年气温的变化而波动,年温度波动波幅大、周期长,影响深度比日温度波动大得多。通常,在地下 8 m,地下温度随季节的变化而不同,当达到一定地层深度时,年温度波幅数值已经衰减到接近于零。图 7-14 为某市不同深度地层实测温度全年变化曲线,从图中可以看出,不仅随着地层深度的增加,温度波的波幅衰减增大(即波幅减小),而且温度波的峰值也随着地层深度的增加而延迟出现。地层表面($y=0$)的温度波动幅度基本等于室外气温全年波动的幅度。例如,北京全年最大月平均温差为 30.8℃,由此得北京室外气温全年波幅为 15.4℃,地层表面温度全年波幅也为 15.4℃。

在地下 25~30 m 的深度,其温度已不受地表季节性的影响,而保持恒温,称为恒温带。恒温带的温度一般高于当地多年平均气温 1~2℃,如北京地区约为 15℃,海口约为 25℃,哈

尔滨约为 4℃，广州约为 22℃，上海约为 17℃
等。恒温带以下的温度，按照每加深 100 m 增
加 3℃ 的地温梯度（3℃/100 m）变化。例如，
华北平原区，大部分地区的地下温度按照这一
规律增加，只有少部分地区受地质构造断裂的
影响高于这一梯度，形成地热异常地区。在地
壳不同深度的温度，形成地下资源，可以成为
地温资源。地温资源储藏在岩土和地下水中，
人们根据这一特点，运用特定的设备和手段开
发利用地温资源，从而为人类社会的发展提供
能源。

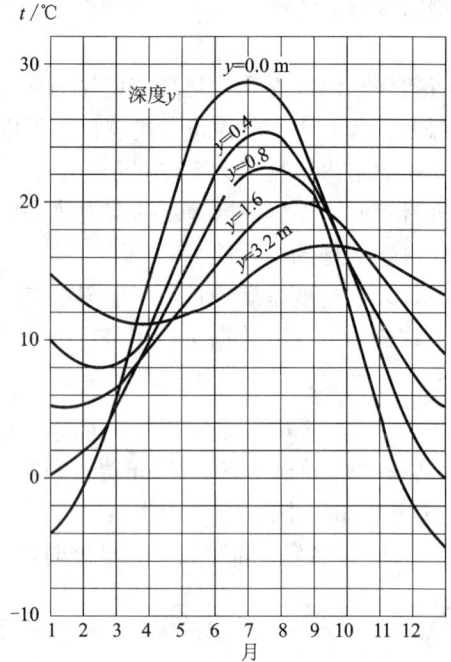

图 7 – 14　某市不同深度地层的实测温度变化

　　无论是在地下建筑的空调负荷计算中，还
是对地温资源的利用中，都需要对不同深度处
的地层温度进行预测。可以采用傅立叶导热
微分方程求解地层在周期温度作用下的温度
场。假定地壳是一个半无限大的物体，不考虑
地热的影响，则有：

$$\frac{\partial \theta}{\partial \tau} = a \frac{\partial^2 \theta}{\partial y^2} \qquad (7-10)$$

式中：a——地层材质的导温系数，m^2/h；

　　　　y——地层深度，m；

　　　　τ——时间，h；

　　　　θ——过余温度，℃，即地层内任意点的瞬间温度与全年地层表面平均温度的差值。

　　由于地表温度是与大气温度同步变化的，也是作余弦函数波动。因此，可以得到求解的
第一类边界条件：

$$\theta(0, \tau) = A_g \cos \frac{2\pi}{Z} \tau \qquad (7-11)$$

式中：$\theta(0, \tau)$——初始的地表过余温度，℃；

　　　　A_g——地面温度波动振幅，℃；

　　　　Z——温度波的波动周期，h。

　　因此，对公式（7 – 10）进行积分求解，最后可得地层在周期性热作用下的温度场：

$$\theta(y, \tau) = A_g e^{-y\sqrt{\frac{\pi}{aZ}}} \cos\left(\frac{2\pi}{Z}\tau - y\sqrt{\frac{\pi}{aZ}}\right) \qquad (7-12)$$

　　根据过余温度的定义，若任意瞬间地层内任意点的温度为 $t(y, \tau)$，地层某一深度在某一
瞬间的过余温度值为 $\theta(y, \tau)$，而全年地面平均温度为 t_g，则有：

$$\theta(y, \tau) = t(y, \tau) - t_g \qquad (7-13)$$

　　公式（7 – 13）可以改写为地层内任一深度 y、任一 τ 时刻的原始温度 $t(y, \tau)$ 的统一表达
式，这就是我们计算地层原始温度所用的计算公式：

$$t(y, \tau) = t_g + A_g e^{-y\sqrt{\frac{\pi}{aZ}}} \cos\left(\frac{2\pi}{Z}\tau - y\sqrt{\frac{\pi}{aZ}}\right) \qquad (7-14)$$

7.4.6 湿度

空气湿度是指空气中水蒸气的含量。这些水蒸气来源于江河湖海的水面、植物以及其他水体的水面蒸发,通常以绝对湿度和相对湿度来表示。绝对湿度是指在某个温度和压力下单位体积的湿空气中所含水蒸气的质量,通常以 g/m^3 来表示。相对湿度是指在特定温度下的水蒸气分压力和饱和水蒸气分压力的比值,用% 来表示。相对湿度受温度的影响很大,压力也会改变相对湿度。

相对湿度的日变化受地面性质、水陆分布、季节寒暑、天气阴晴等因素的影响,一般大陆高于海面,夏季高于冬季,晴天高于阴天。相对湿度日变化趋势与气温日变化趋势相反(图 7 – 15),晴天时最高值出现在黎明前后,最低值一般出现在午后。实际上相对湿度的大小,不但取决于水蒸气分压力,还取决于温度。气温升高时,虽然地面蒸发加快,水蒸气分压力增大,但这时饱和水蒸气压力随温度升高而增大得更多些,使相对湿度反而减小。反之,气温降低时,水蒸气分压力减小,但饱和水蒸气压力随温度下降得更多些,使相对湿度反而增大。

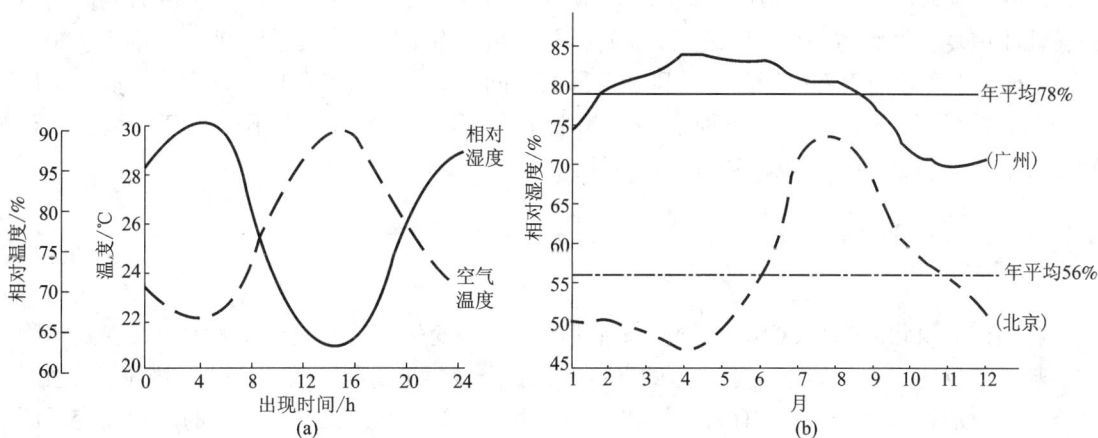

图 7 –15 室外湿度的变化

(a)相对湿度的日变化;(b)相对湿度的年变化

一年中最热月的绝对湿度最大,最冷月的绝对湿度最小。这是因为蒸发量随着温度的变化而变化。一般来说,一年中相对湿度的大小和绝对湿度相反,相对湿度在冷季最大,在热季最小。但是在季风气候地区,冬季高纬度大陆来的气流寒冷而干燥,夏季低纬度海洋来的气流高温、高湿,所以相对湿度以冬季最小,而夏季最大。我国大部分地区均属季风气候,因受海洋气候影响,南方大部分地区的相对湿度在一年内以夏季最大,秋季最小。华南地区和东南沿海一带,因春季海洋气团侵入,且此时气温还不高,故形成较大的相对湿度,大约以 3~5 月为最大,秋季最小,所以在南方地区春夏之交气候较潮湿,室内地面常产生泛潮现象。如图 7 – 15 所示北京、广州两地的相对湿度年变化规律便反映了这些特征。空气中水蒸气的含量随着海拔高度的增加而降低,上部空气层的水蒸气含量低于近地面的空气层,因此海拔高的地区相对湿度较低。

7.4.7 降水

从大地蒸发出来的水进入大气层,经过凝结后又降到地面上的液态或固态水分,称为降水。雨、雪、冰雹等都属于降水现象。降水性质包括降水量、降水时间和降水强度。降水量是指降落到地面的雨、雪、冰雹等融化后,未经蒸发或渗透流失而积累在水平面上的水层厚度,以毫米为单位。降水时间是指一次降水过程从开始到结束的持续时间,用小时或分钟来表示。降水强度是指单位时间内的降水量,降水强度等级以 24 h 的总量(mm)来划分:小于 10 mm 的为小雨;中雨为 10 ~ 25 mm;大雨为 25 ~ 50 mm;暴雨为 50 ~ 100 mm。

影响降水分布的因素很复杂。首先是气温,寒冷地区水的蒸发量不大,而且由于冷空气的饱和水蒸气分压力较低,不能包容很多的水气,因此寒冷地区不可能有大量的降水;而在炎热地区,由于蒸发强烈,而且饱和水蒸气分压力也较高,所以水汽凝结时会产生较大的降水。此外,大气环流、地形、海陆分布的性质及洋流也会影响降水性质,而且它们往往相互作用。

我国的降水量大体是由东南往西北递减。因受季风的影响,雨量都集中在夏季,变化率大,强度也较为可观。华南地区季风降水是从 5 月到 10 月,长江流域为 6 月到 9 月间。梅雨是长江流域夏初气候的一个特殊现象,其特征是雨量缓而范围广,延续时间长,雨期为 20 ~ 25 d。珠江口和台湾南部由于西南季风和台风的共同影响,在 7、8 月间多暴雨,特征是单位时间内雨量很大,但一般出现范围小,持续时间短。我国的降雪量在不同地区有很大的差别,北纬 35°以北到 45°地段为降雪或多雪地区。

7.5   城市气候

在城市建筑物的表面及周围,气候条件都有较大的变化。这种变化会大大地改变建筑物的能耗及热反应。现代城市由于人口的高度密集、众多建筑物所形成的特殊下垫面、高强度经济活动所消耗的大量燃料、有害气体和粉尘的大量释放以及人类生产生活的影响改变了原有的区域气候状况,形成了一种与城市周围不同的局地气候,即城市气候。

城市气候主要有以下特点:

(1)城市风场与远郊不同,风速减小,风向随地而异。

(2)气温较高,形成热岛效应。

(3)大气透明度低,城市太阳辐射比郊区弱。

由于城市中心上升的气流和大气污染的相互作用,空气中有较多的尘埃和其他吸湿性凝结核,因此云量比郊区多,大气透明度低,导致城市太阳辐射比郊区减少 15% ~ 20%,工业区比非工业区要低 10% 左右,因而削弱了城市所获得的太阳辐射。大气透明度和当时的天气情况密切相关,特别是出现扬沙(沙尘暴)、浮尘、霾、烟幕、轻雾时,大气透明度较低,能见度较差,空气污染严重,直接太阳辐射照度较低。

(4)城市地表蒸发减弱,湿度变小。

城市下垫面多为建筑物和不透水的路面,其地表面温度较高。水汽蒸发量小,且城区降水容易排泄,所以城市空气的平均绝对湿度和相对湿度都较小,在白天易形成"干岛"。夜间城市的绝对湿度比郊区大,易形成"湿岛"。例如广州年平均相对湿度比城郊约低 9%,上海约低 5%。

(5)城市降水比郊区略多。

由于城市热岛的作用，市区上空的上升气流比郊区要强，空气中的烟尘又提供了充足的凝结核，故城市降水较多。根据欧美许多大城市的研究结果，城市降水量比郊区多 5% ~ 10%，并且日降水为 0.5 mm 以下的降水日数比郊区多 10%。

7.5.1　城市风场

风场是指风向、风速的分布状况。现代城市由于建筑群增多、增密、增高，街道纵横交错，建筑高低不平，导致城市区域下垫面粗糙度增大，使整个城市的风速减小。城市中心、郊区及开阔水域沿不同高度风速减小的百分比不同。如北京城区年平均风速比郊区小20% ~ 30%；上海市中心比郊区小40%，城市边缘比郊区小 10%。城市下垫面粗糙度增大造成风速减小，使得城市热岛效应加剧。此外，城市风向不定，局部主导风向可能会偏离地区主导风向，这主要是由于城市内存在大量建筑物，风在遇到建筑物绕行时会产生方向和速度的改变，如大楼风、街巷风等。城市风场与远郊不同，风速减小，风向随地而异。

在城市规划和小区规划设计中，必须要考虑城市风场和小区风场(建筑群内的风场)的影响。城市风场主要是影响城市的污染状况，因此在进行城市规划的时候，需要考虑城市的主导风向，对污染程度不同的企业、建筑进行布局，把大量产生污染物的企业或建筑布置在城市主导风向的下游位置。

建筑群内的风场主要是影响小区及建筑物内的热环境，包括小区室外环境的热舒适性、夏季建筑通风以及由于冬季建筑的渗透风附加的采暖负荷。由于建筑物对来流风的阻碍和聚集作用，以及小区内太阳辐射导致各表面存在温差而形成的自然对流，使得建筑群内形成了特定的风场分布。

建筑群内风场的形成主要取决于建筑布局，不当的规划设计产生的风场问题有：①冬季住区内的高速风场增加了建筑物的冷风渗透，导致采暖负荷增加；②由于建筑物的遮挡作用，造成夏季建筑的自然通风不良；③室外局部的高风速影响人的活动，并影响热舒适；④建筑群内的风速太低，导致建筑物内散发的气体污染物无法有效排除而在小区内聚集；⑤建筑群内出现旋风区域，容易积聚落叶、废纸、塑料袋等废弃物。

对于室外的热舒适和行人活动来说，距地面 2 m 以下高度空间的风速分布是最需要关心的。尽管与郊区比，市区和建筑群内的风速较低，但会在建筑群特别是高层建筑群内产生局部高速流动，即人们俗称的"风洞效应"。一些高层建筑群中，与冬季主导风向一致的"峡谷"或者过街楼均有冬季变成"风洞"的危险。

当风吹至高层建筑的墙面向下偏转时，将与水平方向的气流一起在建筑物侧面形成高速风和旋涡，在迎风面上形成下行气流，而在背风面上使气流上升。街道常成为风漏斗，把靠近两边墙面的风汇集在一起，造成近地面处的高速风。这种风常掀起灰尘，在背风侧的下部聚集垃圾，在低温时还会形成极不舒适的局部冷风。

建筑的布局对小区风环境有着重要的影响，在建筑群的规划设计阶段就应该重视这些问题，调整设计或者采取其他措施避免不当风场问题的出现。通常采用利用风洞的物理模型实验方法和利用计算流体力学(CFD)的数值模拟方法对城市或建筑群内的风场进行预测，调整及优化规划设计方案。

　　图 7 - 16 给出了一个利用 CFD 辅助建筑布局设计的实例(上方是北向)。在冬季以北风为主导方向、夏季以南风为主导风向的北方内陆城市设计一个多层建筑的住宅小区,要求达到冬季能有效抑制小区内的风速,而夏季又能够保证不影响小区内建筑的自然通风。通过不断地调整,得到了图中的建筑布局。可以看到,北侧的连排小高层建筑有效地阻碍了冬季北风的侵入,抑制了小区内的风速;而在夏季,非连续的低层建筑又为南风的通过留了空间,尽可能地保证了后排建筑的自然通风。

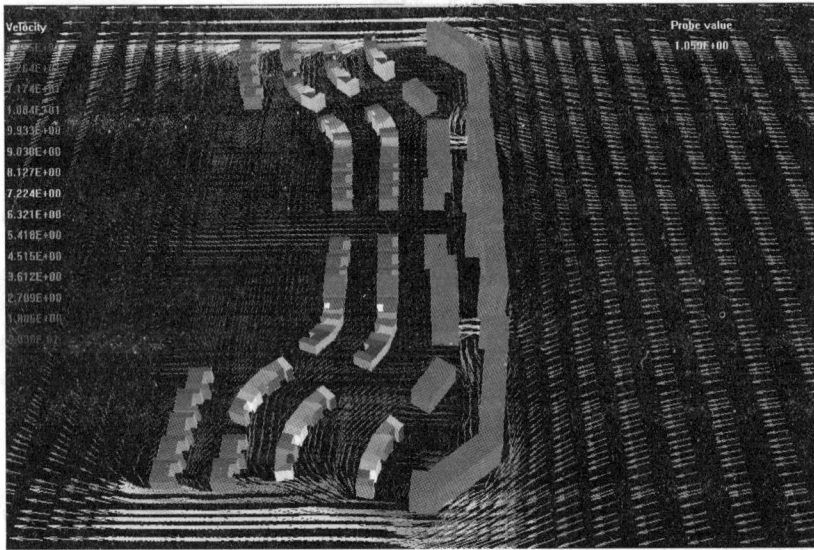

(a)

(b)

图 7 - 16　CFD 辅助建筑布局设计实例:风速场

(a)冬季:有效地抑制了小区内的风速;(b)夏季:保证了小区内的气流通畅

7.5.2　城市热岛

1.城市热岛的概念及其影响

城市热岛效应是城市气候中典型的特征之一。由于城市地面水泥、沥青及砖石等覆盖物对太阳辐射的吸收率大,城市内风速较小,再加上密集的城市人口在生活和生产中产生的大量的人为热,造成城市中心的温度高于郊区温度,且市内各区的温度分布也不一样。如果绘制出等温曲线就会看到其与岛屿的等高线极为相似,人们把这种气温分布现象称为热岛效应。

城市热岛效应一年四季都可能出现,但是,对居民生活和消费构成影响的主要是夏季高温天气下的热岛效应。为降温大量使用空调等电器设备,导致电能消耗量增加,并常引起电力供应紧张;夏季城市热岛效应可使炎热地区的高温灾害频率增加,程度加重,使居民生活不适,工作效率下降,中暑病人和心血管功能失调的人数增加,死亡率明显增加。

另外,城市热岛效应会加剧城市的大气污染,影响人体健康。由于城市中心的温度高于郊区温度,城市范围内的"热"气流上升,周围郊区的"冷"气流则流向城市,形成城乡大气环流,如图 7-17 所示。热岛内的空气易于对流混合,但其上部的大气则呈稳定状态而不易扩散,就像一个热的"罩盖"一样,使发生在热岛范围内的各种污染物质都被封闭在热岛中,加剧了逆温层(一般情况下,在低层大气中,气温是随高度的增加而降低的,但有时在某个高度范围内,空气温度随高度增加,称为逆温现象,受逆温现象影响的一段垂直厚度大气层则称之为逆温层)。城市边缘如果设有排放污染物的工矿企业,则有可能由于城乡大气环流作用,将污染物卷入城市中心。此外,气温升高还会加快光化学反应速度,使近地面大气中的臭氧浓度增加,影响人体健康。热岛影响所及的高度称为混合高度,小城市约为 50 m,大城市可达 500 m 以上。

图 7-17　城市"热岛"现象引起的大气环流

热岛效应的强弱以热岛强度来定量描述,定义为热岛中心气温与同时间、同高度(距地1.5 m 高处)附近郊区的气温之差。热岛强度从弱到强共分为 5 级,见表 7-6。

表 7 - 6　热岛强度等级

等级	范围/℃	定义
1 级	≤0.5	很弱
2 级	0.5 ~ 0.1	弱
3 级	1.0 ~ 2.0	中等
4 级	2.0 ~ 3.0	强
5 级	>3.0	很强

2. 城市热岛的成因

近年来，随着城市建设的高速发展，城市热岛效应也变得越来越明显。气候条件是造成城市热岛效应的外部因素，而城市化才是热岛形成的内因。城市热岛形成的原因主要有以下几点：

(1)城市下垫面热物理特性的影响。

城区大量的建筑物和道路构成以砖石、水泥和沥青等材料为主的人为立体下垫面，对太阳的反射率小，蒸发耗热少，吸收热量多，热量传导较快，而辐射散失热量较慢，郊区自然下垫面(绿地、水面等)则恰好相反，因而在相同的太阳辐射条件下，它们比自然下垫面升温快，其表面温度明显高于自然下垫面。表 7 - 7 给出了某地各种不同性质的下垫面上的表面温度。

表 7 - 7　表面实测温度(当时气温 29 ~ 30℃)

下垫面性质	湖泊	森林	农田	住宅区	停车场及商业中心
表面温度/℃	27.3	27.5	30.8	32.2	36.0

(2)城市气候的影响。

城市内平均风速低于远郊的来流风速，不利于热量向外扩散。另外，由于城市的大气透明度低，云量较高，夜间对天空的长波辐射散热也受到严重的影响，这也是夜间市区与郊区的温差比白天更大的主要原因之一。

(3)城区人为热的影响。

城市工业生产排热、交通运输排热以及居民工作生活中的空调采暖产热、家用电器以及炊事产热等使得大量的人为热被排放到城市大气空间中，促进了城市的温升效应。

(4)城市中的大气污染的影响。

城市中的机动车、工业生产以及居民生活，产生了大量的烟尘、SO_2、NO_x、CO 和粉尘等排放物。这些物质都是红外辐射的良好吸收者，会吸收下垫面热辐射，产生温室效应，从而引起城市空间大气的进一步温升。

3. 热岛强度时空分布特征

热岛强度随时间主要表现出两种周期性的变化，即日变化和年变化。在晴朗无风的天气下，日变化表现为夜晚强，白昼午间弱；年变化表现为秋冬季强，夏季弱。城市热岛强度不但有周期性变化，而且还有明显的非周期性变化。引起热岛强度非周期性变化的原因主要与当时的风速、云量、天气形势和低空气温直减率有关，主要表现为风速越大，云量越多，天气形势越不稳定，低空气温直减率越大，热岛强度就越小，甚至不存在热岛，反之"热岛"强度就越大。

城市热岛的水平分布表现为热岛通常出现在人口密集、建筑物密度大、工商业最集中的地区，而郊区则有较好的植被覆盖，或者农田密布，热岛强度小。热岛的空间分布因高度的不同而有所差别。表现在白天城郊差别不明显；夜晚城郊热岛强度差别大，并且这种差别随高度的升高而下降，到一定的高度还会出现"交叉"现象。

4. 城市热岛效应的改善措施

控制城市人口密度和建筑物密度的过快发展，合理规划城市，保护并增大城区的绿地和水体面积，提高能源利用率，减少"人为热"的释放和温室气体的排放等措施均可减少城市的热岛效应。

(1)提高城市绿化率。

绿地能充分吸收太阳的辐射能量，所吸收的辐射能量又有大部分会在光合作用中转化为化学能，可以大大减弱热岛效应。同时，城市绿化覆盖率与热岛强度成反比，若覆盖率大于30%，则热岛效应会得到明显的削弱；若覆盖率大于50%，则绿地对热岛的削弱作用极其明显。规模大于3公顷且绿化覆盖率达到60%以上的集中绿地，基本上可与郊区自然下垫面的温度相当，因此可消除热岛现象，并在城市中形成以绿地为中心的低温区域。

建立绿化与环境相结合的管理机制并建立相关的地方性行政法规，以保证绿化用地，通过建设街心花园、林荫大道、铺种草坪、屋顶绿化和墙壁垂直绿化等措施，提高城市绿化率，可减弱热岛效应。

(2)合理增加城市水体，形成环城水系。

因为水的比热大于混凝土的比热，在吸收相同热量的情况下，温度升值相对较小，水面还可通过蒸发吸热，以降低空气的温度。如果水体流动，还可带走城市的大量热量。此外，水中的生物吸收了太阳能，将其转换成生物能，又带走了大量的热量，以降低周边的温度。因此，合理增加城市水体，维系好城市中已有的湖泊和河流，对于改善城市热环境，降低城市热岛效应具有重要的积极作用。在热岛效应明显的闹市区也可采用人工水体(如喷泉)来降低地面温度。

(3)改善市区道路的保水性能。

城市人工下垫面是导致城市热岛形成的重要原因之一。用透水性强的新型柏油铺设公路以储存雨水，利用水分蒸发带走路面热量，从而降低路面温度。

(4)建筑物淡色化以增加热量的反射。

外墙应以白色或浅颜色的涂料为主，并限制采用面砖和玻璃幕墙，以尽量减少外墙吸收太阳的辐射，降低建筑外围护结构的表面温度。

(5)减少人为热的释放，合理使用能源。

控制使用空调器，提高建筑物隔热材料的质量，以减少人工热量的排放；通过改进能源消耗设备构件，更新能源使用方法，提高能源使用效率，减少能源损耗。在经济合理、技术可行的情况下，可以适当利用绿色能源，如风能、太阳能、生物能、地热等。提倡公共交通，绿色出行，控制私人小汽车数量，逐步用清洁液化气取代石油。

（6）科学发展，合理规划城市。

市区人口稠密也是热岛效应形成的重要原因之一。从城市规划入手，城市热岛强度随着城市发展而加强，因此在控制城市发展的同时，要控制城市人口密度和建筑物密度。因为人口高密度区也是建筑物高密度区和能量高消耗区，常形成气温的高值区。所以，在今后的新城市规划时，需避免人口过度集中区域。

5. 城市热岛效应及热岛强度研究方法

人们研究城市热岛的主要方法分为：传统观测法、遥感观测法、数值模拟法等。其中传统观测法又分为气象站法、定点观测法和流动观测法。

气象站法就是利用气象站点记录的逐年历史气象数据，结合城市中心与郊区气象数据间的差异，选取相关典型指标，从而分析城市中心特定区域在特定的时间段内城市热岛的变化情况。通过气象站数据可以描述城市热岛的逐年演变过程。该方法受气象站数量及设置环境的影响较大，且测点的变动、观测习惯、测定仪器的误差等均会影响分析结果。

定点观测法主要是通过人工布点小型气象观测仪对选定区域进行实时不间断的气象数据采集；并对比分析监测区域与郊区气象数据差异，从而研究选定区域的热岛现象。该方法采用的是实地测量，具有很高的时间分辨率，且测量精度相对较高；但是只能应用在较小范围内，结果会受到测点选择的限制和小环境的影响，而且监测费时费力，难以获得较大尺度上的温度信息。

流动观测法主要是采用车载气温气象观测设备和便携式数据采集系统在选定的样带上进行流动观测和记录。该方法综合考虑了气象站法和定点观测法的特点，克服了定点观测的局限性，观测的数据更科学，但是不同样线上的观测无法同步进行，从而导致获得的数据缺乏可比性。

传统的城市热岛观测方法存在许多局限，不能准确地反映城市热岛在时间布局、空间布局、内部结构特征等方面的问题。随着现代遥感技术和地理信息系统（GIS）的快速发展，为解决上述问题提供了新的技术手段，克服了传统观测方法的不足，逐渐成为热岛效应研究的主流方法。遥感反演法就是根据地物所处不同波段辐射值的差异，利用热红外传感器对城市地表温度进行大面积的观测。NASA 于 1978 年发射了热惯量卫星（heat capacity mapping mission，HCMM），通过卫星观测地球表面的温度，热红外卫星遥感技术研究进入蓬勃发展期。

传统观测法在进行热岛效应研究的过程中，需要耗费大量的人力和物力，且很大程度上受到自然条件和人为因素的限制。随着计算机技术的发展，以热力学和动力学为理论基础的数值模拟技术逐步成熟，数值模拟系统的平台输出和可预报性成为关注的焦点。该方法可以获得较高空间分辨率的结果，可以弥补传统观测试验在空间布点上的不足。

上述各种监测方法都存在一定的局限性，在开展热岛效应研究时，可根据实际的研究目的和内容，选择合理的监测手段或综合运用多种手段，从而使得监测结果更加精确。随着传感器技术的不断发展，遥感观测手段将成为热岛效应研究的主要手段。数值模拟将是未来城市热岛效应研究的焦点和热点。

7.6　我国的气候分区

由于各地纬度、地势和地理条件的不同，使得我国气候复杂多样，各地气候差异悬殊。为区分我国不同地区气候条件对建筑影响的差异性，明确各气候区的建筑基本要求，明确建筑设计和气候两者之间的科学关系，使各地区建筑可以更充分地利用和适应当地的气候条件，防止气候对建筑的不利影响，对建筑规划和设计做到因地制宜，需要根据气候条件的差异将各地区划分的气候区域。我国使用的气候分区法有两种，一种是建筑热工设计分区法，一种是建筑气候区划分法。

1. 建筑热工设计分区法

为了获得适宜的室内环境，不同的气候条件对当地的房屋建筑热工设计提出了不同的要求。炎热地区需要通风、遮阳、隔热；寒冷地区需要采暖、防寒、保温。为了明确建筑热工设计和气候两者之间的科学关系，我国《民用建筑热工设计规范》(GB 50176—1993)从建筑热工设计的角度出发，将全国热工设计按照气候因素分为五个分区，即严寒、寒冷、夏热冬冷、夏热冬暖和温和地区，并提出了相应的建筑热工设计要求，其目的就在于使民用建筑(包括住宅、学校、医院、旅馆等)的热工设计与地区气候相适应，保证室内基本热环境要求，符合国家节能方针。分区方法采用累年最冷月(一月)和最热月(七月)平均气温作为分区主要指标，采用累年日平均温度不大于5℃和不小于25℃的天数作为辅助指标。我国建筑热工设计气候分区的分区指标及对建筑热工的设计要求见表 7 - 8。

表 7 - 8　我国建筑热工设计气候分区及设计要求

分区名称	分区指标		设计要求
	主要指标	辅助指标	
严寒地区	最冷月平均温度不小于 - 10℃	日平均温度不大于5℃的天数不小于 145 d	必须充分满足冬季保温要求，一般可不考虑夏季防热
寒冷地区	最冷月平均温度为 - 10 ~ 0℃	日平均温度不大于 5℃ 的天数为 90 ~ 145 d	应满足冬季保温要求，部分地区兼顾夏季防热
夏热冬冷地区	最冷月平均温度为 0 ~ 10℃，最热月平均温度为 25 ~ 30℃	日平均温度不大于5℃的天数为 0 ~ 90 d，日平均温度不小于25℃的为天数 49 ~ 110 d	必须满足夏季防热要求，适当兼顾冬季保温
夏热冬暖地区	最冷月平均温度大于10℃，最热月平均温度为 25 ~ 29℃	日平均温度不小于 25℃ 的天数为 100 ~ 200 d	必须充分满足夏季防热要求，一般可不考虑冬季保温
温和地区	最冷月平均温度为 0 ~ 13℃，最热月平均温度为 18 ~ 25℃	日平均温度不小于 5℃ 的天数为 0 ~ 90 d	部分地区应考虑冬季保温，一般可不考虑夏季防热

2.建筑气候区划分法

为区分我国不同地区气候条件对建筑影响的差异性,明确各气候区的建筑基本要求,从总体上做到合理利用气候资源,防止气候对建筑的不利影响,我国《建筑气候区划标准》(GB 50178—1993)中提出了建筑气候区划法,适用于一般工业与民用建筑的规划、设计与施工,适用范围更广,涉及的气候参数更多。

建筑气候的区划系统分为一级区和二级区两级:一级区划分为7个区,在一级区内,又划分若干二级区,全国总共划分为20个二级区。各区的分区指标和气候特征见表7-9。标准还针对各气候分区,提出了相应的建筑基本要求。相对《民用建筑热工设计规范》提出的热工设计要求,该标准提出的建筑要求更全面,除了热工设计要求外,还提出了针对气候的规划、结构、施工要求。

表7-9　建筑气候区划表

建筑气候区	分区指标		气候特点
	主要指标	辅助指标	
I	1月平均气温为-31~10℃,7月平均气温低于25℃,年平均湿度为50%~70%	年降水量为200~800 mm,年日均气温低于或等于5℃的天数大于145 d	冬季漫长严寒,夏季短促凉爽;西部偏于干燥,东部偏于湿润;气候年较差很大;冰冻期长,冻土深,积雪厚;太阳辐射量大,日照丰富;冬半年多大风
II	1月平均气温为-10~0℃,7月平均气温为18~28℃,年平均湿度为50%~70%	年降水量为300~1000 mm,年日均气温低于或等于5℃的天数大于90~145 d,年日均气温高于或等于5℃的日数小于80 d	冬季较长且寒冷干燥,平原地区夏季较炎热湿润,高原地区夏季较凉爽,降水量相对集中;气温年较差较大,日照较丰富;春、秋季短促,气温变化剧烈;春季雨雪稀少,多大风风沙天气,夏秋多冰雹和雷暴
III	1月平均气温为0~10℃,7月平均气温低于25~29℃,年平均湿度为70%~80%	年降水量为1000~1800 mm,年日均气温低于或等于5℃的天数大于0~90 d,年日均气温高于或等于5℃的日数为40~110 d	夏季闷热,冬季湿冷,气温日较差小;年降水量大;日照偏少;春末夏初为长江中下游地区的梅雨期,多阴雨天气,常有大雨和暴雨出现;沿海及长江中下游地区夏秋常受热带风暴和台风袭击,易有暴雨大风天气
IV	1月平均气温高于10℃,7月平均气温低于25~29℃,年平均湿度为80%左右	年降水量为1500~2000 mm,年日平均气温高于或等于25℃的日数为100~200 d	长夏无冬,温高湿重,气温年较差和日较差均小;雨量丰沛,多热带风暴和台风袭击,易有大风暴雨天气;太阳高度角大,日照较小,太阳辐射强烈

续表 7 - 9

建筑气候区	分区指标		气候特点
	主要指标	辅助指标	
V	1 月平均气温为 0 ~ 13℃，7 月平均气温低于 18 ~ 25℃，年平均湿度为 60% ~ 80%	年降水量在 600 ~ 2000 mm，年日平均气温低于或等于 25℃的日数为 0 ~ 90 d	立体气候特征明显，大部分地区冬温夏凉，干湿季分明；常年有雷暴、多雾，气温年较差偏小，日较差偏大，日照较少，太阳辐射强烈，部分地区冬季气温偏低
VI	1 月平均气温为 0 ~ 22℃，7 月平均气温低于 2 ~ 18℃，年平均湿度为 30% ~ 70%	年降水量在 25 ~ 900 mm，年日均平均气温低于或等于 25℃的日数为 90 ~ 285 d	长冬无夏，气候寒冷干燥，南部气温较高，降水较多，比较湿润；气温年较差小而日较差大；气压偏低，空气稀薄，透明度高；日照丰富，太阳辐射强烈；冬季多西南大风；冻土深，积雪较厚，气候垂直变化明显
VII	1 月平均气温为 -20 ~ -5℃，7 月平均气温为 18 ~ 33℃，年平均湿度为 35% ~ 70%	年日平均气温低于或等于 5℃的日数为 110 ~ 180 d；年日平均气温高于或等于 25℃的日数小于 120 d	地区冬季漫长严寒，南疆盆地冬季寒冷；大部分地区夏季干热，吐鲁番盆地酷热，山地较凉；气温年较差和日较差均大；大部分地区雨量稀少，气候干燥，风沙大；部分地区冻土较深，山地积雪较厚；日照丰富，太阳辐射强烈

复习思考题

1. 什么是太阳高度角？什么是太阳方位角？影响太阳高度角及太阳方位角的因素有哪些？

2. 分析太阳辐射到达大气层的传播机理。

3. 设置楼间距的依据是什么？南北方有什么不同？

4. 风玫瑰图有什么作用？它是如何绘制出来的？

5. 大气逆辐射对冬夏季的室内热环境控制有什么影响及意义？

6. 城市微气候有什么特点？

7. 城市风场及小区风场对城市规划及小区规划设计有什么影响？

8. 阐述热岛效应的形成原因及改善措施。

9. 我国民用建筑热工设计分区是如何划分的？对建筑设计有何作用？

第 8 章　建筑热湿环境的形成

建筑热湿环境主要反映在空气环境的热湿特性中，又可细分为热环境和湿环境。影响建筑室内热湿状况的因素有室外气象条件、室内发热和产湿量，以及采暖和空调系统的运行方式。如果不考虑运行方式，房间热湿环境的扰量可分为外扰和内扰两大类。外扰是指室外空气的温度、湿度、太阳辐射强度、风速和风向，以及邻室的空气温湿度。它们以对流换热、导热、辐射以及空气交换的形式通过围护结构影响房间的热湿状态。内扰是指室内设备、照明和人体的散热散湿，它们以对流、辐射和传质的形式与室内进行热湿交换。建筑物获得的热量如图 8-1 所示。

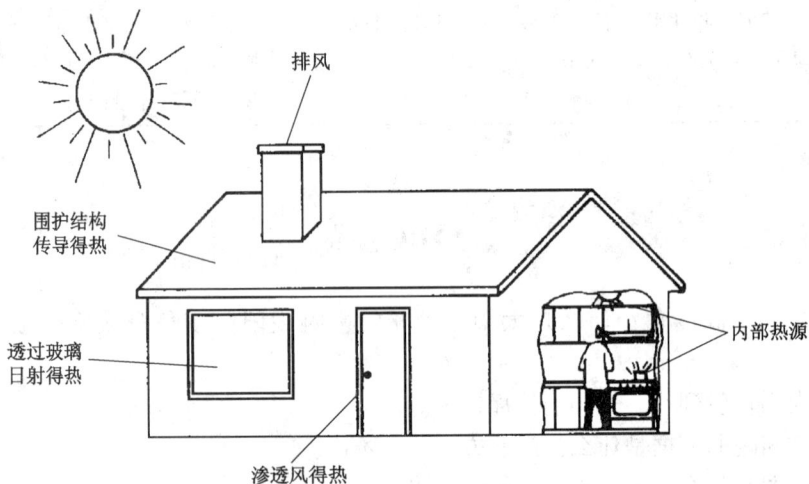

图 8-1　建筑物获得的热量

某时刻在内外扰作用下进入房间的总热量叫作该时刻的得热，包括显热和潜热两部分，显热部分涵盖了对流得热和辐射得热。如果得热量为负值，则意味着房间失去热量。这里"房间"的范围是指围护结构的内表面包络的范围，包括室内空气、室内家具和围护结构的内表面。

对于室内热湿环境的影响，除了建筑的外扰和内扰外，还有建筑围护结构的热工特性。不同的扰量作用、不同的建筑热工特性，带给室内的热湿负荷是不同的，从而形成的室内热湿环境也不同。本章将重点阐述热湿环境的形成机理以及室内热湿环境与各种内扰、外扰之间的关系。

8.1　建筑热环境的形成及热传递

　　建筑热环境与外扰、内扰都有着重要的关系，对于外扰来说，引起室内热环境的是室外或邻室的空气温度、太阳辐射以及通过围护结构的渗透空气带进来的显热量，室外或邻室的空气温度、太阳辐射通过围护结构的传热进入室内，而渗透的空气直接给室内空气带来了热量；内扰包含了室内人员、设备、照明的散热量。由于影响热环境的除以上原因外，还有建筑围护结构的热工特性，因此本章除了介绍以上因素引起的热环境形成机理外，还将介绍材料和围护结构的热物性指标。

8.1.1　太阳辐射与室外空气综合温度

　　对于建筑热环境来说，太阳辐射是一项十分重要的外扰，尤其透过玻璃窗直接射入室内的辐射热对房间的温度状况有着重要的影响。在寒冷的冬季，太阳辐射为人们提供了免费的热源，而在炎热的夏季，人们又必须采取相应措施阻止其升高房间温度。因此，掌握太阳辐射特性，对合理控制和利用太阳辐射有着重要意义。

　　建筑围护结构的外表面受到各种辐射的作用，具体包括太阳直射辐射、天空散射辐射、地面反射辐射、大气长波辐射、来自地面的长波辐射以及来自环境表面的长波辐射，如图 8-2 所示。其中太阳直射辐射、天空散射辐射和地面反射辐射含有可见光和红外线，与太阳辐射的成分类似；而大气长波辐射、地面长波辐射和环境表面长波辐射则只含有长波红外线辐射部分。

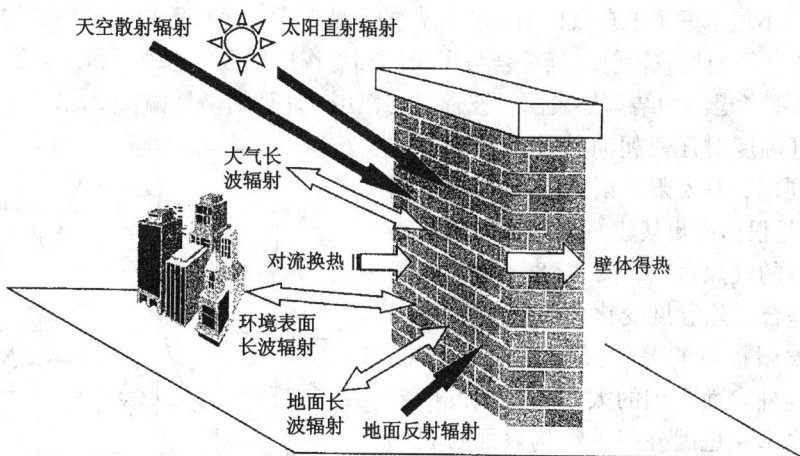

图 8-2　围护结构外表面的热平衡

　　围护结构的壁面得热量等于太阳辐射热量、长波辐射换热量和对流换热量之和。图 8-2 表示围护结构外表面的热平衡，当这些因素同时对建筑物围护结构外表面作用时，外表面单位面积上得到的热量为：

$$q = h_{out}(t_{air} - t_w) + aI - Q_{lw}$$

$$= h_{out}\left[\left(t_{air} + \frac{aI}{h_{out}} - \frac{Q_{lw}}{h_{out}}\right) - t_w\right] = h_{out}(t_z - t_w)$$

$$(8-1)$$

式中：h_{out}——围护结构外表面的表面传热系数，$W/(m^2 \cdot K)$；

t_{air}——室外空气温度，℃；

t_w——围护结构外表面温度，℃；

a——围护结构外表面对太阳辐射的吸收率；

I——太阳总辐射照度，W/m^2；

Q_{lw}——围护结构外表面与环境的长波辐射换热量，W/m^2；

t_z——室外综合温度，℃。

等式右边三项分别为外壁对流得热、太阳辐射得热及围护结构本身对外的长波辐射热量。

太阳辐射落在围护结构表面上有三种辐射：太阳直接辐射、天空散射辐射和地面反射辐射，后两者是以散射的形式出现的。由于入射角不同，围护结构外表面对直射辐射和散射辐射有不同的吸收率，而地面反射辐射的强度与地面表面特征有关。因此，式中的吸收率 a 只是一个考虑了上述不同因素并进行综合的当量值。

式(8-1)中的室外空气综合温度 t_z 是在室外气温基础上增加一个太阳辐射的等效温度值 aI/h_{out}，并减去建筑物表面与环境进行的长波辐射的等效温度值 Q_{lw}/h_{out}。显然综合温度是为了计算方便推出的一个当量的室外温度，而非实际的空气温度。其表达式为：

$$t_z = t_{air} + \frac{aI}{h_{out}} - \frac{Q_{lw}}{h_{out}}$$

$$(8-2)$$

式(8-2)不仅考虑了来自太阳对围护结构的短波辐射，而且反映了围护结构外表面与天空和周围物体之间的长波辐射。当综合考虑长波辐射作用后数值有所下降，计算夏季空调冷负荷时，如果不考虑围护结构外表面长波辐射的作用，计算结果是偏安全的。

室外空气温度对任何朝向的外墙和屋顶的影响都是相同的，但太阳辐射热的影响就不同了。图8-3是根据广州某建筑物的平屋顶的表面状况和实测的气象资料，按式(8-2)计算得到的一天的综合平均温度变化曲线。从图8-3可以看出，太阳辐射的等效温度是相当大的。由于围护结构外表面受到的太阳辐射照度因朝向而异，吸收率 a 也因外围护结构表面材料的物性和颜色的差别而有所不同(见8.1.3节)，再加上室外风速等原因，所以一个建筑物的屋顶、各朝向外墙表面的综合温度值是不同的，其所获得的热量也有差异。

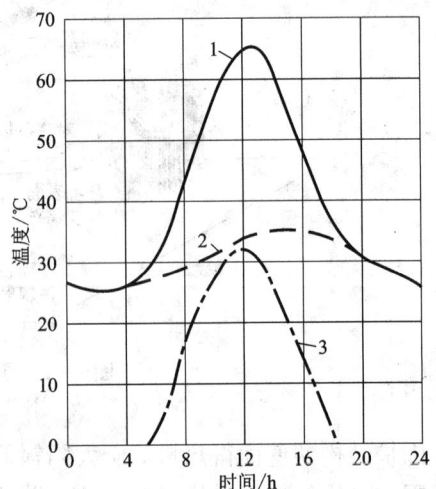

图8-3　夏季室外综合温度的组成

1—室外综合温度；2—室外空气温度；

3—太阳辐射当量温度

8.1.2　夜间辐射

在计算白天的室外空气综合温度时，由于太阳辐射的强度远远大于长波辐射，所以省略长波辐射的作用是可以接受的。这时室外空气综合温度由式(8-2)可简化为：

$$t_z = t_{air} + \frac{aI}{h_{out}} \tag{8-3}$$

夜间由于没有太阳辐射的作用，天空温度远远低于空气温度，这时建筑物向天空的辐射放热量是不可忽略的，尤其是在建筑物与天空之间的角系数较大的情况下，如屋顶。如果在冬季夜间忽略掉天空辐射的作用，可能会导致热负荷计算偏低。因此，式(8-1)中的长波辐射 Q_{lw} 又称夜间辐射或有效辐射。

围护结构外表面与环境的长波辐射换热包括大气长波辐射和来自地面、周围建筑及其他物体外表面的长波辐射。如果仅考虑对天空的大气长波辐射和地面的长波辐射，则有：

$$
\begin{aligned}
Q_{lw} &= \sigma \varepsilon_w \left[x_{sky} \varepsilon_{sky} (T_{wall}^4 - T_{sky}^4) + x_g \varepsilon_g (T_{wall}^4 - T_g^4) \right] \\
&= \sigma \varepsilon_w \left[(x_{sky} + \varepsilon_g x_g) T_{wall}^4 - x_{sky} T_{sky}^4 - \varepsilon_g x_g T_g^4 \right]
\end{aligned} \tag{8-4}
$$

式中：σ——斯蒂芬-玻尔兹曼常数，5.67×10^{-8} W/(m²·K⁴)；

ε_w——围护结构外表面对长波辐射的系统黑度，接近壁面黑度，即壁面的吸收率 a；

x_{sky}——围护结构外表面对天空的角系数；

ε_{sky}——天空的黑度，天空被视为黑体，$\varepsilon_{sky} = 1$；

x_g——围护结构外表面对地面的角系数；

ε_g——地面的黑度，即地面的吸收率；

T_{wall}——围护结构外表面温度，K；

T_{sky}——有效天空温度，K；

T_g——地表温度，K。

由于围护结构外表面与环境的长波辐射取决于角系数，即与环境表面的形状、距离和角度有关，很难求算，因此常常采用经验值。在工程上将该值作近似处理：垂直面取 $Q_{lw} = 0$，水平面取 $Q_{lw}/h_{out} = 3.5 \sim 4 \text{℃}$。显然它的前提条件是认为垂直面与外界的长波辐射换热很小，可以忽略不计。

8.1.3　材料及围护结构的热物性指标

室外气象参数通过围护结构向室内传递热量，传热量的大小，不仅取决于室外空气综合温度、室内空气温度和室内围护结构壁面的温度，还取决于围护结构的热工特性。这些热工特性可采用一些如导热系数、表面传热系数、辐射系数、蓄热系数、衰减度等热工参数进行描述。下面将介绍主要的热物性指标。

1. 材料的导热系数

材料的导热系数是材料在稳定导热条件下导热特性的一个指标，它的大小直接关系到导热的传热量，是一个非常重要的热物理参数，这一参数通常由专门的实验获得。不同状态材料的导热系数相差很大，空气的导热系数最小，仅为 0.006~0.6 W/(m·K)，液体的导热系数为 0.07~0.7 W/(m·K)，金属的导热系数最大，为 2.2~420 W/(m·K)。

对于多层匀质材料，其热阻为各单一材料层热阻之和，即 $R = \sum R_i$。

为了进一步提高材料的保温性能，提高空气层热阻，常在空气间层内壁涂贴铝箔等辐射系数较小的反射材料。铝箔一般应设在间层的高温侧，否则会使间层低温侧的温度进一步降低，从而增加间层内部结露的可能性，影响其保温性能。

当围护结构内部个别层次由两种以上材料组合而成时，如空心砌块、填充保温材料的组合墙体，在垂直于热流方向上已非匀质材料，内部也不再是单向传热，而是一个二维的导热过程。在工程计算时，首先将组合墙体在垂直于热流方向上划成若干个均质层和组合层，而组合层则按不同材料所占面积大小加权计算平均导热系数。

2. 表面传热系数

围护结构表面对流换热是指流体与围护结构表面发生热量交换的现象，表面传热系数反映了围护结构表面传热的强度。表面传热系数 h 的大小取决于表面光滑程度、壁面形状和大小、流体与固体壁面温度、主体气流速度等。建筑热工中常遇到的表面传热问题都是指固体壁面与空气之间的换热，建议根据具体情况选用表 8-1 所列公式。

表 8-1   围护结构表面传热系数的计算公式

空气运动发生原因	壁面位置	表面状况	热流方向	计算公式
自然对流	垂直壁			$h = 2.0 \sqrt[4]{\Delta t - t}$
	水平壁		由下而上	$h = 2.5 \sqrt[4]{\Delta t - t}$
			由上而下	$h = 1.3 \sqrt[4]{\Delta t - t}$
强制对流	内表面	中等粗糙度		$h = 2.5 + 4.2v$
	外表面	中等粗糙度		$h = 2.5 + 4.2v$

注：h 为表面传热系数，$W/(m \cdot K)$；Δt 为围护结构表面温度与室外空气温度的差值，℃；t 为室外空气温度，℃；v 为室外空气流动速度，m/s。

3. 材料的蓄热系数

建筑材料在周期性波动的热作用下，均有蓄存热量或放出热量的能力，借以调节材料层表面的温度。材料的蓄热系数 S 被定义为：材料表面的热流波动振幅与表面温度波动振幅的比值，它的物理意义为：表面温度波幅为 1℃ 时，流入材料表面的最大热流密度。它反映了材料在周期热作用下蓄热和放热的能力大小。在同样的热作用下，蓄热系数越大，表面温度波动越小；反之亦然。通常希望围护结构的材料蓄热系数值要大些，这样当热流有波动时，才可以减少围护结构内表面以及室内空气温度的波动。半无限厚壁体在谐波热作用下单材料层的蓄热系数不仅与材料的热物理性质有关，还与外界热作用的波动周期 T 相关，其关系可表示为：

$$S = \sqrt{2\pi c \rho \lambda / T} \tag{8-5}$$

式中：S——材料的蓄热系数，$W/(m^2 \cdot K)$；

c——材料的比热容，$kJ/(kg \cdot K)$；

ρ——材料的密度，kg/m^3；

λ——材料的导热系数，$W/(m \cdot K)$；

T——外界热作用的波动周期，h。

在一般手册中，给出各种不同材料的蓄热系数 S 时，采用下标表示周期，如 S_{24} 就是周期为 24 h 材料的蓄热系数。对于同样的表面温度，蓄热系数较大的材料，表面换热较大。松木的 $S_{24} = 3.6 \ W/(m^2 \cdot K)$，而混凝土的 $S_{24} = 11.2 \ W/(m^2 \cdot K)$。如果地表温度低于人体体温，当赤脚在地面上行走时，会感到松木比混凝土暖和些，这是因为松木的蓄热系数较小，从皮肤吸取的热量较混凝土少些的缘故。

如果某一材料层是由几种材料组合而成的，则组合材料层的蓄热系数（$\bar{S}$）应由各材料蓄热系统数按下式加权平均得出，即 $\bar{S} = \sum\limits_{i=1}^{n} (S_i F_i / F_i)$，其中 S_i、F_i 分别是各分部材料的蓄热系数和表面积。

4. 材料层的热惰性指标

厚度为 x 材料层的热惰性指标 D 是一个无因次物理量，它表示为 $D = RS$，R 是厚度为 x 的材料层的热阻，D 是材料的热系数。在围护结构表面温度波振幅相同的条件下，材料的 D 值越大，材料层离表面 x 处的温度波动就越小，温度波幅的衰减就越大，滞后的时间就越长。D 值反映了围护结构在周期热作用下反抗温度变化的能力。

多层围护结构的热惰性指标为各分层材料热惰性指标之和。若其中有封闭空气层，因间层中空气的材料蓄热系数甚小接近于零，间层的热惰性指标可忽略不计。于是，多层围护结构的热惰性指标为：$D - \sum D_i = \sum R_i S_i$。若多层围护结构中间某层由两种以上材料组成，则该层的热惰性指标是该层的平均热阻系数 $\bar{R}$ 和平均蓄热系数 $\bar{S}$ 之积。

工程上，常以 D 值区分围护结构的类型：$D \geqslant 6$ 为重型材料，$3 \leqslant D < 6$ 为中型材料，$D < 3$ 为轻型材料。

5. 反射率、吸收率和透射率

凡是温度高于绝对零度（即 0 K）的物体，必然会从表面向外界空间辐射发出热射线。热射线的传播过程叫热辐射，通过热射线传播热量称为辐射传热。当某一热射线投射到物体表面时，其中一部分能量被反射，另一部分能量被物体吸收，还有一部分能量可能透过物体，物体表面的反射、吸收、透射特性分别可以用反射率 r、吸收率 a、透射率 τ 表示，根据能量守恒定律有：

$$r + a + \tau = 1 \qquad\qquad (8-6)$$

凡是将外来辐射能全部反射的物体（$r = 1$）称为白体，能全部吸收的物体（$a = 1$）称为黑体，能全部透射的则称为透明体或透热体（$\tau = 1$）。在自然界中没有绝对的黑体、白体及透明体，在应用科学中，常把吸收率接近 1 的物体称为近似黑体，少于 1 的物体称为灰体。在建筑工程中，绝大多数材料都是非透明体，其透射率等于 0，故 $r + a = 1$，所以善于反射的物体，一定不善于吸收辐射能；反之亦然。

不同类型的表面对辐射热的吸收、反射及透射性能不同，而且对辐射的波长的选择性也不同，这些特性不仅取决于材质、材料的分子结构、表面光洁度等因素，对于短波辐射热还与物体表面的颜色有关。图 8 - 4 给出了不同类型表面对于不同波长辐射的反射率，可以看到，黑色表面对各种波长的辐射几乎全部吸收，而白色表面对不同波长的辐射反射率不同，它能反射约 90% 的可见光，所以采用白色外围护结构或在玻璃窗上挂上浅色窗帘都可以减少进入室内的太阳辐射热。

总的来说，对于太阳辐射，围护结构的表面越粗糙，颜色越深，吸收率越高，反射率越低。值得注意的是：绝大多数材料的表面对长波辐射的吸收率和反射率随波长的变化并不大，可以近似认为是常数，而且不同颜色的材料表面对长波辐射的吸收率和反射率差别也不大。除抛光的表面以外，一般建筑材料的表面对长波辐射的吸收率都在 0.9 左右。表 8 - 2 是某些材料的围护结构外表面对太阳辐射的吸收率 a。

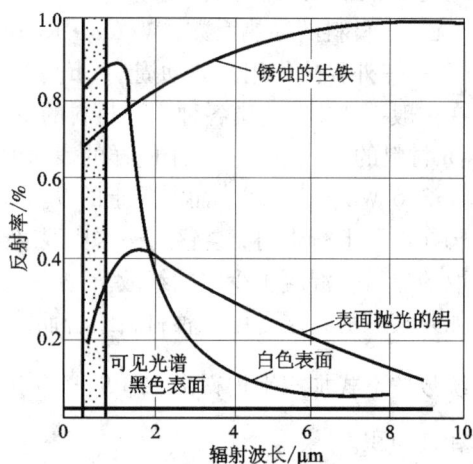

表面对辐射的反射与吸收

图 8 - 4　各种表面在不同辐射波长下的反射率

表 8 - 2　部分围护结构外表面对太阳辐射的吸收率与常温辐射率

材料	长波辐射发射率 $\varepsilon(10 \sim 40℃)/\%$	辐射系数 $C = \varepsilon C_b$	太阳辐射吸收率 $a_{solar}/\%$
黑体	1.00	5.68	1.00
开在大空腔上的小孔	0.97 ~ 0.99	5.50 ~ 5.62	0.97 ~ 0.99
黑色非金属表面（如沥青、纸等）	0.90 ~ 0.98	5.11 ~ 5.50	0.85 ~ 0.98
红砖、红瓦、混凝土、深色油漆	0.85 ~ 0.95	4.83 ~ 5.40	0.65 ~ 0.80
黄色的砖、石、耐火砖等	0.85 ~ 0.95	4.83 ~ 5.40	0.50 ~ 0.70
白色或淡奶油色砖、油漆、粉刷、涂料	0.85 ~ 0.95	4.83 ~ 5.40	0.30 ~ 0.50
窗玻璃	0.90 ~ 0.95	5.11 ~ 5.40	大部分透过
光亮的铝粉漆	0.40 ~ 0.60	2.27 ~ 3.40	0.30 ~ 0.50
铜、铝、镀锌钢板、研磨钢板	0.20 ~ 0.30	1.14 ~ 1.7	0.40 ~ 0.65
研磨的黄铜、铜	0.02 ~ 0.05	0.11 ~ 0.28	0.30 ~ 0.50
磨光的铝、镀锡钢板、镍铬板	0.02 ~ 0.04	0.11 ~ 0.23	0.10 ~ 0.40

建筑材料中的玻璃属半透明体围护结构，它的反射率、吸收率和透射率均为 0 ~ 1。玻璃对太阳光射线的中短波辐射来说是半透明体，而对于长波热辐射则几乎是不透明体，这种选择性特点从图 8 -5 中可以看出，对于可见光和波长 3 mm 以下的短波红外线来说玻璃几乎是透明体，但却能有效阻隔长波红外线幅射。因此，当太阳直射在普通玻璃窗上时，绝大部分

的可见光和短波红外线将会透过玻璃(普通玻璃对其的吸收率很小，最多为 10% ~ 20%)，只有长波辐射会被玻璃反射和吸收(普通玻璃的吸收率可达 90% ~ 95%)，但这部分能量在太阳辐射中所占的比例很少。由于玻璃能有效地阻隔室内向室外发射的长波辐射，玻璃所具有的这种性能就是温室效应，也就是：以玻璃为围护结构的建筑，如温室，太阳辐射能透过玻璃进入室内，而室内发出的热辐射却不能透过玻璃传至室外。

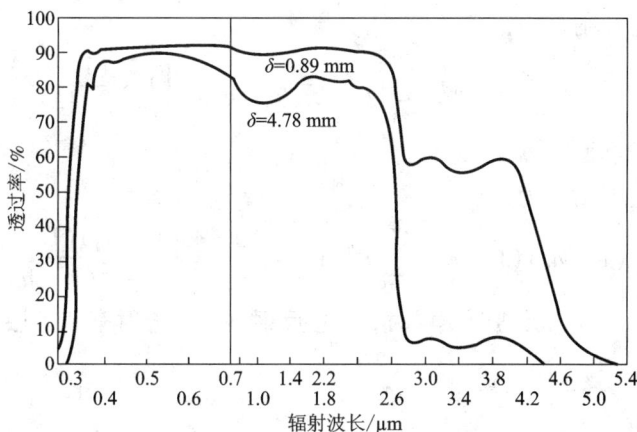

图 8 - 5　普通玻璃对太阳光谱的透过率

对于单层玻璃窗，如图 8 - 6 所示，当阳光照射到两侧均为空气的玻璃时，射线要通过两个分界面才能从一侧透射到另一侧。设 r_0 是空气与半透明休界面上的反射百分比，a_0 是射线单程通过半透明体薄层的吸收百分比。当单位辐射能从空气射入玻璃层时，由于分界面的反射作用，只有 $(1-r_0)$ 的辐射能进入玻璃。经玻璃的吸收作用，只有 $(1-r_0)(1-a_0)$ 的辐射能可以达到第二个分界面。由于第二个分界面的反射作用，只有 $(1-r_0)^2(1-a_0)$ 的辐射能可能进入另一侧的空气，其余 $(1-r_0)^2(1-a_0)r_0$ 的辐射能又被反射回玻璃，再经过玻璃吸收以后，抵达第一个分界面，……，如此反复。

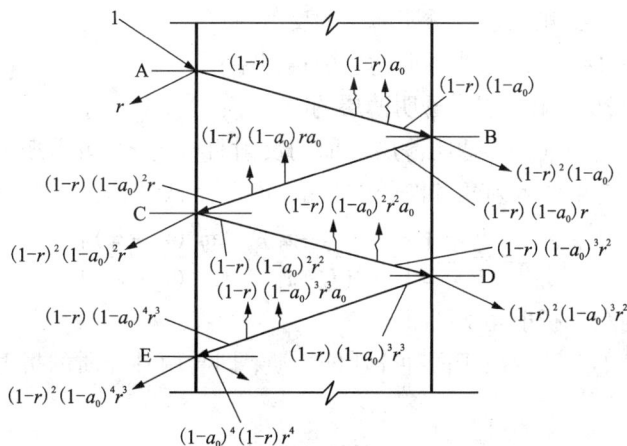

图 8 - 6　单层半透明薄层中光的行程

那么，半透明薄层对于太阳辐射的总反射率、吸收率和透射率则是太阳辐射在半透明薄层内进行无穷次反射、吸收和透射后的总和。

半透明薄层的总吸收率为：

$$a = (1 - r_0)a_0 + (1 - r_0)(1 - a_0)r_0 a_0 + (1 - r_0)(1 - a_0)^2 r_0^2 a_0 + \cdots$$

$$= a_0(1 - r_0) \sum_{n=0}^{\infty} r_0^n (1 - a_0)^n = \frac{a_0(1 - r_0)}{1 - r_0(1 - a_0)} \tag{8-7}$$

半透明薄层的总反射率为：

$$\rho = r_0 + r_0(1 - a_0)^2(1 - r_0)^2 \sum_{n=0}^{\infty} r_0^{2n}(1 - a_0)^{2n} = r_0 \left[1 + \frac{(1 - a_0)^2(1 - r_0)^2}{1 - r_o^2(1 - a_0)^2} \right] \tag{8-8}$$

半透明薄层的总透射率为：

$$\tau = (1 - a_0)(1 - r_0)^2 \sum_{n=0}^{\infty} r_0^{2n}(1 - a_0)^{2n} = \frac{(1 - a_0)(1 - r_0)^2}{1 - r_o^2(1 - a_0)^2} \tag{8-9}$$

同理，太阳辐射通过双层透明薄层时，其总反射率、总透射率和各层的吸收率也可以通过类似方式求得。

总反射率为：

$$\rho = \rho_1 + \tau_1^2 \rho_2 \sum_{n=0}^{\infty} (\rho_1 \rho_2)^n = \rho_1 + \frac{\tau_1^2 \rho_2}{1 - \rho_1 \rho_2} \tag{8-10}$$

总透射率为：

$$\tau = \tau_1 \tau_2 \sum_{n=0}^{\infty} (\rho_1 \rho_2)^n = \frac{\tau_1 \tau_2}{1 - \rho_1 \rho_2} \tag{8-11}$$

第一层半透明薄层的总吸收率为：

$$a_{z1} = a_1 \left(1 + \frac{\tau_1 \rho_2}{1 - \rho_1 \rho_2} \right) \tag{8-12}$$

第二层半透明薄层的总吸收率为：

$$a_{z2} = \frac{\tau_1 a_2}{1 - \rho_1 \rho_2} \tag{8-13}$$

式中：ρ_1、ρ_2——第一层、第二层半透明薄层的反射率；

τ_1、τ_2——第一层、第二层半透明薄层的透射率；

a_1、a_2——第一层、第二层半透明薄层的吸收率。

上述各参数所用的空气—半透明薄层界面的反射百分比 r_0、单层吸收百分比 a_0 与射线的入射角等有关。r_0 与射线入射角和波长的关系，可用下式计算：

$$r_{0,i} = \frac{I_\rho}{I} = \frac{1}{2} \left[\frac{\sin^2(i_2 - i_1)}{\sin^2(i_2 + i_1)} + \frac{\tan^2(i_2 - i_1)}{\tan^2(i_2 + i_1)} \right] \tag{8-14}$$

式中：i_1、i_2——入射角和折射角，见图 8-7。

入射角和折射角的关系取决于两种介质的性质，即与两种介质的折射指数 n 有关，可以用以下关系式表示：

$$\frac{\sin i_2}{\sin i_1} = \frac{n_1}{n_2} \tag{8-15}$$

空气的平均折射指数 $n_1 = 1$；在太阳光谱范围内，玻璃平均折射指数 $n_2 = 1.526$。

半透明薄层单层的吸收百分比 a_0 取决于对应波长的材料消光系数 K_1 和射线在半透明薄层中的行程 L，而行程 L 又与入射角和折射指数有关，消光系数 K_1 与射线波长有关。在太阳光的主要波长范围内，消光系数近似于常数，如普通窗玻璃的消光系数 K_{sol} 约等于 0.045，白水玻璃的消光系数 $K_{sol} \leqslant 0.015$。

太阳辐射单程通过半透明薄层时，其对太阳辐射的吸收现象与大气层对太阳光辐射的吸收规律相同，即单层吸收百分比 a_0 可通过下式计算：

$$a_0 = 1 - \exp(-K_{sol}L) \qquad (8-16)$$

式中：K_{sol}——在太阳光谱主要范围内，普通窗玻璃的消光系数，m^{-1}；

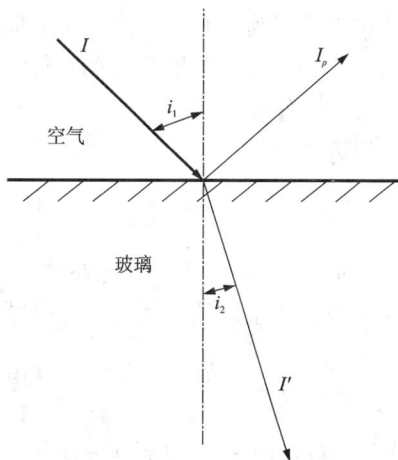

图 8-7　空气—半透明薄层界面的反射和折射

　　　L——太阳射线通过半透明薄层的行程，m。

因此，随着入射角的不同，空气—半透明薄层的反射百分比 r_0 不同，射线单程通过半透明薄层的吸收率 a_0 也不同，从而导致半透明薄层的吸收率、反射率和透射率都随入射角而改变，如图 8-8 所示。当阳光入射角大于 $60°$ 时，透射率急剧下降。

由理论计算分析可知，散射辐射作用下的玻璃的吸收率、反射率和透射率与直接辐射在入射角为 $45° \sim 60°$ 时的数值接近，工程计算时，一般可直接采用入射角为 $45°$ 的直射辐射光学性能代替。

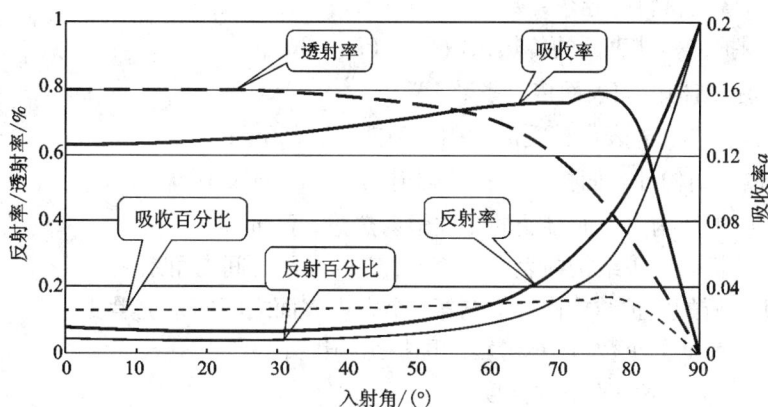

图 8-8　3 mm 厚普通窗玻璃的吸收率、反射率和透射率与入射角之间的关系曲线

8.1.4　通过非透光围护结构的显热得热

1. 通过非透光围护结构的传热过程

根据传热学知识，如果平面板壁的高(长)度和宽度是厚度的 $8 \sim 10$ 倍，按一维导热处理

时，其计算误差不大于1%。墙体、屋顶等建筑构件的宽与高的尺寸比厚度大得多，室内外的传热过程可视为只有沿厚度一个方向的一维传热。由于围护结构材料的不均质性，外界热作用的变化性，以及围护结构如墙体、屋顶等曲率半径较大，所以把墙体、屋顶等建筑构件的传热过程看作非均质板壁的一维不稳定导热过程。x为板壁厚度方向的坐标，其热平衡的微分方程为：

$$\frac{\partial t}{\partial \tau} = a(x)\frac{\partial^2 t}{\partial x^2} + \frac{\partial a(x)}{\partial x}\frac{\partial t}{\partial x} \tag{8-17}$$

如果定义$x=0$为围护结构外侧，$x=\delta$为围护结构内侧，考虑太阳辐射、长波辐射和围护结构内外侧空气温差的作用，它的边界条件是：

$$h_{\text{out}}[t_{\text{a, out}}(\tau) - t(0,\tau)] + Q_{\text{sol}} + Q_{\text{lw}} = -\lambda(x)\frac{\partial t}{\partial x}\bigg|_{x=0} \tag{8-18}$$

$$h_{\text{in}}[t(\delta,\tau) - t_{\text{a, in}}(\tau)] + \sigma\sum_{j=1}^{m} x_j\varepsilon_j[T^4(\delta,\tau) - T_j^4(\tau)] - Q_{\text{shw}} = -\lambda(x)\frac{\partial t}{\partial x}\bigg|_{x=\delta}$$
$$\tag{8-19}$$

初始条件是：

$$t(x,0) = f(x) \tag{8-20}$$

式中：$a(x)$——墙体材料的导温系数，m^2/s；

    τ——时间，s；

    δ——墙体厚度，m；

    $t(x,t)$，$T(x,t)$——距外表面x处的墙体温度，℃，K；

    $t_{\text{a, in}}(t)$——围护结构内侧的空气温度，℃；

    $t_{\text{a, out}}(t)$——围护结构外侧的空气温度，℃；

    $\lambda(x)$——墙体材料的导热系数，$\text{W}/(\text{m}\cdot\text{K})$；

    h_{out}——围护结构外表面的传热系数，$\text{W}/(\text{m}^2\cdot\text{K})$；

    h_{in}——围护结构内的表面传热系数，$\text{W}/(\text{m}^2\cdot\text{K})$；

    Q_{sol}——围护结构外表面接受的太阳辐射热量，W/m^2；

    Q_{lw}——围护结构外表面接受的长波辐射热量，W/m^2；

    Q_{shw}——围护结构内表面接受的短波辐射热量，W/m^2；

    x_j——所分析的围护结构内表面与第j个室内表面之间的角系数；

    ε_j——所分析的围护结构内表面与第j个室内表面之间的系统黑度；

    m——室内表面的个数(除被考察的围护结构以外)；

    $T_j(t)$——第j个室内表面的温度，K；

下标：a——空气；

    in——室内侧；

    out——室外侧；

    lw——长波辐射；

    shw——短波辐射；

    sol——太阳辐射。

太阳辐射的作用使得墙体外表面温度升高，然后通过板壁向室内传热，如图8-9所示。

但是由于太阳辐射作用的求解很复杂，因此可以利用前面介绍的室外空气综合温度 $t_z(\tau)$ 来代替式(8-18)中的围护结构外侧空气温度。即有：

$$h_{out}[t_z(\tau) - t(0, \tau)] = -\lambda(x)\frac{\partial t}{\partial x}\bigg|_{x=0}$$

$$(8-21)$$

式(8-19)所描述的其实就是通过非透光围护结构的导热传入室内的热量，这些热量到达围护结构内表面后，通过对流和辐射的形式传给室内空气与室内其他内表面。如果对式(8-19)的长波辐射项进行线性化，即可得：

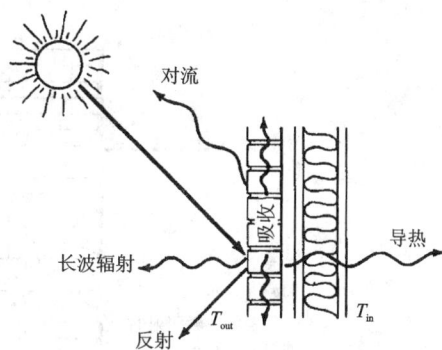

图 8-9 太阳辐射在墙体上形成的传热过程

$$\sigma\sum_{j=1}^{m}x_j\varepsilon_j[T^4(\delta, \tau) - T_j^4(\tau)] = \sum_{j=1}^{m}\alpha_{r,j}[T(\delta, \tau) - T_j(\tau)] = \sum_{j=1}^{m}\alpha_{r,j}[t(\delta, \tau) - t_j(\tau)]$$

$$(8-22)$$

式中：$a_{r,j}$——被考察的围护结构内表面与第 j 个围护结构内表面的当量辐射换热系数，$W/(m^2 \cdot K)$。

此时，由式(8-19)获得的通过非透光围护结构导热得热量 $Q_{wall,cond}$ 可表示为：

$$Q_{wall,cond} = -\lambda(x)\frac{\partial t}{\partial x}\bigg|_{x=\delta} = h_{in}[t(\delta, \tau) - t_{a,in}(\tau)] + \sum_{j=1}^{m}\alpha_{r,j}[t(\delta, \tau) - t_j(\tau)] - Q_{shw}$$

$$(8-23)$$

在一定的温度范围内，线性化所求得的当量辐射换热系数 $a_{r,j}$ 接近常数，它综合了两个表面的面积比、角系数以及表面温度等因素。因此式(8-23)可看作是常系数的线性方程。

由上式(8-23)可见，如果各时刻各围护结构内表面和室内空气温度已知，就可以求出通过围护结构的传热量。但各围护结构内表面温度和室内空气温度之间存在着显著的耦合关系，因此需要联立求解一组形如式(8-17)~(8-20)的方程组和房间的空气热平衡方程才能获得其解，求解过程相当复杂。

2. 通过非透光围护结构的显热得热

通过式(8-23)可以求出通过某一面墙体从室外环境进入室内的显热量，这部分得热不仅取决于室内外参数和本面墙体的热工性能，还受到室内长波辐射源和短波辐射源的影响。也就是室内各表面的温度以及灯具的辐射热都会影响到这面墙体的传热量。那么室内辐射源是如何影响这面墙体的传热量的呢？其又是如何改变墙体的温度分布的呢？图 8-10 是室内辐射源对墙体热作用的示意图，图中实线是该墙体在没有室内照明灯具辐射时的墙体内部的温度分布曲线，$Q_{wall,cond}$ 是此时室外通过该墙体的导热得热量，但如果在原有的条件上增加一个室内辐射热源，则该墙体由于受到热辐射的影响，如图中虚线所示，墙体的温度会提高。由于墙体外表面的温度亦随之提高，室外通过该墙体的导热得热量将变小，即 $Q'_{wall,cond} < Q_{wall,cond}$。但该墙体内表面与室内空气的对流换热量却增加了，这是因为该内表面吸收的照明辐射热量，有一部分传入墙体内部提高了墙体温度，而另一部分又通过对流换热的形式释

放到室内空气中了。室内长波辐射热源的影响也是如此。

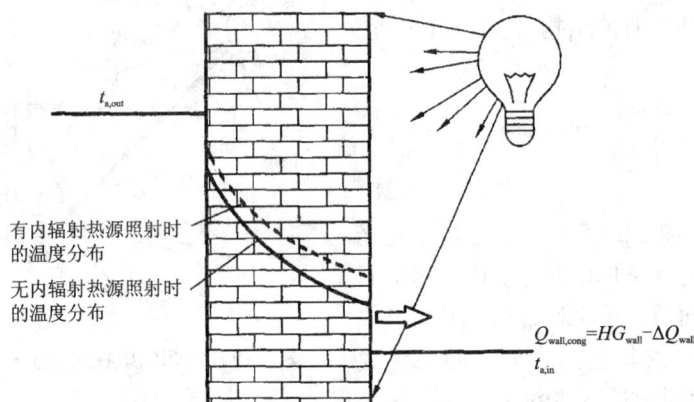

图 8 - 10   室内辐射热源对墙体温度和通过围护结构导热量的影响

由此可见，通过非透光围护结构从室外传入室内的热量，不仅与室外气象参数、室内空气温度以及围护结构的热工参数有关，还取决于室内长短波辐射热源的特征，这使得求解通过非透光围护结构的传热量非常复杂。

8.1.5   通过透光外围护结构的显热得热

1. 透光围护结构

透光围护结构主要包括玻璃门窗和玻璃幕墙等，是由玻璃与其他透光材料如热镜膜、遮光膜等以及框架组成的。

玻璃窗由窗框和玻璃组成，窗框型材有木框、铝合金框、铝合金绝热框、塑钢框、绝热塑钢框等。窗框数目可有单框（单层框）、多框（多层框），窗框上镶嵌的玻璃层数有单层、双层、三层，称作单玻、双玻或三玻窗。双层或三层玻璃的玻璃层之间可充气体，如空气（称作中空玻璃）、氮、氩、氪等，或有真空夹层，密封的夹层内往往放置了干燥剂以保持干燥。玻璃类别有普通透明玻璃、有色玻璃、吸热玻璃、反射玻璃、低辐射（low - e）玻璃、可由电信号控制透射率的电致变色玻璃等。玻璃表面可以有各种辐射阻隔性能的镀膜，如反射膜、低辐射（low - e）膜、有色遮光膜等，有的在两层玻璃之间的中空夹层中架 1 ~ 2 层 low - e 热镜膜，有的透光围护结构中还含有如磨砂玻璃、乳白玻璃等半透明材料或者太阳能光电板。玻璃幕墙除了比玻璃窗面积大、没有窗框而且有隐式的或明式的框架支撑外，其热物性特点和玻璃窗基本一样。

透光围护结构的热阻往往低于实体墙，例如实体墙传热系数很容易达到 0.8 W/(m² · K) 以下，但普通单层玻璃窗的传热系数却高于 5 W/(m² · K)，双层中空玻璃窗也只能达到 3 W/(m² · K) 左右，所以透光围护结构往往是建筑保温中最薄弱的一环。对此，可通过采用不同种类的玻璃层数和特殊的夹层气体，来增加玻璃的传热热阻，避免玻璃窗或玻璃幕墙成为冷桥。

透光材料的热工特性决定了通过透光围护结构的热传递过程与非透光围护结构的有很大

不同。透光围护结构可以透过太阳辐射，因此通过透光围护结构形成的显热得热包括两部分：通过玻璃板壁的传热量和透过玻璃的日射辐射得热量。这两部分传热量与透光围护结构的种类及其热工性能有重要的关联。

2. 通过透光外围护结构的显热得热

室外气象条件是如何通过透光外围护结构影响到室内的呢？一方面由于阳光的透射直接给室内造成一部分得热，另一方面室内外温差的存在，会通过透光外围护结构以导热的方式与室内空气进行热交换。由于玻璃和玻璃间的气体夹层本身有热容，因此与墙体一样有衰减延迟作用。但是玻璃和气体夹层的热容很小，即热惰性很小，往往可以忽略。因此透光外围护结构的导热可近似按稳态传热考虑，由此得出通过透光外围护结构的传热得热量为：

$$HG_{wind, cond} = K_{wind} F_{wind} (t_{a, out} - t_{a, in}) \qquad (8-24)$$

式中：$HG_{wind, cond}$——通过透光围护结构的传热得热量，W；

　　　K_{wind}——透光围护结构的总传热系数，包括了框架的影响，$W/(m^2 \cdot K)$；

　　　F_{wind}——透光外围护结构的总传热面积，m^2；

下标：wind——玻璃窗或透光外围护结构。

式(8-24)右侧的温差给出的是室内外空气的温差，但室外空气通过玻璃板导热进入室内的热量并不是全部以对流换热的形式传给室内空气的，而是其中的一部分以长波辐射的形式传给了室内其他表面，并且室内侧与环境之间也存在长波辐射换热，因此式(8-24)的传热系数 K_{wind} 除对流换热部分外，还应包含长波辐射的折算部分。尽管这部分与其他室内表面的状态有关而比较难确定。

由于透光围护结构材料的不同、结构形式的区别以及工艺水平的差异，透光围护结构的传热系数有很大差别。图 8-11 给出了不同玻璃层数、不同填充气体、不同气体层厚度和不同发射率的透光外围护结构的传热系数。从图 8-11 中可以看到，由于自然对流的出现对增加的导热热阻的抵消作用，玻璃间层的厚度在大于 13 mm 后对传热系数几乎没有什么影响，因此不能仅依靠增加玻璃间层的厚度来增加热阻。

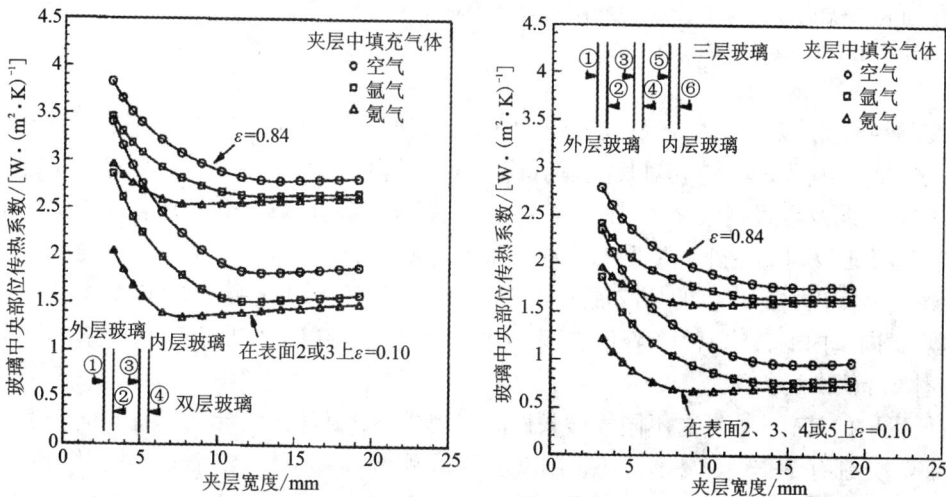

图 8-11　垂直双层和三层透光围护结构中央部位的传热系数

注：普通玻璃发射率 $\varepsilon = 0.84$，low-e 膜发射率 $\varepsilon = 0.1$

玻璃窗的传热量，是通过玻璃及其窗框组成的玻璃窗进行的，窗框导热性能对整个玻璃窗的传热系数有着显著的影响。如表 8-3 所示，双玻铝塑窗，氩气层 12.7 mm，一层镀膜 $\beta = 0.1$，玻璃中央部位的传热系数只有 1.53 W/($m^2 \cdot$ K)，但整窗的传热系数却达到 2.22 W/($m^2 \cdot$ K)。如果采用没有保温的铝合金窗框，则整窗的传热系数将上升到 3.7 W/($m^2 \cdot$ K)。因此在降低玻璃的传热系数的同时，也要提高其相关固定、支撑构件的隔热性能，而采用导热系数更低的非金属材料替代金属型材是一种有效的措施。

表 8-3　几种主要玻璃窗类型的传热系数/[W·($m^2 \cdot$ K)$^{-1}$]

窗户构造	传热系数	窗户构造	传热系数
3 mm 单玻璃窗(中国数据)	5.8	双玻铝塑框，氩气层 12.7 mm，一层镀 low-e 膜，$\varepsilon = 0.1$	2.22
3.2 mm 单层玻，塑钢窗	5.14	三层铝塑玻，空气层 12.7 mm	2.25
3.2 mm 单层玻，带保温的铝合金框	6.12	三玻塑钢框，空气层 12.7 mm，两层镀 low-e 膜，$\varepsilon = 0.1$	1.76
双玻铝塑框，空气层 12.7 mm	3	三玻塑钢框，氩气层 12.7 mm，两层镀 low-e 膜，$\varepsilon = 0.1$	1.61
双玻铝塑框，空气层 12.7 mm，一层镀 low-e 膜，$\varepsilon = 0.4$	2.7	四玻铝塑框，氩气层 12.7 mm 或氪气层 6.4 mm，两层镀膜，$\varepsilon = 0.1$	1.54
双玻铝塑框，氩气层 12.7 mm，一层镀 low-e 膜，$\varepsilon = 0.4$	2.55	四玻璃窗，保温玻璃纤维塑框，氩气层 12.7 mm 或氪气层 6.4 mm 两层镀膜，$\varepsilon = 0.1$	1.23
双玻铝塑框，空气层 12.7 mm，一层镀 low-e 膜，$\varepsilon = 0.1$	2.41	四玻不可开启窗，保温玻璃纤维塑框，氩气层 12.7 mm 或氪气层 6.4 mm，两层镀膜，$\varepsilon = 0.1$	1.05

注：1. 未注明玻璃厚度的均为 3 mm 厚玻璃，导热系数为 0.917 W/($m^2 \cdot$ ℃)；

2. 未注明不可开启的为可开启窗，含推拉和平开，尺寸为 900×1500，日字框；

3. 不可开启窗尺寸为 1200×1200，口字框。

从表 8-3 和图 8-11 中还可以看到，low-e 膜明显可以有效地降低透光外围护结构的传热系数，其原因是 low-e 膜对长波辐射具有低发射率、低吸收率和高反射率。在玻璃一面镀覆特殊的金属及金属氧化物薄膜的 low-e 膜或者 low-e 玻璃，当长波辐射从室外照射到膜时，能有效地反射回室外，降低玻璃温升和通过玻璃的热辐射量。同时其反射是双向的，它同样也会将室内物品产生的长波辐射反射回室内。在夏季，low-e 膜可以减少外部热空气和其他热源向室内的长波辐射，降低空调负荷；在冬季，可以减少从温度高的室内向室外的长波辐射，降低供暖负荷。

在低发射的基础上，针对不同气候条件的使用要求，目前已设计出具有不同透过特性的 low-e 膜，分别有冬季型、夏季型和遮阳型。冬季型，low-e 膜在整个太阳辐射光谱范围内均具有较高透过率；夏季型，low-e 膜对可见光部分有较高的透过率，而在近红外线部分有较强的遮挡；遮阳型，在近红外辐射低透过率的基础上，能把可见光的透过率降低到

50% ~60% 或更低，以达到降低太阳辐射透过率，减少太阳辐射得热的目的。

low-e 玻璃由于制作方法不同，而形成了两种形式，一是具有"硬膜"的在线 low-e 玻璃，另一种是具有"软膜"的离线 low-e 玻璃。low-e 玻璃在冬季单层玻璃窗的内侧往往会结露，水膜妨碍 low-e 膜对长波辐射的反射，并且若使用的是离线 low-e 玻璃，膜层比较娇弱，因此 low-e 玻璃一般不单片使用。此外，如果将 low-e 玻璃和其他节能玻璃组合起来，可以使建筑玻璃的节能效果得到更大的提高，low-e 玻璃和吸热玻璃组合成的中空玻璃是目前建筑节能玻璃的最佳组合。较合理的使用方式是将 low-e 玻璃置于室内侧，并将镀有 low-e 辐射膜的那一面向着室外。太阳辐射被吸热玻璃吸收后温度上升，然后以长波辐射的形式发射，而该长波辐射又被 low-e 玻璃反射阻止，不能进入室内。

3. 透过标准玻璃的太阳辐射得热 SSG

太阳光线照射到透光材料上，有多少太阳辐射进入室内成为房间得热呢？如图 8-12 所示，阳光照射到玻璃或透光材料表面后，一部分被反射掉，不会成为房间的得热；一部分则直接透过外围护结构进入室内，全部成为房间得热量；还有一部分被玻璃或透光材料吸收，使玻璃或透光材料的温度升高，这样，其中一部分又将以对流和辐射的形式传入室内，而另一部分则同样以对流和辐射的形式散至室外，不会成为房间的得热。

被玻璃或透光材料吸收后又传入室内的热量有两种计算方法。一种方法是以室外空气综合温度的形式考虑到玻璃或透光材料板壁的传热中，因为玻璃或透光材料吸收太阳辐射后，相当于室外空气温度增加；另一种

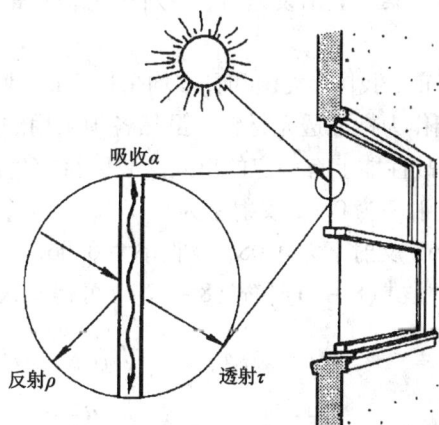

图 8-12　照射到窗玻璃上的太阳辐射热

办法是作为透过的太阳辐射中的一部分，计入太阳辐射得热中。如果按后一种算法，透过无遮阳玻璃或透光材料的太阳辐射得热 HG_{glass} 应包括透过的全部 $HG_{glass,\tau}$ 和吸收中的一部分 $HG_{glass,a}$，即：

$$HG_{glass} = HG_{glass,\tau} + HG_{glass,a} \qquad (8-25)$$

透过单位面积玻璃或透光材料的太阳辐射得热量为：

$$HG_{glass,\tau} = I_{Di}\tau_{glass,Di} + I_{dif}\tau_{glass,dif} \qquad (8-26)$$

被玻璃吸收的太阳辐射得热的一部分，会通过长波辐射和对流换热散发到室外和进入到室内。假定玻璃或透光材料吸收后同时向两侧空气放热，且两侧玻璃表面与空气的温差相等，则玻璃由于吸收太阳辐射所造成的房间得热为：

$$HG_{glass,a} = \frac{R_{out}}{R_{out}+R_{in}}(I_{Di}a_{glass,Di} + I_{dif}a_{glass,dif}) \qquad (8-27)$$

式(8-25)~式(8-27)中：

HG_{glass}——透过单位面积玻璃或透光围护结构的太阳得热量，W/m²；

I——太阳辐射照度，W/m²；

τ_{glass}——玻璃或透光材料的透射率；

a_{glass}——玻璃或透光材料的吸收率；

R——玻璃或透光材料的表面换热热阻，$m^2 \cdot K/W$；

下标：Di——入射角为 i 的直射辐射；

dif——散射辐射；

glass——玻璃或非透光材料；

in——内；

out——外。

由于玻璃或透光材料的种类繁多，而且厚度也各不相同，所以通过同样大小的玻璃或透光材料的太阳辐射得热量也随之不同。为了简化计算，常以某种类型和厚度的玻璃作为标准透光材料，取其在无遮挡条件下的太阳得热量作为标准太阳得热量，用符号 SSG（Standard Solar heat Gain）来表示，单位为 W/m^2。当采用其他类型和厚度的玻璃或透光材料，或透光材料内外有某种遮阳设施时，只对标准玻璃的太阳得热量加以修正即可计得实际太阳辐射得热量。

目前，我国、美国和日本均采用 3 mm 厚普通玻璃作为标准透光材料，英国以 5 mm 厚普通玻璃作为标准透光材料。虽然各国采用的都是普通玻璃，但由于玻璃材料的材质成分有所不同，故性能上有一定的出入。我国目前生产的普通玻璃含铁较多，断面呈墨绿色，法向入射时透射率为 0.8，反射率为 0.074，吸收率为 0.126。而美国的普通玻璃法向入射时透射率为 0.86，反射率为 0.08，吸收率为 0.06。

根据式(8-26)和式(8-27)，可得出入射角为 i 时标准玻璃的太阳得热量 SSG 为：

$$\begin{aligned} SSG &= (I_{Di}\tau_{glass,\,Di} + I_{dif}\tau_{glass,\,dif}) + \frac{R_{out}}{R_{out}+R_{in}}(I_{Di}a_{glass,\,Di} + I_{dif}a_{glass,\,dif}) \\ &= I_{Di}\left(\tau_{glass,\,Di} + \frac{R_{out}}{R_{out}+R_{in}}a_{glass,\,Di}\right) + I_{dif}\left(\tau_{glass,\,dif} + \frac{R_{out}}{R_{out}+R_{in}}a_{glass,\,dif}\right) \\ &= I_{Di}g_{Di} + I_{dif}g_{dif} = SSG_{Di} + SSG_{dif} \end{aligned} \tag{8-28}$$

式中：SSG——入射角为 i 时标准玻璃的太阳得热量，W/m^2；

g——标准太阳得热率。

4. 遮阳设施对透过透光外围护结构太阳辐射得热的影响

为了有效遮挡太阳辐射，减少夏季空调负荷，常常采用遮阳设施。遮阳设施能阻断直射阳光透过玻璃进入室内，防止阳光过分照射和加热建筑围护结构。

遮阳设施设置在透光外围护结构的内侧和外侧，对透光外围护结构的遮阳效果是完全不同的。如图 8-13 所示，虽然外遮阳和内遮阳设施，都同样可以反射部分阳光，吸收部分阳光，透过部分阳光，但对于外遮阳，只有透过外遮阳设施的部分阳光才会到达玻璃外表面，到达中的一部分透过玻璃进入室内形成冷负荷。而被外遮阳设施吸收的太阳辐射，一般都会通过对流换热和长波辐射散射到室外环境，而几乎不会对室内造成影响。

设置在室内的内遮阳设施，尽管同样可以反射掉部分太阳辐射，但向室外方向反射的一部分会被玻璃再反射回室内，使反射出室外的太阳辐射减少。此外，内遮阳设施吸收的辐射热也会慢慢在室内释放，全部转化成得热。所以，内遮阳设施只反射少量太阳辐射，而其余

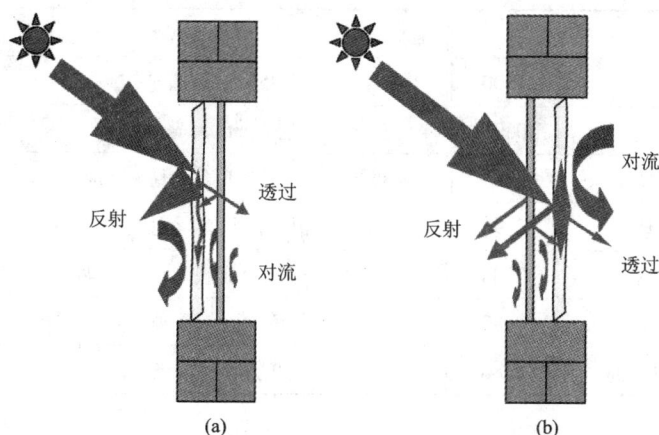

图 8 - 13　外遮阳设施和内遮阳设施对太阳辐射的作用

(a)外遮阳；(b)内遮阳

部分全部成为室内得热，只是得热的峰值被延迟和衰减，因此对太阳辐射得热的削减效果比外遮阳设施要差得多。

　　遮阳设施的遮阳作用以遮阳系数 C_n 来描述。其物理意义就是设置了遮阳设施后的透光外围护结构太阳辐射得热量与未设置遮阳设施的太阳辐射得热量之比。表 8 - 4 给出了一些常见内遮阳设备的遮阳系数 C_n。

表 8 - 4　内遮阳设备的遮阳系数 C_n

内遮阳类型	颜色	C_n	内遮阳类型	颜色	C_n
布窗帘	白色	0.50	活动百叶(叶片45℃)	白色	0.60
布窗帘	中间色	0.60	活动百叶(叶片45℃)	浅灰色	0.75
布窗帘	深黄、紫红、深绿色	0.65	毛玻璃	次白色	0.40

　　玻璃或透光材料本身对太阳辐射也具有一定的遮挡作用，用遮挡系数 C_s 来表示。其定义是太阳辐射通过某种玻璃或透光材料的实际太阳得热量与通过厚度为 3 mm 的厚标准玻璃的太阳得热量 SSG 的比值，同样包含了通过玻璃或透光材料直接透射进入室内和被玻璃或透光材料吸收后又散到室内的两部分热量的总和。不同种类的玻璃或透光材料具有不同的遮挡系数。表 8 - 5 给出了不同种类玻璃和透光材料本身的遮挡系数 C_s，对于外遮阳而言，挑檐、遮阳篷或者部分打开的外百叶、外卷帘等遮阳设施并不会把吸收的辐射热又放到室内，所以其遮阳本质是减少透光围护结构上的光斑面积，因此往往不用遮阳系数来描述其遮阳作用，而是用阳光实际照射面积比 X_s 来描述，X_s 是透明外围护结构上的光斑面积与透光外围护结构面积之比，可通过几何方法计算求得。

表 8-5　窗玻璃的遮挡系数 C_s

玻璃类型	C_s	玻璃类型	C_s
标准玻璃	1.00	双层 5 mm 厚普通玻璃	0.78
5 mm 厚普通玻璃	0.93	双层 6 mm 厚普通玻璃	0.74
6 mm 厚普通玻璃	0.89	双层 3 mm 厚玻璃，一层贴 low-e 膜	0.66~0.76
3 mm 厚吸热玻璃	0.96	银色镀膜热反射玻璃	0.26~0.37
5 mm 厚吸热玻璃	0.88	茶(棕)色镀膜热反射玻璃	0.26~0.58
6 mm 厚吸热玻璃	0.83	蓝色镀膜热反射玻璃	0.38~0.56
双层 3 mm 厚普通玻璃	0.86	单层 low-e 玻璃	0.46~0.77

5. 通过透光外围护结构的太阳辐射得热量

为求解通过透光围护结构的实际太阳得热量，以遮阳设施的遮阳系数 C_n 和玻璃或透光材料本身的遮挡系数 C_s 对标准玻璃的太阳得热量进行修正。因此，通过透光外围护结构的太阳辐射得热量 $HG_{wind, sol}$ 可表示为：

$$HG_{wind, sol} = (SSG_{Di}X_s + SSG_{dif})C_sC_nX_{wind}F_{wind} \tag{8-29}$$

式中：$HG_{wind, sol}$——通过透光围护结构的太阳辐射得热量，W；

$\quad X_{wind}$——透光外围护结构有效面积系数（一般取单层木窗 0.7，双层木窗 0.6，单层钢窗 0.85，双层钢窗 0.75）；

$\quad F_{wind}$——透光外围护结构面积，m^2；

$\quad C_n$——遮阳设施的遮阳系数；

$\quad C_s$——玻璃或其他透光外围护结构材料对太阳辐射的遮挡系数；

$\quad X_s$——阳光实际照射面积比，即透明外围护结构上的光斑面积与透光外围护结构面积之比，可以通过几何方法计算求得。

6. 通过透光外围护结构的得热 HG_{wind}

综上所述，通过透光外围护结构的瞬时总得热量等于通过透光外围护结构的传热得热量与通过透光外围护结构的太阳辐射得热量之和，可通过以下公式求得：

$$HG_{wind}(\tau) = HG_{wind, cond}(\tau) + HG_{wind, sol}(\tau)$$
$$= F_{wind}\{K_{wind}[t_{a, out}(\tau) - t_{a, in}(\tau)] + [SSG_{Di}(\tau)X_s + SSG_{dif}(\tau)]C_sC_nX_{wind}\} \tag{8-30}$$

式中：HG_{wind}——通过透光外围护结构的瞬时得热量，W/m^2；

$\quad HG_{wind, cond}$——通过透光外围护结构的瞬时传热得热量，W/m^2；

$\quad HG_{wind, sol}$——通过透光外围护结构的瞬时太阳辐射得热量，W/m^2。

式(8-30)求出的得热量与通过透光围护结构实际进入室内的热量是有差别的，其产生差别的原因是：

①采用标准玻璃的太阳得热量 SSG 求得的 $HG_{wind, sol}$ 与实际情况存在偏差，偏差的原因有

二。其一,因为实际上室内外温度不同的情况居多,与前述的 SSG 定义中两侧玻璃表面与空气之间的温差相等的假定不一致。例如,如图 8 − 14 所示,当玻璃温度处于室内外空气温度之间时,即比一侧高,又比另一侧低,则玻璃只会向单侧对流散热,而不会向两侧对流散热;其二,玻璃吸收太阳辐射后,并不仅是通过对流换热散热,而且还会通过长波辐射来散热。

②玻璃和透光材料吸收部分太阳辐射热后,其内部温度分布与内表面温度会有显著的改变,见图 8 − 14。在这种情况下,即便室内外空气温度一定,通过玻璃的总传热量也会产生变化,因为玻璃内表面与室内表面之间的辐射换热量有所不同,玻璃内表面与空气之间的对流换热量也有所不同。

③当室内存在对玻璃内表面的辐射热源时,同样也会导致通过玻璃的总传热量的改变。

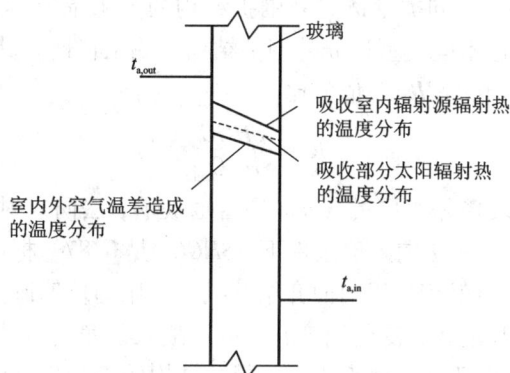

图 8 − 14 窗玻璃的温度分布

因此,在计算冷负荷时,无论是非透光围护结构热传导引起的得热还是透光围护结构由于热传导和辐射引起的得热,采用的得热量数值都并非是实际进入室内的热量,而是在某些假设条件下的得热量计算值。有关冷负荷与得热的关系在 12 章第 2 节将有介绍。

7. 通过透光外围护结构得热量的其他计算方法

欧美国家多用太阳得热系数 SHGC(Solar Heat Gain Coefficient)来描述玻璃或玻璃幕墙的热工性能。太阳得热系数 SHGC 涉及了直接透射进入室内的太阳辐射得热和被玻璃吸收后又传入室内的太阳辐射得热两部分,其定义为:

$$SHGC = \tau + \sum_{k=1}^{n} N_k a_k \tag{8 − 31}$$

式中: SHGC ——太阳得热系数;

τ ——玻璃窗的太阳辐射总透射率;

a_k ——第 k 层玻璃的吸收率;

n ——玻璃的层数;

N_k ——第 k 层玻璃吸收的辐射热向内传导的比率。

SHGC 是一个无量纲的量。实际上 SHGC 数值的大小与太阳辐射的入射角有关,包括直射辐射和散射辐射的影响。最复杂的是 N_k 与室内的状况有关,即与内外表面传热系数、玻璃总传热系数、室内空间形状和室内表面的长波辐射特性有关,只有将玻璃窗的传热模型与室内空间的热平衡模型联立求解才有可能准确地求出 N_k。目前只有在 EnergyPlus 等建筑热模拟软件包中才能采用这种详细求解的方法，而在一般工程应用中，常以特定参数条件下的 *SHGC* 值作为玻璃窗的评价指标(即指定表面传热系数和传热系数)。

利用玻璃的透射率与入射角的关系得出玻璃窗在不同入射角下的 *SHGC* 值，即可算出通过透光外围护结构的瞬时得热量为：

$$Q_{wind}(\tau) = K_{wind} F_{wind} \left[t_{a,\,out}(\tau) - t_{a,\,in}(\tau) \right] + (SHGC) F_{wind} I \qquad (8-32)$$

式中： Q_{wind}——透光外围护结构的瞬时得热量，W；

$\quad K_{wind}$——透光外围护结构的总传热系数，W/(m² · K)；

$\quad F_{wind}$——透光外围护结构的传热面积，m²。

为了方便求得透过各种不同类型透光外围护结构的太阳辐射得热量，采用遮阳系数 *SC* (Shading Coefficient)来描述不同类型透光外围护结构的热工特性。其定义为实际透光外围护结构的 *SHGC* 值与标准玻璃的 $SHGC_{ref}$ 值的比，即：

$$SC = \frac{SHGC}{SHGC_{ref}} \qquad (8-33)$$

式(8-33)中的标准玻璃是美国的 3 mm 厚普通玻璃，法向入射时透射率为 0.86，反射率为 0.08，吸收率为 0.06，在法向入射条件下，$SHGC_{ref}$ 是 0.87。标准玻璃的 SC 值是 1。

从物理意义上说，*SC* 值就相当于前面介绍的我国采用的玻璃遮挡系数 C_s。采用 *SC* 参数的好处是 *SC* 不随太阳辐射光谱的变化而变化，也不随入射角的变化而变化，而且对直射辐射和散射辐射均适用。因此只要获得各种透光围护结构的 *SC* 值，就可以根据标准玻璃不同入射角 θ 的 $SHGC(\theta)_{ref}$ 求出其太阳得热系数，从而求出其得热量。

8.1.6　空气渗透带来的显热得热

由于建筑存在各种门、窗和其他类型的开口，室外空气有可能进入房间，从而给房间空气直接带入热量和湿量，并即刻影响室内空气的温度和湿度，尤其在冬季，冷空气的渗透比较严重，因此需要考虑空气渗透给室内带来的得热量。

空气渗透是指由于室内外存在压力差，从而在建筑门窗缝隙和外围结构上的其他小孔或洞口处发生的室内外空气流通的现象，也就是所谓的无组织通风。在一般情况下，空气的渗入和空气的渗出总是同时出现的。由于渗出的是室内状态的空气，渗入的是外界的空气，所以渗入的空气量和空气状态决定了室内的得热量，并能改变室内的温湿环境，因此在冷热负荷计算中只考虑空气的渗入。

对于形状比较简单的孔口出流(如门、窗)，空气流速较高，流动多处于阻力平方区，流速与内外压力差存在如下关系：

$$v \propto \Delta P^{1/2} \qquad (8-34)$$

对于渗流来说，流速缓慢，流道断面细小而复杂，可认为流动处于层流区，流速与内外压力差的关系为：

$$v \propto \Delta P \qquad (8-35)$$

而对于门窗缝隙的空气渗透来说，虽然门窗种类繁多，但多介于孔口出流和渗流之间，一般取：

$$v \propto \Delta P^{1/1.5} \qquad (8-36)$$

所以通过门窗缝隙的空气渗透量的计算式可写为：

$$L_a = vF_{crack} = al\Delta P^{1/1.5} = F_d\Delta P^{1/1.5} \tag{8-37}$$

式中：L_a——通过门窗缝隙的空气渗透量，m^3/h；

　　　F_{crack}——门窗缝隙面积，m^2；

　　　F_d——当量孔口面积，$m^3/(h \cdot Pa^{1/1.5})$，$F_d = al$；

　　　l——门窗缝隙长度，m；

　　　a——实验系数，取决于门窗的气密性，见表 8-6。

表 8-6　门窗的气密性系数 a

气密性	好	一般	不好
缝宽/mm	~0.2	~0.5	1~1.5
系数 a	0.87	3.28	13.10

导致空气渗透量的室内外压力差一般为风压、热压和室内正压。

夏季由于室内外温差比较小，造成空气渗透的主要动力是风压。如果空调系统能保证室内足够的正压，这时室内的空气向室外渗出，而室外空气几乎无法渗入室内，这种情况不需考虑室外空气渗透的作用。但如果没有正压送风，则需要考虑风压的影响。

冬季如果室内有采暖，这时室内外存在比较大的温差，使得室内外的空气密度差别较大，室外冷空气会从建筑下部的开口进入，室内空气则从建筑上部的开口流出。这种由于热压而形成的烟囱效应强化了空气渗透，因此在冬季采暖期，对于空气渗透，热压可能会比风压起的作用更大。同样，建筑物越高，热压的作用就越明显。对于高层建筑，热压作用使得底层房间的热负荷明显要高于上部房间的热负荷，因此遇到上述情况，必须同时考虑风压和热压引起的空气渗透量。风压和热压对自然通风的作用原理在第 13 章中将有较详尽的介绍。

为了满足实际工作需要，目前计算风压造成的通风量的常用方法是两种估算方法——缝隙法和换气次数法。这两种方法都是基于实验和经验的基础上得来的。

（1）缝隙法。

缝隙法是根据不同种类窗缝隙的特点，给出其在不同室外平均风速条件下不同朝向门窗的单位窗缝隙长度的冬季平均空气渗透量，并以此为依据，进行采暖热负荷计算。房间的空气渗透量 L_a 的计算方法为：

$$L_a = kl_a l \tag{8-38}$$

式中：l_a——单位长度门窗缝隙的渗透量，$m^3/(h \cdot m)$，见表 8-7；

　　　l——门窗缝隙的总长度，m；

　　　k——主导风向不同情况下的修正系数，考虑到风向、风速和频率等因素对空气渗透量的影响，以当地主导风向为基准做朝向修正，参见表 8-8。

表8-7　单位长度门窗缝隙的渗透量/[m³·(h·m)⁻¹]

门窗种类	室外平均风速(m/s)					
	1.0	2.0	3.0	4.0	5.0	6.0
单层木窗	1.0	2.5	3.5	5.0	6.5	8.0
单层钢窗	0.8	1.8	2.8	4.0	5.0	6.0
双层木窗	0.6	1.3	2.0	2.8	3.5	4.2
双层钢窗	0.6	1.3	2.0	2.8	3.5	4.2
门	2.0	5.0	7.0	10.0	13.0	16.0

表8-8　冬季主导风向不同情况下的修正系数

城市	朝向							
	北	东北	东	东南	南	西南	西	西北
齐齐哈尔	0.9	0.4	0.1	0.15	0.35	0.4	0.7	1
哈尔滨	0.25	0.15	0.15	0.45	0.6	1	0.8	0.55
沈阳	1	0.9	0.45	0.6	0.75	0.65	0.5	0.8
呼和浩特	0.9	0.45	0.35	0.1	0.2	0.3	0.7	1
兰州	0.75	1	0.95	0.5	0.25	0.25	0.35	0.45
银川	1	0.8	0.45	0.35	0.3	0.25	0.3	0.65
西安	0.85	1	0.7	0.35	0.65	0.75	0.5	0.3
北京	1	0.45	0.2	0.1	0.2	0.15	0.25	0.85

(2)换气次数法。

当缺少足够的门窗缝隙数据,但又可知门窗的数目时,可通过室外在平均风速范围下的平均换气次数,估算房间的空气渗透量。有时对于体积过大的房间,也可以通过此法校核空气渗透量。用换气次数计算空气渗透量的公式为:

$$L_a = nV \tag{8-39}$$

式中:n——换气次数,次/h;

V——房间容积,m³。

表8-9 给出了我国目前采用的不同类型房间的换气次数,其适用条件是冬季室外平均风速小于或等于3 m/s。

式(8-40)介绍了美国采用的换气次数估算方法,该方法综合考虑了室外风速和室内外温差的影响,即有:

$$n = a + bv + c(t_{a,\,out} - t_{a,\,in}) \tag{8-40}$$

式中:v——室外平均风速,m/s;

a、b、c——系数,见表8-10。

$t_{a,\,in}$、$t_{a,\,out}$——室内、室外空气的温度,℃;

表 8 - 9　换气次数

房间具有门窗的外围护结构的面数	一面	二面	三面
换气次数	0.25 ~ 0.5	0.5 ~ 1	1 ~ 1.5

表 8 - 10　求解换气次数的系数

建筑气密性	a	b	c
气密性好	0.15	0.01	0.007
一般	0.2	0.015	0.014
气密性差	0.25	0.02	0.022

根据上述方法求得渗入室内的空气量 L_a 后，由渗透空气带入室内的显热得热是：

$$HG_{infil, S} = \rho_a L_a (t_{a, out} - t_{a, in}) \qquad (8 - 41)$$

式中：$HG_{infil, S}$——房间空气渗透的显热得热量，W/h；

　　　$t_{a, in}$、$t_{a, out}$——室内、外空气的含湿量，℃。

8.1.7　室内显热散热量

室内的热湿源一般包括人体、设备和照明设施。人体通过皮肤和服装向环境散发显热量，同时通过呼吸、出汗向环境散发湿量；照明设施向环境散发的是显热；设备的散热和散湿取决于设备特点和工艺过程。一般民用建筑的散热散湿设备包括家用电器、厨房设施、食品、游泳池、体育和娱乐设施等，工业建筑的散热散湿设备包含电动机、加热水槽等。室内热源散发的显热影响着室内热环境，散发的湿量即湿热量影响的是室内湿环境。

1. 照明的散热

照明所耗的电能一部分转化为光能，一部分直接转化为热能。两种能量形式的比例与照明的光源类型有关。从表 8 - 11 中的数据可见，白炽灯的发光效率仅为荧光灯的一半左右。实际上照明的类型、灯具的形式和布置方式均影响得热量，如灯源是荧光灯时，需对其整流器或电子启动器耗功进行修正。灯具形式和安装方式也直接影响灯具在上下空间的散热量，如果灯具上装有排风口，一部分热量将随排风被带走，不会成为室内的得热量。在计算室内照明的总散热量时，由于照明设施有可能不是同时使用的，因此需要考虑不同时使用的影响。

综上所述，照明散热量可按下式计算：

$$Q = 1000 n_1 n_2 n_3 N \qquad （W 或 kW） \qquad (8 - 42)$$

式中：n_1——同时使用系数，定义为室内照明设备同时使用的安装功率与总安装功率之比，一般为 0.5 ~ 0.8；

　　　n_2——荧光灯整流器消耗功率的系数，当整流器在空调房间内时取 1.2，当整流器在吊顶内时取 1.0；当是白炽灯时，该系数省略；

　　　n_3——安装系数，明装时取 1.0，暗装且灯罩在上部穿有小孔时取 0.5 ~ 0.6，暗装灯罩上无孔时，视吊顶内的通风情况取 0.6 ~ 0.8，灯具回风时可取 0.35；

N——照明设备的安装功率，W 或 kW。

表 8-11   两种常见照明方式的电能分配情况

照明类型	可见光	热能	镇流器
150 W 白炽灯	10%	90%	—
40 W 荧光灯	18%	64%	18%

2. 设备的散热

室内设备可分为电动设备和加热设备。加热设备只要把热量散入室内，就会全部成为室内得热。电动设备的一部分电能由于电动机内磁铁的电阻抗和轴承的摩擦而转化为热能，并通过电动机表面散至房间；而另一部分则成为机械能，被工艺设备所消耗。前者成为该室内的得热，后者如果在该室内被消耗掉，则最终转化为该室内的得热。但如果这部分机械能输送到室外或者其他空间，就不会成为该室内的得热。

在计算设备得热量时，由于电动机铭牌中只能查取额定功率，亦即设备的装机功率，而无法直接得知实际消耗功率，所以在具体计算时，需对设备的实际运行情况进行分析，选取合适的修正参数值。第一，电动设备实际的最大运行功率往往小于装机容量，而实际运行功率又小于最大运行功率；第二，工艺设备的部分散热量可能被冷却水或加工工件带走，实际散至室内的热量不会是全部输入功率所转化成的热量；最后，当室内有多台工艺设备时，不一定都同时运行。

因此，对于电动设备，当工艺设备及其电动机都放在室内时，设备散热量是：

$$Q = 1000 n_1 n_2 n_3 N / \eta \qquad (\text{W 或 kW}) \tag{8-43}$$

式中：n_1——同时使用系数，定义为室内电动机同时使用的安装功率与总安装功率之比。一般为 0.5 ~ 0.8；

n_2——利用系数，是电动机最大实效功率与安装功率之比。一般可取 0.7 ~ 0.9，可用以反映安装功率的利用程度；

n_3——电动机负荷系数，定义为电动机每小时的平均实耗功率与机器设计时的最大实耗功率之比。对精密机床可取 0.15 ~ 0.40，对普通机床可取 0.5 左右；

N——电动设备的安装功率，W 或 kW。

电子设备的计算公式也采用式(8-43)，其中系数 n_2 的值根据使用情况而定，对计算机可取 1.0，一般仪表取 0.5 ~ 0.9。

对于无保温密闭的电热设备，按下式计算：

$$Q = 1000 n_1 n_2 n_3 n_4 N \qquad (\text{W 或 kW}) \tag{8-44}$$

式中：n_4 是考虑排风带走热量的系数，一般取 0.5，其他符号意义与前面类同。

总而言之，无论是计算设备还是照明散热，都要根据实际情况考虑实际进入所研究空间中的能量，而不仅仅按铭牌上所注明的额定功率计算。

3. 人体的散热

人体通过其表面以对流和辐射两种方式向周围环境散发显热热量,同时,通过呼吸从人体带出一部分热量。人体散热中各因素的影响作用和具体的计算方法在第 2 章中已有讲述。

4. 室内热源得热 $HG_{H,s}$

综上所述,室内热源得热 HG_H 是室内设备的散热、照明设备的散热和人体散热之和。室内热源散发的显热 $HG_{H,s}$ 包括对流和辐射两种形式,其中辐射散热量也包括两部分:一是以可见光与近红外线为主的短波辐射,其散热量与接受辐射的表面温度无关,而只与热源的发射能力有关,如照明设施发出的光;二是热源表面散发的长波辐射,如一般热表面散发的远红外辐射,其散热量与接受辐射的表面温度有关。

若室内有 N 个热源,又有 m 个能够接收到热源辐射的室内表面,则这些热源的总显热得热 $HG_{H,s}$ 可用下式表示:

$$HG_{H,S} = \sum_i^N HG_{H,S,i} = \sum_i^N HG_{H,conv,i} + \sum_i^N HG_{H,rad,i}$$

$$= \sum_i^N HG_{H,conv,i} + \sum_i^N HG_{H,shw,i} + \sum_i^N HG_{H,lw,i}$$

$$= \sum_i^N h_i(t_{H,i} - t_{a,in}) + \sum_i^N HG_{H,shw,i} + \sum_i^N \sum_j^m \sigma x_{H,ij} \varepsilon_{H,i}(t_{H,i}^4 - t_{sf,j}^4) \quad (8-45)$$

对长波辐射项进行线性化后,则有:

$$HG_{H,S} = \sum_i^N \alpha_i(t_{H,i} - t_{a,in}) + \sum_i^N HG_{H,shw,i} + \sum_i^N \sum_j^m \alpha_{r,H,ij}(t_{H,i} - t_{sf,j}) \quad (8-46)$$

$HG_{H,s}$——室内热源的显热得热,W;

$HG_{H,S,i}$——室内热源 i 的显热得热,W;

$HG_{H,conv,i}$——室内热源 i 的对流得热,W;

$HG_{H,rad,i}$——室内热源 i 的辐射得热,W;

$HG_{H,shw,i}$——室内热源 i 的短波辐射得热,W;

$HG_{H,lw,i}$——室内热源 i 的长波辐射得热,W;

$t_{H,i}$——室内热源 i 的表面温度,℃;

$t_{sf,j}$——室内表面 j 的温度,℃;

$t_{a,in}$——室内空气温度,℃。

为了概念上的统一,按照"非透光围护结构得热"的定义及透光围护结构的得热量计算方法,热源的长波辐射得热 $HG_{H,lw}$ 针对的内表面温度应该是未受室内辐射影响的内表面温度 t_1,而不是实际表面温度 t_{sf}。但是这里为简单起见,采用了实际表面温度来确定长波辐射得热。

8.2 建筑湿环境的形成及湿传递

建筑湿环境也如同建筑热环境一样受外扰和内扰的影响,室外或邻室空气的水蒸气通过围护结构转移进入室内,透过围护结构的渗透空气直接给室内带入了水蒸气,室内人员、散湿设备、室内湿表面等散湿源的水分直接进入了室内。如果不考虑室内表面的吸湿和材料蓄湿能力,这些水分便进入室内空气中。

8.2.1　通过围护结构的湿传递

1.通过围护结构的湿传递过程

一般情况下,透过围护结构的水蒸气可以忽略不计。但对于需要控制湿度的恒温恒湿室或低温环境室等环境,当室内空气湿度相当低时,需要考虑通过围护结构渗透的水蒸气。

当围护结构两侧空气的水蒸气分压力不相等时,水蒸气将从分压力高的一侧向分压力低的一侧转移。在稳定条件下,单位时间内通过单位面积围护结构传入室内的水蒸气量与两侧水蒸气分压力差成正比,即通过围护结构的湿量为:

$$w = K_v (P_{out} - P_{in}) \qquad (8-47)$$

$$K_v = \cfrac{1}{\cfrac{1}{\beta_{in}} + \sum \cfrac{\delta_i}{\lambda_{vi}} + \cfrac{1}{\beta_a} + \cfrac{1}{\beta_{out}}} \qquad (8-48)$$

式中:w——单位时间内通过单位面积围护结构传入室内的水蒸气量,即通过围护结构的湿量,$kg/(s \cdot m^2)$;

　　K_v——水蒸气渗透系数,$kg/(N \cdot s)$或s/m;

　　P_{in}、P_{out}——围护结构内、外两侧空气的水蒸气分压力,Pa;

　　β_{in}、β_{out}、β_a——分别是围护结构内表面、外表面和墙体中封闭空气间层的散湿系数,$kg/(N \cdot s)$或s/m,见表8-12;

　　λ_{vi}——第i层材料的蒸汽渗透系数,$kg \cdot m/(N \cdot s)$或s,可参阅表8-13;

　　δ_i——第i层材料厚度,m。

表8-12　围护结构表面和空气层的散湿系数

条件	散湿系数$\times 10^8$(s/m)	条件	散湿系数$\times 10^8$(s/m)
室外垂直表面	10.42	空气层厚度10 mm	1.88
室内垂直表面	3.48	空气层厚度20 mm	0.94
水平面湿流向上	4.17	空气层厚度30 mm	0.21
水平面湿流向下	2.92	水平空气层湿流向上	0.13
		水平空气层湿流向下	0.73

表8-13　材料的蒸汽渗透系数 λ_v [kg · m/(N · s)或 s]

材料	密度/(kg · m⁻³)	$\lambda_v \times 10^{12}$	材料	密度/(kg · m⁻³)	$\lambda_v \times 10^{12}$
钢筋混凝土		0.83	花岗岩或大理石		0.21
陶粒混凝土	1800	2.50	胶合板		0.63

续表 8 – 13

材料	密度/(kg·m⁻³)	$\lambda_v \times 10^{12}$	材料	密度/(kg·m⁻³)	$\lambda_v \times 10^{12}$
陶粒混凝土	600	7.29	木纤维板与刨花板	≥800	3.33
珍珠岩混凝土	1200	4.17	泡沫聚苯乙烯		1.25
珍珠岩混凝土	600	8.33	泡沫塑料		6.25
水泥砂浆		2.50	珍珠岩水泥板		0.21
石灰砂浆		3.33	石棉水泥板		0.83
石膏板		2.71	石油沥青		0.21
加气混凝土与泡沫混凝土	400	6.25	多层聚氯乙烯布		0.04
加气混凝土与泡沫混凝土	1000	3.13	用水泥砂浆的硅酸盐砖或普通黏土砖砌块		2.92

一般表面的蒸汽渗透阻远小于材料层的蒸汽渗透阻,计算时常可忽略。

由于围护结构两侧的空气温度不同,围护结构内部会形成一定的温度分布。在稳定状态下,第 n 层材料层外表面的温度 t_n 为:

$$t_n = t_{a,\,in} - K(t_{a,\,in} - t_{a,\,out})\left(\frac{1}{h_{in}} + \sum_{i=1}^{n}\frac{\delta_i}{\lambda_i}\right) \qquad (8-49)$$

同样,由于围护结构两侧空气的水蒸气分压力不同,在围护结构内部也会形成一定的水蒸气分压力分布。在稳定状态下,第 n 层材料层外表面的水蒸气分压力 P_n 为:

$$P_n = P_{in} - K_v(P_{in} - P_{out})\left(\frac{1}{\beta_{in}} + \sum_{i=1}^{n}\frac{\delta_i}{\lambda_{vi}}\right) \qquad (8-50)$$

2. 围护结构的凝露和防止

如果围护结构内任一断面上的水蒸气分压力大于该断面温度所对应的饱和水蒸气分压力,在此断面就会有水蒸气凝结,见图 8 – 15。围护结构的凝露有两种,即表面凝露和内部凝露。当湿度较高的暖空气遇到冷表面时,会在围护结构表面出现凝结水。当在围护结构内部某一断面的温度达到或低于它的露点时,在该断面凝露,甚至当断面温度等于零度或低于零度时,还将出现冻结现象。

由图 8 – 15 可知,影响水蒸气凝结及凝结程度的主要因素有室内外水蒸气分压力、内外表面温度以及材料蒸汽渗透性能等参数。而内表面温度取决于传热量、室内外温差以及围护结构热阻。

所以产生表面结露的原因不外是由于室

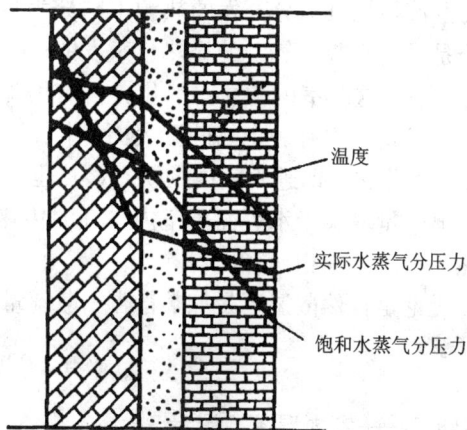

温度

实际水蒸气分压力

饱和水蒸气分压力

图 8 – 15　围护结构内水蒸气分压力分布

内空气湿度过高或是壁面的温度过低。

围护内部的凝露或结霜均会导致围护结构的传热系数增大，增加围护结构的传热量，加速维护结构的损坏。因此，应对围护结构的湿状态有所要求，必要时，在维护结构内应设置蒸汽隔层或其他结构措施，以避免维护结构内部出现水蒸气凝结或冻结现象。由于围护结构内部湿迁移和水蒸气凝结过程比较复杂，影响因素较多，所以在设计中一般根据实践经验，采取一定的构造措施来改善围护结构的湿状态。第 12 章第 1 节关于这部分内容有详细讲述。

8.2.2   空气渗透带来的得湿

由于室内外空气存在压差，使得室外空气通过建筑门窗缝隙和外围结构上的其他小孔或洞口处渗透进入室内，在第一节已介绍了空气渗透量以及通过空气渗透带来的显热得热量的计算方法。而随着空气渗透带入室内的除了显热量外还有得湿量，得湿量可根据室内外空气含湿量之差求得，由得湿量可得到潜热得热。由渗透空气引起的得湿量为：

$$W_{infil} = \rho_a L_a (d_{a,\,out} - d_{a,\,in}) \qquad (8-51)$$

式中：W_{infil}——房间空气渗透的得湿量，g/h；

$d_{a,\,in}$、$d_{a,\,out}$——室内、外空气的含湿量，g/kg。

那么由渗透空调带来的总得热便是显热量加上潜热量，也可按下式计算总得热：

$$HG_{infil} = \rho_a L_a (h_{a,\,out} - h_{a,\,in}) \qquad (8-52)$$

式中：HG_{infil}——单位长度门窗缝隙的渗透得热量，W/h；

ρ_a——室外空气的密度，kg/m³；

$h_{a,\,in}$、$h_{a,\,out}$——室内、室外空气的比焓，W/kg。

8.2.3   室内湿源及其散湿量

室内湿源散湿主要有工艺设备、水槽、地面积水以及人员的散湿，它们一般以湿表面散湿和蒸汽散湿两种形式向室内散湿。

1. 湿表面散湿

如果室内有一个湿表面，水分吸热而蒸发，水蒸气就会进入室内，并成为湿面的散湿。这类散湿根据其水分蒸发的热源不同分为自然散湿和加热散湿。自然散湿是指室内的湿表面水分是通过吸收空气中的显热量蒸发的，而没有其他的加热热源，也就是说蒸发过程是一个绝热过程，这时室内的总得热量并没有增加，只是部分显热负荷转化为潜热负荷了而已。加热散温是指室内有一个热的湿表面，水分被热源加热而蒸发，湿表面散湿的同时，还携带着热量进入室内，即进入室内的既有显热也有潜热。

显热量取决于水表面与室内空气的传热温差和传热面积，潜热量可由湿源水温下的汽化潜热与散湿量乘积计算而得。

无论是自然散湿还是加热散湿，散湿量都可用下式求得：

$$W = 1000\beta F \frac{B_0}{B} (P_b - P_a) \qquad (8-53)$$

式中：W——室内湿源散湿量，g/s；

β——对流传质系数，kg/(N·s)；$\beta = \beta_0 + 3.63 \times 10^{-8}$；$\beta_0$ 是不同水温下的扩散系数，

kg/(N·s)，见表 8 – 14，v 是水面上的空气流速，m/s；

F——水表面蒸发面积，m^2；

B_0——标准大气压力，101325 Pa；

B——当地实际大气压力，Pa；

P_b——水表面温度下的饱和空气的水蒸气分压力，Pa；

P_a——空气中的水蒸气分压力，Pa。

表 8 – 14　不同水温下的扩散系数/[kg·(N·s)$^{-1}$]

水温/℃	<30	40	50	60	70	80	90	100
$\beta_0 \times 10^8$	1.5	5.8	6.9	7.7	8.8	9.6	10.6	12.5

2. 蒸汽散湿

设备因采用蒸汽或因蒸汽泄漏向室内散发的湿量，可直接根据蒸汽散发量计算，其潜热量近似考虑蒸汽所携带的潜热便可。表 8 – 15 列出了民用建筑常见的室内散湿设备的散湿量。

表 8 – 15　室内常见设备散湿量

散湿设备	散湿条件	散湿量(g/h)
锅(直径 22 cm)	强沸腾，无盖	1400～1500
	一般，有盖	500～700
中型水壶	强沸腾，无盖	1300～1400
浴槽	水面积 0.5 m^2、2 人浴槽	500～1000
	入浴中	1000～1500
燃烧设备：煤	发热量，每 1 kW	140
灯油	发热量，每 1 kW	95
丙烷气	发热量，每 1 kW	120

3. 人体的散湿

人体的散湿量与散热量相似，与人体的代谢率、环境温度有关。一般在热条件下工作的人，排汗的散湿量约为 1 L/h，在很热的环境中进行繁重的工作，排汗所引起的散湿量能达到 2.5 L/h，但只能维持 30 min，有关人体排汗散湿的生理过程可见第 2 章。

4. 室内总散湿量 W_H

室内总散湿量 W_H 包含了围护结构传入室内的水蒸气量，以及人体散湿量、室内设备散湿量和各种湿表面的散湿量 $W_{H,i}$，W_H 是这些散湿量之和。

$$W_H = \sum W_{H,i} \tag{8-54}$$

在计算内扰引起的得热时，应包含显热得热和潜热得热两部分，潜热得热可通过室内散湿量 W_H 换算为室内热湿源的潜热得热。水蒸气的定压比热是 $1.84kJ/(kg \cdot ℃)$，即温度为室温的 1 g 水蒸气带入到室内空气中的潜热量为：

$$HG_{H,L} = (r + 1.84t_{a,in})W_H \tag{8-55}$$

式 $(8-54) \sim (8-55)$ 中：

W_H——室内总散湿量，g/s；

$HG_{H,L}$——室内热源的潜热得热，W；

$t_{a,in}$——室内空气温度，℃；

r——水蒸气的汽化潜热，可近似取 2500 kJ/kg。

复习思考题

1. 室内热湿环境的形成及其受到的影响因素有哪些？
2. 简述建筑围护结构对太阳辐射的作用。
3. 什么是室外空气综合温度？
4. 分析夜间辐射的现象。
5. 分析冬季和夏季的空气渗透现象。
6. 分析湿传递的过程及结果。

第9章 室内的空气污染

9.1 室内外空气污染物来源

9.1.1 室外空气污染物来源

室外空气中污染物的来源和种类有很多，其中最常见的是燃料燃烧的生成物。工业生产需要燃烧燃料提供能源，交通工具、建筑供热等也都需要燃烧燃料来提供能源。燃料燃烧的生成物，有二氧化硫、一氧化碳、二氧化碳，还有可吸入颗粒；汽车尾气中的一氧化碳、碳氧化合物等。除了工业企业集中排放的污染物外，城市中的饮食摊位排放的燃料燃烧产物和油烟也会对空气造成污染。

工业企业在生产过程中排放的废气是对空气环境造成污染的另一个主要因素。由于产品和工艺各不相同，这些废气的化学成分十分复杂，如冶炼厂废气中可能含有氟、砷、镉、铅等，化工厂废气可能含有苯、酚、氯化氢等。

9.1.2 室内空气污染物来源

1.室内燃料燃烧及烹饪油烟

室内燃料燃烧主要是指烹饪、取暖等所需燃料的燃烧。如前所述，由于燃料种类的不同，其产生的污染物也不相同，一般主要有一氧化碳（CO）、二氧化碳（CO_2）、氮氧化合物（NO_x）、二氧化硫（SO_2）等。烹饪油烟是食用油在高温条件下，发生一系列变化后形成的一组混合性污染物。当食用油加热到170℃时就会开始出现少量烟雾，随着温度的升高，油的分解速度加快，当达到250℃时会出现大量的烹调油烟，而人们炒菜时通常的油温都在250℃以上。研究表明，烹调油烟的成分极为复杂，有200～300种之多，其中包括挥发性亚硝胺等已知的致突变物和致癌物。

2.吸烟

吸烟产生的烟气是室内空气的主要污染源之一，烟草的烟气中含有大量对人体有害的气体，在室内吸烟会导致室内空气的污染。在有人吸烟的房间内，室内空气品质一般都比较差。

3.建筑材料和装饰材料

建材、装修材料、日化产品污染

建筑材料主要是指某些石材、砖、水泥、混凝土等，这些材料中可能会含有高本底的镭，镭可蜕变成放射性很强的氡，能造成室内放射性污染。建筑材料是室内氡的主要来源，特别是含有放射性元素的天然石材，很容易释放氡。如果制造建筑材料的原材料中含有放射性元素，那就极有可能释放到室内。例如，有些灰渣制成的砖就有较强的放射性。建筑施工中常使用氨类物质作为混凝土防冻剂，随着温湿度等环境因素的变化，氨气会从墙体中缓慢释放出来，造成室内氨的浓度大幅度增加。

装饰材料主要指人造板、墙纸、化纤地毯、涂料、油漆、黏合剂、保温材料、隔声材料、瓷砖等。甲醛主要来自于黏合剂。在墙纸的粘贴过程中，需用黏合剂，施工结束后的墙纸会释放甲醛、苯、甲苯、二甲苯、乙苯、氯乙烯等有机气体。化纤地毯的绒毛是用黏合剂黏在背衬上的，它能释放甲醛、丙烯腈、丙烯等有机气体。服装在用树脂整理的过程中都要涉及甲醛的使用。在面料生产中，为了达到防皱、防缩等作用，或为了保持印花、染色的耐久性，或为了改善手感，均需在助剂中添加甲醛。目前，用含甲醛的印染助剂比较多的是纯棉纺织品，因为纯棉纺织品容易起皱，使用含甲醛的助剂能提高棉布的硬挺度。含有甲醛的纺织品，在人们穿着和使用过程中会逐渐释放出游离甲醛。

纯毛地毯是尘螨的滋生地。地毯也是有害物的隐藏场所。曾有人发现，室内铺设地毯与居民癌症的发生有一定关系，调查发现，这主要是与地毯吸附了胶鞋底带入的多环芳烃有关。

涂料和油漆的成分十分复杂，主要成分有酚醛树脂、脲醛树脂、乙酸纤维剂、过氧乙烯树脂、丁苯橡胶等，这些物质会散发出甲醛、氯乙烯、苯、氯化氢、酚类等有害气体。涂料的溶剂也是污染空气的重要来源，这些溶剂都是挥发性很强的有机物质，它的作用是将涂料或油漆溶解成液态，最终是要挥发到空气中去的。如刚刚涂刷过的房间，从空气中可检测出大量的苯、甲苯、二甲苯、乙苯、丙酮、醋酸丁酯醋酸、乙醛、丁醇、甲酸等50多种有机物。涂料中的助剂还可能含有一些重金属，如铅、汞、锰、砷等。黏合剂主要会挥发酚、甲酚、甲醛、乙醛、苯乙烯、甲苯、乙苯、丙酮、乙烯醋酸醋、环氧氯丙烷等。隔声材料一般有橡胶、聚氯乙烯塑料板等，它们也可以释放出如石棉、甲醛、酚类、氯乙烯等。

4.家用化学品

这里是指可能造成室内空气污染的家用化学品，一般有以下几种：①清洁室内材料和产品，如地毯清洁剂、厨房器具清洁剂、厕所清洁剂等；②抛光产品，如家具擦光剂、地板擦光剂等；③家用气溶胶，如空气清新剂等；④化妆品，如各种喷雾、发胶以及具有染发、烫发等特殊功能的化妆品；⑤家用农药，如各种适于家用的杀虫剂、杀菌剂、杀鼠剂等；⑥其他如除臭剂、消毒剂等上述内容中未涉及的化学品。

上述这些化学品散发的污染物品种和成分极为复杂。例如，空气清新剂是由乙醇、香精、丁烷、丙烷、氮气、二甲醚、乙醚、去离子水等成分组成的；杀虫剂中含有镉、铅、砷、汞等重金属元素，以及有机氯、苯等有毒物质；烫发水中含有氨；指甲油是以硝化纤维为基料，配以丙酮、醋酸乙酯、乳酸乙酯、苯二甲酸丁酯等化学溶剂、增塑剂及化学染料配制而成的，这些原料中大多是苯环结构化合物；定型发胶及摩丝中起定型作用的基本原料，是水溶性聚合物和它的表面活现的剂，它们大多含有酒精类溶剂，并以液化石油气和二甲醚作为推进剂。以上这些家用化学品均含有大量的挥发性有机化合物，会对室内空气造成污染。

5. 家用电器

各种家用电器和电子设备，在使用过程中会产生多种不同波长和频率的电磁波，这些电磁波充斥空间，造成电磁污染，对人体具有潜在危害。电视机和计算机荧光屏在工作时，会产生"溴化三苯并呋喃"，其为有毒气体且有致癌作用。一台电视机连续使用 3 天，房间中该气体浓度可达 $2.7\ \mu g/m^3$，相当于繁华十字路口测得的量，而新的电视机或计算机显示器产生的这种气体更高。摄像机在使用时能释放出醋酸。

6. 办公设备复印机、激光打印机、工程复印机等

办公设备在使用中会产生高压静电，在高压静电的作用下，氧分子受到电子的激发会获得能量，并发生相互弹性碰撞，聚合成臭氧分子，从而形成臭氧气体。另外，经定影发热使墨粉溶解后会产生大量的如苯并(a)芘、二甲基亚硝胺等有机废气。

7. 生物性污染

室内环境温湿度适宜，容易滋生尘螨、真菌等微生物，特别是在空调系统中的表冷器和接水盘中，非常容易滋生病菌。人体在新陈代谢中产生的大量废弃物主要是通过呼吸、汗液、大小便排除的。呼吸气体排泄的有毒物质有上百种，主要是 CO_2 及一些氨类化合物，还有 CO、甲醇、乙醇、苯、甲苯、苯胺、硫化氢、乙醚等。人的尿液和汗液中也有数百种有毒物质。此外，呼吸道患病者通过呼吸、咳嗽、喷嚏等，会将病原体带入室内，从而造成室内空气的污染。

空调设备及管道污染

9.2 室内空气主要污染物特性

9.2.1 化学污染

化学污染：主要为有机挥发性化合物（VOCs）、半有机挥发性化合物（SVOCs）和有害无机物引起的污染。有机挥发性化合物，包括醛类、苯类、烯类等 300 种有机化合物，这类污染物主要来自建筑装修装饰材料、复合木建材及其制品（如家具）。而无机污染物主要为氨气（NH_3），主要来自冬季施工中添加的防冻液及燃烧产物 CO_2、CO、NO_x、SO_x 等，主要来自室内燃烧产物。

1. 有害燃烧产物

燃料燃烧会产生一些烟气和有害气体。烟气是燃烧的主要产物，水蒸气和 CO_2 是其主要成分。水蒸气和 CO_2 通常对人体没有显著影响，但 CO_2 浓度长期过高会使人精神萎靡，工作效率变低，尤其是发生火灾时，大量的 CO_2 会使人窒息。

在低浓度下会对人体健康产生损害的燃烧产物主要是 CO、NO_x、SO_x。

CO 是燃料不完全燃烧的产物，它是一种无色无味的气体，具有极强的毒性。CO 中毒在全世界是一个很大的问题。法国一项调查显示，每年 CO 中毒事件的发生率为 0.175‰，这其中 97% 是偶然事件，死亡率达 5%。CO 能够快速被肺吸收，并和血红蛋白结合生成碳氧血红蛋白（COHb），CO 和血红蛋白结合的速率是氧气的 250 倍，从而阻止了血液对氧的吸收和输运，使 COHb 的浓度在人体冠状动脉和脑部动脉急剧升高，而在人体其他地方则相对要慢得多。CO 中毒对人体氧需求量大的器官和组织伤害程度较大。深度中毒会使脑部受到永久性伤害，使中毒人员持续昏迷；由于心脏耗氧量很大，心脏也特别容易受到损伤，其他的器官包括皮肤、肺以及骨倍肌肉也会受到影响。表 9 - 1 显示了暴露在不同 CO 浓度和不同时间长度下人体的受伤害程度。

表 9 - 1　暴露在不同 CO 浓度和不同时间长度下人体的受伤害程度

CO 浓度/(mg·m^{-3})		COHb 浓度/%	人体反应
229	1145		
1 h	20 min	10	运动负荷降低
7 h	45 min	20	呼吸困难、头痛
	75 min	30	严重的头痛、无力、眩晕、视力衰退、判断力混乱、恶心、呕吐、腹泻、脉搏加快
	2 h	40 ~ 50	意识混乱、摔倒、痉挛
	5 h	60 ~ 70	昏迷、痉挛、脉搏变慢、血压降低、呼吸衰竭甚至死亡

NO_x 包括 N_2O、NO_2、N_2O_5 和 NO。其中由于人类行为所产生的 NO 和 NO_2 是构成大气污染的主要氮氧化物。由于 NO 能够和空气中的氧结合成 NO_2，因此 NO_2 的浓度通常作为氮氧化物污染的指标。低温的家庭燃烧器可以产生 $18.8 \sim 188$ mg/m^3（$10 \sim 100$ ppm）的氮氧化物，如果室内通风不良，这些氮氧化物就成了室内污染物。厨房烹饪所产生的 NO_2 是室内 NO_2 的主要来源。室内去除氮氧化物的主要途径是通风和绿色植物吸收。NO_2 的毒性主要体现在对呼吸系统的损害上。动物实验表明，NO_2 会使肺部防护机能减退，使得机体对病原体的抵抗变弱，从而容易被细菌感染。研究表明：在对人的健康影响方面，NO_2 的浓度要比人在 NO_2 中的暴露时间和机体的抗病能力更为关键。通常在低浓度下几个小时的暴露不会对动物的肺部产生不利影响，只有几周以上的低浓度暴露才可能引起肺部损伤，但是在高浓度 NO_2 中的短期暴露却可能对健康产生不利影响。表 9 - 2 是 NO_x 对机体产生危害作用的各种浓度阈值。

表 9 - 2　NO_x 对机体产生危害作用的各种浓度阈值

损伤作用类型	浓度阈值/(mg·m^{-3})	损伤作用类型	浓度阈值/(mg·m^{-3})
接触人群呼吸系统患病率增加	0.2	呼吸道上皮受损，产生生理学病变	0.8 ~ 1
短期暴露使敏感人群肺功能改变	0.3 ~ 0.6	对机体产生损害作用	0.94

续表 9 - 2

损伤作用类型	浓度阈值 /(mg·m^{-3})	损伤作用类型	浓度阈值 /(mg·m^{-3})
嗅觉	0.4	肺对有害因子的抵抗力下降	1
对肺部的生化功能产生不良影响	0.6	短期暴露使成人肺功能改变	2~4

2. 有机挥发性化合物(VOCs)

有机挥发性化合物是一类低沸点的有机化合物的总称。不同组织对于 VOCs 所涵盖的物质的定义并不相同。美国环境署(EPA)对 VOCs 的定义是:除了 CO_2、碳酸、金属碳化物、碳酸盐以及碳酸铵等一些参与大气中光化学反应的含碳化合物之外,主要包括甲烷、乙烷、丙酮、甲基乙酸和甲基硅酸等。室内空气质量的研究人员通常把他们通过采样分析得到的所有室内有机气态物质称为 VOCs。各种被测量的 VOCs 总称为 TVOC(Total VOC)。通常有一些没有在室外环境 VOCs 定义中的有机物质在室内污染研究中也被当成一种 VOCs,譬如甲醛。表 9 - 3 是世界卫生组织(WHO)对室内有机污染物的分类。

表 9 - 3 世卫组织(WHO)对室内有机污染物的分类

有机物分类	沸点/℃	典型采样方法
极易挥发的有机化合物(VOCC)	<0 或 50~100	分批采样,用活性炭吸附
有机挥发性化合物(VOC)	50~100 或 240~260	用炭黑或者木炭吸附
半挥发性有机化合物(SVOC)	240~260 或 380~400	用聚亚安酯泡沫吸附或者 XAD - 2 吸附
附着在微粒上的有机物(POM)	>380	过滤器

VOCs 主要源于室内建材散发,因此通常室内 VOCs 的浓度比室外高出很多。VOCs 是室内污染物中最常见也最被人关注的一类,被研究的最多,是近 20 年来国际室内空气质量研究中的一个热点。

VOCs 对人体健康的影响主要是刺激眼睛和呼吸道,皮肤过敏,使人产生头痛、咽痛与乏力。TVOC 浓度小于 0.2 mg/m³ 时,不会对人体产生影响。TVOC 浓度与人体反应的关系见表 9 - 4。另外,即使室内空气中单个 VOC 的含量都远低于其限制浓度,但由于多种 VOCs 的混合存在及其相互作用,危害强度可能增大,整体暴露后对人体健康的危害可能相当严重。由于:①VOCs 中各化合物之间的协同作用比较复杂,难以了解;②各国、各地、不同时间地点所测的 VOCs 的组分也不完全相同,所以目前对 VOCs 的健康效应的研究远远不及甲醛清楚。

新建筑或新装修建筑中,VOCs 浓度容易偏离,被认为容易引发病态建筑综合征。然而到目前为止,VOCs 引发病态建筑综合征的确切证据还显不足。

表 9 – 4　TVOC 浓度与人体反应关系

TVOC 浓度/($mg \cdot m^{-3}$)	健康效应	分类
<0.2	无刺激，无不适	舒适
0.2 ~ 3.0	与其他因素联合作用时，可能出现刺激和不适	多因协同作用
3.0 ~ 25	刺激和不适，与其他因素联合作用时，可能出现头痛	不适
>25	除头痛外，可能出现其他的神经毒性作用	中毒

3. 甲醛

甲醛是一种无色有强烈刺激性气味的气体，易溶于水，其 30% ~ 40% 的水溶液称为福尔马林(Formalin)。甲醛容易聚合为多聚甲醛，其受热后则会发生解聚作用，在室温下缓慢分解出甲醛。甲醛对人体危害较大，当空气中的甲醛浓度超过 0.6 mg/m^3 时，人的眼睛会感到刺激，咽喉会感到不适和疼痛。吸入高浓度甲醛时，由于甲醛能与蛋白质结合，可能会导致呼吸道的严重刺激、水肿和头痛。皮肤直接接触甲醛可能会引起过敏性皮炎、色斑甚至坏死。长期接触低浓度的甲醛可能会引起慢性呼吸道疾病、女性月经紊乱、妊娠综合征，引起新生儿体质降低、染色体异常，甚至引起鼻咽癌。但一般研究者认为，非工业性室内环境的甲醛浓度水平还不至于导致人体的肿瘤和癌症。据统计，2006 年全世界甲醛产量为 3200 万吨，其中中国、美国和德国的产量分别占总产量的 34%、14% 和 8%。总产量 65% 以上的甲醛用于合成胶黏剂。文献是发表在国际著名期刊 Chemical Review 上的综述论文，对作为室内空气主要污染物的甲醛相关研究做了介绍，列出的参考文献就达 480 余篇，建议感兴趣的读者阅读。

4. 氨

氨是种无色而有强烈刺激气味的碱性气体，易溶于水、乙醇和乙醚，0℃ 时，氨的溶解度为 1176 L/L 水。室内氨浓度超标的主要原因是由于在建筑施工过程中，为了加快混凝土的凝固速度和冬季施工防冻，在混凝土中加入了高碱混凝土膨胀剂和含有尿素与氨水的混凝土防冻剂，这些含有大量氨类物质的外加剂在一定的温度湿度条件下，会被还原成氨气释放出来。氨对人体有较大的危害，当氨的浓度超过嗅阈，即 0.5 ~ 1.0 mg/m^3 时，对人的口、鼻黏膜及上呼吸道都有很强的刺激作用，其症状根据氨气的浓度、吸入时间以及个人感受性等而有轻重之分。轻度中毒表现主要有鼻炎、咽炎、气管炎和支气管炎等。氨对人体作用的过程如下：由于它的碱性，它对接触的皮肤组织有腐蚀和刺激作用，可以破坏吸收皮肤组织中的水分使组织蛋白变性、组织脂肪皂化并破坏细胞膜结构。又由于它在水中溶解度极高，容易被吸附在皮肤黏膜和眼结膜上，产生刺激和炎症。随着呼吸，氨气进入人体呼吸道，对上呼吸道有刺激和腐蚀作用，可麻痹呼吸道纤毛和损害黏膜上皮组织，使得病原微生物易于侵入，降低人体抵抗力。当浓度过高时，还可通过三叉神经末梢的反射作用引起心脏停搏和呼吸停止。当氨进入肺部后，大部分被血液吸收，与血红蛋白结合，破坏输氧功能。短期吸入大量氨气后，会出现流泪、咽痛、声音嘶哑、咳嗽、痰带血丝、胸闷、呼吸困难、头痛、头晕、恶心和呕吐乏力等，严重的还会发生肺水肿、成人呼吸紧迫综合征。前些年，室内空气中的氨污染在我国时有发生，很多新建建筑中的氨浓度严重超标，近年来，建设部门注意到了此问题，新建建筑中氨污染的情况大大减少，鲜有报道。

5. CO_2

CO_2 存在于自然空气中，其体积浓度一般在 0.03% ~ 0.04% 的范围内，CO_2 无臭无味，正常环境的浓度下对人体并没有危害。人呼吸时也会产生 CO_2。但当吸入空气中的 CO_2 体积浓度增加到 1.0% 时，为保证正常的新陈代谢，呼吸量将开始增加；当吸入空气中的 CO_2 体积浓度增加到 4.0% 时，呼吸量将加倍。如果再在此基础上超过一定水平，如达到 5.0%，呼吸量此时已达到一定限度无法继续增加，就会导致肺泡气和动脉血中的 CO_2 分压力过高，压抑中枢神经系统的活动，包括呼吸中枢，产生呼吸困难、头痛、头晕，甚至昏迷和死亡。因此，要注意避免 CO_2 浓度过高。

此外，人体新陈代谢过程中产生的很多化学物质，其中有 149 种是从呼吸道排出，除了 CO_2 以外，还有氨、苯、甲苯、苯乙烯、氯仿等，其中有些污染物会产生不良气味。这些污染物释放量的大小和 CO_2 呼出量的多少有一定的关系。比如，当 CO_2 体积浓度超过 0.07% 的时候，敏感者会觉察到他人人体代谢污染的气味；而 CO_2 浓度超过 1000 ppm 的时候，有较多的人会觉察到他人人体代谢污染的气味。因为这些污染物本身的浓度难以测量，而 CO_2 的浓度却较易测量，所以在办公或公共环境等人口密度较高的环境中，它常作为室内空气质量控制的污染标识物（indicator）。因此，虽然在以人员为主要污染源的室内空气质量检测中常监测 CO_2 的浓度，但实际上其体积浓度在 1% 以下的时候，对人体并无实质性的危害。

9.2.2　物理污染

物理污染：主要指灰尘、重金属和放射性氡（Rn）、纤维尘和烟尘等引起的污染。

1. 颗粒物

颗粒物是指空气污染物中的固相物质——多孔、多形以及因此而具有较强的吸附性是其主要特点。颗粒的成分较多，除了一般的尘埃外，还有炭黑、石棉、二氧化硅、铁、铝、镉、砷等 130 多种有害物质，室内经常可检测出来的有 50 多种。颗粒物一般为物理污染，有时颗粒物参与化学反应，或吸附了有害化学物质，也会造成化学污染。颗粒物按照粒径的大小可分为以下几种类型，如表 9 - 5 所示。

不同粒径的颗粒物对人体的影响

表 9 - 5　按照粒径划分的颗粒物类型

名称	粒径 $d/\mu m$	单位	特点
降尘	$d > 100$	T（月·km^2）	靠自身重量沉降
总悬浮颗粒物（total suspended particulate，TSP）	$10 < d < 100$	mg/m^3	
飘尘 可吸入颗粒物 PM_{10}	$d < 10$	mg/m^3 $\mu g/m^3$	长期悬浮于大气中，主要由有机物、硫酸盐、硝酸盐及地壳元素组成

续表 9 – 5

名称	粒径 $d/\mu m$	单位	特点
细微粒 $PM_{2.5}$	$d < 2.5$	mg/m^3 $\mu g/m^3$	室内主要污染物，对人体危害很大
超细颗粒	$d < 0.1$	个$/m^3$	室内重要污染物之一，对人体危害很大，系近年来的研究热点

颗粒物浓度一般有两种表示方式：计质浓度表示单位体积悬浮颗粒物的质量，单位为 mg/m^3；计数浓度表示单位体积悬浮颗粒物的数量，单位有粒/升、粒$/ft^3$。医院手术室的空气洁净度一般以立方英尺(ft^3)内的颗粒物数目表示，譬如 100 级洁净度表示颗粒物浓度为 100 粒$/ft^3$。研究表明，按计数浓度计，室内可吸入颗粒物以细微粒为主，粒径大于 10 μm 的粒子所占比重较小，粒径小于 7.0 μm 的粒子占 95% 以上，粒径小于 3.3 μm 的粒子占 80% ~ 90%，而粒径小于 1.1 μm 的粒子占 50% ~ 70%，而且吸烟状态下细颗粒浓度最高，所占比重更大，主要是因为烟草烟雾中的颗粒物粒径多小于 1 μm。颗粒物被吸入人体后由于粒径的大小不同会沉降到人体呼吸系统的不同部位，其中 10 ~ 50 μm 的粒子沉降在鼻腔中，5 ~ 10 μm 的粒子沉积在气管和支气管的黏膜表面，而小于 5 μm 的粒子则能通过鼻腔、气管和支气管进入肺部。当人体吸入颗粒物浓度低于 5 万粒/L 时，人体可以靠自身能力将颗粒物排出体外，当颗粒物浓度高的时候，人体还会自动调节增加巨噬细胞，增加分泌系统功能来调节防御能力，但当长期、高浓度地吸入颗粒后，细菌、病毒就会繁殖，一旦超过人体免疫能力，就会发生感染，引起肺炎、肺气肿、肺癌、尘肺和矽肺等病症。有毒的粒子还可能通过血液进入肝、肾、脑和骨内，甚至危害神经系统，引发人体机能变化，产生过敏性皮炎及白血病等症状。另外颗粒物还能吸附一些有害的气体和重金属元素，携带这些有害物质进入人体，对健康构成影响。

2. 纤维材料

纤维材料也是室内污染物的一种，它们通常来自吸声或者保温材料，譬如顶棚、吸声层和管道的内套等。常见的室内污染纤维类物质通常有石棉、玻璃质纤维和纸浆。石棉纤维会引起两种疾病：石棉沉疴病和间皮瘤。石棉沉疴病是由于石棉纤维被吸入肺部而引起的肺部病变。慢性的刺激引起了肺部的发炎，造成肺部组织损伤，使得肺部留下疤痕，并且纤维化使得肺部的弹性变差。肺部病变的程度取决于纤维吸入量、暴露时间、纤维形状和纤维种类的生物持续性以及每个人的抗感染能力。间皮瘤是间皮细胞的一种癌变。早期研究表明，在 3700 例间皮瘤病人中，43% 的病人被确认有在石棉纤维中暴露的经历。而有证据表明玻璃纤维能引起肺癌和其他呼吸系统疾病。1984 年以来，玻璃纤维一直被怀疑和病态建筑综合征的发生有关，而且可能会引起皮肤和体黏膜刺激。它还可能是"办公室眼睛综合征""群体性皮炎"以及上呼吸道刺激的病因。有几项研究表明，粒径低于 4.6 μm 的玻璃纤维不会引起皮肤的过敏反应，因此这种对皮肤的刺激仅仅是物理的刺激而不是免疫系统的反应。而粒径大于 4 μm 的纤维则不会长时间在空气中扩散。玻璃纤维可能是一种致癌物质，而作为它的替代品的纸浆类纤维则被认为是健康、绿色的产品，它通常由可再循环报纸制成。但这类产品也能引起对黏膜和上呼吸道的刺激，同时也可能诱发霍奇金氏病。另外纸浆纤维产品容易滋生微生物，对人体的健康是一种威胁。

3. 氡(Rn)气

氡(Rn)气是天然存在的无色、无味、非挥发的放射性惰性气体，是世界卫生组织 (WHO)确认的主要环境致癌物之一，它主要来自铀 238 的自然衰变，是一种比较稳定的气体。在矿井中，它从矿石中进入空气，或者溶入水中。在家里，最初的氡来自土壤气体。有些建材特别是石材也会散发氡气。

室内 Rn 污染主要是指 ^{222}Rn 及其衰变产物 ^{218}Po、^{214}Pb、^{214}Bi 和 ^{214}Po 对人体的危害。室内空气中，氡气浓度单位为 Ba/m^3(贝克/立方米)，表示单位体积气体中的放射性活度，1 Ba/m^3 就是在 1 m^3 气体中，每秒有一个放射性原子核发生衰变。附表 18 为一些国家调查的室内氡气浓度水平，附表 19 是国内一些地区室内氡污染的调查结果(1992 年)。

Rn 及其衰变产物对人体的危害主要是通过内照射进行的，即以食物、水和大气为媒介，摄入人体后自发衰变，放射出电离辐射，对人体构成危害。Rn 对人体的危害主要是由于其衰变产物极易吸附在空气的颗粒上，然后被吸入体内，由于氡的半衰期较长(3.82 d)，因此随着人体的呼吸，吸入体内的氡大部分可被呼出，对人体的危害不大，但是氡的衰变产物却能够沉积在气管和支气管中，部分还会深入到人体肺部，随着这些衰变产物的快速衰变，所产生的很强的电离辐射可能会使得大支气管上的上皮细胞发生癌变，因此大部分肺癌就发生在此区域。科学研究表明，诱发肺癌的潜伏期大多在 15 年以上，而世界上 1/5 的肺癌患者与氡有关，因此氡的危害往往不易被人察觉。另外氡及其衰变产物在衰变时还会同时放出穿透力极强的 γ 射线，长期暴露在 γ 射线环境中的人，血液循环系统会受到损害，如白细胞和血小板减少，严重的还会造成白血病。

9.2.3　生物污染

生物污染：细菌、真菌和病毒引起的污染。

微生物是肉眼看不见、必须通过显微镜才能看见的微小生物的统称。微生物普遍具有以下特点：

①个体小；②繁殖快(繁殖一代只需几十分钟到几小时)；③分布广，种类繁多；④较易变异，对温度适应性强。

自然界中大部分微生物是有益的，少数微生物有害。后者会引发生物污染。能引起人类传染病的病原微生物一般有以下几种：病毒、细菌和真菌，表 9-6 列出了一些典型微生物的污染源及其传播途径和特性。通常细菌、病毒等会附着在颗粒、人咳嗽或者打喷嚏喷出的飞沫上，这些颗粒或飞沫在空气中悬浮和运动，使得细菌和病毒可以通过空气传播。直径小于 0.5 μm 的颗粒被人的呼吸道吸入后大部分会被呼出，直径为 0.5~5 μm 的颗粒会滞留在肺部，直径为 5~15 μm 的颗粒会附着在鼻道或气管中，难以进入肺部，直径为 15~20 μm 的颗粒沉降效应很强，往往会沉降到地面或各种壁面上。在适宜的温度、湿度和风速等物理条件下，室内微生物会繁衍、生长，近年来由于建筑密闭性的加强，更增加了这种污染的严重性，而一些突发事件，更使人们认识到室内生物污染治理的重要性和紧迫性。

表9-6   一些典型微生物污染源及其传播途径和特性

名称	大小/μm	生存环境		引发病症举例	特点
		温度	pH		
病毒	0.02~0.3	适宜生长温度为25~60℃，大部分在55~60℃内不到1 h被杀灭	一般对酸性环境不敏感，对高pH敏感	流感、水痘、甲肝、乙肝和SARS	部分嗜热菌在75℃以上依然生长良好。传染途径通常为呼吸道传染和消化道传染
细菌	0.5~3.0	适宜生长温度为20~60℃	在4~10范围内可生存，一般要求中性和偏碱性	痢疾、百日咳、霍乱、过敏症、肺炎、哮喘症和军团症	以空气作为传播媒介
真菌	1~60	适宜生长温度为23~37℃，最高存活温度为60℃	大部分生存在pH值在6.5以下的酸性环境中	湿疹性皮炎、慢性肉芽肿样炎症和溃疡	真菌类包括酵母菌和霉菌，能在免疫功能差的人群里引起过敏症，霉菌还能产生悬浮在空气中的有机体，这些有机体常常能产生常说的霉变的臭味

"9·11"事件以后，由生物武器所引发的恐怖事件屡有发生，如美国建筑内的"炭疽热杆菌"散发事件等，实际上，早在1976年美国费城就爆发了"军团菌"事件。一些频繁出现的病态建筑综合征等也与建筑室内生物污染有关。

2003年发生的严重急性呼吸综合征(severe acute respiratory syndrome，SARS)，在世界上许多国家尤其在我国肆虐，截至当年7月31日，全球累计报告病例8098例，774人死亡，仅中国累计感染就达5327例，349人死亡。2004年我国部分地区出现了禽流感，2009年全球不少国家爆发了H1N1，即使没有突发事件，室内生物污染状况也不容忽视。以北京为例，原北京市东城区卫生防疫站曾在2000—2001年的冬夏两季，在东城区东直门外地区16栋楼房、12个平房和6个写字楼的办公室进行了微生物污染调查，室内空气中的细菌总数超标率达22.4%；霉菌、链球菌检出率为100%；居室尘螨检出率为92.8%，此外，在居室加湿器、鱼缸水以及写字楼中央空调冷凝水中还检出了嗜肺军团菌。

复习思考题

1.室内空气污染的来源都有哪些?

2.室内主要的气体污染物有哪些? 来源、危害及防治措施各是什么?

3.请谈谈你对TVOC的看法。

4.请查文献，调查家用电器对室内空气品质的影响。

5.请说明家里铺设的地毯如何影响室内空气品质? 地毯使用中应注意什么问题?

第 10 章　声音的传播与衰减

10.1　声音的传播特性

10.1.1　声音的传播与衰减原理

1. 声波的绕射

频率大于 20000 Hz 的声波称为超声波,频率小于 20 Hz 的声波称为次声波,频率在 20 ~ 20000 Hz 的声波就是我们人能够听见的声波。声波在传播过程中会遇到各种各样的障碍物,如固体、气体和障碍物等。当声波遇到墙面或其他物体时,部分声波能够绕过障碍物的边缘继续前进,这种现象称为声绕射。绕射的条件是:绕射与障碍物的大小及声波的波长的比值有关,频率越高,越不容易产生绕射,因而传播的方向性越强。最常见的例子就是房间里也可听到屋外汽车的声音。

声波产生绕射的条件是:

$$l < 5\lambda$$

式中:l——障碍物的尺度;

　　λ——声波的波长。

当障碍物的尺度在 $5\lambda \sim 10\lambda$ 范围内时,声波仍有一些绕射,但只限于局部范围,并且会产生明显的声影区;若障碍物的尺度接近 30λ,则声波几乎完全被遮挡住。

声散射是指声波在传播中遇到障碍物时,部分声波会偏离原始传播路径,从障碍物四周散播开来的现象。当声波向障碍物入射时,障碍物受入射声的激励而成为一个次级声源,并将部分入射声能转换为散射声能而向其四周辐射。从障碍物四周散布开来的那部分声波称为散射声波。

2. 声波的反射、透射、散射和吸收

声波在传播过程中碰到坚硬的物体,一部分声波的传播方向改变,这就是反射现象。声波反射定律的基本内容是:

①入射声线、反射声线和反射面的法线在同一平面内。

②入射声线和反射声线分别位于法线的两侧。

③入射角等于反射角。

当声波在传播过程中遇到尺度比波长大得多的障板(界面或障碍物)时,就会被反射,一部分声波进入另外一种媒质中成为透射声波。

波长很短的声波在传播过程中碰到凹凸不平的表面,会发生散射;波长较长的声波不会发生散射。

当声波穿过墙壁传播时,由于空气微粒遇到摩擦,墙壁所吸收的声能被转化为热能。在正常情况下,这种热量是非常小的,因为一般声音中所含的能量是微乎其微的。地毯、布帘、玻璃纤维及普通的吸声方砖等纤维状的材料有较高的吸声能力,这是因为声音要在纤维和小孔中进行多次反射,而每一次反射都要引起能量的消耗,这部分能量称为材料的吸收。声波在建筑部件上的反射透射和吸收如图10-1所示。根据能量守恒原理,单位时间内入射到墙

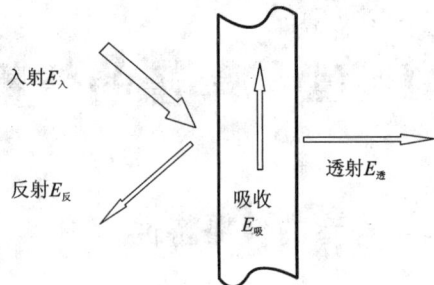

图 10-1　声波的反射、透射和吸收

体上的总声能为 E_0,反射的声能为 E_ρ,墙体吸收的声能为 E_α,通过墙体的声能为 E_τ,四者之间的关系为:

$$E_0 = E_\rho + E_\alpha + E_\tau \qquad (10-1)$$

透射声能与入射声能之比称为透射系数,记作 τ;反射声能与入射声能之比称为反射系数,记作 ρ。

通常情况下,将 τ 值小的材料称为隔声材料,ρ 值小的材料称为吸声材料。材料的吸声系数 α 定义为:

$$\alpha = 1 - \rho = \frac{E_0 - E_\rho}{E_0} \qquad (10-2)$$

3. 声波的干涉

声波的干涉是指一些频率相同的声波叠加后所发生的现象。干涉的结果是使空间声场中各处的声音不是一样响亮。如果它们的相位相同,也就是在同一时刻处于相同的压缩或膨胀状态,则两个声波会互相叠加而加强;若相位相反,则叠加后会减弱;如果它们之间存在着一定的相位差,则叠加后有增强也有减弱。在一些内装修材料比较坚硬的矩形房间内,当声源发声时,常会出现驻波,也就是说房间内某些频率会被大大地加强,即房间出现了共振现象。共振的危害有:持续发出的某种频率的声音会使玻璃杯破碎;机器的运转也可能因共振而损坏机座。

10.1.2　声音在室外空间的传播

1. 声音在自由声场的传播

声场是指传播声波的空间。按声场的性质分为自由声场、扩散声场和半自由声场。自由声场是一种无反射无吸收的理想情况,在自由声场中,点声源辐射的声波以球面波向外传播,声强随着接收点与声源距离 r 的增加而衰减,声压级可按下式计算:

$$L_{p} = L_{w} + 10\lg \frac{1}{4\pi r^{2}} \qquad (10-3)$$

式中：r——声波传播的距离。

　　接收点的声强与点声源的距离平方成反比，即距离每增加 1 倍衰减 6 dB，称为自由场球面波发散衰减的平方反比定律。

　　线声源在自由声场中的衰减规律：接收点的声强与声源的距离成反比，距离每增加 1 倍衰减 3 dB。

　　面声源随距离衰减，观测点与声源的距离较近，声能没有衰减；当距离较远时，声压级降低的数值为 3 ~ 6 dB。

　　2. 声音在传播过程中的衰减

　　实际情况是声波在空气中传播时，由于空气的黏滞性和热传导，在压缩和膨胀过程中，使一部分的声能转化为热能而消耗掉，被空气吸收，这种吸收称为经典吸收。空气分子转动或者振动时存在固有频率，当声波的频率接近这些频率时要发生能量交换，这种能量交换具有一定的滞后性，这种现象称为弛豫吸收。

　　(1) 扩散衰减 A_{d}。

　　随着距离的增加，声波的能量散布在越来越大的面积上，声强越来越小，由于波阵面的扩展而引起的声强随距离减弱的现象被称为扩散衰减。这就是点声源传播过程中的扩散衰减。

$$A_{d} = 20\lg r + 11 \qquad (10-4)$$

　　(2) 大气吸收的附加衰减 A_{a}。

　　声波在传播过程中，空气也会产生较大的吸收，大气的吸收量主要与大气湿度、大气温度有关；同时也和声波的频率有关，高频声衰增大，低频声衰减小。对于噪声控制工程，可以采用下面的半经验公式来估算空气吸收衰减。在 20℃时，大气吸收衰减 A_{a} 为：

$$A_{a} = 7.4 \frac{f^{2}d}{\varphi} \times 10^{-8} \qquad (10-5)$$

式中：f——声波的频率，Hz；

　　　d——传播距离，m；

　　　φ——相对湿度。

　　对于不同温度，可采用下式来估算：

$$A_{a}(t) = \frac{A_{a}}{1 + \beta \Delta t f} \qquad (10-6)$$

式中：$\beta = 4 \times 10^{-6}$；

　　　Δt——与 20℃相差的温度，℃。

　　(3) 地面吸收的附加衰减 A_{g}。

　　声波沿地面传播时，地面也会对声波产生附加衰减。衰减量的大小主要与地面的性质有关，同时也与声波的频率有关。声波穿过树林传播引起的衰减与树木的种类、疏密有关。短距离的(30 ~ 50 m)，其衰减可以忽略，50 m 以上应予以考虑。声波穿过树木或者森林时，不同树林的衰减相差很大，在 1000 Hz 时，浓密的常绿树树冠 23 dB/100 m，地面上稀疏的树干

3 dB/100 m。

实际工程中,多采用下面的经验公式进行计算:

$$A_g = (0.18 \lg f - 0.13) r \qquad (10 - 7)$$

(4)声屏障衰减 A_b。

声波遇到屏障时会产生反射、透射和衍射三种传播现象。屏障的作用:阻挡直达声的传播,隔绝透射声,并使衍射声有足够的衰减。声屏障的附加衰减与声源及接收点相对屏障的位置、声屏障的高度及结构以及声波的频率密切相关。声波传播过程中,遇到建筑物,障碍物会发生反射、衍射和吸收而引起衰减,记作 A_b。这些衰减量可以估算或通过经验公式等得到。

(5)气象条件的影响 A_m。

雨、雪、雾等对声波的散射能引起声能的衰减,但这种因素引起的衰减量很小,大约每1000 rn 衰减不到 0.5 dB,可以忽略。声波从声速较大的媒质进入声速较小的媒质时传播方向要发生变化,与入射声波的传播方向相比较,折射声波的传播方向将靠拢法线方向。反之声波从声速较小的媒质进入声速较大的媒质时,折射声波的传播方向将背离法线方向。因此,当声速随着离开地面的高度音调变化时,声波的传播方向将发生弯曲。声波在大气中传播时的主要影响因素是温度和风速。

①温度梯度对声波传播的影响

温度对声波传播的影响如图10 - 2 所示。昼间地面吸收太能辐射的能量温度升高,声速变大,随着高度的增加,空气温度逐渐降低,声速变小,导致声音传播方向向上弯曲。夜间地面温度较低,随着高度的增加,空气温度逐渐增加,声波传播方向向下弯曲。这就是为什么同样的声音,夜间传播的距离比白天要远的原因。

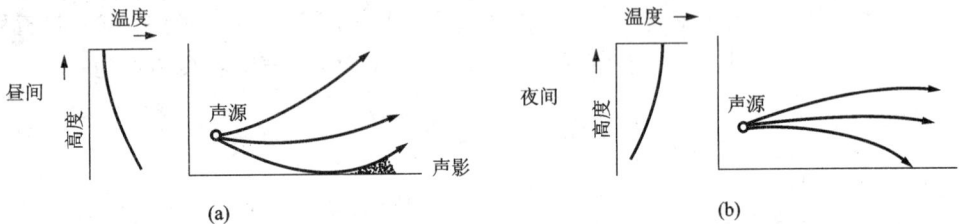

图 10 - 2　温度对声波传播的影响

②风速梯度对声波传播的影响。

风速梯度对声波传播的影响见图10 - 3。当声波顺风传播时,相对于地面的声速应叠加上风速。由于地面对空气运动的摩擦阻尼,风速随着离开地面的高度增大,也就是说声速随着高度增大,从而将使声波传播方向下弯曲;反之,声波逆风传播时,相对于地面的声速应扣除风速。因此,风速随着高度减小,从而将使声波传播方向向上弯曲。这一现象说明了为什么声波顺风往往能比逆风传播更远的

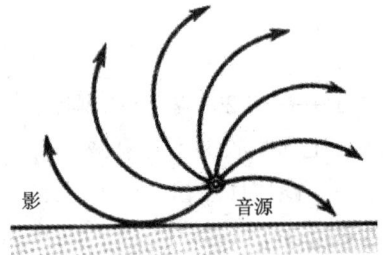

图 10 - 3　风速梯度对声波传播的影响

距离。

综上，可以计算出总的声音衰减量 A：

$$A = A_d + A_a + A_g + A_b + A_m \tag{10-8}$$

10.1.3　声音在室内空间的传播

1. 封闭空间的声特性及方向性

声波在封闭空间中的传播及其特性比在露天场合要复杂得多。此时，声波将受到封闭空间各个介面，如顶棚、地面、墙壁等的反射、吸收与透射。室内声场因而存在着许多与自由声场不同的声学问题。声源在封闭空间中连续稳定地辐射声波时，空间各点的声能是来自各方向的声波叠加的结果，如图 10 - 4 所示。其中未经反射、直接传播到某点的声波称为直达声；一次和多次反射声的叠加称为混响声。直达声的强度与离声源中心的距离平方成反比。如果频率较高（波长与空间尺寸相比很小），混响声的强度可近似地认为各处相等。混响声能的大小，除与声源辐射功率有关外，还与空间大小和诸界面的平均吸声系数有关。研究室内声场，对室内音质设计和噪声控制具有重要的意义。

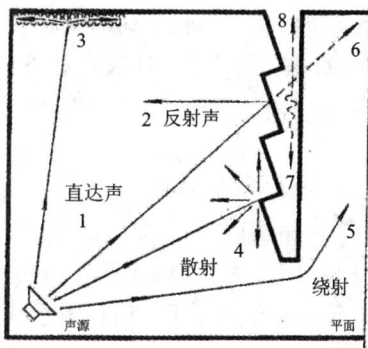

图 10 - 4　封闭空间内的声波传播示意图

室内声场的特点：

①声波在各个界面引起一系列的反射、吸收与透射；

②与自由声场有不同的音质；

③由于房间的共振可能引起某些频率的声音被加强或减弱；

④声能的空间分布发生了变化。

2. 混响与回声

混响是室内的声学现象。声音由声源发出后，在空气中传播，传播过程中会在房间的介面上产生反射、吸收、扩散、透射、干涉和衍射等波动作用，形成复杂的室内声场，使人产生混响感。声源停止发声后，室内声场会持续一段时间。混响是室内声反射和声扩散共同作用的结果。同样是源于反射，但由于人耳的听闻特性，混响和回声有明显的不同。声波在传播过程中，若遇到比它波长大的物体表面，便会产生反射。当反射面比声波的波长大很多时，反射规律与几何光学相似，即声线的反射角等于入射角。

把听到直达声后 50 ms 以内到达的反射声称为前次反射或早期反射。由于哈斯效应，前次反射声人耳不但分辨不出来，而且还会将它当作直达声的一部分，在主观效果上增加了声音的响度但又不会影响清晰度。这也是为什么在室内讲话时要比在室外讲话听起来声音响一些的缘故。

声源的直达声和近次反射声相继到达人耳，延迟时间小于 30 ms 时，一般人耳不能区分出来，而仅能觉察到音色和响度的变化，这时人们能感觉到混响。但当两个相继到达的声音时差超过 50 ms 时(相当于直达声与反射声之间的声程差大于 17 m),人耳能分辨出来自不同方向的两个独立的声音,这时有可能出现回声。回声的感觉会妨碍音乐和语言的清晰度(可懂度),要避免。室内的声波遇到四周墙面以及地面和顶棚会产生反射,而这种反射过程是往复多次的,从而延长了到达听者的时间。如果这些反射声在直达声到达听者 50 ms 后仍多次反射而继续存在,直到一段时间后才衰减消失,听起来就有一种余音不绝的感觉。这种过程与现象,我们称为混响,即交混回响之意。

声学家赛宾(W. C. Sabie)通过研究后提出:当声源停止发声后,残余的声能在室内往复反射,经吸收衰减,其声能密度下降为原来值的百万分之一所需要的时间,或者说,室内声能密度衰减 60 dB 所需要的时间称为混响时间,记作 T_{60} 或 RT,单位为 s。经过研究,赛宾发现:混响时间和房间的总吸收性的乘积是一常数,而且这个常数同房间的容积成比例,这就是著名的赛宾公式,具体表示如下:

$$T_{60} = \frac{0.161V}{A} = \frac{0.161V}{S\overline{\alpha}} \tag{10-9}$$

式中:T_{60}——混响时间,s;

V——房间体积,m^3;

S——室内界面总面积,m^2;

$\overline{\alpha}$——室内界面平均吸声系数。

这个公式主要适用于 $\overline{\alpha}$ 小于 0.2 的较活跃的房间。公式适用的前提条件是:声场是一个完整的时间;声场是完全扩散的。

实际声传播过程中,不能完全满足上面的两个条件,因此衰减曲线不是直线,混响时间的实测值与计算值会有一定的差值。一般来说,低频混响时间的实测值小于计算值,高频混响时间的实测值大于计算值。在实际计算时应根据经验做一些修正。

当平均吸声系数 $\overline{\alpha}$ 大于 0.2 时,混响时间采用依林(Eyring)公式计算,具体如下:

$$T_{60} = -\frac{0.161V}{S\ln(1-\overline{\alpha})} \tag{10-10}$$

10.2 材料和结构的声学特性

当前,噪声已成为一种主要的环境污染源,建筑物的声环境问题越来越受到人们的关注和重视。选用适当的材料对建筑物进行吸声和隔声处理是建筑物噪声控制工程中最常用最基本的技术措施之一。吸声和隔声是两种不同的控制噪声的方法。

声波在空气中传播时,一般用各种易吸收能量的物质消耗声波的能量使声能在传播途径中受到阻挡而不能直接通过的措施,称为隔声。用构件将噪声源和接收者分开,隔离空气噪声的传播,以减少声能透射,从而降低噪声污染程度。采用适当的隔声设施,能降低噪声级 20~50 dB。这些设施包括隔墙、隔声罩、隔声幕和隔声屏障等。

当声波从介质中传播再入射至材料表面时,除部分声能被反射外,其余的声能都被材料吸收和透射,这种现象称为材料的吸声。材料吸声和材料隔声的区别在于,材料的吸声着眼于声源一侧反射声能的大小,目标是反射声能要小。吸声材料对入射声能的衰减吸收,一般只有十分之几,因此,其吸声能力即吸声系数可以用小数表示;吸声是声波撞击到材料表面后能量损失的现象,吸声可以降低室内声压级。描述吸声的指标是吸声系数 α,代表被材料吸收的声能与入射声能的比值。材料隔声则着眼于入射声源另一侧的透射声能的大小,目标是透射声能要小。隔声量用分贝(dB)的计量方法表示。

10.2.1　材料和结构的吸声特性

吸声材料和吸声结构种类较多,根据材料的种类、吸声机理、构造特征等可以分为 3 大类:多孔吸声材料、共振吸声材料和空间吸声体。

吸声系数定义见公式(10-2),即声波接触吸声界面后失去的能量占总能量的比例,吸声系数小于 1。

同一吸声材料,声音频率不同时,吸声系数也不同。一般常用 100 ~ 5000 Hz 的 18 个 1/3 倍频带的吸声系数表示。有时则使用平均吸声系数或降噪系数粗略衡量材料的吸声能力。平均吸声系数是指 100 ~ 5000 Hz 的 1/3 倍频带吸声系数的平均值。降噪系数(NRC)是指 125 Hz、250 Hz、500 Hz 和 1000 Hz 四个频率吸声系数的算术平均值。附表 20 和附表 21 给出了常用建筑材料的吸声系数和常用吸声材料的吸声系数。

1. 吸声材料和结构的分类

吸声材料是指多细孔柔软的材料,当声音穿过多孔时,在吸声材料中多次反射,二次声能衰减,达到吸声的功能。自身具有吸声特性的主要有 3 种材料:纤维类,如超细玻璃棉、矿渣棉、岩棉等;海绵类,如聚乙烯泡沫板、海绵乳胶等;颗粒类,如膨胀珍珠岩、多孔陶土砖等。主要的吸声材料和吸声特性如表 10-1 所示。

表 10-1　主要吸声材料的种类和性质

名称	示意图	例子	吸声性质
多孔材料		岩棉、玻璃棉、矿棉、聚酯纤维、纤维素喷绘、铝纤维、烧结铝、聚氨酯泡沫、三聚氰胺泡沫、毛毡等	具有良好的中高频吸收,背后留有空腔还可以提高低频吸收
板状材料		石膏板、硅酸钙板、密度板、薄铝板、薄钢板、胶合板、PC 阳光板、彩钢夹芯板等	以吸收低频为主

续表 10 – 1

名称	示意图	例子	吸声性质
穿孔板		穿孔石膏板、穿孔胶合板、穿孔金属板等	一般以吸收中频为主，与多孔吸声材料结合可吸收中高频，背后大空腔可提高低频吸收
成型顶棚吸声板		矿棉吸声装饰板、岩棉吸声装饰板、玻纤顶棚板、木丝吸声板、铝纤维板、穿孔铝板等	视材料吸声特性而定，背后留有空腔可提高低频吸收能力
膜状材料		塑料薄膜、ETFE膜、PTFE膜、帆布、人造革等	以吸收中低频为主，背后空腔越大，对低频吸收越有利
柔性材料		海绵、乳胶块等	内部气泡不连通，与多孔材料不同，主要靠共振有选择地吸收中频

2. 多孔吸声材料

（1）多孔吸声材料的吸声原理。

多孔吸声材料如玻璃棉、岩棉、泡沫塑料、毛毡等具有良好的吸声性能，吸声不是因为其表面粗糙，而是因为多孔材料具有大量的内外连通的微小孔隙和孔洞。当声波入射到多孔材料上时，声波能顺着孔隙进入材料内部，引起孔隙中空气分子的振动。由于空气的黏滞阻力、空气分子与孔隙壁的摩擦，使声能转化为摩擦热能而吸声。多孔材料吸声的必要条件是：材料有大量的孔隙结构，孔隙之间互相连通，孔隙深入材料内部。

（2）吸声材料吸声性能的影响因素。

多孔吸声材料对高频声的吸声效果好，而对低频声效果较差，这是因为多孔材料的孔隙尺寸与高频声波的波长相近所致。要拓宽多孔吸声材料的吸声带宽，提高材料的吸声效果，需从材料的内在因素和使用中的安装与构造两方面去考虑。多孔材料的吸声性能，主要受材料的流阻、孔隙率、结构因子、厚度、密度、堆密度、材料背后的空气层、材料表面的装饰处理以及使用的外部条件等因素的影响。

为了满足增加强度便于安装维修以及改善吸声性能的需要，多孔材料通常要进行表面装饰处理。如安装护面层、粉刷油漆或石膏板等。

3. 共振吸声结构

结构和物体各自有固定的频率，当声波与结构或者物体的固有频率相同时，就会发生共振，共振结构在声波激发下振动，振动的结构由于本身的内摩擦和与空气间的摩擦，要把部分振动能量转变为热能而损耗。因此，振动的结构消耗声能，产生吸声效果。吸声系数在共振频率最大处。共振吸声材料主要有以下几种：空腔共振吸声结构、穿孔板共振吸声结构、薄板共振吸声结构、薄膜共振吸声结构。

（1）空腔共振吸声结构。

空腔共振吸声结构的原理主要可以利用亥母霍兹共振器（图 10-5）进行解释。吸声原理是当外界入射声波频率 f 和系统固有频率 f_0 相等时，孔径中的空气柱就会由于共振而产生剧烈共振，在振动中，空气柱和孔径侧壁摩擦而消耗声能。亥母霍兹共振器的共振频率 f_0 可以采用下式计算：

图 10-5　亥母霍兹共振器

$$f_0 = \frac{c}{2\pi}\sqrt{\frac{S}{V(l+\delta)}} \tag{10-11}$$

式中：S——颈口的断面积，m^2；

　　　V——空腔容积，m^2；

　　　l——细颈深度，m；

　　　δ——开口末端修正量，m。因为颈部空气柱两端附近的空气也参加振动，所以对 l 加以修正，$(l+\delta)$ 为小孔有效颈长。对于直径 d 的圆孔，$\delta = \pi d/4 = 0.8d$。

亥姆霍兹共振器的特点是吸收低频噪声并且频率选择性强。因此多用在有明显音调的低频噪声场合。若在口颈处加一些诸如玻璃棉之类的多孔材料，或加贴一层尼龙布等透声织物，可以增加颈口部分的摩擦阻力，增宽吸声频带。

（2）穿孔板共振吸声结构。

在各种穿孔板背后设置空气层形成吸声结构，也属于空腔共振吸声结构，这种空腔结构取材方便，并有较好的装饰效果，使用非常广泛，见图 10-6。穿孔板结构在共振频率附近，有最大的吸声系数，偏离共振峰越远，吸声系数越小。为了增加其吸声系数，在穿孔板后增加多孔材料，增加空气运动的阻力，这样就增加了吸声频率范围。图 10-7 是填充多孔材料前后吸声特性的比较。由图可见，填充多孔材料后不仅提高了穿孔板的吸声系数，而且拓宽了有效吸声频带宽度。为拓宽吸声频带，还可以采用不同穿孔率、不同腔深的多层穿孔板吸声结构的组合。

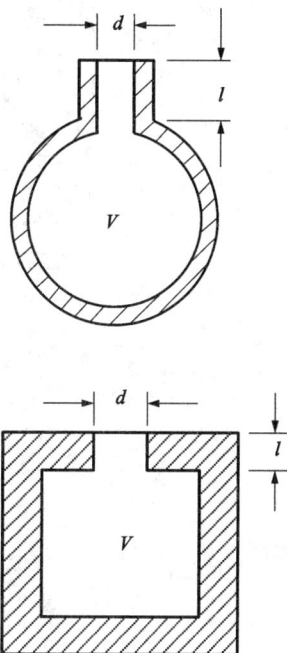

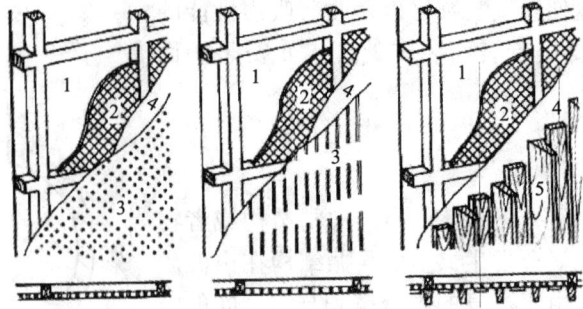

图 10 - 6　穿孔板组和共振吸声结构

1—空气层；2—多孔吸声材料；3—穿孔板；4—护面层；5—木板条

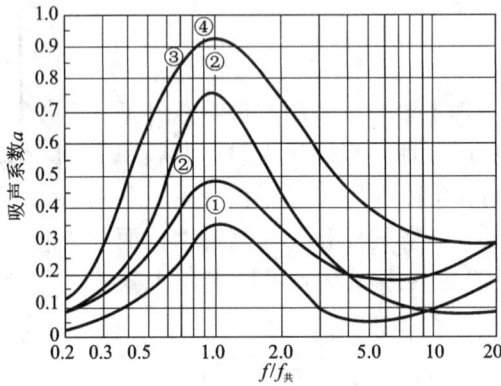

图 10 - 7　穿孔板共振吸声结构的吸声特性

①背后空气层厚度 25 mm，不填吸声材料；②背后空气层厚度 50 mm，不填吸声材料；

③背后空气层内填 25 mm 厚玻璃棉吸声材料；④背后空气层内填 50 mm 厚玻璃棉吸声材料

（3）薄膜或薄板吸声结构。

薄膜吸声结构的共振频率通常在 200 ~ 1000 Hz 范围内，最大吸声系数约为 0.3 ~ 0.4，一般作为中频范围的吸声材料，对低频也有较好的吸声特性。当薄膜作为多孔材料的面层时，结构的吸声特性取决于膜和多孔材料的种类以及安装方法。一般说来，在整个频率范围内的吸声系数比没有多孔材料只用薄膜时普遍提高。

薄膜吸声结构的共振频率可用下式计算：

$$f_0 = \frac{1}{2\pi}\sqrt{\frac{\rho c^2}{M_0 L}} \approx \frac{600}{\sqrt{M_0 L}} \tag{10 - 12}$$

式中：M_0——薄板面密度，kg/m^2；

　　　L——空腔厚度，cm；

　　　c——空气中的声速，m/s；

　　　ρ——空气密度，kg/m^3。

把胶合板、硬质纤维板、石膏板、石棉水泥板、金属板等板材周边固定在框上，连同板后的封闭空气层构成振动系统。

薄板吸声结构的共振频率可用下式计算：

$$f_0 = \frac{1}{2\pi}\sqrt{\frac{\rho c^2}{M_0 L} + \frac{K}{M_0}} \tag{10-13}$$

式中：M_0——膜的单位面积质量，kg/m^2；

　　　L——膜与刚性壁之间空气层的厚度，m；

　　　K——钢结构的刚度因素，$kg/(m^2 s^2)$。

K 与膜的弹性、骨架构造安装情况有关。对于边长为 a 和 b，厚度为 h 的矩形简支薄板：

$$K = \frac{Eh^2}{12(1-\sigma^2)}\left[\left(\frac{\pi}{a}\right)^2 + \left(\frac{\pi}{b}\right)^2\right]^2 \tag{10-14}$$

式中：E——板材料的动态弹性模量，N/m^2；

　　　σ——泊松比。

薄膜和薄板共振结构的共振频率主要取决于板的面密度和背后空气层的厚度，增大 M 和 L 均可以使 f_0 下降，实际工程中薄板厚度常取 3～6 mm，空气层厚度一般取 3～10 cm，共振频率为 80～300 Hz，故通常用于低频率吸声。常用的薄膜、薄板结构的吸声系数见附表 22 和附表 23。

4. 其他吸声结构

吸声结构是指材料本身可以不具有吸声特性，但材料制成某种结构却能产生吸声，如穿孔石膏板吊顶。建筑空间的围蔽结构和空间中的物体，在声波激发下会发生振动，振动着的结构和物体由于自身内摩擦和与空气的摩擦，要把一部分振动能量转变成热能而损耗。根据能量守恒定律，这些损耗的能量都是来自激发结构和物体振动的声波能量，因此，振动结构和物体都会消耗声能，产生吸声效果。

（1）空间吸声体。

吸声结构和物体有各自的固有振动频率，当声波频率与结构和物体的固有频率相同时，就会发生共振现象。此时结构和物体的振动最强烈，振幅和振速达到极大值，从而引起的能量损耗也最多。因此，吸声系数在共振频率处为最大。空间吸声体可以根据使用场所的不同，设计成各种形状，具体的空间吸声体实例如图 10-8 所示。

空间吸声体的主要特点是：有效吸声面大、吸收中高频的声音和安装使用方便。使用过程中需要注意的是：①放置在声能密度最大处以及声聚焦处；②当墙面无法布置吸声材料时常使用；③用于体育馆之类的大空间控制混响时间和音质缺陷，非常有效。

（2）吸声尖劈。

吸声尖劈利用逐渐过渡原理，把多孔性（或纤维性）材料做成锥形或尖劈状吸声体，统称吸声尖劈。当声波从尖端入射时，由于吸声层的逐渐过渡性质，材料的声阻抗与空气的声阻抗能较好地匹配，使声波传入吸声体，并被高效地吸收，其平均吸声系数可达到 1.0，属于强吸声结构。消声室里最经常使用的就是吸声尖劈，有单劈、双劈、三劈、多劈。目前以双劈和三劈尖劈最为常见，具体见图 10-9。吸声尖劈通常可分为尖部和基部两部分。安装时在尖壁和壁面之间留有空气层。其结构是用直径 3.2～3.5 mm 的钢丝制成一定形状和尺寸的骨架，外面套上玻纤布、塑料窗纱等罩面材料，里面装以多孔材料，如玻璃棉毡、玻璃纤维、

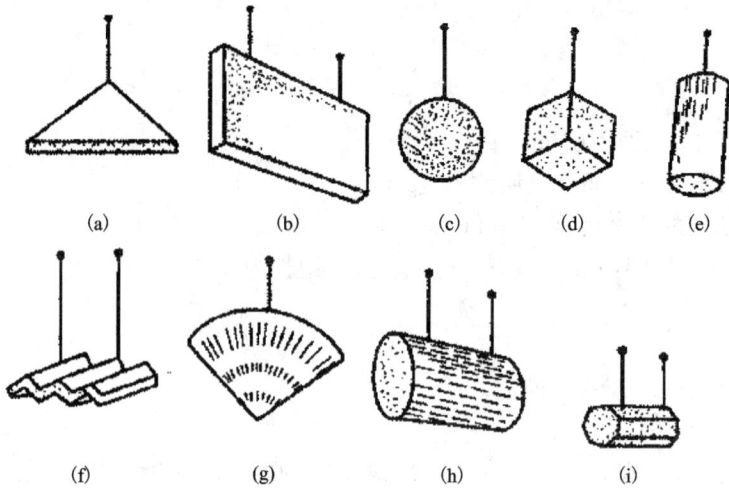

图 10 – 8　空间吸声体

(a)(b)平板矩形；(c)球形体；(d)正方形；(e)(h)(i)柱形体；(f)波形体；(g)扇形体

矿渣棉、泡沫塑料等。

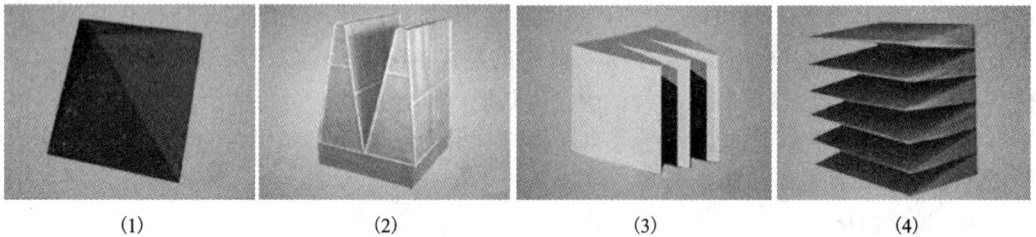

图 10 – 9　吸声劈尖

(1)单劈；(2)双劈；(3)三劈；(4)多劈

(3)吸声帘幕。

吸声帘幕属于多孔有机纤维吸声材料。运用于很多实际工程中，如上海大剧院的可动吸声帘幕，上海人民大舞台的可升降的外露式吸声帘幕等。织物帘幕吸声是多孔材料中的特例，悬挂的纺织品与墙间保持一定距离，主要对中高频进行吸声，且有吸声峰值频率，吸声系数随打褶程度的增加而增加，设置空腔后其吸声性能有显著的提高，甚至低频都具有一定的吸声作用。

影响织物吸声的因素有：帘幕的材质、单位面积的重量、打褶的状况、帘幕离刚性壁面的距离（空腔）。需要注意的是，织物帘幕后没有空腔时，各种面密度的帘幕吸声性能差别很小。

10.2.2　建筑构件的隔声特性

同一建筑构件对不同频率的入射声波有不同的隔声量。在工程应用中，常用中心频率为 125 ~ 4000 Hz 的 6 个倍频带的隔声量来表示某一个构件的隔声性能。有时为了简化，也用单一数值表示构件的隔声性能。图 10 - 10 给出的是部分构件的平均隔声量，也就是各频带隔声量的算术平均值。

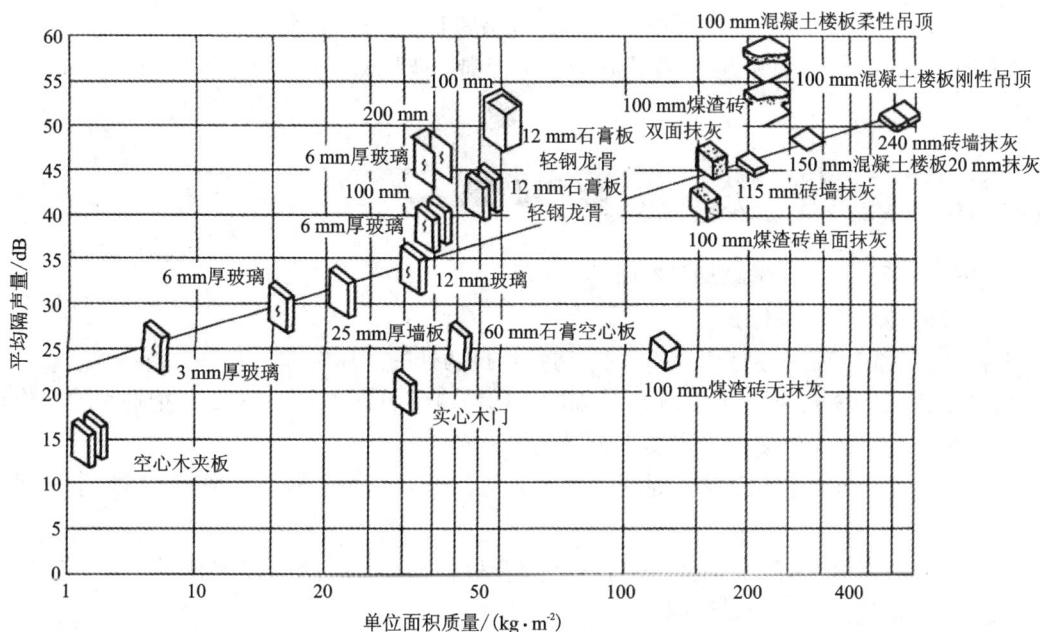

图 10 - 10　部分构件的平均隔声量

1. 单层匀质密实墙的空气声隔绝性能

单层匀质密实墙的隔声性能除了和入射声波的频率有关，还取决于墙本身的面密度、刚度、材料的内阻尼，以及墙的边界条件等因素。如果把墙看成是无刚度、无阻尼的柔顺质量，且忽略墙的边界条件，则在声波垂直入射时，可从理论上得到墙的隔声量 R_0 的计算式：

$$R_0 = 20 \lg m + 20 \lg f - 43 \tag{10 - 15}$$

如果声波并非垂直入射，而是无规入射，则墙的隔声量 R 为：

$$R = R_0 - 5 = 20 \lg m + 20 \lg f - 48 \tag{10 - 16}$$

式中：m——墙体的单位面积质量，又称面密度，kg/m^3；

　　　f——入射声波的频率，Hz。

从式（10 - 15）和式（10 - 16）可以看出，墙的单位面积质量越大，则隔声效果越好，单位面积质量每增加一倍，隔声量可增加 6 dB，这一规律称为质量定律。从式（10 - 15）和式（10 - 16）还可以看出，入射声波的频率每增加一倍，隔声量也可以增加 6 dB。

2.双层墙的空气声隔绝特性

从质量定律可知,单层墙重量增加了一倍,实际隔声量的增加却不到 6 dB。显然,靠增加墙的厚度来提高隔声量是不经济的。如果把单层墙一分为二,做成双层墙,中间留有空气间层,空气间层可以看作是与两层墙板相连的"弹簧",声波入射到第一层墙板时,使墙板发生振动,此振动通过空气间层传至第二层墙板,再由第二层墙板向邻室辐射声能。由于空气间层 的弹性变形具有减振作用,传递给第二层墙体的振动大为减弱,从而提高了墙体总的隔声量。这样墙的总重量没有变,而隔声量却比单层墙有了显著提高。

在双层墙的空气间层中填充多孔材料(如岩棉、玻璃棉等),可以在全频带上提高隔声量。

复习思考题

1. 描述声音传播的基本物理量有哪些?

2. 声音的传播规律是什么?

3. 距离点(线)声源分别为 r 和 $2r$ 时,请计算这两处的声压级差。

4. 要求距离广场上的扬声器 40 m 远处的直达声声压级不小于 80 dB,如把扬声器看作点声源,它的声功率至少是多少? 声功率级又是多少?

5. 吸声量与房间的容积、混响时间的关系如何? 是大房间容易产生回声,还是小房间容易产生回声?

6. 多孔吸声材料具有怎样的吸声特性? 随着材料密度、厚度的增加其吸声特性有何变化? 试以超细玻璃棉为例予以说明。

第11章 光环境的影响因素

良好的光环境会对人的精神状态和心理感受产生积极的影响。例如对于生产、工作和学习的场所，良好的光环境能振奋精神，提高工作效率和产品质量；对于休息、娱乐的公共场所，适宜的光环境能创造舒适、优雅、活泼生动或庄重严肃的气氛。但室内的光环境受光源的种类、光气候、采光口的形式和尺寸、灯具类型及照明方式等因素的影响，因此，为营造令人满意的室内光环境，就必须了解影响光环境的诸多因素和特点。

11.1 天然光源

11.1.1 天然光源的特点

天然光是室外昼光，是太阳辐射的一部分，其光谱是连续的且具有一个峰值，如图 11 – 1 所示。人类长期在天然光的环境下生活，对天然光非常熟悉。近年来的研究表明，太阳的全光谱辐射，是人们在生理上和心理上长期感到舒适满意的关键因素之一，将适当的昼光引进室内照明，并且让人能透过窗看见室外的景物，是提高工作效率、保证人们身心舒适满意的重要条件。所以建筑物充分利用天然光照明的意义，不仅在于获得较高的视觉功效，节约能源和费用，而且还是一项长远的保护人体健康的措施。并且，多变的天然光还是表现建筑艺术造型、材料质感和渲染室内环境气氛的重要手段。

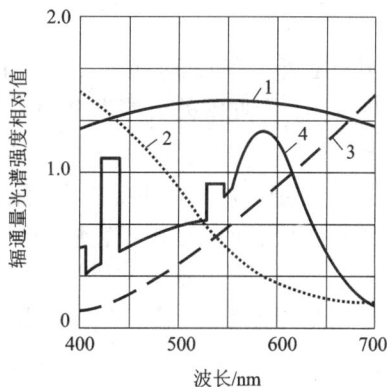

图 11 – 1 不同光源辐射光谱强度与波长关系

太阳到达地面的辐射主要是太阳直射光和和天空漫射光。太阳直射光照度大，并具有一定方向，在被照射物体背后出现明显的阴影。天空漫射光照度较小，没有一定方向，不能形成阴影。太阳直射光射到地球表面后产生反射光，并在地球表面与天空之间产生多次反射，使地球表面和天空的亮度有所增加。在进行采光计算时，除地表面被白雪或白沙覆盖的情况外，一般可不考虑地面反射光的影响。

全阴天时只有天空漫射光，晴天时室外天然光由太阳直射光和天空漫射光两部分组成。这两部分光的比例随天空中的云量和云是否将太阳遮住而变化。随着两种光线所占比例的不同，地面上阴影的明显程度也有所改变，总照度大小也不一样。

1. 晴天

晴天时云层覆盖天空的面积的 0 ~ 3/10，云量为 0 ~ 3 级。此时地面照度是由太阳直射光和天空漫射光两部分组成。其照度值都是随太阳的升高而增大，只是漫射光在太阳高度角较小时（日出、日落后）变化快，在太阳高度角较大时变化小。而太阳直射光照度在总照度中所占的比例是随着太阳高度角的增加而加大的，如图 11 - 2 所示，阴影也随之而更加明显。两种光线的组成比例还受大气透明度的影响，大气透明度越高，直射光占的比例越大。

实测表明，晴天天空亮度分布是随大气透明度、太阳和计算点在天空中的相对位置而变化的，最亮处在太阳附近；离太阳越远，亮度越低，在太阳子午圈（由太阳经天顶的瞬时位置而定）上，与太阳成 90°处达到最低。

由于太阳在天空的位置是随时间改变的，天空亮度也随时间变化，因此建筑物的朝向对室内采光影响很大，如面对太阳（朝南的房间）所处的半边天空亮

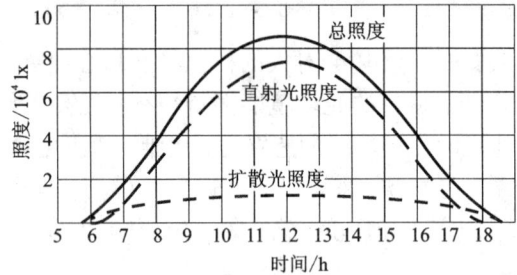

图 11 - 2　晴天室外照度变化情况

度较大，室内照度也高；而背对太阳（朝北的房间）所处的半边天空亮度小，室内照度也低。当朝阳房间有太阳光直射进入时，室内将具有很高的照度，此时南北房间的照度将产生很大的明暗对比。

2. 阴天

阴天是指天空云很多或全云（云量为 8 ~ 10 级）的情况。全阴天时天空全部为云所遮盖，看不见太阳，因此室外天然光全部为漫射光，物体后面没有阴影。这时地面的照度取决于下列因素：

①太阳高度角。全阴天中午仍然比早晚的照度高。

②云状。不同的云由于它们的组成成分不同，对光线的影响也不同。低云云层厚，位置靠近地面，它主要由水蒸气组成，故遮挡和吸收大量光线，如下雨时的云，这时天空亮度降低，地面照度也很小。高云是由冰晶组成的，反光能力强，此时天空亮度达到最大，地面照度也高。

③地面反射能力。由于光在云层和地面间多次反射，使天空亮度增加，地面上的漫反射光照度也显著提高，特别是当地面积雪时，漫射光照度比无雪时可提高一倍以上。

④大气透明度。如工业区烟尘对大气的污染，使大气杂质增加，大气透明度降低，于是室外照度大大降低。

以上 4 个因素都影响室外照度，而他们本身在一天中也是有变化的，必然会使室外照度随之变化，只是其幅度没有晴天那样剧烈。

除了晴天和阴天这两种极端状况外，还有多云天。在多云天时，云的数量和在天空中的位置瞬时变化，太阳时隐时现，因此照度值和天空亮度分布都极不稳定。这说明光气候是错综复杂的，需要从长期的观测中找出其规律。目前较多采用 CIE 标准全阴天空作为设计的依

据，这显然不适合晴天多的地区，所以有人提出按所在地区占优势的天空状况或按"CIE 标准一般天空"来进行采光设计和计算。

11.1.2　光气候与采光标准

天然光照明是利用太阳光源来满足建筑室内光环境的，随着现代建筑的发展，室内光环境对人工光源的依赖逐渐增加，造成了建筑照明的能耗增大。

1. 光气候

影响天然光变化或变动的一些气象因素称为光气候。例如，太阳高度角、云量、云状、大气透明度等都属于光气候的范围。

天气指阴晴的瞬间状态。气候指某个地区较长时间的阴晴等状态。气象指大气中的现象，主要是阴晴、风雨、雪雹等。

日照率指太阳实际出现的时间和可能出现的时间之比，也是光气候中的主要内容。我国地域辽阔，从日照率来看，由北、西北往东南逐渐减弱；东北、华北、新疆高，华中居中，东南沿海次之，四川、贵州低；从云量来看，由北向南逐渐增多，新疆南部、华北、东北少，华中较多，华南最多，四川、贵州极多；从云状来看，南方以低云为主，向北逐渐以高、中云为主。根据这些气象因素考虑，在天然光照度中，南方的散射光照度较大，北方以直射光照度为主。

昼光利用小时数是指一个地区全年室外照度的水平在一年中能达到某一有效照度水平的小时数，是预测采光质量和节能效益的依据。例如，北京地区（北纬 40°）在 9：00 ~ 17：00时，室外地平面照度达 10000 lx 的天数占全年的 92%，达到 1000 lx 的天数为 82%。

通过对全国各地不同气候特点的日射站进行逐时的照度和辐射对比观测，根据室外天然光年平均总照度值的大小将全国光气候划分为 5 个分区，再根据光气候特点，按年平均总照度确定分区系数，即光气候系数 K，参见表 11 – 1。

表 11 –1　光气候系数 K

光气候区	I	II	III	IV	V
K 值	0.85	0.9	1.00	1.10	1.20
室外天然光设计照度值/lx	18000	16500	15000	13500	12000

我国光气候有如下几个特点：

①全国各地夏季总照度最大，冬季总照度最小，春季总照度大于秋季总照度。

②春、秋、冬和全年的总照度的高值和低值中心位于北纬 25° ~ 30°地带，高值中心位于青藏高原南部，低值中心位于四川盆地。夏季总照度值增大，高值中心出现在青藏高原东北部，低值中心出现在四川盆地和贵州东部。

③全国东部北纬 40°以北地区，春、秋、冬和全年总照度值从东北往西南呈递增趋势；夏季由于受云天和水汽的影响，总照度值从东往西呈径向增大趋势。

④新疆地区各季和全年的总照度值从北往南随纬度的减少而递增，夏、秋季的总照度在

北疆和南疆分别出现闭合低值中心：在南疆的低值中心明显，在北疆的低值中心则不明显。

2. 采光标准

采光设计标准是评价天然光环境质量的准则，也是进行采光设计的主要依据。我国于2013 年 5 月 1 日起实施《建筑采光设计标准》(GB 50033—2013)，在此标准中规定应以采光系数和室内天然光照度作为采光设计的评价指标。采光系数可用下式计算：

$$C = \frac{E_n}{E_w} \times 100\% \qquad (11-1)$$

式中：C——采光系数，%；

E_n——全阴天空漫射光照射下，室内给定平面上的某点由天空漫射光所产生的照度，lx；

E_w——全阴天空漫射光照射下，与室内某点照度同一时间、同一地点在室外无遮挡水平面上由天空漫射光所产生的室外照度，lx。

(1)采光系数标准值。

采光系数标准值是综合考虑了视觉实验结果，并根据已建成建筑的采光现状进行的现场调查，主要内容是窗洞的经济分析与我国光气候特征和我国国民经济发展等因素得出的。标准将视觉工作分为 Ⅰ ~ Ⅴ级，规定了各级视觉工作要求的室内天然光照度标准以及采光系数标准值。

由于不同的采光类型在室内形成了不同的光分布，故采光标准按采光类型，分别提出了不同的要求。顶部采光和侧面采光系数标准值见表 11-2。

表 11-2　视觉作业场所工作面上的采光系数标准值

采光等级	视觉作业分裂		侧面采光		顶部采光	
	作业精确度	识别对象的做小尺寸/mm	采光系数标准值/%	室内天然光照度标准值/lx	采光系数标准值/%	室内天然光照度标准值/lx
Ⅰ	特别精细	$d \leqslant 0.15$	5	750	5	750
Ⅱ	很精细	$0.15 < d \leqslant 0.3$	4	600	3	450
Ⅲ	精细	$0.3 < d \leqslant 1.0$	3	450	2	300
Ⅳ	一般	$1.0 < d \leqslant 5.0$	2	300	1	150
Ⅴ	粗糙	$d > 5.0$	1	150	0.5	75

注：1. 工业建筑参考平面取距地面 1 m，民用建筑取距地面 0.75 m，公用场所取地面。

2. 表中所列采光系数标准值适用于我国Ⅲ类光气候区，采光系数标准值是按室外设计照度值 15000 lx 制订的。

3. 采光标准的上限值不宜高于上一采光等级的级差，采光系数值不宜高 7%。

表 11-2 中所列的采光标准适用于Ⅲ类光气候地区，其他地区应按光气候分区，选择相应的光气候系数再乘以表 11-2 中的标准值。

(2)采光均匀度。

采光均匀度是指参考平面上的采光系数最低值与平均值之比。如果视野内照度分布不均匀，易使人眼疲乏，因此，在采光设计中要求房间内的照度分布应有一定的均匀度，如顶部采光时，Ⅰ~Ⅳ级采光等级的采光均匀度不宜小于0.7。而侧面采光时，室内照度很难做到均匀，顶部采光时，Ⅴ级视觉工作需要的开窗面积小，室内照度也很难做到均匀。所以上两种情况不对采光均匀度做出要求。

（3）合理的光反射比。

光的反射比是光照射到某个平面后，反射量与入射量之比。对办公楼、图书馆、学校等建筑的房间，其室内各表面的反射比宜符合表11-3的规定。

表11-3　反射比

表面名称	反射比	表面名称	反射比
顶棚	0.60~0.90	地面	0.10~0.50
墙面	0.30~0.80	桌面、工作台面、设备表面	0.20~0.60

（4）避免眩光。

为保证室内的采光质量，在采光设计时，应尽量避免作业面的直射阳光，避免工作人员的视觉背景以窗口为视觉背景，减少由于直射阳光和高度角的天空光造成的眩光。

在采光设计时还需注意光的方向性，避免对工作面产生遮挡和不利的阴影。如在白天天然光线不足而需要补充人工照明时，宜选用与天然光色温接近的高温光源。

为保证采光均匀度的要求，相邻两天窗中线间的距离不宜大于参考平面至天窗下沿高度的1.5倍；在采光质量要求较高的场所，眩光指数值需满足规范要求。

11.1.3　采光口对室内光环境的影响

采光口是建筑的主要采光设备，它的功能一是引进天然光，二是沟通室内外的视线联系。由于采光口处常设置窗户，因此，在确定采购口的位置和大小，选择窗的形式和材料时，不仅需考虑采光的需求，还应考虑隔热保温、通风、隔声等因素。

按照窗子所处的位置，可将窗分为侧窗和天窗两大类。下面就窗的样式，对室内的采光效能、采光量、光的分布、眩光等光特性进行分析讨论。

1. 单侧窗采光

在进深不大，仅有一面外墙的房间，普遍利用单侧窗采光。它的主要优点是光线自一侧投射，光流有显著的方向性，使人的容貌和立体物件形成良好的光影造型。此外，通过侧窗还能直接看到室外景物，窗的构造简单，维修方便，价格也便宜。

侧窗采光

依据窗台离房间地面的高度，侧窗分为普通侧窗、低侧窗及高侧窗。窗台高度为0.9~1.0 m的侧窗为普通侧窗；窗台高度低于0.9 m的侧窗为低侧窗；窗台高度高于2 m的侧窗为高侧窗。高侧窗常用于展览建筑、厂房及仓库，以提高室内深处的照度，增加展出墙面及储存空间。

图11-3列出了几种常用的侧窗形式。高而窄的侧窗与低而宽的侧窗相比，在面积相等

的条件下，前者有较大的照射进深，如图 11 - 3(a)、图 11 - 3(b)所示。但是，如果有一排侧窗被实墙分开，而且窗间墙比较宽，那么，在窗间墙背后就会出"阴影区"，平行于窗墙方向（纵向）的昼光分布不均匀，窗之间的地板和墙面也会显得昏暗，如图 11 - 3(c)所示。

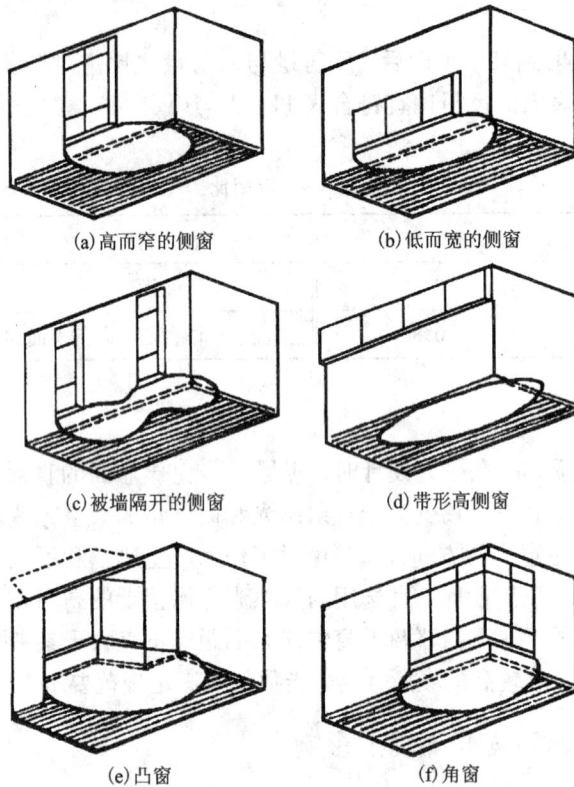

(a)高而窄的侧窗　　　　　　(b)低而宽的侧窗

(c)被墙隔开的侧窗　　　　　　(d)带形高侧窗

(e)凸窗　　　　　　(f)角窗

图 11 - 3　不同形式的侧窗光线分布

　　长向带形窗与面积相同的高而窄的窗相比较，其照射进深小，但视域开阔，昼光等照度曲线是长轴与窗墙相平行的椭圆。提高窗上槛的高度以增加进深，这种称为带形高侧窗，如图 11 - 3(d)所示。如果仅在一面墙上设高侧窗，窗下墙区域将会相当暗，并因此可能会同窗外的天空形成不舒适的亮度对比。

　　在凸窗附近有充足的昼光，而且视野开阔；但是凸窗的顶板遮住了一部分天空，使照射进深比普通的侧窗小，如图 11 - 3(e)所示。这种窗适用于旅馆客房、住宅起居室等窗前区域活动多的场合。角窗让光线沿侧墙射进房间，把角窗邻近的侧墙照得很亮，使室内空间的边界轮廓更为清晰。一般来说，角窗要与其他形式的侧窗配合使用，否则采光质量是不理想的，如图 11 - 3(f)所示。侧墙对昼光的反射形成了一个由明到暗的过渡带，缓和了窗与墙面的亮度对比。但是在某些情况下，单用角窗也能得到特殊的采光效果。

　　窗台高度对室内采光也有很大的影响。在窗的上沿高度不变的情况下，下沿窗台高度越低，则近窗墙处照度越大，并沿纵度方向变小，且渐趋于一致，其采光系数变化如图 11 - 4所示。在窗的下沿高度不变的情况下，上沿窗台高度越高，则近窗墙处照度越大，并沿纵度方向变小，且渐趋于一致，其采光系数变化如图 11 - 5 所示。

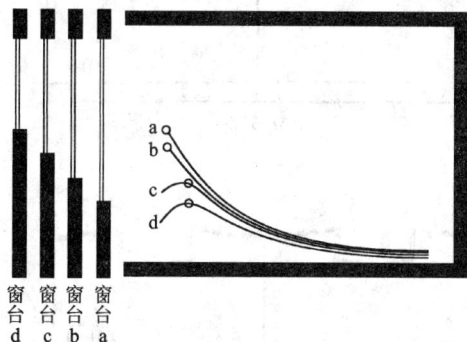

图 11 - 4　窗下沿高度变化对室内采光的影响　　图 11 - 5　窗上沿高度变化对室内采光的影响

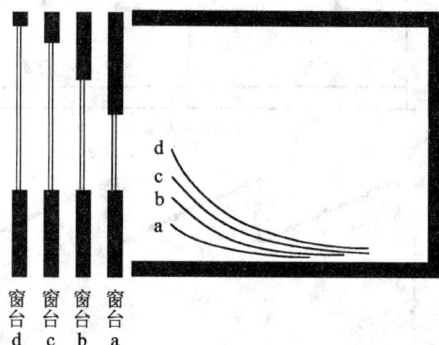

不同类型的透光材料对室内照度分布也有重要影响。采用扩散透光材料如乳白玻璃、玻璃砖，或将光折射到顶棚的定向折光玻璃，都有助于使室内的照度均匀化。图 11 - 6 为不同类型的透光材料对室内照度分布的影响。

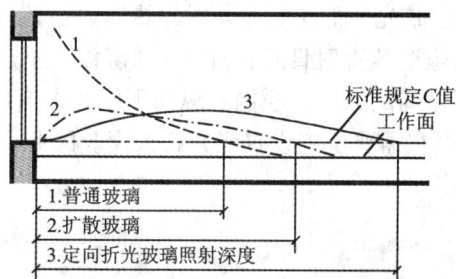

图 11 - 6　不同类型的透光材料对室内照度分布的影响

2. 顶部采光

顶部采光方式用在单层工业厂房中，有矩形天窗透光材料、平天窗、锯齿形天窗和下沉式天窗，如图 11 - 7 所示。

锯齿形天窗实质上相当于提高位置的高侧窗。在各类天窗中，它的采光效率（进光量与窗洞面积的比）最低，但眩光小，便于自然通风。矩形天窗的采光效率取决于窗与房间剖面的尺寸，如天窗跨度、天窗位置的高低、天窗间距、窗的倾斜度。

锯齿形天窗的特点是屋顶倾斜，可以充分利用顶棚的反射光，采光效率比矩形天窗高15% ~20% 。当窗口朝北布置时，完全接受北向天空漫射光，光线稳定，直射日光不会照进室内，因此减小了室内温湿度的波动及眩光。根据这些特点，锯齿形天窗非常适于在纺织车间、美术馆等建筑中使用。大面积的轧钢车间、轻型机加工车间、超级市场及体育馆也有利用锯齿形天窗采光的实例。

平天窗的形式很多，其共同点是采光口位于水平面或接近水平面，因此，它们比所有其

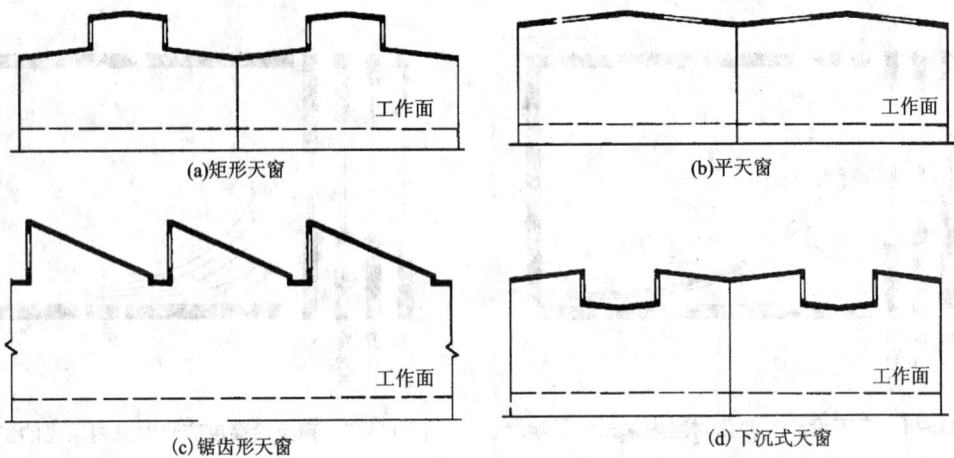

图 11 – 7　顶部采光

他类型的窗采光效率都高得多，为矩形天窗的 2～2.5 倍。小型采光罩布置灵活，构造简单，防水可靠，近年来在民用建筑中应用越来越多。平天窗采用透明的窗玻璃材料时，日光很容易长时间照进室内，不仅产生眩光，而且夏季强烈的热辐射会造成室内过热。所以，热带地区使用平天窗一定要采取措施遮蔽直射日光，加强通风降温。下沉式天窗是介于降低位置的高侧窗和加了遮蔽的平天窗之间的天窗。横向和纵向下沉式天窗可在天棚形成横向、纵向光带，又可避免直射日光，还可在需要位置设置天井式天窗。因此，下沉式天窗有良好的通风、采光效果。

11.2　人工光环境

天然光具有很多优点，但它受时间、地点的限制。因此，在夜间或白天，天然光达不到要求时，往往使用人工照明，而我们常说的人工照明的光源主要来自电光源。

11.2.1　人工光源

现代照明用的电光源可以分为三大类，即热辐射光源、气体放电光源和固体发光光源。热辐射光源发出的光是电流通过灯丝，将灯丝加热到高温而产生的；气体放电光源是借助两极之间的气体激发而发光；而固体发光光源则是某种固体材料在电场作用下发光（如二极管）。建筑照明通用的各种电灯名称及所属类别如表 11 – 4 所示。

电光源的性能指标有以下几种：

①光通量表征电灯的发光能力，单位为 1 lm 能否达到额定光通量是考核电灯质量的首要评判标准。

②光效（光视效能）表征电灯发出的光通量与它消耗的电功率之比，单位为 1 m/W。

③电灯的寿命以小时计，通常有效寿命和平均寿命两种指标。

表 11 –4 建筑照明光源

光源类别	灯的名称	代号	光源类别	灯的名称	代号
热辐射光源	普通白炽灯 卤钨灯	PZ LZ	气体放电光源	低压荧光灯 低压钠灯	NG YZ, YU……
气体放电光源	高压汞灯 荧光高压汞灯 金属卤化物灯 高压钠灯	GG GGY NTY, DD……	固体发光源	发光二级管	LED

11.2.2 各种灯的性能及特点

1. 白炽灯

白炽灯的发光是由于电流通过钨丝时，灯丝热至白炽化而发光的，当温度达 500℃左右，开始出现可见光谱并发出红光，随着温度的增加由红色变为橙黄色，最后发出白色光及光谱连续。白炽灯一般是由灯丝、支架、玻壳和灯头等几个部分组成，见图 11 –8。白炽灯泡在 10～1000 W 范围内的有 12 种，有效寿命为 1000 h 左右。目前，40 W 以下的普通照明用白炽灯都是真空灯，即将玻壳抽成真空，是为了防止钨丝氧化燃烧，增加灯的寿命。但钨丝在真空环境易蒸发变细，如在玻壳中充入惰性气体，可抑制钨的蒸发，提高光效，但成本高，一般只在大功率白炽灯中充气。

白炽灯的特点是：有高度的集光性，便于控光，适于频繁开关，频繁关开对性能、寿命影响小，辐射光谱连续，显色性好，价格便宜，使用方便，可直接接在标准电路上。其缺点是光效较低，为 9～12 lm/W，高色温（约 3200 K）的白炽灯主要用于摄影、舞台和电视照明以及电影放映光源等。一般照明用白炽灯色温较低，为 2700～2900 K。白炽灯适用于家庭、旅馆、饭店以及艺术照明、投光照明等。

白炽灯灯丝温度随着电压变化而变化。当外接电压高于额定值时，灯泡的寿命显著降低，而光通量、功率及发光效率均有所增加；当外接电压低于额定值时，情况恰恰相反。为了使白炽灯泡正常使用，必须使灯泡的工作电压接近额定值。

图 11 –8 普通白炽灯结构

1—玻壳；2—灯丝；3—钼丝钩；4—内导丝；5—实心玻梗；6—封接丝；7—排气孔；8—排气管；9—喇叭管；10—外导丝；11—焊泥；12—灯头；13—焊锡

各种灯示意图

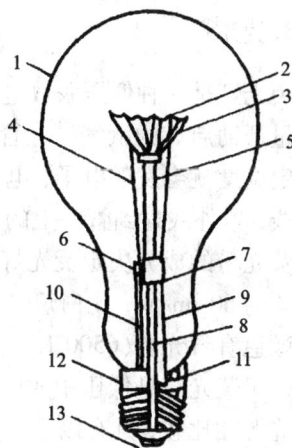

2. 卤钨灯

白炽灯的钨丝在高温时会蒸发使灯丝变细，灯泡变黑，到灯丝细到一定程度就会熔断。泡内充气只是减慢蒸发速度，并不能抑制钨的蒸发，而卤钨灯是将卤族元素（氟、氯、碘）充

到石英灯管中，有效改善了普通白炽灯泡的黑色现象。它与白炽灯的发光原理相同。

卤钨灯按充入卤素的不同，可分为碘钨灯和溴钨灯，最先使用的是碘钨灯。在耐高温的石英玻璃或高硅酸玻璃制成的灯管内，充入有氮、氩气和少量碘的化合物，利用灯管中的高温分解，碘与从灯丝里蒸发出来的钨化合成碘氧化钨并在灯管内扩散，在灯丝周围形成一层钨蒸汽云，使钨重新落回灯泡上，有效地防止了灯泡的黑化，使灯泡在整个寿命期间保持良好的透明，减少光通量的降低。溴钨灯的原理与碘钨灯基本相似，也是利用卤钨循环来防止灯泡黑化。

为了使泡壁附近生成的卤化物处于气态，灯泡壁的温度比普通白炽灯高得多（如碘钨灯玻壳温度不能低于25℃，溴钨灯壳温度不能低于200℃），因此在齿钨灯工作时，切不可用手触及灯泡，也不准在玻壳边放易燃物质。

卤钨灯整个寿命期光通量输出稳定，寿终时光通量仍可达初值的95%以上（普通白炽灯寿终时光通量衰退仅为初始值的50%），光效达20～30 lm/w，最高寿命可达2000 h，平均寿命为1500 h，是白炽灯的1.5倍。灯丝亮度较高，显色性也好，卤钨灯与一般白炽灯比较，玻壳小而坚固，效率高，功率集中，被广泛应用于大面积照明与定向照明上。

卤钨灯品种十分丰富，有管状、泡型、聚光、泛光等，在强光照明、电视电影摄影照明、舞台照明以及工业照明中被广泛采用。

3. 荧光灯

荧光灯是一种低压汞放电灯。它的灯管两端各有一个密封的电极，管内充有低压汞蒸汽及少量帮助启燃的氩气。灯管内壁涂有一层荧光粉，当灯管的两个电极通电后加热灯丝，达到一定温度就会发射电子，电子在电场作用下逐渐达到高速，冲击汞原子，使其电离而产生紫外线，紫外线射到管壁上的荧光物质，刺激其发出可见光。

荧光粉的成分决定荧光灯的光效和颜色。使用宽频带卤磷酸盐荧光粉的普通荧光灯，光效平均为60 lm/W，比白炽灯高5倍，其色表与显色性也有更多的选择。目前我国规定的荧光粉颜色有日光色（6500 K）、冷白色（4300 K）、暖白色（2900 K）等几种。

由于荧光灯是低压汞放电灯，因此其光谱变化与日光相差较远，见图11-9。荧光灯与其他光源相比较，具有以下特点：发光效率高，光线柔和，光色好，灯管表面温度低。在每隔三小时开关一次的标准条件下，荧光灯的寿命一般为5000 h，如连续点燃可延长2～3倍，相反，如开关频繁，荧光灯会很快毁坏。荧光灯的显色性不如白炽灯，一般为90～77。而三基色直管荧光灯，将灯中荧光粉改为三基色荧光粉，光效可达90 lm/W，显色指数也在85以上，但价格较高。荧光灯受环境温度、电源电压变化的影响大，有频闪效应。

荧光灯不能直接接入标准电源，必须在荧光灯电路中串联一个镇流器，限制灯的电源，使灯稳定工作，因此，其造价高。

为适应不同的照明用途，除直管荧光灯以外，还有U形荧光灯、环形荧光灯、反射型荧光灯等异形产品。广泛适用办公室、会议室、教室、住宅等场所。

4. 高压汞灯

高压汞灯又叫高压水银灯，是比较新型的电光源，它的发光原理与荧光灯相同。高压汞灯的主要特点是发光强、省电、寿命长，所以在广场和道路上应用比较广泛。高压汞灯的结

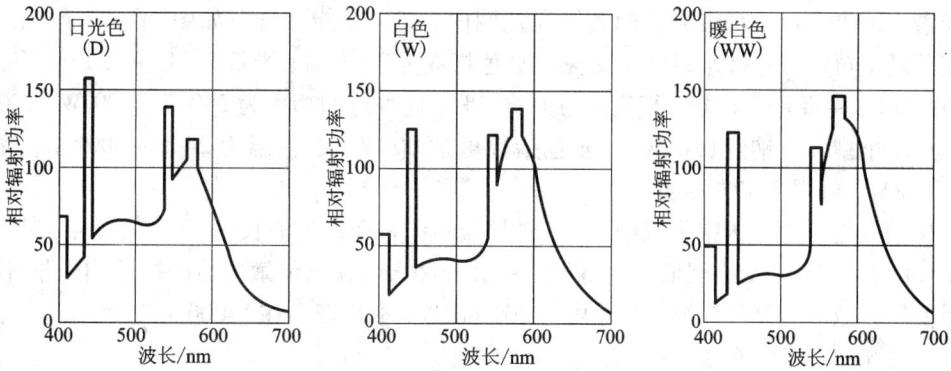

图 11－9　荧光灯光谱能量分布

构如图 11－10 所示。它的内管为放电管，能发出紫外线，刺激涂在玻璃外壳上的荧光物质而发出可见光。

高压汞灯发光效率高，一般可达 50～60 lm/W。高压汞灯所发射的光谱包括线光谱和连续光谱，其光色为蓝绿色，缺乏红色成分，其谱能量分布见图 11－11。显色指数为 20～30。自镇流荧光高汞灯，可直接接入 220 V、50 Hz 的交流电流，初始投资少。高压汞灯的寿命很长，国产灯为 5000 h。高压汞灯的玻璃外壳温度较高，必须配以足够大的灯具，以便散热，否则会影响性能和寿命。由于高压汞灯的再启动时间长，一般需要 5～10 min，不能用于事故照明和要求迅速点亮的场所。

高压汞灯是一种很理想的紫外线光源，因此也被广泛用于医学理疗、老化试验、荧光探伤、光化学、复印等场所。

5. 钠灯

钠灯主要靠金属钠蒸汽发光，分为低压钠灯和高压钠灯。钠灯的构造见图 11－12。高压钠灯是利用高压钠蒸汽中放电时辐射出较宽光谱的可见光，其

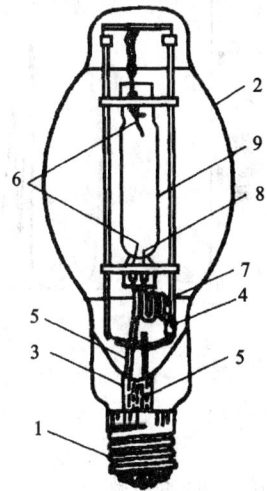

图 11－10　高压汞灯构造

1—灯头；2—玻壳；3—抽气管；4—支架；5—导线；6—主电线；7—启动电阻；8—启动电极；9—实验玻璃内管

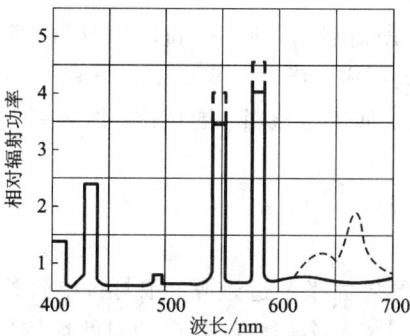

图 11－11　高压汞灯光谱能量分布

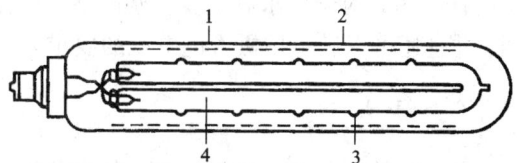

图 11－12　钠灯的构造

1—氧化钠膜；2—抽真空的外玻壳；3—储钠小凸窝；4—放电管

辐射光谱主要集中在人眼最灵感的黄绿光范围内，其光谱能量分布如图 11 – 13 所示。高压钠灯光色呈金黄色，色温为 2100 K 左右，显色指数为 30 左右，光效为 110 ~ 120 lm/W，寿命约为 20000 h，主要用在广场、街道、码头的照明，此种灯的功率为 250 W、400 W、1000 W。近来生产的小型高压钠灯（50 W），显色指数可达 80 以上，色温为 2400 ~ 3000 K，光效为 50 ~ 60 lm/W，可用于室内照明。

低压钠灯是利用低压钠蒸汽中放电，钠原子被激发而产生波长 586 nm 的黄光，其光谱能量分布如图 11 – 14 所示。因低压钠灯辐射的波长和人眼视觉灵敏度曲线接近，因此，低压钠灯是目前发光效率最高的光源，光效可达 200 lm/W，平均寿命在 18000 ~ 20000 h。由于低压钠灯是单色光源，其显色性较差。

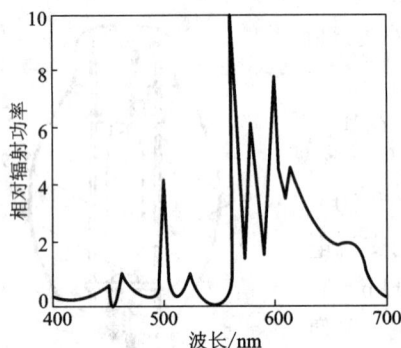

图 11 – 13　高压钠灯光谱能量分布

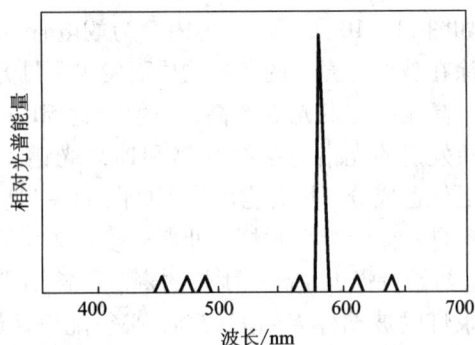

图 11 – 14　低压钠灯光谱能量分布

6. 金属卤化物灯

金属卤化物灯的构造和发光原理与荧光灯相似，由于在放电管中又添加了金属卤化物，使其光效和显色性有很大改善。发光效率可达 80 lm/W 以上。

金属卤化物灯有一个较长时间的启动过程，在这个过程中灯的各个参数均发生变化。从启动到光电参数基本稳定一般需 4 ~ 8 min，而完全达到稳定需 15 min，金属卤化物灯在关闭或熄灭后，须等待约 10 min 才能再次启动。

金属卤化物灯尺寸小、功率小、光效高、光色好、所需启动电流小、抗电压波动稳定比较高，因而是一种比较理想的光源，常用于体育馆、高大厂房、繁华街道及车站、码头、立交桥的高杆照明。对于要求高照度、显色性好的室内照明，如美术饮料、展览馆、饭店等也常采用，并且还可以满足拍摄彩色电视的要求。

7. 氙灯

氙灯为惰性气体放电弧光灯，其光色很好，是用气体氙来制造光源。氙灯按电弧长短又分为长弧氙灯和短弧氙灯，其功率都较大，光色接近日光。金属蒸汽灯启动时间均较长，而氙灯点燃的瞬间就有 80% 的光输出。长弧氙灯适用于广场、车站、港口、机场等大面积照明，光效高，被人们称作"人造小太阳"；短弧氙灯是超高压氙气放电灯，光谱比长弧氙灯更加连续，与太阳光谱很接近，称为标准白色高亮度光源，显色性好。

氙灯的光谱能量分布特性非常接近于日光，色温均为 5500～6000 K，并且光谱分布不随电流的变化而改变，这也是氙灯非常出色的特点之一。氙灯的寿命可达 1000 h 以上，平均寿命为 1000 h，发光效率达 11～50 lm/W。

氙灯的功率大、体积小，迄今为止是世界上功率最大的光源，可制成几千、几万甚至几十万瓦，但相应的体积却比较小。一支 220 V、2000 W 的氙灯，体积相当于一支 40 W 的日光灯那么大，而它的总光通量却是 40 W 日光灯的 200 倍以上。

8.固体发光光源

固体发光光源是指某种固体材料在电场作用下发光的光源形式。发光二极管是一种能够将电能转化为可见光的固态的半导体器件。发光二极管(LED)图 11－15 是一个半导体 PN 结，其工作原理是向 PN 结通以正向电流，使其高效率地发出可见光或红外线辐射。目前 LED 可以直接发出红、黄、蓝、绿、橙、紫光，发光的颜色是由形成 P－N 结的材料决定的。LED 在红、橙区已经达到了 100 lm/W 的光效，在绿色区域的光效约 50 lm/W。

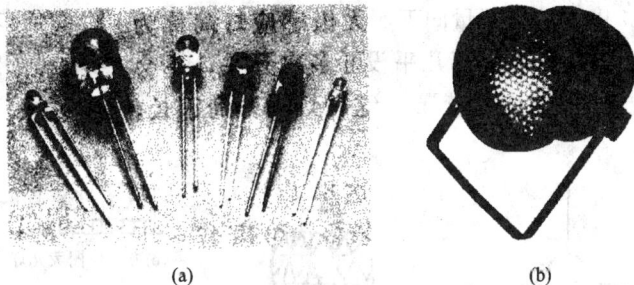

图 11－15 发光二极管
(a)LED 单灯；(b)封装 LED 灯

目前的 LED 与传统的照明光源比较，具有如下显著特点：光色纯，彩度大，单一颜色的 LED 的辐射光谱狭窄，寿命长，理论寿命可达 10^5 h 以上，由于封装和散热原因，实际寿命只有 2×10^4 h；节能显著，白光 LED 的能耗仅为白炽灯的 1/10，节能灯的 1/4.2；无频闪，纯直流工作，消除了传统光源频闪引起的视觉疲劳；体积小，响应快，控制灵活；无污染，不含铅、汞等污染元素，对环境没有任何污染；低热电压下工作，安全可靠。

LED 除具有上述优点外，还存在以下不足：单体积 LED 的功率小，一般在 0.05～1 W，用于照明需要几十颗 LED 组合才能达到要求的照明水平；自身不能发出白光，需利用辐射出的蓝光或紫光激发荧光粉后再辐射出白光，或利用互补的二色芯片发出白光，在使用大功率 LED 和 LED 组合模块时，散热还存在一定问题，而且高亮度的 LED 的价格贵。

11.2.2 灯具

灯具是光源、灯罩及附件的总称，可分为功能灯具和装饰灯具两大类。装饰灯具一般采用装饰部件围绕光源组合而成，它的主要作用是美化环境、烘托气氛，故将造型、色泽放在首位考虑，适当兼顾效率和限制眩光等要求。功能灯具则以提高光效、降低光影响、保护人眼不受损伤为目的，同时也起到一定的装饰效果。

1.灯具的光特性

照明灯具的光特性,主要用发光强度的空间分布、灯具效率、亮度分布或灯具保护角三项技术数据来说明。

照明灯具的光强度分布是利用灯具的反射罩、透光棱镜、格栅或散光罩控制灯光实现的。光源的发光面愈小(相对于控光面积而言),愈容易控光,因此,白炽灯比荧光灯控光效果好。

2.灯具的分类

照明灯具习惯上以安装方式命名。如吊灯、吸顶灯、嵌入式暗灯、壁灯、台灯、落地灯等。这种分类方式反映不出灯具的光分布特点,因此 CIE 推荐对照明灯具按上下空间的比例进行分类,这种方法将室内灯具分为:直接型、半直接型、全漫射型、半间接型、间接型五类。

(1)直接型灯具。

直接型灯具90%以上的光通量向下照射,因此光通量效率最高,工作环境照明应优先采用这种灯具。但直接型灯具上半部几乎没有光线,顶棚很暗,与明亮的灯容易形成对比暗光,而且,它的光线集中,方向性较强,产生的阴影也较浓,其外形图 11 – 16 所示。

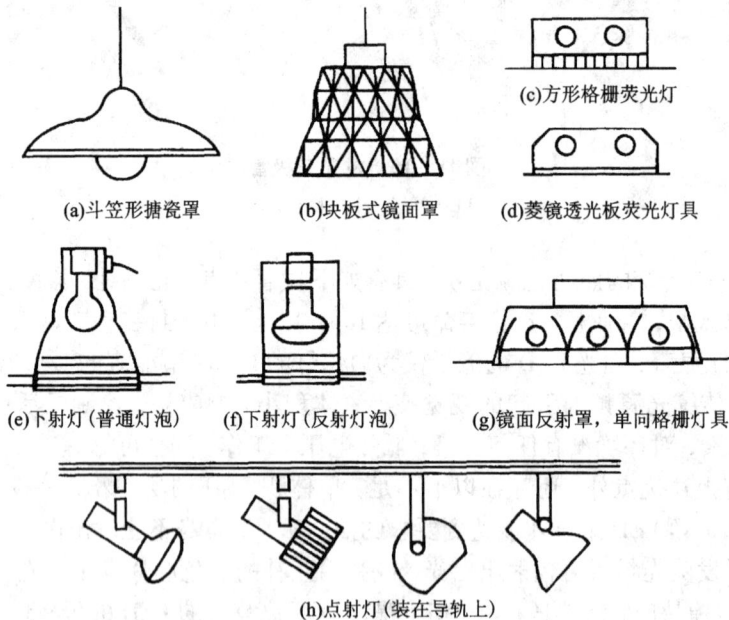

(a)斗笠形搪瓷罩　　(b)块板式镜面罩　　(c)方形格栅荧光灯　　(d)菱镜透光板荧光灯具

(e)下射灯(普通灯泡)　　(f)下射灯(反射灯泡)　　(g)镜面反射罩,单向格栅灯具

(h)点射灯(装在导轨上)

图 11 – 16　直接型灯具

(2)半直接型灯具。

在室内空间为了亮度分布适宜,可以采用外包半透明灯罩的吊装灯具、下面敞口式半透明灯罩的灯具、上面留有较大空隙的灯具等,这些都是半直接型灯具。这类灯具能将较多的

光线照射到工作面上，又能发出少量的光线照向顶棚，减少了灯具与顶棚间的强烈对比，使室内环境亮度更舒适，其外形如图 11 - 17 所示。

（3）均匀漫射型灯具。

在室内空间要求光线均匀分布而没有浓重的阴影时，可以采用带有漫射透光密封式灯罩的灯具，或采用以不透光材料遮挡灯泡并且上下均敞口透光的灯具等。这些灯具将光线均匀漫射，配光投向各个方向，因此工作面上的光通量利用率较低，但可使室内亮度分布均匀，其外形如图 11 - 18 所示。

图 11 - 17　半直接型灯具　　　　　　　图 11 - 18　均匀漫射型灯具

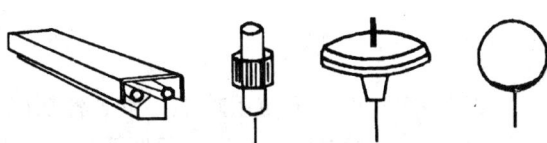

（4）半间接型灯具。

在室内空间为了增加间接光，使室内光线更加柔和，可以采用上面敞口式半透明灯罩的灯具，这样可使大部分灯光投射到顶棚和墙面上部，获得气氛柔和的照明效果。这类灯具主要用于民用建筑的装饰照明，其外形如图 11 - 19 所示。

（5）间接型灯具。

在室内空间使灯光全部投射到顶棚，顶棚成为二次光源，光线通过反射扩散后照亮室内，可以避免阴影、光幕反射、直接眩光，但光通量损失较人，不经济。间接型灯具适用于剧场、美术馆和医院的一般照明，通常还和其他类型的灯具配合使用，其外形如图 11 - 20 所示。

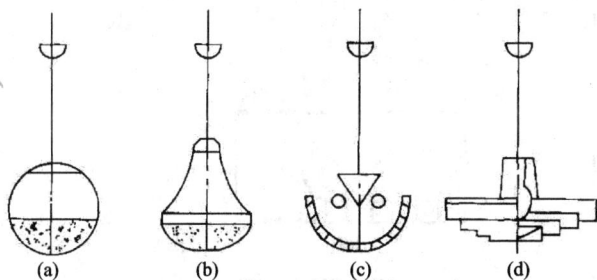

(a)　　　(b)　　　(c)　　　(d)

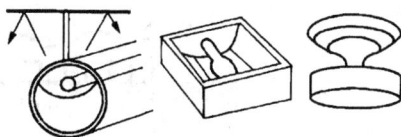

图 11 - 19　半间接型灯具图　　　　　　图 11 - 20　间接型灯具

11.2.3　照明方式

在照明设计中，照明方式的选择对建筑室内的光质量、照明经济性和建筑艺术风格都有重要的影响。合理的照明方式应当符合建筑的使用要求，同时又和建筑结构相协调。

照明方式一般分为一般照明、分区一般照明、局部照明和混合照明。

1.一般照明

在设计时，不考虑室内特殊和局部的需要，而使室内整个区域具有平均照明的照明方式，此时，灯具均匀分布在被照面上空。照度的均匀度(以工作面上的最低照度与平均照度之比表示)不应低于0.7。CIE建议照明均匀度不应小于0.8。一般照明适合工作人员的视看对象频繁变换的场所，以及对光的投射方向没有特殊要求，或在工作面内没有特别需要提高视度的工作点。但当工作精度较高，要求的照度很高或房间高度较大时，单独采用一般照明，会造成灯具过多，功率过大，导致投资和使用费太高。

2.分区一般照明

在同一房间内由于使用功能不同，各功能区所需要的照度也不同，因而须先将房间分区，再对每一分区根据需要做一般照明。这种照明方式，不仅满足了各区域的功能需求，还达到了节能的目的。

3.局部照明

为实现某一指定点较小范围内的需要，以保证非常精细的视觉工作的需要，在一般照明照射不到时，或需要从特定的方向加强照明时，可采取局部照明。但在一个工作场所内不能只装局部照明。

4.混合照明

工作面上的照度由一般照明和局部照明合成的照明方面称混合照明。这种照明可克服局部照明工作面与周围环境的亮度对比过大，引起人眼的视觉疲劳的缺陷。为获得较好的视觉舒适性，在车间内，一般照明的照度占总照度的比例不得小于10%，并不得小于20 lx；在办公室中，一般照明提供的照度占总照度的比例为35% ~50%。

图11-21为几种照明方式的示意图。

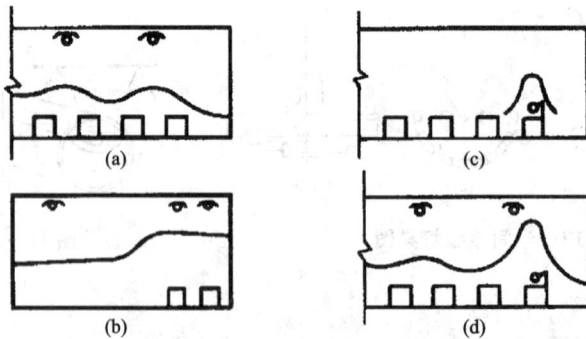

图11-21　几种照明方式的示意图

(a)一般照明；(b)分区一般照明；(c)局部照明；(4)混合照明

复习思考题

1. 试说明晴天和全云天天空高度的特征。
2. 试比较天窗和侧窗采光的特点。
3. 在各种形式的天窗中哪一种采光效率最高？
4. 采光系数是否是选择天窗的唯一标准？为什么？
5. 试阐述热辐射、气体放电两类不同光源的发光机理与特点。
6. 怎样选择灯具和相应的布置方式？

第三篇　建筑环境的控制技术

建筑环境的控制技术是建筑环境学的重点内容。

建筑环境的控制技术包括建筑热湿环境营造，通风和气流组织，噪声的控制和人工光环境的营造。其中建筑热湿环境营造的内容分为被动式建筑设计和暖通空调系统对热湿环境的控制两部分来阐述。

鉴于建筑环境各种控制措施之间存在一些相互交叉的问题，本篇最后对建筑环境控制措施的制约关系进行了整理和归纳。

第12章　建筑热湿环境控制

12.1　被动式建筑节能设计

在建筑规划设计中，通过对建筑朝向的合理布置、遮阳的设置、建筑围护结构的保温隔热技术、有利于自然通风的建筑开口设计等，可以降低建筑需要的采暖、空调、通风等能耗，这种以非机械电气设备干预手段实现建筑能耗降低的节能技术，称为被动式建筑节能技术。

12.1.1　外墙的保温隔热技术

1. 外墙保温

建筑采暖耗热量主要由通过围护结构的传热耗热量构成。一般情况下其数值占耗热量的73% ~77%。在这一部分耗热量中，外墙约占25%，改善墙体的传热耗热量将明显提高建筑的节能效果。

外墙按其保温材料及构造类型，主要有单一材料保温墙体和复合保温墙体两大类。常见的单一材料保温墙体有蒸压加气混凝土保温墙体、各种多孔砖墙体和空心砌块墙体等，能依靠墙体材料自身的热阻满足传热系数和热惰性指标的要求，不需再在其外侧或内侧复合保温层，这种外墙保温也称为自保温。随着节能标准的提高，大多数单一材料保温墙体已难以满足包括节能在内的多方面技术指标的要求，目前能满足的只有蒸压加气混凝土制品和钢丝网水泥聚苯夹心板两种。复合保温墙体的绝热材料是采用导热系数低的高绝热材料，例如聚苯乙烯泡沫塑料、岩棉、玻璃棉、矿棉、膨胀珍珠岩、加气混凝土等。绝热材料层是节能墙体的主要功能部分。根据保温层在墙体的位置又可分为内保温墙体、外保温墙体和夹心保温墙体三种形式。保温节能墙体的几种类型如图 12 - 1 所示。

复合保温墙体由于采用新型高效保温材料因而具有更优良的热工性能，且结构层、保温层都可充分发挥各自材料的特性和优点，既不使墙体过厚又可满足保温节能要求，还可满足抗震、承重及耐久性等多方面的要求。

2. 外墙隔热

根据夏季热作用的特点，衡量围护结构的隔热优劣，主要采用的指标是围护结构对周期性热作用的衰减系数和延迟时间，以及由此而得出的在具体气候条件下的内表面最高温度和最高温度的出现时间。一般建筑围护结构的内表面最高温度既受室外综合温度及围护结构衰

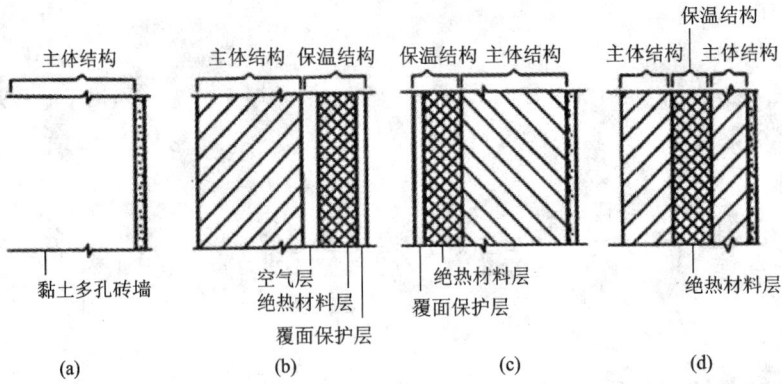

图 12-1　保温节能墙体的几种类型

(a)单一材料保温墙体；(b)内保温墙体；(c)外保温墙体；(d)夹心保温墙体

减系数的影响，也受室内温度及其波动的影响。这部分内容在第 8 章已有阐述。

外墙隔热除了考虑建筑外围护结构的传热性能须满足要求外，还需注意以下方面。

(1)建筑外表面。

建筑外表面宜采用浅色的粉刷或饰面，以减少围护结构的表面对日辐射的吸收率，从而降低室外综合温度。图 12-2 为黑色、浅绿色、白色 3 种面层在阳光作用下的表面温度对比。从图 12-2 可以看出，白色表面的最高温度可比黑色表面低 25～30℃。这样，对同样构造的围护结构，只要改变外表面颜色，便可以取得较好的隔热效果。所以，建筑的外表面宜选择对日辐射的吸收率小的材料作面层，围护结构表面对太阳辐射热的吸收率可参考表 8-2。

(2)用实体隔热材料或带有封闭空气层的围护结构。

应用隔热材料提高围护结构的热阻(R)和热惰性指标(D)值，从而加大对波动热作用的阻尼作用，使围护结构具有较大的衰减倍数(n)和延迟时间(x)值，以降低围护结构内表面的平均温度和最高温度。

(3)通风间层。

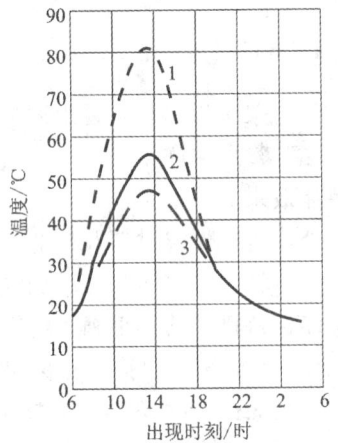

图 12-2　浅色与黑色面层温度比较

1—黑色面层；2—浅绿色面层；
3—白色面层

在围护结构内设通风间层，做成通风屋顶和通风墙，这些间层与室外相通，利用热压和风压作用使间层内的空气流动，从而带走大部分进入间层的辐射热，减少通过下层围护结构向室内的传热，可以有效地降低围护结构内表面的温度。通风间层对建筑防潮也有利，详看本章建筑防潮设计。所以通风间层比较适用于湿热地区，要求围护结构好而夜间又散热快的建筑。

(4)外墙绿化。

外墙绿化具有隔热和改善室外热环境的双重热效果。外墙绿化一般采取两种形式，一种是植物直接爬在墙上，覆盖墙面，覆盖越密遮阳效果越好，但缺点是植物覆盖层妨碍了墙面的通风散热，因此墙面平均温度略高于空气平均温度；另一种是在外墙的外侧种植密集的树林，利用树林遮挡阳光，遮阳隔热效果与投射到墙面的树荫疏密程度有关。由于树林与墙面之间有一定距离，因此墙面平均温度几乎等于空气平均温度。为了不影响房屋在冬季争取日照，节约采暖能耗，南向外墙宜种植落叶植物。

（5）热桥。

建筑因抗震和构造的需要，外墙若干位置都必须用构造或构件与混凝土或者金属的梁、柱、板等连接穿插。这些构造、构件的导热系数大，保温隔热性能远低于具有保温隔热的外墙，因此这些部位的热流密度远高于墙体的平均热流密度，工程上称为（冷）热桥。内保温墙体也不可避免地存在热桥，为避免在低温或一定气候条件下热桥部分结露，应对热桥进行保温处理。如，用聚苯乙烯泡沫塑料可以增强加气混凝土外墙板转角位置的保温能力，这种方法也可用于内墙和外墙交角的局部保温。屋顶与外墙交角的保温较简单的处理方法之一就是将屋顶保温层伸展到外墙顶部，以增强交角的保温能力。

3. 屋面保温隔热技术

屋面耗热量在围护结构中所占比重较大，其耗热量占围护结构传热耗热量的 7% ~ 9%，屋面的保温显得较为重要。屋面保温技术有倒置式屋面、通风屋面、种植屋面和蓄水屋面。各种隔热措施的当量附加热阻 ΔRa 如表 12 - 1 所示。

表 12 - 1　不同隔热措施的当量附加热阻

采用节能措施的屋面或外墙	当量热阻附加值 $\Delta Ra/[\,m^2 \cdot K \cdot W^{-1}\,]$
浅色外饰面	0.2
内部铝箔的封闭空气间层的屋顶	0.5
用含水多孔材料做面层的屋面	0.45
蓄水屋面	0.4
遮阳屋面	0.3
有土或无土种植屋面	0.5

（1）倒置式屋面。

倒置式屋面是把保温层置于防水层的外侧，是将传统防水层设置在整个屋面外层的做法的倒置。这种屋面的主要优点是：防水层设在保温层下面，可以防止太阳光直接辐射其表面，从而延缓了防水层的老化过程；另外，屋顶最外层为卵石层或烧制方砖保护层，这些材料蓄热系数较大，在夏季可充分利用其蓄热能力强的特点，调节屋顶内表面温度，使温度最高峰值向后延迟，错开室外空气温度的峰值，有利于增强屋顶的隔热效果。卵石或烧制方砖类的材料有一定的吸水性，夏季雨后，这层材料可通过蒸发期吸收的水分来降低屋顶的温度，从而达到隔热的效果。倒置屋面还具有施工简便、效率高、可在冬季或雨期施工等优点，是一种可以克服传统做法缺陷而且比较完善与成功的屋面构造设计。

常见倒置式屋面构造如图 12 - 3 所示。当选用 50 mm 挤塑型聚苯板保温材料时，屋面传

热系数 K_0 为 0.72 W/(m² · K)。

(2)通风屋面。

通风屋面是在屋面结构内设置通风层，利用封闭或流动的空气层增加屋面的保温隔热能力，而通风屋面延迟了内表面温度波的最高值，具有隔热好、散热快的特点，在我国夏热冬冷地区和夏热冬暖地区被广泛采用，尤其是在气候炎热多雨的夏季更显示它的优越性。

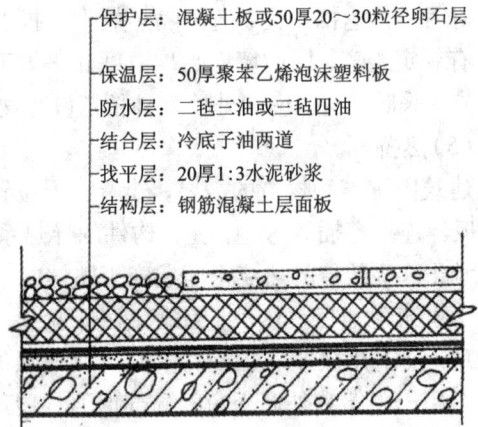

保护层：混凝土板或50厚20～30粒径卵石层
保温层：50厚聚苯乙烯泡沫塑料板
防水层：二毡三油或三毡四油
结合层：冷底子油两道
找平层：20厚1:3水泥砂浆
结构层：钢筋混凝土层面板

图 12-3　倒置式屋面构造示意图

通风屋顶空气流通和气流组织形式如图 12-4(a)和图 12-4(b)所示。为取得良好的通风效果，屋顶风道长度不宜超过 10 m，通风间层高度不低于 200 mm，以 200～300 mm 为宜，其面层采用不保温材料，基层则应有适当的保温隔热层。同时，为了加大风压通风的效果，应尽量使风口朝向夏季主导风向。其檐口亦宜设计成有利于将风引入通风间层的形式。例如图 12-4(a)中的有兜风檐口，它的特点是在檐口处的屋顶面层挑出以兜住从下而上的气流并导入通风间层内。为了增加热压通风效果，还可将出风口处的表面涂黑，提高出风口处的空气温度，如图 12-4(c)所示。

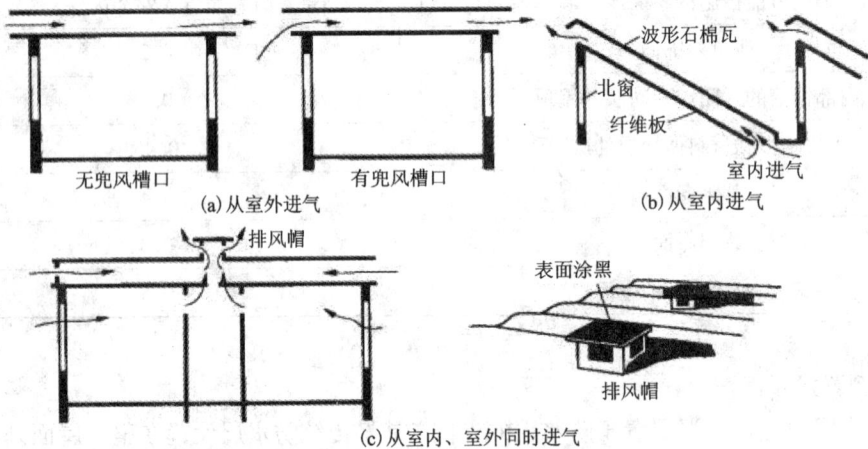

(a)从室外进气
无兜风槽口　　有兜风槽口

(b)从室内进气
波形石棉瓦　北窗　纤维板　室内进气

(c)从室内、室外同时进气
排风帽

表面涂黑　排风帽

图 12-4　通风屋顶的气流组织形式

(3)种植屋面。

绿化屋面是利用屋面上种植的植物阻隔太阳辐射，防止房间过热的一项隔热措施，如图 12-5(a)所示。

种植屋面分为覆土种植和无土种植。种植是在钢筋混凝土屋面上覆盖种植土壤，高度为 100～150 mm，种植植被的隔热性能比具有通风间层的屋面还好，内表面温度大大降低。无土种植是采用水渣、蛭石或者木屑代替土壤，具有自重轻、屋面温差小、有利于防水防渗的特点，它的重量减轻了而隔热性能反而有所提高。而且，只是在檐口和走道板处须防止蛭石或木屑在雨水向外泛滥时被冲走，其他方面对屋面构造没有特殊要求。植物物种的选择是绿化屋面设计的关键，良好的物种选择和搭配能够提高物种存活率，形成免维护的绿化屋面，减少人工灌溉、施肥等方面的维持费用。

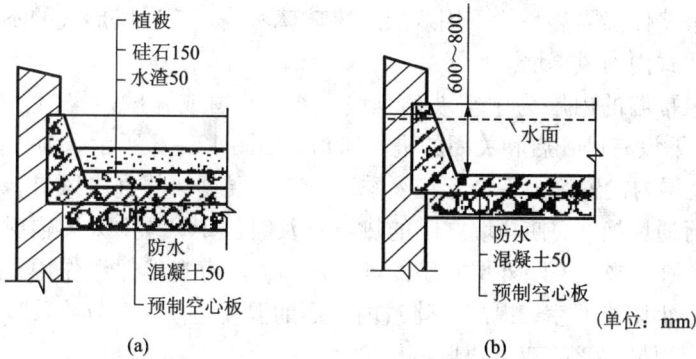

图 12 - 5　蓄水屋面和植被屋面
(a)植被屋面；(b)蓄水屋面

(4)蓄水屋面。

蓄水屋面是在屋面上贮存一层水，提高屋面的隔热能力，如图 12 - 5(b)所示。由于水的热容量大，而且水在蒸发时会吸收大量屋顶的热量，使得屋顶传入室内的热量大大减少，降低了屋面的内表面温度。根据设计规范推荐，蓄水深度应为 150 ~ 200 mm。表 12 - 2 测试数据表明，蓄水屋面的蓄水深度超过 200 mm 时，屋面温度与相应热流值的下降不是很显著。

表 12 - 2　不同厚度蓄水层屋面热工测量数据

测试项目	蓄水层厚度/mm			
	50	100	150	200
室外最高温度/波幅	38.00℃/4.40			
外表面最高温度/波幅	43.63℃/8.63	42.90℃/7.92	42.90℃/7.60	41.58℃/5.68
内表面最高温度/波幅	41.51℃/6.41	40.65℃/5.45	39.12℃/3.92	38.91℃/3.89
内外表面瞬时最大温差/℃	3.59	4.48	4.96	4.86
内表面热流最高值/($W \cdot m^{-2}$)	21.92	17.23	14.46	14.39
内表面热流最低值/($W \cdot m^{-2}$)	-15.56	-12.25	-11.77	-7.76
内表面热流平均值/($W \cdot m^{-2}$)	0.5	0.4	0.73	2.49

蓄水屋顶也存在一些缺点，在夜里，屋顶蓄水屋面外表面温度始终高于普道屋面，这时很难利用屋顶散热；而且为防止渗透要加强屋面的防水措施，以及屋顶蓄水增加了屋顶静荷

重，当水层深度为 150 mm 时，结构基层荷载等级采用二级，当水层深度为 200 mm 时，结构基层荷载等级采用三级。

4. 玻璃幕墙保温隔热

自从密斯等现代主义建筑师发展了玻璃幕墙以来，它一直是最为流行的一种外墙形式。然而大面积的玻璃幕墙因传热系数大、能耗高而成为建筑节能设计的重要部分。

目前的玻璃幕墙保温隔热一般采用双层通风玻璃幕墙。按通风形式的不同，分为开敞式外通风幕墙和封闭式内通风幕墙。

开敞式外通风幕墙的内层为中空玻璃幕墙，可以开窗或开设检修门，外层采用单层玻璃，并在每层上、下设有可开启和关闭的进出风口，如图 12-6 所示。为提高玻璃幕墙的节能效果，一般在夹层内设置遮阳百叶。在夏季，开启外层幕墙的进出风口，利用烟囱效应或机械通风手段进行通风换气，使幕墙之间的热空气及时排走，减少太阳辐射热的影响，达到隔热降温的目的。在冬季，关闭外层幕墙的进出风口，具有自然保温作用，而且双层玻璃幕墙之间形成了一个小阳光温室，提高了建筑内表面的温度，有利于节约采暖能耗。开敞式外通风幕墙是目前应用最广泛的双层通风玻璃幕墙。

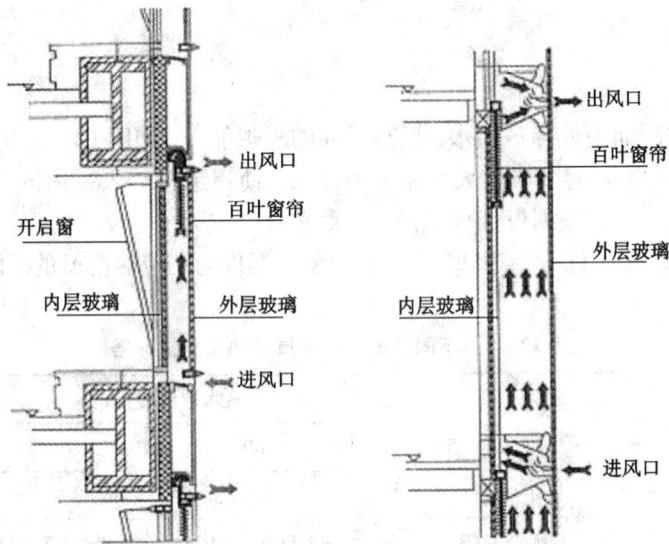

图 12-6　开敞式外通风玻璃幕墙构造

封闭式内通风幕墙的内层采用单层玻璃幕墙或单层铝合金门窗，外层通常为封闭的双层中空玻璃幕墙。夹层空间内的空气从地板下的风道进入，上升至吊顶内的风道排走，这一空气流动循环过程均在室内进行，如图 12-7 所示。由于夹层空间内的空气温度与室内温度接近，便大大节省了采暖和空调能耗，这种幕墙在采暖地区尤为适宜。由于封闭式内通风玻璃幕墙的空气循环靠的是机械系统，故对通风设备的要求较高，为提高节能效果，夹层空间内宜设置可调节的电动百叶和电动卷帘。

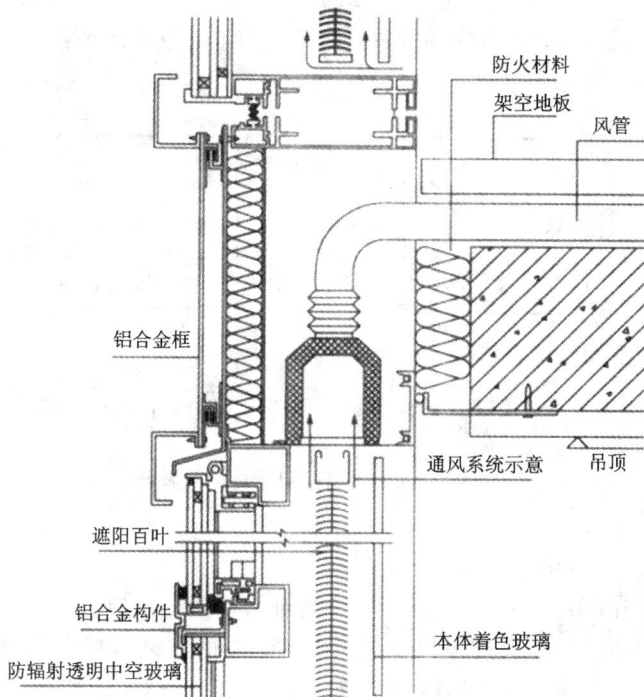

图 12-7 封闭式内通风玻璃幕墙构造

12.1.2 自然通风

我国南方沿海地区大部分位于湿热气候区，为了创造良好的室内热环境，建筑设计中除了要做好防热隔热，减少太阳辐射的影响外，还应在建筑群和个体设计中充分利用通风，使室内空气能顺畅地流动。良好的通风不仅可以供给新鲜空气和带走室内热量，在夏季还可以依靠空气流动促进人体汗液蒸发降温，给人以舒适感。

在建筑中自然通风的产生是由于建筑开口（门窗等）处存在着空气压力差。其中包括热压和风压。它们的大小除了受室内外温差和风压的影响外，与建筑形式和布局都有着密切的关系。自然通风的原理将在第 13 章中介绍。在这里将重点讲述窗口设置对室内气流的影响以及建筑群与通风的关系。

1. 窗口的设置对室内通风的影响

（1）进风口和出风口的面积比。

当进风口与出风口面积不等时，室内平均气流速度只取决于较小的开口尺寸，进风口较小还是出风口较小则差别不大。但两者的相对大小对室内最大气流速度和流场分布则有很大影响。多数情况下最大气流通风是随着出风口与进风口的比值而增加的，室内最大气流速度通常出现在接近进风口处。图 12-8 为选用两种不同的进、出风口面积时室内流场的分布。图 12-8(a) 为进风口小、出风口大，二者比例为 1:3，室内最大风速为 152%，平均风速为 44%，则风的流场不均匀，局部风速高达室外平均风速的 152%，但室内大部分为较低风速。

图12 -8(b)为进风口大、出风口小,二者比例为3∶1,室内最大风速为67%,平均风速为42%,此时风的流场较均匀,只有少部分较高,二者的平均风速则相差不大。

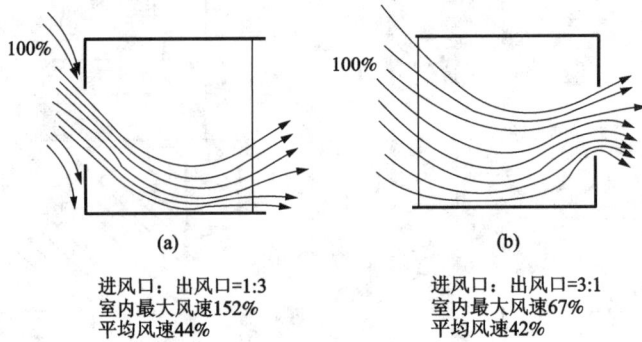

进风口:出风口=1:3
室内最大风速152%
平均风速44%

进风口:出风口=3:1
室内最大风速67%
平均风速42%

图12 -8　进、出口面积比与室内流场

(2)窗口高度。

当进、出风口都在高处[图12 -9(a)],或高进风口低出风口[图12 -9(d)]时,在人体高度上不能产生期望的风速;低进风口和低出风口,或低进风口高出风口[如图12 -9(b)、图12 -9(c)],气流可以作用于人体活动范围,起到通风散热作用。可见,影响气流作用高度的主要是进风口的高度。

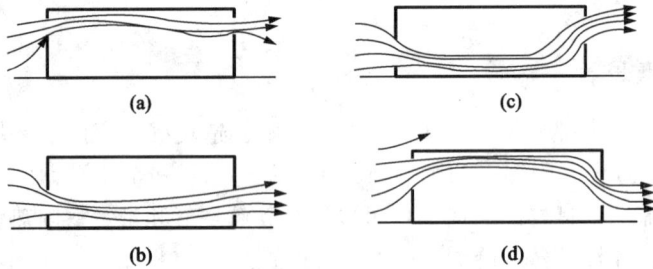

图12 -9　窗口高度对室内气流影响

(3)开口的平面位置。

一般来说,进风口面积越大,空气流动范围越均匀;但如开口与出口相距太近,就使气流导向一侧,室内其他地方会产生涡流现象,对通风不利[如图12 -10(b)、图12 -10(d)]。

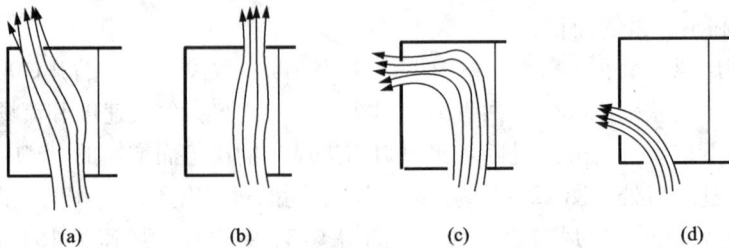

图12 -10　不通的开窗位置对风流场影响

（4）利用建筑手法组织通风。

当室内进气口位置不能正对夏季主导风向时，可以设置挡风板或导流板，利用建筑平面的凹凸、绿篱等，以组织气流，调节室内通风。如图 12-11 所示，其中图 12-11(a)利用挡风板组织正负压，图 12-11(b)是利用建筑和附加导流板，图 12-11(c)是利用绿化。

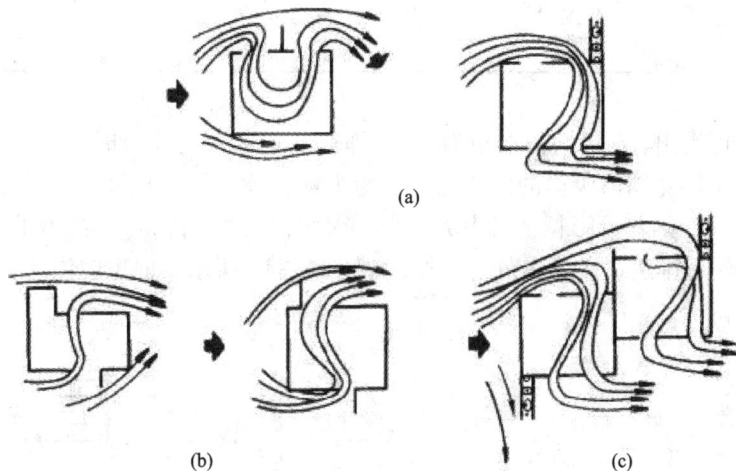

图 12-11　利用建筑手法组织通风的示意图
(a)利用挡风板组织正负压；(b)利用建筑和附加导流板；(c)利用绿化

2. 通风与建筑群的布置

风吹向建筑后，必将在其背面产生涡流区，涡流区在地面上的投影又称为风影，如图 12-12 所示。在风影以内，风力弱，风向不稳定，如果一幢房子位于其他建筑的风影以内，便难以借风压通风。因此，在建筑群布局时也需考虑风影长度的影响。如图 12-12(b)将行列式布置改为错列式布置，便是减少挡风的措施之一。风影长度主要受风向投射角（见图 12-13）和建筑物高度的影响。风向投射角对风影的影响见表 12-3。

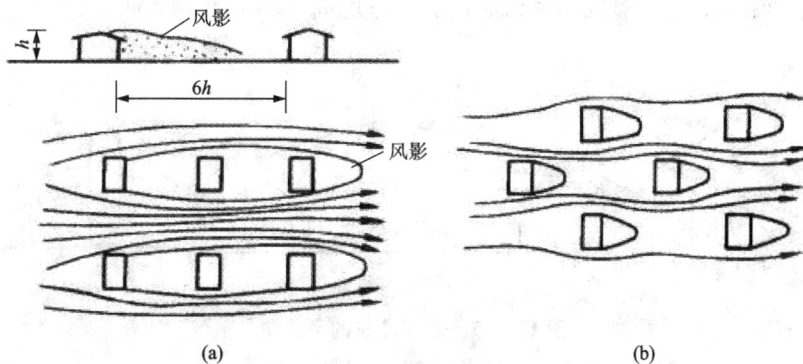

图 12-12　建筑物的风影
(a)行列式布置；(b)错列式布置
h——建筑高度；$6h$——风影长度

表 12 - 3   风向投射影与风影长度(建筑高度为 h)

风向投射角	室内风速降低值	风影长度	备注
0°	0	3.75h	
30°	13	3h	本表的建筑模型为平屋顶,
45°	30	1.5h	其高:宽:长 = 1:2:8
60°	50	1.5h	

从表 12 - 3 可看出,在风向投射角为 0℃,即风从正面吹向建筑时,风影长度最大,前、后两建筑之间为了避免挡风所得的间距最大,约为前栋建筑高度的 4 倍;但若风向是斜吹,风向投射角为 45℃,则其风影长度可大大减小。因此,在建筑群布局时,可以采用加大风向投射角的方式,使后排建筑在风影范围之外,如图 12 - 14 所示。但也应注意,投射角加大会使室内平均风速降低。

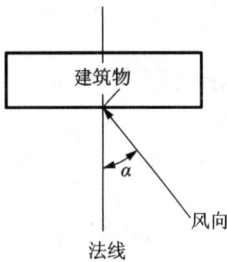

图 12 - 13   风投射角

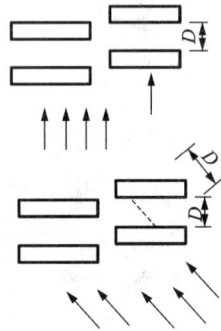

图 12 - 14   加大入射角等于加大了通风间距

对高层建筑,由于风速随建筑高度的增加而加大,高处的风受建筑阻挡,可在迎风面建筑高度的 2/3 以下部分形成风的涡流,并对周围低层建筑的风向有较大影响,甚至会形成垂直旋风,使附近烟囱倒流(图 12 - 15)。同时,在建筑切面和顶面都会形成风的高速区。如果高层楼下面为开敞式,也会形成高速风通道。在考虑周围环境时,应加以注意。

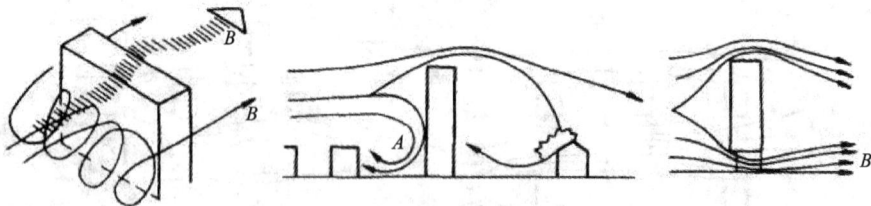

图 12 - 15   高层建筑的风流向

A—旋风;B—高速风

12.1.3　建筑日照设计

为满足建筑对日照的需求,应在设计时按照使用要求,综合考虑地区气候条件、日照特点、当地地形及前后建筑的遮挡条件、房间的自然通风要求,以及节约用地等因素,从而采取相应的措施,正确地选择房屋朝向、间距、建筑体形、窗口位置、遮阳处理等。

1.建筑朝向

在日照设计中建筑朝向应是冬天能获得充足的日照,夏天能避免过度的日晒,建筑物的方位和朝向对此有非常重要的影响。因此,首先应尽量避免不利的东西向日晒。建筑外墙的方位不同,所接收到的太阳辐射量就不同,应根据当地太阳在天空中的运行规律来确定建筑的朝向,既保证冬季有适量并具有一定质量的阳光射入室内,也使得在炎热季节能尽量减少太阳直射室内和居室外墙面。

建筑总体环境布置时,应注意外围护墙体的太阳辐射强度及日照时数,尽量将建筑布置成面北向或偏东、偏西不超过30°的角度,忌东西向布置。南侧应尽量留出开阔的、在空间和尺度上许可的室外空间,以争取较多的冬季日照及夏季通风。

2.建筑间距

建筑间距是指建筑物长轴之间的外墙距离(图12-16),必需的日照间距常以在冬至日(12月22日)或大寒日(1月22日)保证室内在正午前后有不少于1 h或2 h的日照时间来确定。它是由建筑用地的地形、建筑朝向、建筑物高度及长度、当地的地理纬度及日照标准等因素决定的。

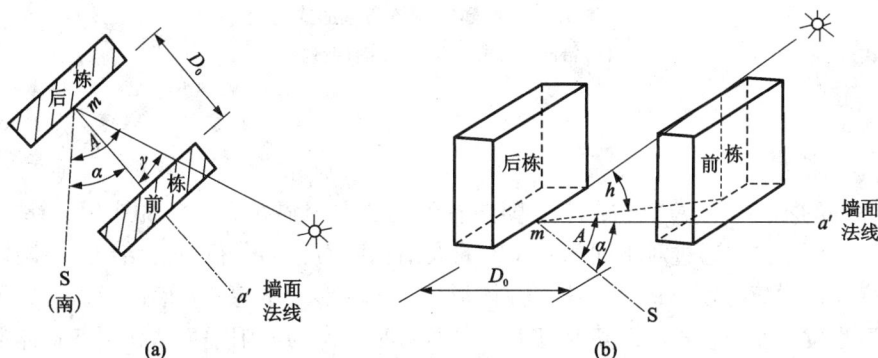

图 12-16　日照间距

在居住区规划中,如果已知前后两栋建筑的朝向及其外形尺寸,以及建筑所在地区的地理纬度,可计算出为满足规定的日照时间所需的间距。如图12-16所示,计算点 m 定于后栋建筑物底层窗台位置,建筑日照间距由下式确定:

$$D_0 = H_0 \coth \cdot \cos\gamma \tag{12-1}$$

式中:D_0——建筑所需日照间距,m;

　　　H_0——前栋建筑计算高度(前栋建筑总标高减去后栋建筑首层窗台标高),m;

h——太阳高度角，(°)；

γ——后栋建筑墙面法线与太阳方位角的夹角，即太阳方位角与墙面方位角之差。写成计算式为：

$$\gamma = A - \alpha \qquad (12-2)$$

式中：A——太阳方位角，(°)；以当地正午时为零，上午为负值，下午为正值；

α——墙面法线与正南方向所夹的角，(°)；以南偏西为正，偏东为负。

当建筑朝向正南时，$\alpha = 0$，公式可写成：

$$D_0 = H_0 \coth \cdot \cos A \qquad (12-3)$$

3. 建筑群布局

建筑群体错落排列不仅能改善日照时间和日照质量，还有利于小区交通的疏通和丰富空间景观。如图 12-17 所示，将正南向行列式布置改为错排行列式或交叉错排行列式，利用上下午的斜向日照，可增加建筑密度。但在建筑规划设计中，需验算如图 12-17 所示的两排建筑山墙间的距离 L 和影响斜向日照的 α 角是否满足规定的要求。

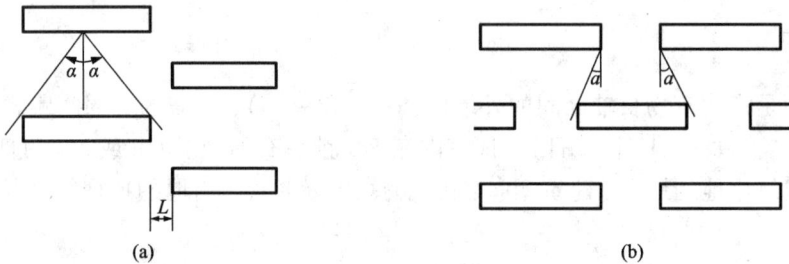

图 12-17   建筑群体布置形式

(a)错排行列式；(b)交叉错排行列式

4. 建筑体形

建筑体形的不同会使建筑物在不同朝向有不同的太阳辐射面积，如图 12-18 所示的三种典型建筑平面形式，通过对不同朝向建筑的太阳辐射面积的分析可总结出：不同体形的建筑对朝向变化的敏感程度不同，在这三种体形中：长方形最敏感，Y 形体形次之，正方形对朝向的敏感程度最小；扳式体形建筑以南北主朝向时获得的太阳辐射最多；点式体形与板式相同，但总辐射面积小于板式建筑；Y 形体形由于自身遮挡，总平均辐射面积小于上述两种体形。

5. 遮阳设计

建筑遮阳的类型按遮挡阳光的特点来分，有水平式遮阳、垂直式遮阳、综合式遮阳和档板式遮阳，如图 12-19 所示。水平式遮阳能遮挡高度角较大、从窗户上方照射下来的阳光，适用于南向的处于北回归线以南低纬度地区的北向窗口；垂直式遮阳能遮挡高度角较小、从窗口两侧斜射过来的阳光，适用于东北、西北向的窗口；综合式遮阳为水平和垂直式遮阳的

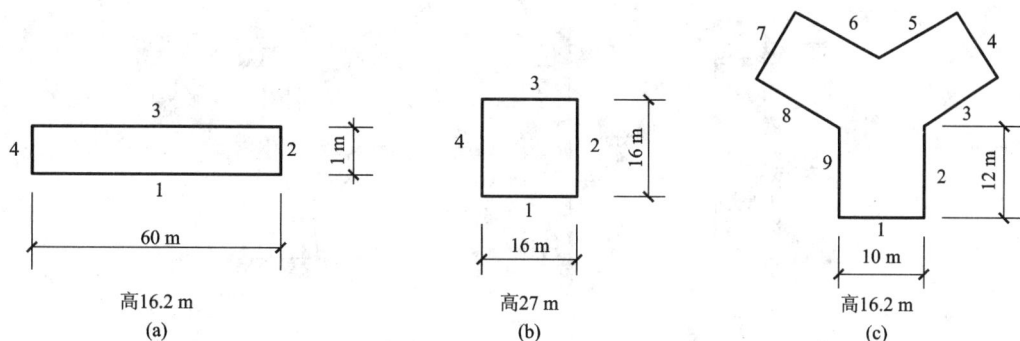

图 12－18　三种典型建筑平面形式

(a)板式体形；(b)点式体形；(c)Y 型基本体形

综合，能遮挡高度角中等、从窗口上方和两侧斜射下来的阳光，适用于东南和西南向附近的窗口；挡板式遮阳能遮挡高度角较小、从窗口正面照射来的阳光，适用于东西向的窗口。

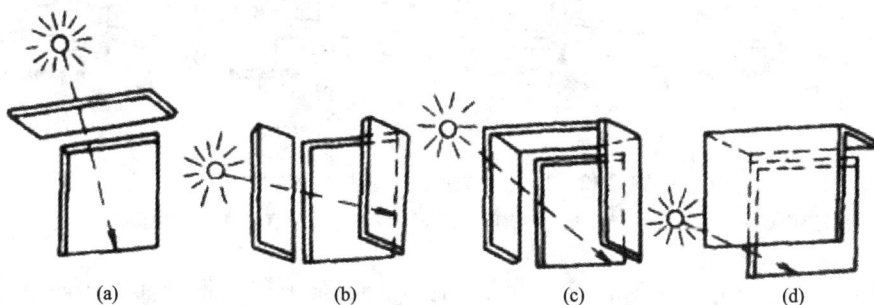

图 12－19　遮阳的基本形式

(a)水平式；(b)垂直式；(c)综合式；(d)挡板式

　　用作遮阳的构件一般宜采用浅色且蓄热系数小的轻材料做成，颜色深及蓄热系数大的材料会吸收并储存较多的热量而影响遮阳效果。如图 12－20(a)是用普通混凝土板做成的综合遮阳板，所吸收的辐射热提高了周围空气的温度，当热空气进入室内，便降低了遮阳的热效果。改善这种状况，可通过在遮阳板与墙面间留出一定距离使部分加热的空气逸出，如图 12－20(b)所示。最好的办法是采用轻质百叶板遮阳，如图 12－20(c)所示，不但蓄热量少，而且有利于热空气排出，减少进入室内的热量。

　　遮阳对房间通风有一定的阻挡作用，使室内风速有所降低。调查结果表明，有遮阳的房间，室内风速减弱 22%～47%，风速的减弱程度和风场流向与遮阳的设置方式有很大关系。图 12－21 是几种遮阳设施的通风效果。在有风的情况下，如果遮阳板紧靠墙，容易使进入室内的风向上流动，难以吹到人的活动范围内，见图 12－21(a)；而图 12－20 中的其他三种方式可不同程度地使风的流场改变，增加了活动区的风速。

　　从天然采光的观点来看，遮阳设施一方面可阻挡直射太阳光，防止眩光，有助于视觉的正常工作，但另一方面遮阳又具有挡光作用，会降低室内照度，尤其在阴天更为不利。一般

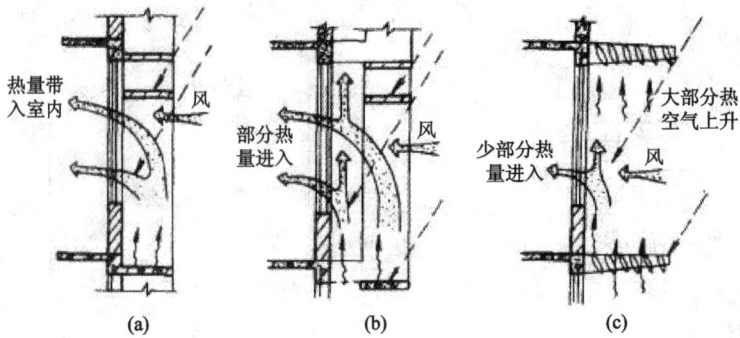

图 12-20 遮阳与隔热

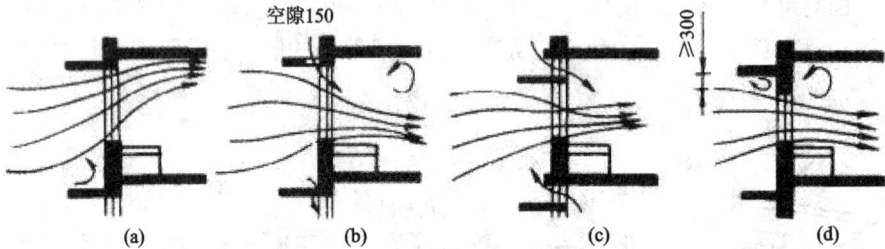

图 12-21 几种遮阳设施的通风效果

(a)遮阳板紧连墙上;(b)遮阳板与墙有间隙;(c)遮阳板与窗户有空隙;(d)遮阳板高于窗户

来说,它可使室内照度降低 20%~58%,其中水平和垂直遮阳扳可使照度降低为 20%~40%,综合遮阳可使照度降低为 30%~55%。

综合上述,说明遮阳一方面可以隔热降温,同时又对采光、通风有一定影响。在很多地区,夏季需遮阳而冬季又需要有日照,因此理想的遮阳设计应是根据当地冬季和夏季的太阳高度角变化进行精确的计算。

12.1.4 建筑防潮设计

凝露或结霜均会导致围护结构的传热系数增大,增加围护结构的传热量,加速围护结构的损坏,同时,室内湿度过大也会使人产生不舒适的感觉。

由于围护结构内部湿迁移和水蒸气凝结过程比较复杂,影响因素较多,所以有必要在设计时根据实际情况采取一定的构造措施来改善围护结构的湿状态,或者通过自然通风等除湿方法减少室内空气湿度。

在热工设计中,围护结构一般通过合理布置保温层、设置隔气防潮层或空气层等一种或多种方法来预防围护结构的凝露或结霜情况。

1.合理布置保温层

当围护结构由多层材料构成时,应将蒸汽渗透系数小的密实材料放在水蒸气分压力大的一侧，如对于冷藏库外的一般建筑，应放在冬季温度高的室内侧，而将蒸汽渗透系数大的材料放在水蒸气分压力相对较小的室外低温侧，使材料层次的布置符合水蒸气"难进易出"的原则，以利于蒸汽排除。

同样，倒置式屋面也是遵循水蒸气"难进易出"的原则，将防水层设置在保温层以下，这样不仅消除了内部凝露的问题，还使得防水层不易损坏，提高了使用寿命。

2. 设置隔气防潮层

当建筑构件难以遵循以上"难进易出"的材料布置原则时，可以通过在蒸汽渗入侧设置隔气层，使水蒸气难以渗入围护结构，围护结构水蒸气分压力急剧下降，防止了内部凝露。

对于采暖房间，隔气防潮层宜布置在保温层内侧，也就是蒸汽渗入侧的高温侧，由于这种方法在防止冬季室内蒸汽渗入的同时也阻止了其他季节里构件内的水蒸气排向室内，因此一般只用于室内温度大的房间。若全年中蒸汽渗透方向变化，是否在两侧均设置隔气防潮层需要谨慎考虑。由于在隔热层两侧设置了防潮层，若在施工过程中保温材料受潮，内部产生凝露，则冷凝水不易蒸发出去。因而可以考虑在全年中蒸汽渗透量较大，持续时间较长的一方设置隔气层，当出现反向蒸汽渗透，内部出现凝露时，待气候转变后便可蒸发排走，不至于出现像双侧设置隔气层出现凝露时无法排出的严重后果。

图 12 - 22 是室内有两间温度不等的低温房间的防潮设计。

3. 设置通风间层

隔气层虽能改善围护结构内部的湿状态，但在施工和使用过程中难以保证隔气层的隔气质量，而且采用隔气层后，会影响建筑建成后结构的干燥速度。对于外侧有密实保护层或防水层的围护结构，如果与保温层与密实层之间设可排气的通风间层，能使进入保温层的

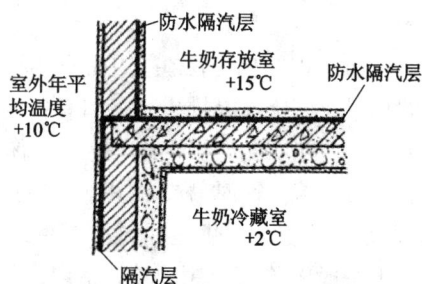

图 12 - 22　潮湿房间隔汽层的设置

水分不断被通风层的室外气流带走，对保温层起风干作用，如图 12 - 23 所示。这类型的结构方式有底层架空、外墙的空气层和通风屋面。这项措施特别适用于高湿度房间（如纺织厂）的外围护结构以及卷材防水屋面的平屋顶结构。通风间层如果设置在保温层与屋顶之间，也就是前面所说的通风屋面形式了。

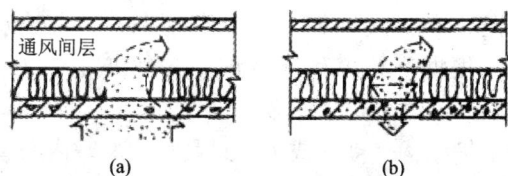

图 12 - 23　有通风层的围护结构

(a)冬季受潮时的情况；(b)暖季蒸发干燥时的情况

4.外墙内设置密闭空气间层

对采用内保温做法的外墙,当保温层与外侧结构层之间设置密闭气间层时,因空气间层两侧的水蒸气分压力差作用,使蒸汽由高温侧的保温层表面向低温侧的结构层表面迁移,凝结的水分附着在结构层上,从而使保温层干燥。这种方法对凝结量不大的外墙有很好的防潮效果,但如果凝结量过大,超过结构层的吸湿能力时,防潮作用就下降了。

12.2　主动控制——暖通空调系统对热湿环境的控制

12.2.1　主动控制的基本原理

在建筑设计中,通过建筑材料与结构、空间布局、建筑朝向、小区规划等方面,使得冬季充分利用太阳能、夏季尽可能利用遮阳和自然通风以及蒸发冷却等方式解决室内采暖和降温、除湿和加湿的问题,使得在全年的大部分时间里都能达到适宜的热湿环境。大量的研究证明,人们对室内热环境的需求是相对稳定的,尽管在夏季和冬季、在不同地区、不同性别和不同年龄有差异,但并不会有太大的差异。人们认为比较适应的热环境参数分布大致为:空气温度 18~24℃,相对湿度 30%~70%,平均辐射温度 16~26℃,气流速度 0.5~2.0 m/s,当然舒适热环境参数还与人的活动方式和衣着有关,有关内容阐述在第 2 章已介绍。

但是当围护结构无法在要求的范围内准确调节其传热传湿能力,造成过量排热(排湿)或多余的热量、水分难以排出,例如有些建筑,如车站候车厅、商场、厂房等有较强的功能要求,在建筑上并不允许灵活地调整功能布局和空间组合,又或者某些建筑对室内热湿环境的质量要求特别高,这时就要使用机械的方式补充不足的热量(水分)或排除剩余的热量(水分),亦即通过主动式供暖通风空调系统的干预使室内温湿度参数满足需求。

对于一般的建筑应用环境,室内产热、产湿是绝对的,即建筑环境营造过程是将室内多余热量(又称余热)和多余水分(又称余湿)排除到室外的过程。

图 12-24 描绘了从室内热源与湿源,到室内热量与湿量通过围护结构被动式传输途径,以及供暖空调系统主动式传输途径将余热余湿排出到室外的整个过程。这个过程有 4 个核心环节。

①围护结构的被动式传输过程:室内余热和余湿可以通过围护结构直接进行传输,这种方式可以看作是被动式的传输过程。这也是被动式建筑设计的应用理论依据。

②供暖空调系统主动式传输过程:当通过上述围护结构等被动式传输过程难以满足室内热湿环境的营造要求时,则需要借助主动式供暖空调系统实现对建筑环境的营造过程。

③室内热湿采集过程:根据产热源和产湿源的类型和品位的特点,通过合理的末端方式,将室内余热和余湿排除到室外的过程。

④室外源和汇:对于围护结构等被动式传输过程而言,室内与室外的温差和湿差是整个排热和排湿过程的驱动力。对于主动式传输过程,从排除室内产热产湿的角度来看,室外为接收热量或水分的汇。若应用主动式供暖系统向建筑提供热量,则需要寻找室外源来提供热量。源或汇的基本任务是满足热湿环境营造过程的驱动力,从而尽量降低主动式传输过程的能源消耗。

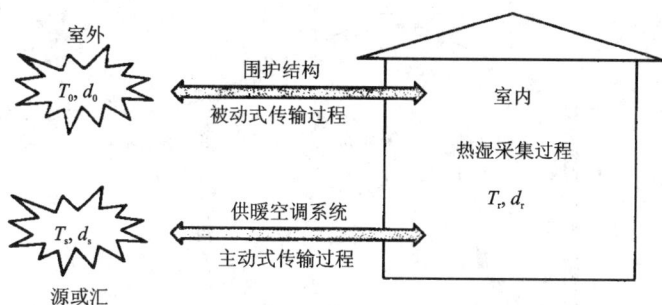

图 12 − 24　营造建筑热湿环境的基本过程

T_0—室外温度，℃；d_0—室外空气含湿量，kg/kg；T_s—热源式热汇温度，℃；

d_s—热源式热汇含湿量，kg/kg；T_r—室内温度，℃；d_r—室内空气含湿量，kg/kg

从建筑的热湿平衡看，如果能确定外围护结构的传热量和室内外空气热交换量，当不考虑围护结构的热惯性时，可以得到通过围护结构向室外排除的热量 Q_{en}，亦即被动式传输过程排除的热量为：

$$Q_{en} = Q_{cond} + Q_1 = Q_{cond} + Q_{l1} + Q_{l2}$$

如果墙、窗、屋顶、地面等构成的综合传热能力为 UA，室内外空气交换量为 $c_p G$，则：

$$Q_{en} = (UA + c_p G)(T_{in} - T_{out}) = [UA + c_p(G_1 + G_2)](T_r - T_o) \qquad (12-4)$$

式中：Q_{en}——通过围护结构向室外排除的热量，W；

Q_1——通过围护结构的传热量，W；

Q_1——室内外空气热交换量，$Q_1 = Q_{l1} + Q_{l2}$，Q_{l1} 和 Q_{l2} 分别是自然对流和强制对流空气换热量，W；

U——围护结构综合传热系数，J/m^2 · K；

A——围护结构传热面积，m^2；

c_p——空气比热容，W/kg · K；

G——室内与室外换气量，$G = G_1 + G_2$，G_1 和 G_2 分别是自然对流和强制对流换气量，kg；

下标：r——室内空气干球温度，K；

o——室外空气干球温度，K。

一般情况下通过围护结构的传湿量相对于渗透空气引起的传湿量，可以忽略不计，这样通过渗透风排除的室内产湿量 M_{en} 为：

$$M_{en} = G(d_r - d_o) \qquad (12-5)$$

如图 12 − 25 所示，室内产热量（产湿量）可以通过围护结构被动式传输和暖通空调主动式传输共同承担。一般建筑应用环境室内的产热量是正值，当围护结构可以准确排除室内的产热量时，则无须暖通空调的主动式传输。

假如从排除室内产热量 Q_0 的角度考虑，由于室内产热量在一年内的变化较小，根据公式（12 − 4），则当：

①$(Q_{cond} + Q_{l1}) > Q_0$，通过围护结构向室外散失过多的热量，需要主动式供暖系统排除室

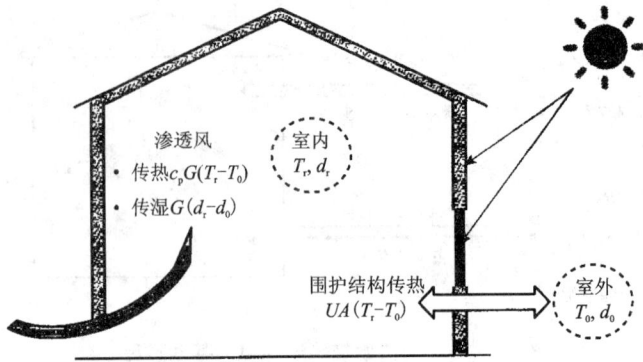

图 12 – 25   通过围护结构的排热量和排湿量

内产热量。

②$(Q_{cond} + Q_{ll}) = Q_0$，围护结构可准确地排除室内产热量，不需主动系统便可满足建筑排热要求。

③$(Q_{cond} + Q_{ll}) \leqslant Q_0 \leqslant (Q_{cond} + Q_{ll} + Q_{l2})$，即围护结构传热和自然通风不足以排除室内产热量，但可以通过机械通风系统排除室内产热量。

④$Q_{cond} + Q_{ll}) < Q_0$，也就是由于受到围护结构调节性能的限制，以及难以实现足够大的室内外通风热量（或者如此大的通风量，导致风机能耗过高，此时需要空调系统协助排除室内产热量。

可见第 2 种情况是围护结构被动式换热能实现室内热环境的营造需要的，其他都需要暖通空调系统主动干预。可以看到，如果 $Q_{cond} + Q_{ll}$ 变化范围大，也就是建筑的被动式调节能力强，一年里采用主动式手段的时间和能耗将减少。排除室内产湿量的思路也是如此。

对于通过围护结构向室外排除的热量 Q_{en}，从式（12 – 5）中可以知道它与排热驱动温差 $(T_r - T_0)$ 密切相关。我国幅员辽阔，各地气候存在着显著差异，加上同一地区每年的气候也有区别，因此各地全年的驱动温差 $(T_r - T_0)$ 的变化有着较大差异。图 12 – 26 为哈尔滨、北京和广州等典型城市全年的驱动温差 $(T_r - T_0)$ 的变化情况。其中室内温度根据室外状况设置为在 18~28℃ 范围内变化，考虑到围护结构的热惯性，室外取每天的日平均温度，由此得到全年的驱动温差的变化情况。可以看到，三地除哈尔滨外，全年基本上都是正向，另外两地驱动温差的方向在夏季还有所不同。要排除室内的产热量，则要求 $(T_r - T_0)$ 为正值。在北京与广州夏季，当驱动温差 $(T_r - T_0)$ 为负值，即与建筑排热量方向相反时，依靠被动式围护结构无法实现排除热量的目的，此时需要主动式空调系统提供正向的、足够大的驱动温差以实现热量从室内到室外的传递过程。

$(UA + c_p G)$ 反映的是建筑围护结构所构成的被动地进行室内外传热的性能，包括围护结构通过导热和表面换热实现的室内外传热性能，和伴随由缝隙渗风和开窗自然通风形成的室内外通风换气所导致的传热性能。对于一般的建筑，室内产热是绝对的，即 Q_0 为正值。当围护结构性能可以随着室内外驱动温差不断变化时，使得 $Q_{en} = Q_0$，仅围护结构便可实现建筑排热的任务，而无须主动式供暖空调系统。但实际的围护结构 $(UA + c_p G)$ 仅能在一定范围内变化。那么如果要实现被动式建筑便可实现排热，此时对围护结构的性能要求将为：

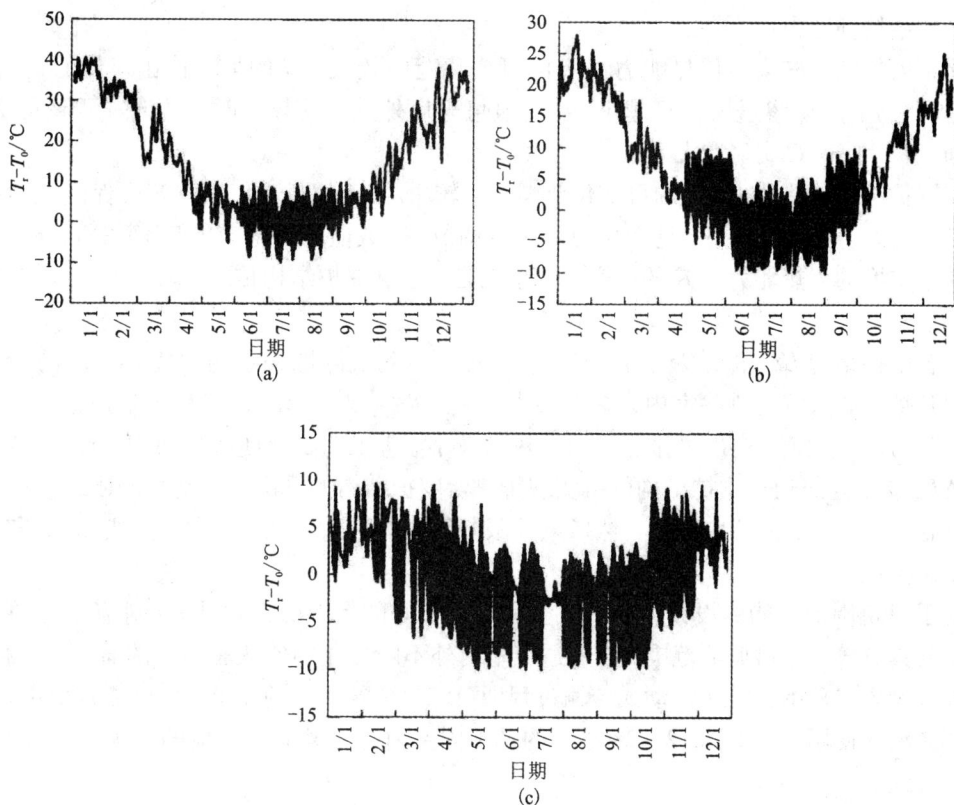

图 12 - 26　室内温度在 18℃和 28℃时我国典型城市全年室内外驱动温差($T_r - T_0$)

(a)哈尔滨；(b)北京；(c)广州

注：1. 室外日平均温度低于 18℃时，室内按 18℃计算；2. 室外日平均温度高于 28℃时，室内按 28℃计算；3. 室外日平

均温度为 18℃ ~ 28℃时，室内分别按 18℃和 28℃与室外日平均温度相减，得出可能区域。

$$UA + c_p G = \frac{Q_o}{T_r - T_o} \tag{12-6}$$

　　由于相对于室内外传热驱动温差，室内的产热量 Q_0 的变化相对较小，当 Q_0 为定值时，图

12 - 27 给出了所要求的围护结构性能(即 $UA + c_p G$)随传热驱动力的变化情况。

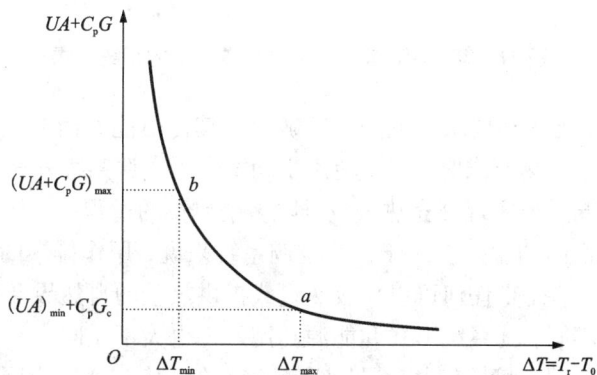

图 12 - 27　要求的围护结构性能随室内外驱动温差的变化情况

围护结构性能中：

①室内外空气交换的传热能力 C_pG 的可变化范围较大。G 的最小值由建筑的密闭性决定，建筑越密闭，则渗透风量 G 越小；当建筑可开启外立面比较多时，建筑内可形成较大的自然通风量，使得 G 明显增大。

②围护结构传热能力 UA 的可变化范围相对较小。UA 的最小值由建筑的保温性能决定，保温性能越好，则数值越小。建筑中也有一些调节 UA 数值的措施（如遮阳帘等），相对于室内外空气交换的传热能力 C_pG 的可变动幅度而言，建筑围护结构传热 UA 的可调节范围相对较小。

综合围护结构 UA 和 C_pG 的可调节性能，可以得到实际围护结构（$UA + C_pG$）的最小值，由此得到被动式系统可排除室内余热的最大温差 ΔT_{max}，对应图 12 - 27 中的 a 点。相反，由（$UA + C_pG$）的最大值，得出可排除室内余热的最小温差 ΔT_{min}，对应图中的 b 点。当 $\Delta T_{min} \leqslant \Delta T \leqslant \Delta T_{max}$ 时，建筑通过围护结构就可实现排热。围护结构的可调节性越大，则 ΔT_{max} 和 ΔT_{min} 的差异越大；如果围护结构由于自然通风的限制等原因导致可调节性越差，则 ΔT_{max} 和 ΔT_{min} 的数值越接近。

对于建筑围护结构的设计，除了期望其具有较好的保温与密闭性能（对应 ΔT_{max} 值）外，也期望其具有较大的可调节范围，能够适应室内外不断变化的传热驱动力的需求，能够在较大时间范围内仅靠围护结构被动式传输过程即可满足建筑排热的需求，尽可能减少主动式供暖空调系统的使用时间。图 12 - 28 显示的是不同室内外驱动温差对应的实现热环境所采取的系统方式。

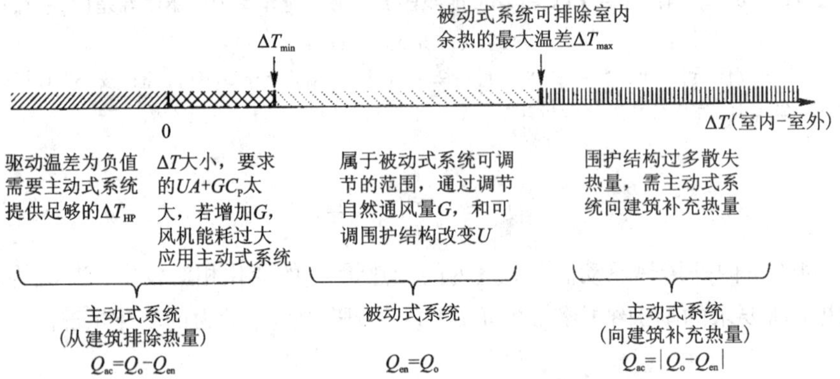

图 12 - 28　不同室内外驱动温差对应的系统方式

可见，当围护结构无法在要求的范围内准确调节其传热能力而造成过量排热，或由于驱动温差不足而不能满足排热要求时，就要使用主动式供暖空调系统补充不足的热量或排除剩余的热量。在供暖空调系统实现补充热量或排除多余热量的过程中，其驱动力可看作室温与系统选取的热源或热汇间的温差。对于供暖空调系统来说，用作排热的热汇、供暖取热的热源不再局限于室外空气，而是任何可以接收热量或提供热量的自然界环境或载体。不同形式的热源和热汇的温度不同，其系统形式和能源利用效率也大不相同。

对于一般的建筑应用环境，室内产湿量 M_o 是绝对的，为正值。当围护结构可以准确地排除室内的产湿量时($M_{en}=M_o$)，无须主动式空调系统，仅通过围护结构便可营造适宜的室内湿度水平。但当 $M_{en}>$ 室内产温量，通过围护结构便可向室外散失过多的湿量；当 $M_{en}\leqslant$ 室内产温量，通过围护结构不足以排除室内产湿量，这时则需要使用主动式手段来营造。实际上，围护结构的室内外空气换热量 G 是变化的，室内外驱动湿差也是变化的。

当 M_o 为常数时，图 12 – 29 给出了所要求的围护结构性能（即 G）随着室内外传湿驱动力的变化情况。当实际在 G_{min} 到 G_{max} 范围内变化时，对应图 12 – 29 中 a 到 b 的变化范围，分别对应图中室内外驱动湿差 Δd_{min} 和 Δd_{max}。围护结构的可调节性越大，Δd_{min} 和 Δd_{max} 的差异越大，否则 Δd_{min} 和 Δd_{max} 的数值越接近。图 12 – 30 是不同的室内外驱动湿差 (d_r-d_0) 对应的系统方式。

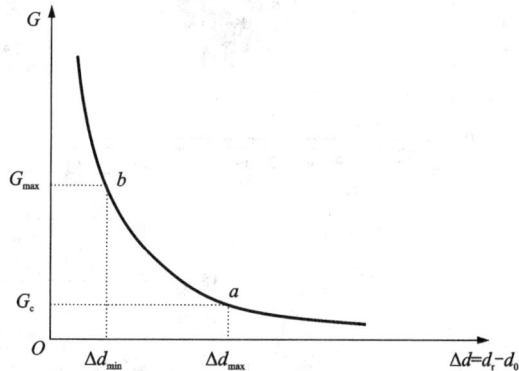

图 12 – 29　要求围护结构的性能随室内外驱动湿差的变化情况

图 12 – 30 给出了哈尔滨、北京和广州三地室内温度维持在 18 ~ 28℃，相对湿度在 40% ~ 60% 范围内变化时，全年的传湿驱动力 (d_r-d_0) 的变化情况。从图 12 – 31 中可以看出：哈尔滨、北京等地冬季及过渡季室外含湿量水平较低，传质驱动力 (d_r-d_0) 为正数，可以利用室外的低湿空气排除室内的余湿；夏季室外含湿量水平高，传质驱动力 (d_r-d_0) 为负值，无法用被动式围护结构实现排除余湿的任务，需要采用主动式空调系统实现对室内的除湿处理过程。广州室外含湿量水平高，传质驱动力 (d_r-d_0) 几乎全年为负数，较难采用自然通风满足室内湿度控制的要求。

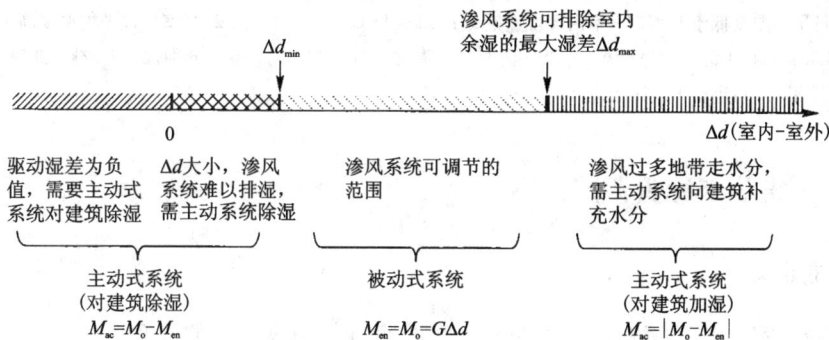

图 12 – 30　不同的室内外驱动湿差 (d_r-d_0) 对应的系统方式

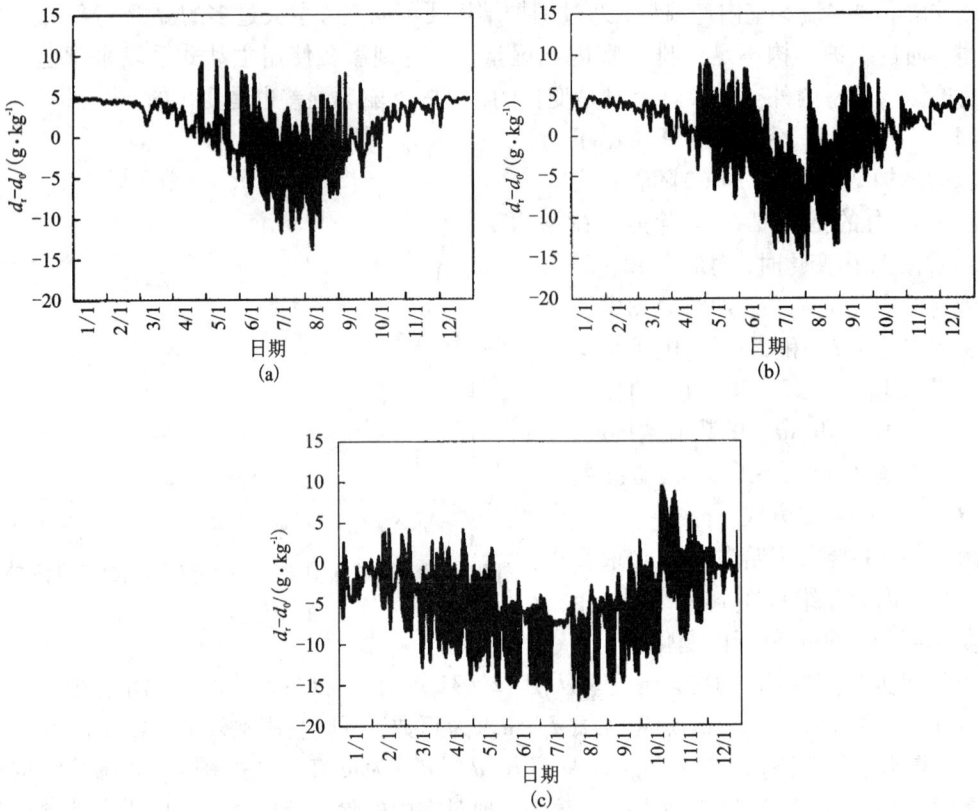

图 12 – 31　室内相对湿度在 40% ~ 60% 时我国典型城市全年室内外驱动湿差($d_r - d_0$)

(a)哈尔滨；(b)北京；(c)广州

注：1. 当室外日平均温度低于 18℃ 时，室内含湿量按 5.1 g/kg(18℃，40%)计算；2. 当室外日平均温度高于 28℃ 时，室内含湿量按 14.2 g/kg(28℃，60%)计算；3. 当室外日平均温度为 18 ~ 28℃ 时，室内分别按 5.1 g/kg 和 14.2 g/kg 与室外日平均含湿量相减，得出一可能区域。

12.2.2　得热与冷负荷的关系

1. 负荷的定义

在考虑控制室内热环境时，需要涉及房间的冷负荷和热负荷的概念。

冷负荷是指维持室内空气热湿参数在一定要求范围内时，所需要在单位时间内从室内除去的热量，包括显热负荷和潜热负荷两部分，如果把潜热量表示为单位时间内排除的水分，则可称为湿负荷。热负荷是指维持室内空气热湿参数在一定要求范围内，所需要在单位时间内向室内补充的热量，同样包括显热负荷和潜热负荷。如果只考虑保证室内温度，则热负荷就只包括显热负荷。瞬时冷负荷(或热负荷)是指为了室内空气热湿参数在一定要求范围内而需要瞬时去除(或补充)的热量。

根据冷、热负荷的定义，冷负荷量的大小与去除热量的方式有关，同样热负荷的大小也与补充热量的方式有关。常规的送风空调是以空气为媒介除去室内的热量，从而维持一定的室内空气温度和湿度的，贮存在围护结构内或家具等固体物体中的热量，只要不进入空气中，送风空调的冷负荷就不必包含这部分热量。辐射空调方式是通过辐射板以辐射和对流的方式除去室内热量的，因此除热量中包含对流和辐射两部分。例如，冷辐射板不仅要除去空气中的热量，还要通过辐射方式除去各表面的热量，因此不仅是维持空气参数值，而且会降低室内表面温度。然而随着室内表面的降低，由表面传到空气中的显热量也会减少，导致辐射板的对流除热量也会随之减少。因此，在维持相同的室内空气参数的条件下，辐射空调的冷或热负荷与送风空调方式是不同的。

2. 得热与负荷的关系

当房间某种来源的得热为正值时称为得热，负值时称为失热，当建筑物失热量大于得热量时，房间的总得热量为负值，房间就出现了热负荷，而房间的总得热量为正值，出现的便是冷负荷。因此，冷或热负荷取决于房间的得、失热量的相互关系。

冬季供暖通风系统的热负荷，所取决的得热量和失热量包括以下几个方面。失热量包含：围护结构传热失热量；由门、窗、孔洞及相邻房间缝隙侵入室内的冷空气导致的失热量；室内湿源水分蒸发消耗的显热量，即通风耗热量；通风系统将空气从室内排到室外所带走的热量。得热量有：室内人员、灯光、设备等室内热源的产热量；室内工艺过程的产热量；太阳辐射进入室内的热量。

在实际工程应用中，对冷、热负荷的计算往往根据建筑物的特点对室外气象参数进行不同的处理，并对房间的得、失热量有所取舍，尤其是针对空调、供暖、通风系统各有侧重。例如对一般民用建筑如住宅、办公楼等，采用传统的负荷手工计算方法计算失热量时往往只考虑上述的前两项失热量，并只把得热量作为安全因素考虑而忽略不计，或者只把太阳辐射进入室内的热量作为得热量考虑。这些关于工程设计负荷计算的不同处理方法可参考暖通空调相关的专业课程教材或者相关的工程设计规范和手册。

负荷的大小与得热有着密切的关系，却又不简单等于得热。

得热分为显热得热和潜热得热。房间得热中的潜热部分，如果不考虑围护结构和家具的吸湿和蓄湿作用，潜热得热直接进入到室内空气中，立即就会形成瞬时冷负荷。如果考虑围护结构和家具的吸湿和蓄湿作用，潜热得热会延迟成为瞬时冷负荷。

渗透空气的得热包括显热得热和潜热得热两部分，它们会直接进入到室内空气中，成为瞬时冷负荷。

显热得热中的一部分以对流换热的方式进入室内空气，并改变室内温湿参数而成为瞬时冷负荷，而另一部分则通过辐射的方式传递到各围护结构内表面和家具等固体物体表面中，使得这些表面的温度提高，当高于室内空气温度后，这些表面便会与空气进行对流换热，逐渐释放储蓄的热量，形成瞬时冷负荷。例如：通过围护结构导热的得热，一部分通过对流方式立即进入室内空气，成为瞬时冷负荷，而另一部分则以长波辐射方式与室内各物体表面进行换热，热量被储蓄于这些表面里，使得这些表面的温度提高。透过透光材料的太阳辐射得热由两部分组成，被吸收的部分加热透光材料，使其表面温度升高，透过的部分则加热室内被光照射到的表面，使得表面温度升高。当上述这些表面的温度高于室内空气温度后，便与室内空气进行对流换热，储蓄在表面里的热量渐渐被释放，并成为瞬时冷负荷。因此在大多数情况下，瞬时冷负荷与瞬时得热量有关，但并不等于瞬时得热量。

瞬时冷负荷与瞬时得热量之间的关系取决于房间的构造、围护结构和室内家具等的蓄热特性、热源的特性和去除热量的方式。由于得热中辐射得热的存在以及围护结构和家具等的蓄热作用，使得瞬时冷负荷与瞬时得热量之间存在时间的延迟上和幅度上的衰减。如果采用的是送风空调，瞬时冷负荷就是得热中的纯对流部分，此时得热中若只有对流热，同时室内围护结构和家具等各表面间的温差很小，则瞬时冷负荷基本等于瞬时得热量。

如果去除热量采用的是送风方式，当围护结构和室内设施的蓄热能力越强，热源的辐射比例越大时，则瞬时冷负荷与瞬时得热相比，时间上的延迟就越多，幅度上的衰减也越明显，如图 12-32 所示。同样，瞬时热负荷也存在这种特征。根据能量守恒定律，热源无论是阶跃式或是谐波式，瞬时得热曲线所包围的面积应等于瞬时冷负荷曲线包围的面积，所以得热初期表面蓄热量应等于后期释放到空气中的热量，如图 12-33 和图 12-34 所示。

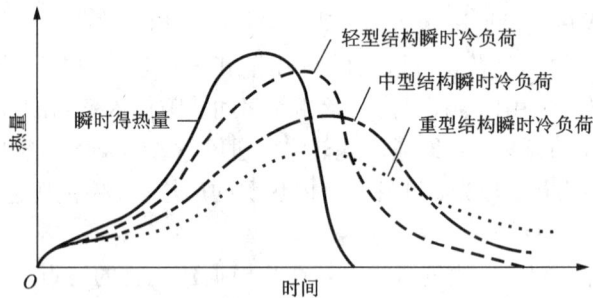

图 12-32   瞬时得热与轻、中、重型建筑瞬时冷负荷的关系

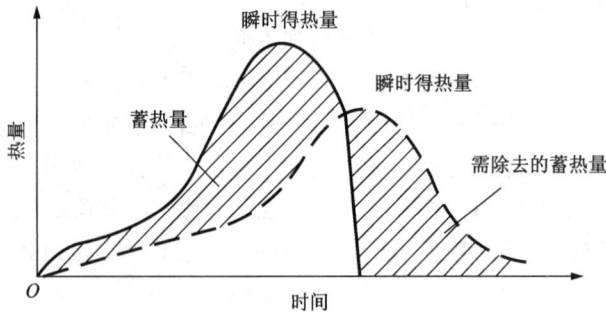

图 12-33   得热量与瞬时冷负荷之间的关系

在空调设计中首先需要确定室内冷、热负荷的大小，因此需要掌握各种得热的对流和辐射的比例。而对流散热量和辐射散热量的比例与热源的温度和室内空气温度有关，与各表面之间的长波辐射量和各表面的角系数也有关，因此准确计算其对流和辐射的比例是非常复杂的工作。表 12-4 给出了一般情况下各种瞬时得热中的不同成份及比例。照明和机械设备的对流和辐射的比例与其表面温度有关。

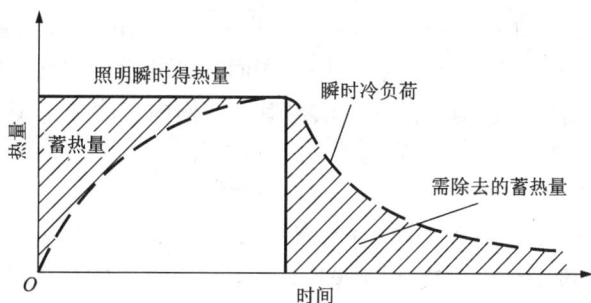

图 12 - 34　照明阶跃得热量与瞬时冷负荷之间的关系

表 12 - 4　各种瞬时得热中的不同成分

得热类型	辐射热/%	对流热/%	潜热/%
太阳辐射(无内遮阳)	100	0	0
太阳辐射(有内遮阳)	58	42	0
荧光灯	50	50	0
白炽灯	80	20	0
人体	40	20	40
传导热	60	40	0
机械或设备	20 ~ 80	80 ~ 20	0
渗透和通风	0	100	0

3. 负荷的数学表达

室内冷负荷量不仅与得热的成分有关，还与去除热量的方式有密切联系，热负荷亦然。

房间空气从各室内表面、热源和渗透空气获得对流热，室内各表面间、内表面和热源之间存在着长波辐射和短波辐射换热。

空调设备既可以采用送风方式也可以采用辐射方式去除室内的热量，甚至可以二者兼有。空调辐射设备可以是冷辐射板、热辐射地板或者辐射加热器。当采用辐射加热器时，其辐射能量可能含有可见光和近红外线的短波辐射。

这里通过房间空气的热平衡，以室内冷负荷为例来推导负荷的表达式。如果室内负荷为热负荷，原理是一样的，只是热流的方向相反而已。

假定室内各表面温度一致，同时没有任何辐射热量落在围护结构内表面上并被围护结构内表面贮蓄，则传入室内的热量就等于内表面对流换热的热量。这时，内表面温度完全由第三类边界条件决定。但在绝大多数情况下，内表面之间均存在辐射热交换，因此内表面温度受其他各辐射表面的条件和

室内冷负荷量与
去除热量方式有关

室内空气的热平衡

辐射源的影响。所以，室内的热过程是导热、对流、辐射和蓄热综合作用的结果。

如果各时刻各围护结构内表面和室内空气温度已知，就可以求出通过围护结构的传热量，从而得出房间冷负荷。但是，各围护结构内表面温度和室内空气温度之间存在着显著的耦合关系，因此，求算房间冷负荷就需联立求解围护结构内表面热平衡方程和房间的空气热平衡方程所组成的方程组。

若采用空调冷辐射设备除热，假定室内有 N 个内表面（包括围护结构内表面和家具、器具表面等），其中：n 个非透光围护结构内表面与家具表面，m 个透光围护结构内表面。于是，前面介绍的非透光围护结构内表面的热平衡关系式(8-23)可表示为：

$$-\lambda(x)\frac{\partial t}{\partial x}\bigg|_{x=\delta} + Q_{shw} = h_{in}[t(\delta,\tau) - t_{a,in}(\tau)] + \sum_{j=1}^{N}\alpha_{r,j}[t(\delta,\tau) - t_j(\tau)]$$

$$(12-7)$$

如果被考察的围护结构内表面的序号是 i，并且是非透光围护结构内表面，上式的文字表达式即是：

通过围护结构热传导传到 i 表面的导热量 +（透过其他窗户落到 i 表面的太阳直射辐射得热 + i 表面获得的热源短波辐射得热）= i 表面的对流换热 +（i 向其他表面发射的长波辐射 + i 向空调辐射板发射的长波辐射 - i 表面获得的热源长波辐射得热）

用 $Q_{wall,cond}$ 代替 $-\lambda(x)\dfrac{\partial t_i}{\partial x}\bigg|_{x=\delta}$，并对长波辐射项线性化，上述的数学表达式是：

$$Q_{wall,cond,i} + HG^*_{wind,sol,trn,i} + HG_{H,shw,i}$$

$$= h_{in}(t_{sf,i} - t_{a,in}) + \sum_{j=1}^{N}\alpha_{r,sf,ij}(t_{sf,i} - t_{sf,j}) + \alpha_{r,Psf,i}(t_{sf,i} - t_P) - HG_{H,lw,i} \quad (12-8)$$

式中：$Q_{wall,cond,i}$——i 表面通过围护结构的导热量，W/m^2；

$\quad HG^*_{wind,sol,tm,i}$——透过其他窗户落到 i 表面的太阳直射辐射得热。符号 $*$ 表示落在 i 表面的太阳辐射，以区别透过透光围护结构表面 i 的太阳辐射，W/m^2；

$\quad HG_{H,shw,i}$——落到 i 表面的热源短波辐射得热，W/m^2；

$\quad HG_{H,lw,i}$——落到 i 表面的热源长波辐射得热，W/m^2；

$\quad t_{sf}$——围护结构内表面的温度，$℃$；

$\quad t_P$——空调辐射板表面的温度，$℃$；

$\quad a_r$——两表面间的当量辐射换热系数，$W/m^2 \cdot K$；

下标：sf——围护结构内表面；

$\quad$P——空调辐射板表面。

如果所考察的内表面 i 是室内家具设施表面，则 $Q_{wall,cond,i}$ 为 0。

如果考察的是透光外围护结构的内表面，并认为透过其他窗户的太阳辐射和室内热源短波辐射落到该表面的热量全部落在室内（这部分热量既有被 i 透光内表面吸收的，也有被透射的，情况十分复杂，在此忽略辐射透射和吸收而散失到室外的情况，认为全部落在室内），则其热平衡的表述为：

通过玻璃窗热传导到 i 表面的得热量 + i 表面吸收的通过玻璃本身的太阳辐射 + 透过其他窗户落到 i 表面的太阳直射辐射得热 + i 表面获得的热源短波辐射得热 = i 表面的对流换热 + i 表面向其他表面的长波辐射 + i 表面向空调辐射板的长波辐射 - i 表面获得的热源长波辐

射得热

上述的数学表达式是：

$$HG_{\text{wind, cond, }i} + HG_{\text{wind, sol, abs, }i} + HG^*_{\text{wind, sol, trn, }i} + HG_{\text{H, shw, }i}$$

$$= h_{\text{in}}(t_{\text{sf, }i} - t_{\text{a, in}}) + \sum_{j=1}^{N} \alpha_{\text{r, sf, }ij}(t_{\text{sf, }i} - t_{\text{sf, }j}) + \alpha_{\text{r, Psf, }i}(t_{\text{sf, }i} - t_{\text{P}}) - HG_{\text{H, lw, }i} \quad (12-9)$$

因为透过玻璃进入到室内的太阳辐射有部分被玻璃吸收，另有部分直接透射进入室内，所以，透光外围护结构 i 内表面的得热量为：

$$HG_{\text{wind, }i} = HG_{\text{wind, cond, }i} + HG_{\text{wind, sol, }i} = HG_{\text{wind, cond, }i} + HG_{\text{wind, sol, abs, }i} + HG_{\text{wind, sol, trn, }i} HG_{\text{wind, cond, }i}$$

$$= HG_{\text{wind, }i} - (HG_{\text{wind, sol, abs, }i} + HG_{\text{wind, sol, trn, }i}) \quad (12-10)$$

在公式（12 – 9）和（12 – 10）中：

$HG_{\text{wind, }i}$——通过第 i 个透光外围护结构的得热量，W/m^2；

$HG_{\text{wind, cond, }i}$——通过第 i 个透光外围护结构的导热量，W/m^2；

$HG_{\text{wind, sol, }i}$——通过第 i 个透光外围护结构的太阳辐射得热量，W/m^2；

$HG_{\text{wind, sol, abs, }i}$——通过第 i 个透光外围护结构的太阳辐射被吸收成为对流得热的部分，W/m^2；

$HG_{\text{wind, sol, trn, }i}$——透过第 i 个透光围护结构的太阳辐射得热，短波辐射部分，W/m^2。

将式（12 – 10）代入式（12 – 9），便可表示为：

$$HG_{\text{wind, }i} - HG_{\text{wind, sol, trn, }i} + HG^*_{\text{wind, sol, trn, }i} + HG_{\text{H, shw, }i}$$

$$= h_{\text{in}}(t_{\text{sf, }i} - t_{\text{a, in}}) + \sum_{j=1}^{N} \alpha_{\text{r, sf, }ij}(t_{\text{sf, }i} - t_{\text{sf, }j}) + \alpha_{\text{r, Psf, }i}(t_{\text{sf, }i} - t_{\text{P}}) - HG_{\text{H, lw, }i} \quad (12-11)$$

因为，通过各透光围护结构的得热减去透过的太阳辐射部分可表示为：

$$\sum_{i}^{m} (HG_{\text{wind, }i} - HG_{\text{wind, sol, trn, }i}) = HG_{\text{wind}} - HG_{\text{wind, sol, trn}} \quad (12-12)$$

各内表面间的互相长波辐射之总和为零，亦即：

$$\sum_{i=1}^{N} \sum_{j=1}^{N} \alpha_{\text{r, sf, }ij}(t_{\text{sf, }i} - t_{\text{sf, }j}) = 0 \quad (12-13)$$

透过玻璃窗的太阳辐射得热不仅有部分落在室内各表面上，而且有部分落在辐射板上，因此，透过各透光围护结构进入到房间的总太阳辐射得热等于落到室内表面上的太阳辐射热与落在辐射板上的太阳辐射热的总和，亦即：

$$HG_{\text{wind, sol, trn}} = \sum_{i=1}^{n} HG^*_{\text{wind, sol, trn, }i} + HG_{\text{wind, sol, trn, P}} = HG^*_{\text{wind, sol, trn}} + HG_{\text{wind, sol, trn, P}}$$

$$(12-14)$$

式中：$HG_{\text{wind, sol, trn}}$——透过透光围护结构的太阳辐射得热量，$W/m^2$；

$HG^*_{\text{wind, sol, trn}}$——落在室内表面上的太阳辐射得热量，$W/m^2$；

$HG_{\text{wind, sol, trn, P}}$——落在空调辐射板表面上的太阳辐射得热量，$W/m^2$。

热源向室内表面的长波辐射和短波辐射，包括向围护结构内表面、家具设施等表面的长波和短波辐射，以及对空调辐射板的长波和短波辐射。所以，对于室内热源的辐射得热 HG_{H} 有两部分：

$$\sum_{i=1}^{N} HG_{\text{H, shw, }i} = HG_{\text{H, shw}} - HG_{\text{H, shw, P}} \quad (12-15)$$

以及
$$\sum_{i=1}^{N} HG_{H, lw, i} = HG_{H, lw} - \alpha_{r, HP}(t_H - t_P) \qquad (12-16)$$

以上两公式中：

$HG_{H, shw}$——室内表面的热源短波辐射得热，W/m^2；

$HG_{H, shw, P}$——落在室内表面上的太阳辐射得热，W/m^2；

$HG_{wind, sol, trn, P}$——落在空调辐射板表面上的太阳辐射得热，W/m^2；

下标：H——热源。

对式(12-8)和式(12-11)的两侧就 n 个非透光围护结构内表面与家具表面和 m 个透光围护结构内表面求和，然后将二式合并。然后将式(12-12)~(12-16)代入其中，整理得：

$$\sum_{i=1}^{n} HG_{wall, cond, i} + \sum_{j=1}^{m} HG_{wind, i} - HG_{wind, sol, trn, p} + HG_{H, shw} - HG_{H, shw, P}$$

$$= \sum_{i}^{N} h_{in}(t_{sf, i} - t_{a, in}) + \sum_{i=1}^{N} \alpha_{r, Psf, i}(t_{sf, i} - t_P) - HG_{H, lw} + \alpha_{r, HP}(t_H - t_P) \qquad (12-17)$$

假定室内空气温度维持恒定，房间需要去除的对流热量也就是空调辐射板的对流除热量 Q_{conv} 可表述为：

空调辐射板的对流除热量 = 室内热源对流得热 + Σ内表面的对流换热 + 渗透显热得热
= (室内热源显热得热 – 热源向室内表面的长波辐射 – 热源向室内表面的短波辐射) + Σ内表面的对流换热 + 渗透显热得热

$$Q_{conv} = HG_{H, conv} + \sum_{i=1}^{N} h_{in}(t_{sf, i} - t_{a, in}) + HG_{infil, S}$$

$$= (HG_{H, S} - HG_{H, lw} - HG_{H, shw}) + \sum_{i=1}^{N} h_{in}(t_{sf, i} - t_{a, in}) + HG_{infil, S} \qquad (12-18)$$

把式(12-17)与式(12-18)合并，并整理，可得出空调系统的对流除热量：

$$Q_{conv} = HG_{H, S} + \sum_{i=1}^{n} HG_{wall, cond, i} + \sum_{i=1}^{m} HG_{wind, i} - HG_{wind, sol, trn, P} - HG_{H, shw, P}$$

$$- \sum_{i=1}^{N} \alpha_{r, Psf, i}(t_{sf, i} - t_P) - \alpha_{r, HP}(t_H - t_P) + HG_{infil, S} \qquad (12-19)$$

空调辐射板的辐射除热量 Q_{rad} 相当于各表面向空调辐射板的辐射热，可表述为：

空调辐射板排除的辐射除热量 = 室内各表面向空调辐射板的辐射热 + 热源表面对辐射板的长波辐射 + 热源对辐射板的短波辐射 + 透过玻璃窗的太阳辐射热落在辐射板上的部分

即有(修改第一项，由 n 改为 N)：

$$Q_{rad} = \sum_{i=1}^{N} \alpha_{r, Psf, i}(t_{sf, i} - t_P) + \alpha_{r, HP}(t_H - t_P) + HG_{H, shw, P} + HG_{wind, sol, trn, P} \qquad (12-20)$$

辐射空调方式的房间冷负荷应该包括对流除热量和辐射除热量两部分，因此，把式(12-19)与式(12-20)合并，并整理，可得出适合于各种形式空调系统的通用显热冷负荷表达式：

$$CLQ_S = Q_{conv} + Q_{rad} = HG_{H,S} + \sum_{i=1}^{n} HG_{wall,cond,i} + \sum_{i=1}^{m} HG_{wind,i} + HG_{infil,S}$$

$$= HG_{H,S} + HG_{wind} + HG_{infil,S} + \sum_{i}^{n} Q_{wall,cond,i} \qquad (12-21)$$

这样,空调系统的总冷负荷就可表示为(这里的 $HG_{H,L}$ 含有围护结构的湿传递):

$$CLQ = CLQ_S + CLQ_L$$

$$= HG_{H,S} + HG_{wall} + HG_{wind} + HG_{infil,S} - \Delta Q_{wall} + HG_{H,L} + HG_{infil,L}$$

$$= \sum HG_S + \sum HG_L \qquad (12-22)$$

(1)室内空气参数恒定地采用送风空调系统的房间冷负荷。

采用送风空调系统的显热冷负荷也就是对流除热量,由式(12-19)可知:

$$CLQ_S = Q_{conv} = HG_{H,S} + \sum_{i=1}^{n} HG_{wall,cond,i} + \sum_{i=1}^{m} HG_{wind,i} + HG_{infil,S} \qquad (12-23)$$

房间冷负荷包括显热冷负荷和潜热冷负荷,可表示为:

$$CLQ = CLQ_S + CLQ_L = Q_{conv} + HG_{H,L} + HG_{infil,L} \qquad (12-24)$$

(2)室内空气参数变化的空调系统除热量。

上述房间的冷负荷是对于室内空气参数变化的空调系统来说,无论是送风空调系统还是具有辐射板的空调系统,房间空气的热平衡关系均可表述为:

空调系统对流除热量 + 空气的显热增值 = 室内热源对流得热 + $\sum$ 内表面 i 的对流换热 + 渗透显热得热

则对流除热量由式(12-19)变成:

$$Q_{conv} + \Delta Q_a = HG_{H,conv} + \sum_{i=1}^{n} h_{in}(t_{sf,i} - t_{a,in}) + HG_{infil} \qquad (12-25)$$

这种空调系统的对流除热量为:

$$Q_{conv} = HG_{H,conv} + \sum_{i=1}^{n} h_{in}(t_{sf,i} - t_{a,in}) + HG_{infil} - \Delta Q_a \qquad (12-26)$$

式(12-19)~式(12-26)中:

Q_{conv}——空调系统的对流除热量,W;

Q_{rad}——空调系统的辐射除热量,W;

Q_S——空调系统的显热除热量,W;

CLQ——空调系统的冷负荷,W;

CLQ_S——空调系统的显热冷负荷,W;

CLQ_L——空调系统的潜热冷负荷,W;

HG_S——显热得热,W;

HG_L——潜热得热,W。

ΔQ_a——空气的显热增值,W;

下标:conv——对流;

rad——辐射;

infil——空气渗透;

S——显热;

L——潜热。

由式(12-26)可知，当室内空气温度在下降时，空气的显热增量值 $\Delta Q_a < 0$，这时空调系统的对流除热量大于室内空气温度恒定时的对流除热量，那么无论是采用送风式还是辐射板空调系统，它的房间显热冷负荷都比室内空气温度恒定时的大；当空气温度在上升时，情况则反之。两者的差值除了显热增量值 ΔQ_a 外，还要加上围护结构内表面温度随着室内空气温度下降或上升后引起的 $\sum_{i}^{n} Q_{\text{wall, cond, } i}$ 的增减。由于非透光围护结构的热容和空气热容的差别，$\sum_{i}^{n} Q_{\text{wall, cond, } i}$ 造成的影响将比 ΔQ_a 的影响更大。如果在室内空气升温和降温过程中，还伴随着含湿量的变化，则潜热冷负荷也会同时发生变化。以上情况在采暖工况下，热负荷也存在类似的变化规律。

4. 负荷与得热的差别

由式(12-23)可以看到，在室内空气温度维持恒定的条件下，采用送风空调方式的房间总冷负荷等于室内热源得热加渗透风得热加透光围护结构得热，再加上通过非透光围护结构传入室内的热量，也就是总负荷等于总得热，那为何会出现图12-35和图12-36中的冷负荷与得热的相位差和幅度差呢？以图12-36的情况为例来进行分析。如果没有渗透风得热和透光围护结构得热，并且室外空气综合温度等于室内空气温度，且室内热源只有照明灯具，那室内得热等于照明得热，即有 $CLQ_S = HG_{H, S} + \sum_{i=1}^{n} HG_{\text{wall, cond, } i}$。当开灯时，就有部分照明得热以短波和长波辐射进入围护结构内表面，提高围护结构内表面的温度，同时热量从围护结构内表面向室外方向传递，$\sum_{i=1}^{n} HG_{\text{wall, cond, } i}$ 成为负值，导致房间冷负荷 CLQ_S 比得热 $HG_{H, S}$ 小。但关灯后，室内得热 $HG_{H, S}$ 等于零，围护结构内表面温度逐渐降低，同时储存在围护结构里面的热量逐步向室内释放，$\sum_{i=1}^{n} HG_{\text{wall, cond, } i}$ 成为正值，导致 CLQ_S 大于零。

如果上述例子的围护结构内表面是一种对辐射绝热的全反射表面，那么 $\sum_{i=1}^{n} HG_{\text{wall, cond, } i}$ 等于零，房间冷负荷 CLQ_S 等于得热 $HG_{H, S}$。

12.2.3　典型负荷计算方法原理介绍及负荷计算

室内房间冷(热)负荷、湿负荷是确定供冷供热设备配置容量的基本依据，并关系到建筑热湿过程的分析、建筑能耗评价以及建筑系统能耗分析等，因此负荷计算方法显得尤为重要，并备受关注。

为了达到能够在工程设计中应用的目的，研究人员们在负荷求解方法方面进行了不懈的研究。1946年美国的 C. O. Mackey 和 L. T. Wight 提出了当量温差法，20世纪50年代初苏联的 А. Т. Щколовер 等人提出了围护结构冷负荷计算的谐波反应法，但它们共同的缺点是不区分得热量和冷负荷，所以算出的空调冷负荷往往偏大。1967年，加拿大的 D. G. Stephenson 和 G. P. Mitalas 提出了反应系数法，革新了负荷计算的研究，其基本特点是，在计算方法中体现出得热量和冷负荷的区别。1971年 Stephenson 和 Mitalas 又用 Z 传递函数改进了反应系数法，并提出了适合手工计算的冷负荷系数法。1975 年 Rudoy 和 Duran 采用传递函数法求得一批典型建筑的冷负荷温差(CLTD)和冷负荷系数(CLF),改进和完善了冷负荷系数法。ASHRAE 1977 年的手册对冷负荷系数法正式予以采用。1992 年 McQuiston 等又提出日射冷负荷系数(SCLS),对透过玻璃窗的日射冷负荷计算精度进行了改进。

我国从 20 世纪 70 年代末就开展了新计算方法的研究,1982 年在原城乡建设环境保护部的主持下通过了两种新的冷负荷计算法:谐波反应法和冷负荷系数法。这些方法针对我国的建筑物特点推出了一批典型围护结构的冷负荷温差(冷负荷温度)以及冷负荷系数(冷负荷强度系数),为我国的暖通空调设计人员提供了实用的设计工具。

随着计算机应用的普及,计算速度大幅度提高,使用计算机模拟软件进行辅助设计或对整个建筑物的全年能耗和负荷状况进行分析,已成为暖通空调领域研究与应用的热点。目前,国内外常用的负荷求解方法,主要包括三类:①稳态计算;②动态计算;③利用各种专业软件,采用计算机进行数值求解计算。

本节将对这几类负荷计算方法作简要的介绍。

1. 稳态计算法

稳态计算法是忽略了建筑在受热过程中的不稳定因素,近似采用稳定计算的一种方法。在计算由外围护结构传热引起的冷负荷时,它不考虑建筑物以前时刻传热过程的影响,只采用室内外瞬时温差或室内外平均温差作为传热温差计算负荷值。室外温度根据需要可能采用空气温度,也可能采用室外空气综合温度。如果采用瞬时室外空气温度,由于不考虑建筑的蓄热性能,所求得的冷、热负荷往往偏大,而且围护结构的蓄热性能愈好,误差就愈大,因而造成设备投资的浪费。而当采用室外平均温度时,计算的负荷值又有可能过小甚至相反。

但稳态计算法由于简单直观,甚至可以手工计算或估算,因此在围护结构蓄热性能不强的轻型结构建筑,或者受热因素不稳定、特征不显著的情况下,可以用逐时室内外温差乘以传热系数和传热面积进行近似计算负荷,如计算透光围护结构热传导引起的冷负荷。此外,如果室内外温差的平均值远远大于室内外温差的波动值,采用平均温差的稳态计算带来的误差也比较小,在工程设计中可以接受,也采用稳态算法,如冷库冷负荷的计算和建筑采暖热负荷的计算。图 12 – 35 所示是我国北方冬季室内外温度情况,可见室外温度的波动幅度远小于室内外的温差。因此,目前采暖热负荷的计算方法是:

$$HLQ = K_{\text{wall}} F_{\text{wall}}(t_{\text{a, out}} - t_{\text{a, in}}) \tag{12 – 40}$$

式中:HLQ——热负荷,W;

　　　K_{wall}——围护结构的传热系数,W/(m·K)。

　　　$t_{\text{a, out}}$——冬季室外空气计算温度,对于空调系统采用每年不保证 1 天、采暖系统为每年不保证 5 天的最低日平均温度,℃;

　　　$t_{\text{a, in}}$——室内计算温度,℃。

在计算内围护结构传热产生的冷负荷时,由于空调房间隔墙、楼板、内窗、内门等内围护结构的温差较稳定,所以通过温差传热而产生的冷负荷可视作稳定传热,采用稳态计算方法,但具体计算公式因邻室室温而有差别,如果邻室为通风良好的非空调房间,可采用以下公式计算:

$$CLQ = K_{\text{in}} F_{\text{in}}(t_{\text{out, m}} + \Delta t - t_{\text{a, in}}) \tag{12 – 41}$$

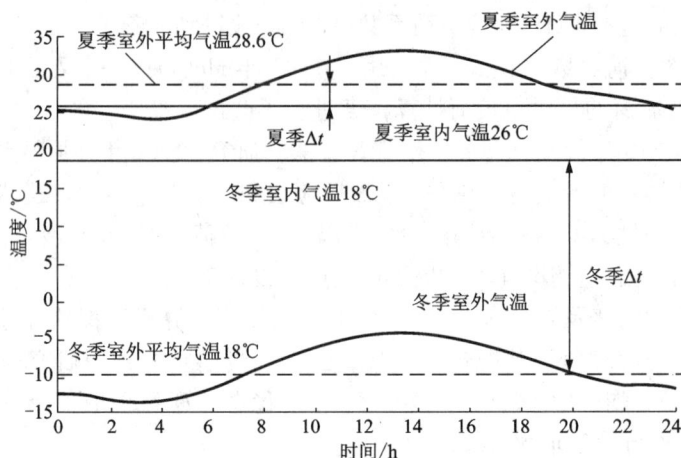

图 12 - 35   冬夏季室内外温差比较

式中：CLQ——内围护结构的冷负荷，W；

K_{in}——内围护结构的传热系数，W/（$m^2 \cdot K$）；

F_{in}——内围护结构的传热面积，m^2；

$t_{out,m}$——夏季空调室外计算日平均温度，采用每年不保证 5 天的最低日平均温度，℃；

Δt——附加温升，℃；

$t_{a,in}$——室内计算温度，℃。

但是在计算夏季外围护结构和内扰引起的冷负荷时却不能采用日平均温差的稳态算法，否则可能导致完全错误的结果。这是因为尽管夏季日间的瞬时室外温度可能要比室内温度高很多，但夜间却有可能低于室内温度，因此与冬季相比，室内外平均温差并不大，但波动的幅度却相对比较大，传热温差与室外温度波动在一个数量级，见图 12 - 37。如果采用日平均温差的稳态算法，则可能导致冷负荷计算结果偏小，甚至还会出现相反的计算结果。另一方面，如果采用逐时室内外温差，忽略围护结构的衰减延迟作用，则会导致冷负荷计算结果偏大。

2.动态计算法

当围护结构的传热得热和室内热源散热得热是随时间而变化时，即需要采用动态的负荷计算方法才能减少计算误差。动态负荷计算需要重点解决两个问题，一是求解围护结构的不稳定传热，二是求解得热与负荷的转换关系。

在求解围护结构的不稳定传热时，常用积分变换的方法，将不稳定传热的复杂函数转换成一个新的较简单的形式，从而求出解析解。它的原理是：对常系数的线性偏微分方程进行积分变换，如傅立叶变换或拉普拉斯变换，使函数呈现为较简单的形式，以求出解析解。然后，再对变换后的方程解进行逆变换，以获得最终解。

采用傅立叶变换还是拉普拉斯变换取决于方程与定解条件的特点。对于板壁围护结构的不稳定传热问题的求解，可采用拉普拉斯变换。通过拉普拉斯变换，可以把偏微分方程变换成常微分方程，把常微分方程变换为代数方程，使求得解析解成为可能。

拉普拉斯变换求解获得的是一种传递矩阵或 s–传递函数的解的形式，即以外扰(如室外温度变化或围护结构外表面热流)或内扰(如室内热源散热量)作为输入 $I(\tau)$，输出量 $O(\tau)$ 为板壁表面热流量或室内温度的变化，因此，传递函数 $G(s)$ 为：

$$G(s) = \frac{\int_0^\infty O(\tau) e^{-s\tau} d\tau}{\int_0^\infty I(\tau) e^{-st} d\tau} = \frac{O(s)}{I(s)} \qquad (12-42)$$

积分变换

其中 $I(s)$ 和 $O(s)$ 分别为输入量 $I(\tau)$ 和输出量 $O(\tau)$ 的拉普拉斯变换。传递函数 $G(s)$ 仅由系统本身的特性决定，而与输入量、输出量无关，因此可以通过输入量和传递函数求得输出量，见图 12–36。

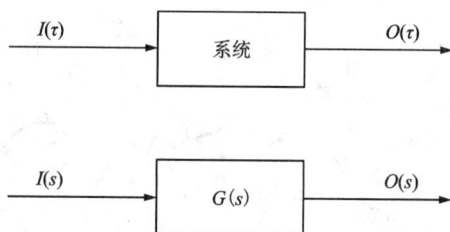

图 12–36　传递变函数与输入量、输出量的关系

采用拉普拉斯变换法求解建筑负荷的前提条件是其热传递过程应可以采用线性常数微分方程描述，也就是说，系统必须为线性定常系统。而对于普通材料的物性参数变化不大，可近似看作是常数。因此，采用传递函数求解是可行的。但如果材料的物性参数随温度或时间有显著变化，这样的围护结构传热过程就不能采用拉普拉斯变换法求解。

由于系统的传递函数只取决于系统本身的特性，因此建筑的材料和形式一旦确定，就可求得其围护结构的传递函数。但对于所输入的边界条件来说，无论是室外气温还是壁面热流都很难用简单的函数来描述，所以不易直接用传递函数求得输出函数。但线性定常系统具有以下特性：

①可应用叠加原理对输入的扰量和输出的响应进行分解和叠加；

②当输入扰量作用的时间改变时，输出响应的时间也发生变化，但输出响应的函数不会改变。

基于上述特征，可把输入量分解或离散为简单函数，再利用变换法进行求解。这样求出的单元输入响应呈简单函数形式。然后再把这些单元输入的响应进行叠加，得出实际输入量连续作用下的系统输出量，这样就可以采用手工计算求得建筑物的冷热负荷。因此，变换法求解围护结构的不稳定传热的过程，需要经历三个步骤，即：

①边界条件的离散和分解。

②求解单元扰量的响应。

③把单元扰量的响应进行叠加和叠加积分求和。

对输入边界条件的处理不同，变换法求解的方法也不同。目前对边界条件处理的主要方

法有:

①把边界条件进行傅立叶级数展开。例如把室外空气综合温度看成是在一段时期内的以 T 为周期的不规则周期函数,利用傅立叶级数展开,将其分解为一组以 $\dfrac{2\pi}{T}$ 为基频的简谐波函数。

一般来说,截取级数的前几阶就能很好地逼近原曲线,其结果足以满足工程设计的精度要求,见图 12-37。对于一年的室外空气温度的变化,也可展开为傅立叶级数之和,但需要截取比较高的阶数才能较好地逼近原曲线。

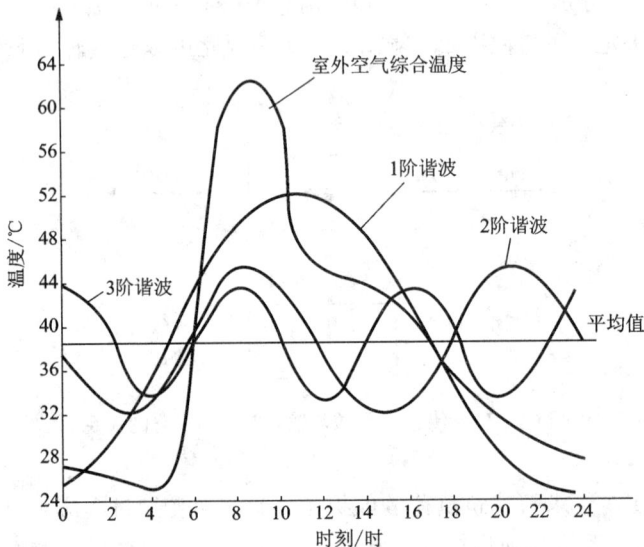

图 12-37 24 h 室外空气综合温度的傅立叶级数分解

②把边界条件离散为等时间间隔的、按时间序列分布的单元扰量。对于一条给定的扰量曲线,可以用多种方法离散,例如离散为等腰三角波、矩形波、脉冲分布函数等,见图12-38。由于这种离散方式不需要考虑扰量是否呈周期变化,因此适用于各种非规则的内外扰量。

对输入的边界条件进行分解或离散后,就可以求解系统对单位单元扰量的响应了。谐波反应法是基于傅立叶级数分解的,反应系数法是基于时间序列离散发展出来的计算法。

谐波反应法适用于扰量呈周期性变化的情况,因而只用于围护结构和周期性变化的内扰的冷负荷计算。与谐波法相比,冷负荷系数法不考虑扰量是否呈周期性变化,因而适用于各种扰量形成的负荷计算和模拟。人体、照明、设备等室内内扰所引起的得热,它们常以无规则形式变化,因而适用反应系数法。

为简化负荷计算过程,在理论推导和工程应用时都做了以下条件的设定:

①划分围护结构的类型。由于房间围护结构的热惰性影响着房间空调冷负荷的数值,所以,一般按围护结构热惰性的大小划分三种类型,以便分别给出放热衰减度或冷负荷系数。

②假定各围护结构内表面所接受的太阳辐射热量的百分比不随时间而变化。

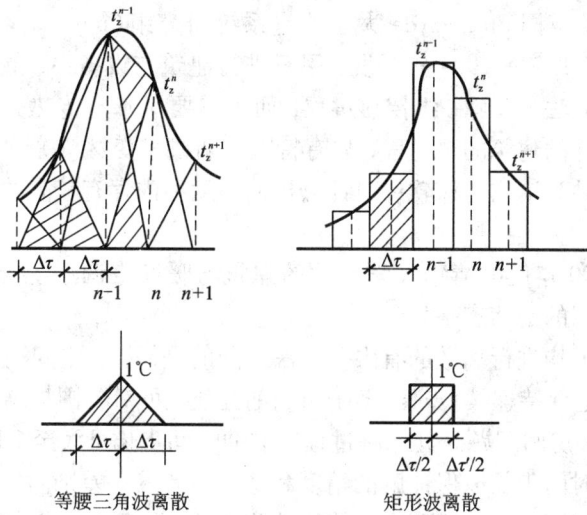

图 12 - 38　对过界条件的离散

③在计算围护结构冷负荷时不考虑因内扰的作用而造成的实际进入室内的导热量的变化。

④给定典型房间的几何尺寸。

除以上条件外，冷负荷系数法还给定了各围护结构内表面所接受的内扰(照明、人体显热等)辐射成分的百分比。

3.模拟分析软件

大多数的建筑负荷的模拟计算程序均是基于动态的计算方法，模拟在变化的室外参数作用下建筑物空间的负荷情况。各国根据自己的特点及要求编制了计算机建筑能耗模拟的程序。自 20 世纪 60 年代末，美国的电力和燃气公司开发了一些以小时为步长的模拟建筑负荷的计算机模拟程序，如 CATE。尽管还是基于稳态计算，但毕竟使人们看到了大型建筑全年能耗模拟分析的重要性。此后逐渐出现了美国的 DOE - 2、BLAST、EnergyPlus 及英国的 ESP、日本的 HASP 和中国的 DeST 等可用于全年建筑冷负荷计算的计算机建筑能耗模拟软件。这些软件已经被用于建筑热过程分析、建筑能耗评价、建筑设备系统能耗分析和辅助设计。

(1)DOE - 2。

由美国能源部主持，由劳伦斯伯克利国家实验室(lawrence berkeley national laboratory, LBNL)等若干美国著名的实验室开发的大型软件，于 1979 年首次发布，是目前国际上应用最普通的建筑全年逐时能耗模拟商用软件。该程序使用反应系数法计算全年逐时的建筑物负荷。在已知模拟地区的全年逐时气象参数的输入情况下，该软件可以输出数百个逐时能耗能数，以及数十个月累计、年累计能耗参考指标。其中冷热负荷模拟中，假定室内温度恒定，可不考虑房间之间的相互影响。由于反应系数截取的项数有限，因此在模拟厚重墙体时误差较大。

（2）ESP。

ESP（ESP - r）是由英国 Strathclyde 大学能量系统研究组（university of strathclyde，energy system research unit）于 1977—1984 年开发，用于进行建筑与设备系统能耗动态模拟的软件。负荷算法采用有限差分法，求解一维传热过程，而不需要对基本传热方程进行线性化，因此可模拟具有非线性部件的建筑的热过程，如有特隆布墙或相变材料等物性材料的建筑。采用的时间步长通常以分钟为单位。该软件对计算机的速度和内存有较高的要求。

（3）DeST。

DeST 是 20 世纪 90 年代由清华大学开发的建筑与暖通空调系统分析和辅助设计软件，其中负荷模拟部分采用的是状态空间法。

与在时间和空间上均进行离散的有限差分法不同的是，状态空间法的求解方法是在空间上进行离散，但时间上保持连续。对于多个房间的建筑，可对各围护结构和空间列出方程联立求解，因此可处理多房间问题。其求解过程所取的时间步长可大至 1 h，小至数秒，与有限差分法只能取较小的时间步长以保证解的精度和稳定性有较大差别。但状态空间法与反应系数法和谐波反应法的相同之处是均要求系统线性化，不能处理相变墙体材料、变表面换热系数、变物性等非线性问题，不同之处是在处理厚重墙体与地下空间壁面传热方面有优势。

该程序能在建筑描述、室外气象数据和室内扰量以及室内要求温湿度给定的情况下，动态模拟出该建筑的全年逐时自然室温和采暖、空调系统负荷等的变化情况。

（4）EnergyPlus。

EnergyPlus 是美国劳伦斯伯克利国家实验室（lawrence berkeley national laboratory）于 20 世纪 90 年代开发的商用、教学研究用建筑热模拟软件。负荷计算采用的是状态空间法。

复习思考题

1. 室内热湿环境的形成及其受到的影响主要有哪些？
2. 解释概念：①得热量；②冷负荷；③热负荷。
3. 简述建筑维护结构对太阳辐射的作用及室内得热。
4. 解释什么是室外空气综合温度。
5. 分析有效辐射的现象。
6. 分析湿传递的过程及后果。
7. 绘图分析负荷与得热的关系。
8. 分析冬季、夏季的空气渗透。
9. 在建筑结构中，为什么要考虑窗户的经济面积？
10. 利用自然通风的作用原理，分析热压作用下自然通风的进排现象。
11. 分析热量衰减和延迟的原因。
12. 空调系统送风量的确定原则是什么？
13. 简述负荷计算的方法原理。绘图并计算：500 mm 厚的砖墙，外侧有 65 mm 石棉水泥隔热板保温层。已知两侧空气参数如下：室外侧 $t_{a, out} = 18℃$、$\varphi_{a, out} = 50\%$、水蒸气分压力为 1.03 kPa；室内侧 $t_{a, in} = -20℃$、$\varphi_{a, in} = 75\%$、水蒸气分压力为 0.077 kPa。计算并作图说明墙体是否结露？已知室内和室外侧表面换热系数分别是 $h_{in} = 8.7$ W/（m² · K）和 $h_{out} =$

23.3 W/(m²·K)，石棉水泥板和砖墙的导热系数分别是 0.093 W/(m·K)和 0.81 W/(m·K)。

14. 设置楼间距的依据是什么？

15. 为什么我国规定围护结构的传热阻不得小于最小传热阻？

16. 从节能角度分析，在相同面积的情况下，正方形平面与长方形平面何者有利？

17. 从建筑的围护结构设计到空调负荷的计算，谈谈我们如何做到更好的建筑节能？

第13章 建筑空气环境控制

13.1 建筑室内空气污染控制方法

目前由于建筑装饰的日趋高档，各种装饰材料、化工产品、家用电器和办公设备的大量使用，现代建筑密闭性的增加，使室内空气质量受到了严重影响。为此，对建筑室内空气污染加以控制已成为当务之急。

为了有效控制室内污染、改善室内空气质量，需要对室内污染全过程有充分的认识。

室内空气污染物由污染源散发，在空气中传递，当人体暴露于污染空气中时，污染就会对人体产生不良影响。室内空气污染控制可通过以下三种方式实现：①源头治理；②通新风稀释和合理组织气流；③空气净化。下面分别从这三个方面进行介绍。

13.1.1 室内污染源的控制

1. 使用绿色环保建筑材料和装饰材料

使用非绿色建筑材料和装饰材料会释放大量有害物质，成为室内空气最主要的污染源之一，因此，在建筑材料和装饰材料的选择上，应考虑选用有害物含量低的绿色环保材料。

2001 年 12 月 29 日，国家质量监督检验检疫总局和国家标准化管理委员会联合发布了室内装饰装修材料有害物质限量 10 项强制性国家标准。该标准从 2002 年 1 月 1 日起实施，2002 年 7 月 1 日起停止销售不符合这 10 项标准的产品。这 10 项强制性国家标准包括：人造板及其制品、内墙涂料、溶剂型木器涂料、胶黏剂、地毯衬垫及地毯用胶黏剂、壁纸、木家具、聚氯乙烯卷材地板、混凝土外加剂、建筑材料放射性核元素等。

在装修中，除了采用符合上述标准的材料外，在木材的选择上应尽量采用原木木材；花岗岩氡的检出率较高，应谨慎使用；有条件使用羊毛地毯的，应尽量避免使用化纤地毯。

2. 改进和完善厨房的通风设施

室内燃料燃烧及烹饪油烟是室内空气的另一污染源。目前家庭常用的燃料以天然气最为清洁，煤的污染最严重，但不管何种燃料，燃烧后都会产生污染。良好的厨房通风系统能及时将燃烧生成物和烹饪油烟排至室外，以避免扩散到室内其他空间，污染室内空气环境。选择质量好的厨房灶具，对其及时进行清理，都能提高燃料的燃烧效率，从而降低有害物的产生。新近开发研制的一些灶具能有效降低氮氧化合物的排放。厨房通风设施所采用的脱排油烟机和换气扇，应采用流量大、吸力强的产品，灶具一旦开启，就应立刻使用，在燃烧结束后，再让其运行 10 分钟，以最大限度地减少污染。平时注意及时清洗脱排油烟机和换气扇，以保证其正常运行。

3. 良好的室内活动和化工产品的慎用

人的某些不良嗜好是影响室内空气质量的重要因素，比如吸烟。主动吸烟或被动吸烟对室内空气的污染和对人体健康的影响，已为人们所知。有人吸烟的房间，空气质量不易得到保证，为保证室内空气质量，室内应禁烟。公共场所应考虑设立吸烟区，家庭居室内吸烟，应在厨房通风设备处。

此外，由于人体本身就是污染源之一，人体排出新陈代谢废弃物主要是通过呼吸、汗液、大小便等方式。人体呼吸排出的有害物有 149 种，主要有二氧化碳、一氧化碳、甲醇、苯、甲苯、苯胺、二硫化碳、二甲胺、硫化氢、砷化氢等，汗液中有 151 种有害物，而且人体排泄物还会造成异味。人体运动强度越大，新陈代谢速率就越快，呼吸及汗液排放量就越大，此时有害物的排放也会增加，所以应尽量避免在室内做剧烈运动。呼吸道传染病患者通过说话、咳嗽、打喷嚏等活动，能将病原微生物通过飞沫传播给他人，采用适当的方式将他们隔离能减少疾病的传播。

化妆品、空气清新剂、杀虫剂、清洗剂、地板蜡等室内化工用品，含有对人体有害的化学成分，因此，尽量减少在室内使用这些化工用品，有助于室内空气质量的改善。

4. 正确选择建筑物的基地

建筑物在建造前，应了解该处地面和地基的污染情况，避免建筑物建在已受污染的地面和地基上。

有些地区是放射性物质的高本底地区，在这些地区的建筑物内，很容易渗入氡引起室内放射性污染，因此要注意对底层房间建筑构造的密封，对各种管线的孔洞也要及时封埋。我国部分城市地铁的氡浓度控制较好，与地铁内墙铺有质密材料是分不开的。

13.1.2　通风稀释和合理组织气流

通新风是改善室内空气质量的一种行之有效的方法，其本质是提供人所必需的氧气并用室外污染物浓度低的空气来稀释室内污染物浓度高的空气。

美国标准 ASHRAE 62 和欧洲标准 CEN CR 1752 中，给出了感知空气质量不满意率和新风量的关系，见图 13-1。可见，随着新风量的加大，感知室内空气质量不满意率下降。考虑到新风量加大时，新风处理能耗也会加大，因此，针对实际应用中采用的新风量会有所不同。

室内新风量的确定需要从以下几方面考虑。

1. 以氧气为标准的必要换气量

必要新风量应能提供足够的氧气，满足室内人员的呼吸要求，以维持正常的生理活动。

人体对氧气的需求量主要取决于能量代谢水平。人体处于积极活动状态下所需的氧气约为 $0.423~\mathrm{m^3/(h \cdot 人)}$，通过第 3 章表 3-5 的内容可估算出人体处于不同情况下的耗氧量。由此可见，单纯呼吸氧气所需的新风量并不大，一般通风情况下均能满足此要求。

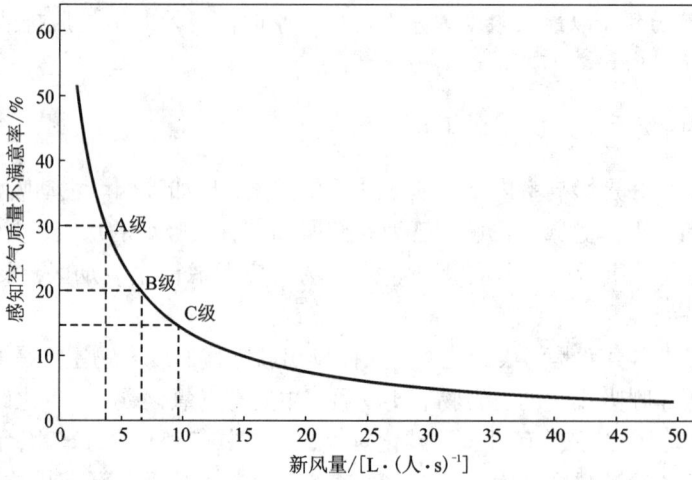

图 13 – 1 感知空气质量不满意率和新风量的关系

2. 以室内 CO_2 允许浓度为标准的必要换气量

人体在新陈代谢过程中排出大量的 CO_2，而且 CO_2 浓度与人体释放的污染物浓度有一定关系，故 CO_2 浓度常作为衡量指标来确定室内空气的新风量。人体 CO_2 发生量与人体表面积和代谢情况有关。不同活动强度下人体 CO_2 的发生量和所需新风量见表 13 – 1。

表 13 – 1 不同活动强度下人体 CO_2 的发生量和所需新风量/$[m^3 \cdot (h \cdot 人)^{-1}]$

活动强度	CO_2发生量 $[m^3 \cdot (h \cdot 人)^{-1}]$	不同 CO_2 允许浓度		
		0.1%	0.15%	0.2%
静坐	0.014	20.6	12	8.5
极轻	0.017	24.7	14.4	10.2
轻	0.023	32.9	19.2	13.5
中等	0.041	58.6	34.2	24.1
重	0.075	107	62.3	44.0

3. 以消除臭气为标准的必要换气量

人体会释放体臭。体臭释放和人所占有的空气体积、活动情况、年龄因素有关。国外有关专家通过实验测试，在保持室内臭气指数为 2 的前提下得出了不同情况下所需的新风量，见表 13 – 2。稀释少年体臭的新风量，比成年人多 30% ~ 50%。

表 13 – 2　除臭所需新风量

设备		每人占有气体体积 /(m³·人⁻¹)	新风量/[m³·(h·人)⁻¹]	
			成人	少年
无空调		2.8	42.5	49.2
		5.7	27.0	35.4
		8.5	20.4	28.8
		14.0	12.0	18.6
有空调	冬季	5.7	20.4	—
	夏季	5.7	<6.8	—

4. 以满足室内空气质量国家标准的必要换气量

室内可能存在污染源，为使室内空气质量达到《室内空气质量标准》GB/T 18883—2002 的国家标准，需通新风换气。换气次数需要多少，需根据室内空气污染源的散发强度、室内空间大小和室外新风的空气质量情况以及新风的过滤能力等确定。

通风通常有自然通风和机械通风两种形式。机械通风有全空间通风和局部空间通风（包括个体通风）两种形式。

13.1.3　空气净化

空气净化是指从空气中分离和去除一种或多种污染物，实现这种功能的设备称为空气净化器。使用空气净化器，是改善室内空气质量、创造健康舒适的室内环境十分有效的方法。目前空气净化的方法包括过滤器过滤、吸附净化法、紫外灯杀菌、臭氧净化方法、催化氧化、等离子体和植物净化，它们的特点和问题可参见表 13 – 3。

表 13 – 3　主要空气净化技术比较

技术	去除污染物	现有文献结论汇总	问题
过滤	颗粒物	对粒径范围为 0.1 ~ 4 的颗粒物具有显著的效果。对于单独的过滤器而言，其并不能消除 VOCs，除非额外复合活性炭之类的物质	可能会滋生微生物，带来二次污染
吸附	VOCs、甲醛、臭氧、NO_x、SO_x 和 H_2S 等	吸附是对室内空气污染物有效的去除方式	大部分研究只停留在短期作用，缺乏长期的寿命检测与分析。与 O_3 反应可产生异味和超细颗粒污染

续表 13 - 3

技术	去除污染物	现有文献结论汇总	问题
紫外杀菌	微生物	紫外杀菌对细菌、病毒和霉菌都具有很好的杀灭和抑制作用,但去除效果强烈依赖于光强、作用时间等影响因素	可能产生 O_3 和 NO_x
臭氧氧化	臭气	臭氧可消除臭气,而且臭氧的存在会增强 VOCs 的催化氧化	臭氧易与室内其他气体发生氧化还原反应,产生有害物质,如超细颗粒等
催化氧化	VOCs、NO_x、SO_x、H_2S 等	大部分还限于实验室研究,其表面光催化氧化可降低绝大部分室内污染物(例如苯系物、甲醇、甲醛等)	光催化氧化 VOCs 会产生有害副产物,如甲醛、乙醛等,其部分副产物对人体有害
等离子体	VOCs 和微生物等	等离子体技术可以消除空气中的大部分 VOCs 和微生物污染,但同时会产生有害副产物(如 O_3),因此等离子体空气净化如不对有害副产物做特别处理,并不适用于室内空气净化	可能产生 O_3、NO_x 和其他二次污染。此外,耗能高
植物净化	VOCs	对 VOCs 的去除效率很低	会产生一些微生物污染;所提供的洁净空气量(CADR)往往很低,制约其在室内环境中的应用

13.2　建筑空气环境控制技术

13.2.1　室内空气环境控制方法概述

1. 室内空气环境的基本要求

室内空气环境质量是决定居住者健康、舒适的重要因素,人们一般对室内空气环境存在如下基本要求:

①满足室内人员对新鲜空气的需要。即使是在有空调的房间,如果没有新风的保证,人们长期处于密闭的环境内,也容易产生胸闷、头晕、头痛等一系列病状,形成"病态建筑综合征"。因此,必须保证对房间的通风,使新风量达到一定的要求,才能保证室内人员的身体健康。

②保证室内人员的热舒适。研究表明,人员的热舒适和室内环境有很大关系。经过一定处理(除热、除湿)的空气,通过空调系统送到室内,可以保证室内人员对温度、湿度、风速等的要求,从而满足人员对热舒适的要求。

③保证室内污染物浓度不超标。室内空气污染物的来源多种多样,有从室外带入的污染物,如工业燃烧和汽车尾气排放的 NO_2、SO_2、臭氧等;有室内产生的污染物,如室内装饰材料散发的挥发性有机化合物、人体新陈代谢产生的 CO_2、家用电器产生的臭氧以及厨房油烟

等其他污染物。室内污染源还可以散发到空间各处,在室内形成一定的污染物分布。大量的污染物在空间存在,会对人体健康产生不利影响。

符合上述基本要求的室内空气环境,通常需要合理的通风气流组织来营造。所谓通风,是指把建筑物室内污浊的空气直接净化后排至室外,再把新鲜的空气补充进来,从而保持室内的空气环境符合卫生标准。好的通风系统不仅要能够给室内提供健康、舒适的环境,而且应使初投资和运行费用都比较低。因此根据室内环境的特点和需求,采取最恰当的通风系统和气流组织形式,实现优质高效运行,是室内空气环境营造最重要的内容。

2. 常见的营造方法

室内空气环境常见的营造方法从实现机理上分为自然通风和机械通风两种。

(1)自然通风。

自然通风无需耗用能量,系统简单,容易实现,虽受到室外气象条件、建筑结构和布局的制约,不易人为控制,但由于上述优点,仍被广泛地应用于工业与民用建筑的通风中。

空气流过窗孔,相当于流过一个局部构件,两侧压降即局部阻力损失 ΔP 可用下式表示:

$$\Delta P = \xi \frac{v^2}{2} \rho \tag{13-1}$$

式中: ΔP——窗孔两侧的压力差, Pa;

v——空气流过窗孔时的流速, m/s;

ρ——空气的密度, kg/m³;

ξ——窗孔的局部阻力系数。

上式可改写为:

$$v = \sqrt{\frac{2\Delta P}{\xi \rho}} = \mu \sqrt{\frac{2\Delta P}{\rho}} \tag{13-2}$$

式中: μ——窗孔的流量系数, $\mu = \sqrt{\dfrac{1}{\xi}}$, μ 值的大小与窗孔的构造有关,一般小于1。

通过窗孔的空气量为:

$$Q = vF = \mu F \sqrt{\frac{2\Delta P}{\rho}} \tag{13-3}$$

$$G = \rho Q = \mu F \sqrt{2\Delta P \rho} \tag{13-4}$$

式中: F——窗孔的面积, m²;

Q——空气体积换气量, m³/s;

G——空气质量换气量, kg/s。

式(13-4)中的 μF 又称有效面积。从式(13-4)可以看出,在窗孔面积 F 一定的情况下,通过窗孔的空气流量取决于窗孔两侧的压差 ΔP,即取决于窗孔两侧的动力源 ΔP。自然通风中常见的动力源有热压和风压,下节将分别介绍。

(2)机械通风。

相对于自然通风,机械通风是指利用机械手段(风机、风扇等)产生压力差来实现空气流动的方式。机械通风和自然通风相比,最大的优点是可控制性强。通过调整风口大小、风量等因素,可以调节室内的气流分布,达到比较满意的效果。

机械通风从实现方法上又大致分为稀释法、置换法和局域保障法三类，根据不同的实现方法，形成了多种不同的通风形式。稀释法基于均匀混合的原理，用于保障整个空间的空气环境，由此产生了混合通风的形式；置换法基于活塞风置换的原理，主要保障工作区的空气环境，由此产生了置换通风的形式；局域保障法基于按需求保障的原理，主要保障有需求的局部区域的空气环境，在送风方面产生了个性化通风的形式，此外还产生了局部排风等形式。稀释法、置换法和局域保障法这三种基本的室内环境营造方法将在13.2.3～13.2.5节介绍。

13.2.2　自然通风

1. 热压作用下的自然通风

某建筑物如图13-2所示，在外围护结构的不同高度上设有窗孔 a 和 b，两者的高差为 h。假设窗孔外的静压力分别为 P_a、P_b，窗孔内的静压力分别为 P_a'、P_b'，室内外的空气温度和密度分别为 t_n、ρ_n 和 t_w、ρ_w。由于 $t_n > t_w$，所以 $\rho_n < \rho_w$。

根据流体静力学原理，窗孔 b 的内外压差为：

图13-2　热压作用下自然通风

$$
\begin{aligned}
\Delta P_b &= (P_b' - P_b) \\
&= (P_a' - gh\rho_n) - (P_a - gh\rho_w) \\
&= (P_a' - P_a) - gh(\rho_w - \rho_n) = \Delta P_a + gh(\rho_w - \rho_n)
\end{aligned}
\tag{13-5}
$$

式中：ΔP_a、ΔP_b——窗孔 a 和 b 的内外压差，$\Delta P > 0$，该窗孔排风，$\Delta P < 0$，该窗孔进风；

　　　g——重力加速度，$\mathrm{m/s^2}$。

由于 $\rho_n < \rho_w$，所以有 $gh(\rho_w - \rho_n) > 0$，由此不可能有 $\Delta P_a > 0$ 且 $\Delta P_b < 0$，则应有如下三种情况：

①$\Delta P_a > 0$ 且 $\Delta P_b > 0$，此时窗孔 a 和 b 均排风，不满足室内空气的质量守恒，故不成立。

②$\Delta P_a < 0$ 且 $\Delta P_b < 0$，此时窗孔 a 和 b 均进风，不满足室内空气的质量守恒，故不成立。

③$\Delta P_a < 0$ 且 $\Delta P_b > 0$，此时窗孔 a 进风，窗孔 b 排风，只有这种情况是成立的。

根据公式(13-5)有：

$$
\Delta P_b + (-\Delta P_a) = \Delta P_b + |\Delta P_a| = gh(\rho_w - \rho_n)
\tag{13-6}
$$

式(13-6)表明，进风窗孔和排风窗孔两侧压差的绝对值之和与两窗孔的高度差 h 和室内外的空气密度差 $\Delta\rho = (\rho_w - \rho_n)$ 有关，通常把 $gh(\rho_w - \rho_n)$ 称为热压。如果室内外没有空气温度差或者窗孔之间没有高差，就不会产生热压作用下的自然通风。实际上，如果只有一个窗孔也仍然会形成自然通风，这时窗孔的上部排风，下部进风，相当于两个窗孔紧挨在一起。

热压作用下的空气
流动和气温分布

2. 余压的概念

为便于后续分析，把热压作用下窗孔内外的压差称为该窗孔的余压。在仅有热压作用时，窗孔内外的压差即为窗孔内的余压，如该窗孔的余压为正，则窗孔排风；

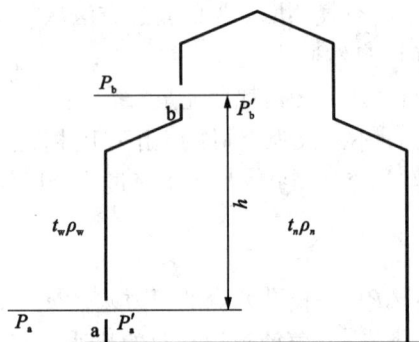

如该窗孔的余压为负,则窗孔进风。

$$\Delta P_x = P_{xa} + gh(\rho_w - \rho_n) \tag{13-7}$$

式中:ΔP_x——某窗孔的余压,Pa;

　　　P_{xa}——窗孔 a 的余压,Pa;

　　　h——窗孔 a 与某窗孔的高差,m。

如果以窗孔 a 作为基准,任何窗孔的余压等于窗孔 a 的余压和该窗孔的热压之和,当室内外密度不随高度变化时,余压与高度成正比,为线性关系。在热压作用下,余压沿建筑物高度的变化如图 13-3 所示。余压值从进风窗孔 a 的负值逐渐增大到排风窗孔 b 的正值,因此在窗孔 a 和窗孔 b 之间,必然存在余压为 0 的水平面,该水平面称为中和面。在中和面上,室内外压差为 0,如果在中和面上开窗孔,则其通过该窗孔的自然通风量为 0。

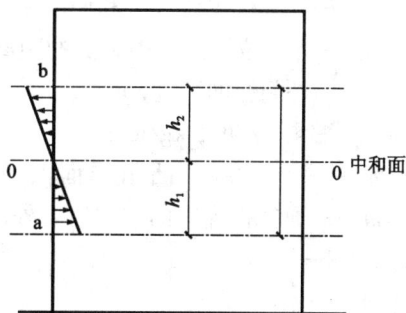

图 13-3　余压沿房间高度的变化

如果把中和面作为基准面,窗孔 a 的余压为:

$$P_{xa} = P_{x0} - h_1(\rho_w - \rho_n)g = -h_1(\rho_w - \rho_n) \tag{13-8}$$

窗孔 b 的余压为:

$$P_{xb} = P_{x0} + h_2(\rho_w - \rho_n)g = h_2(\rho_w - \rho_n)g \tag{13-9}$$

式中:P_{x0}——中和面的余压($P_{x0} = 0$),Pa;

　　　h_1、h_2——窗孔 a、b 至中和面的距离,m。

上式表明,某一窗孔余压的绝对值与中和面至该窗孔的距离有关,中和面以上的窗孔余压为正,中和面以下的窗孔余压为负。

对于多层和高层建筑,在热压作用下室外冷空气从下部门窗进入,被室内热源加热后由内门窗缝隙渗入走廊或楼梯间,在走廊和楼梯间形成了上升气流,最后从上部房间的门窗渗出到室外。

无论是楼梯间还是在门窗处的热压均可认为是沿高度线性分布的,见图 13-4。沿高度方向有一个分界面,上部空气渗出,下部空气渗入。这个分界面即上述的中和面,中和面上既没有空气渗出,也没有空气渗入。如果沿高度方向上的门窗缝隙面积均匀分布,则中和面应位于建筑物或房间高度的 1/2 处。如果外门窗上的小中和面移出了门窗的上下边界,则该外门窗就是在全面向外渗出或全面向内渗入空气。

对于结构比较简单的多层建筑,如图 13-4 所示,可以通过以下方程近似求得第 i 层通过外门窗渗入的空气总量,即渗入量与渗出量的差:

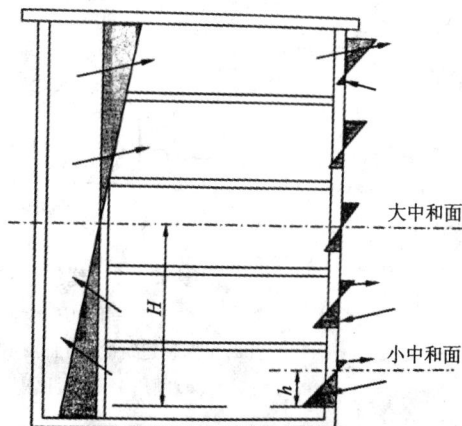

图 13-4　多层建筑的热压引起的空气渗透

$$L_a^i(\text{total}) = F_d^i \left[\frac{(\rho_{\text{out}}^i - \rho_1^i) H^i g}{\left(1 + \dfrac{1}{m^{1.5}}\right)} \right]^{1/1.5} \tag{13-10}$$

第 i 层通过外门窗进入到房间的室外空气净渗入量为：

$$L_a^i = F_d^i \frac{h^i}{Z^i} [(\rho_{\text{out}}^i - \rho_{\text{in}}^i) h^i g]^{1/1.5} \tag{13-11}$$

式中：H——计算位置到大中和面的距离，在中和面下面为正，在上面为负，m；

      h——计算位置到小中和面的距离，在中和面下面为正，在上面为负，m；

      Z——外门窗的高度，m；

      ρ——空气密度，kg/m³；

      F_d——外门窗的当量孔口面积，m³/(h·Pa$^{1/1.5}$)；

      m——通往楼梯间的内门窗与外门窗的当量孔口面积之比；

下标：out——室外；

      in——室内；

      i——楼层；

      l——楼梯间。

3. 风压作用下的自然通风

室外气流吹过建筑物时，气流将发生绕流。在建筑物附近的平均风速随建筑物高度的增加而增加。迎风面的风速和风的湍流度对气流的流动状况和建筑物表面及周围的压力分布影响很大。

从图 13-5 可以看出，由于气流的撞击作用，迎风面静压力高于大气压力，处于正压状态。在一般情况下，风向与该平面的夹角大于 30°时，会形成正压区。

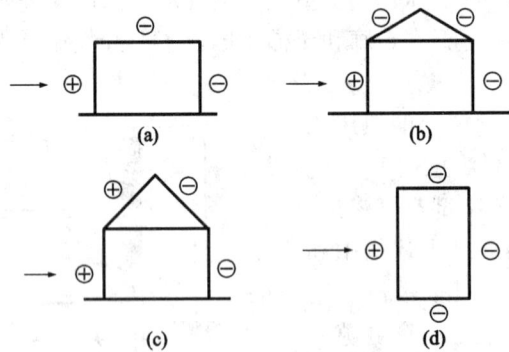

图 13-5　建筑物在风力作用下的压力分布

⊕—附加压力为正；⊖—附加压力为负

(a)平屋顶建筑(立剖面)；(b)倾角 30°坡屋顶建筑(立剖面)；

(c)倾角 45°坡屋顶建筑(立剖面)；(d)建筑平面图

室外气流发生建筑绕流时，会在建筑物的顶部和后侧形成旋涡。屋顶上部的涡流区称为回流空腔，建筑物背风面的涡流区称为回旋气流区。根据流体力学原理，这两个区域的静压力均低于大气压力，形成负压区，它们统称为空气动力阴影区。空气动力阴影区覆盖着建筑物下风向各表面(如屋顶、两侧外墙和背风面外墙)，并延伸一定距离，直至基本恢复平行流动的尾流。

由于室外空气流动造成的建筑物各表面相对未扰动气流的静压力变化，即风的作用在建筑物表面所形成的空气静压力变化，称为风压。

在建筑物四周由风力产生的空气静压力变化所附加的压力 P_f 可用下式计算：

$$P_f = K \frac{v_w^2}{2} \rho_w \quad (\text{Pa}) \tag{13-12}$$

式中：K——空气动力系数；

v_w——室外空气速度，m/s；

ρ_w——室外空气密度，kg/m^3。

其中，空气动力系数 K 主要与未受扰动来流的角度相关，在较复杂情况下需要通过风洞实验来确定不同位置的值。空气动力系数可正可负，K 为正时，表示该处的压力比大气压力高了 P_f；反之，负值表示该处的压力比大气压力减少了 P_f。

建筑在风压作用下，具有正值风压的一侧为进风，而在负值风压的一侧为排风，这就是在风压作用下的自然通风。自然通风量与正压侧和负压侧的开口面积、风力大小有关。假设建筑物在迎风的正压侧有窗，当室外空气进入建筑物后，建筑物内的压力水平就升高，最后与迎风式侧的压力一致。而如果在正压侧和负压侧都有门窗，就能形成贯通室内的空气流，这种自然通风模式称为穿堂风，如图 13-6 所示。

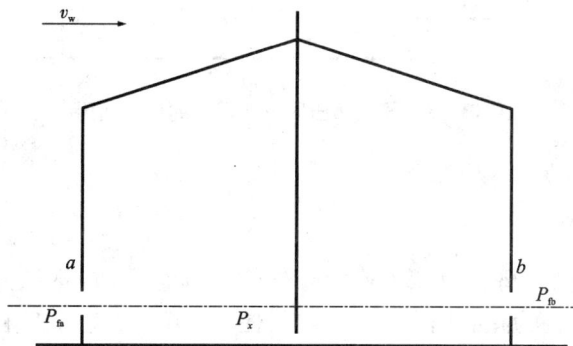

图 13-6　风压作用下的自然通风

4. 风压、热压同时作用下的自然通风

热压与风压共同作用下的自然通风可以认为是它们的代数叠加。也就是说，某一建筑物受风压、热压同时作用时，外围护结构各窗孔的内、外压差就等于风压、热压单独作用时窗孔与外压差之和。

对于图 13-7 所示的建筑，窗孔 a 的内外压差为：

$$\Delta P_a = P_{xa} - K_a \frac{v_w^2}{2} \rho_w \tag{13-13}$$

风压和热压的联合作用

窗孔 b 的内外压差为：

$$\Delta P_b = P_{xb} - K_b \frac{v_w^2}{2}\rho_w = P_{xa} + hg(\rho_w - \rho_n) - K_b \frac{v_w^2}{2}\rho_w \qquad (13-14)$$

式中：P_{xa}——窗孔 a 的余压，P_a；

　　　P_{xb}——窗孔 b 的余压，P_a；

　　　K_a、K_b——窗孔 a 和 b 的空气动力系数；

　　　h——窗孔 a 和 b 之间的高差，m。

　　由于室外风的风速和风向经常变化，不是一个可靠的稳定因素。为了保证自然通风的设计效果，在实际计算时通常仅考虑热压的作用，风压一般不予考虑。但是必须定性地考虑风压对自然通风的影响。

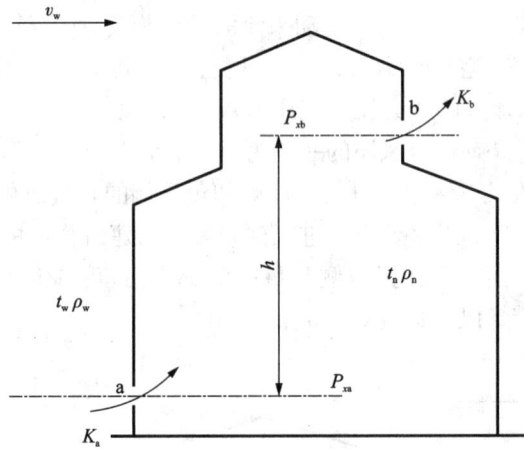

图 13 - 7　风压热压同时作用下的自然通风

5. 自然通风的优缺点

　　自然通风因利用自然的驱动力，不需要额外的动力资源，成本低廉，运行简单，而得到广泛应用。实际上到目前为止我国大多数的农村住宅、城市住宅及工业厂房等依然采用这种通风方式。但自然通风也存在如下缺点。

　　(1) 驱动力的不稳定性。

　　自然通风的驱动力来源于热压和风压作用。很明显，当室内外温度差减小时，自然通风量将减少。因此在夏季或过渡季节经常会出现自然通风量不足的情况。另外，由于风速和风向也随时间和季节变化，受周围地形地貌及周边建筑分布的强烈影响，不易控制且不稳定，很难保证获得稳定的通风量，因此，在要求通风量需要维持稳定的场合，这种通风方式就不适合了。增加通风口的面积可以在一定程度上解决通风量不足的问题，但通风量过大又可能会受到室外噪音等的不利影响。

　　(2) 提供的静压偏小。

　　与机械式通风相比，无论是室内外温度差还是风压作用，其所提供的静压头在一般情况下都不大。因此，为保证必要的通风量，就需要尽量减少系统的全压损失，比如说通过降低风速来减少动压，但这样又会增加过流面积，为获得相同的风量，自然通风的风道一般要比机械式通风所占空间大，这对于空间使用受限制大的建筑会造成应用上的困难。总之，自然通风对通风通路有更严格的要求，更适合于气流阻力较小的狭小建筑。

另外，由于提供的静压小，在通风口处对室外空气进行处理就需要慎重。像过滤器的安装、预热送风、热回收装置的设置等措施的采用会受到很大的限制。冬季室内、外温差可能达到30℃以上，冷空气不经处理从开口处进入室内后下降易形成局部的热不舒适问题。

13.2.3　稀释法

1. 稀释原理与稀释方程

所谓稀释原理，即向对象空间送入某种被控空气物理量含量低的空气与空间中含量较高的空气充分混合，以达到该物理量含量满足生活和工艺要求的目的。传统的建筑通风主要依据的就是稀释原理。

假设一个容积为 V 的空间内存在一个等价的送风口和一个等价的回风口，空气在此空间内均匀混合，设广义污染物散发速率为 $\dot{m}$，在通风前广义污染物的浓度为 C_1，经过 τ 时间后空间内广义污染物的浓度变为 C_2，送风中广义污染物的浓度是 C_s，通风量是 Q，则根据质量守恒可得：

$$V\frac{\mathrm{d}C}{\mathrm{d}\tau} = QC_s + \dot{m} - QC \qquad (13-15)$$

初始条件为：$\tau = 0$，$C = C_1$。

上述方程的解为：

$$C_2 = C_1\exp\left(-\frac{Q}{V}\tau\right) + \left(\frac{\dot{m}}{Q} + C_s\right)\left[1 - \exp\left(-\frac{Q}{V}\tau\right)\right] \qquad (13-16)$$

上式称为稀释方程。可以看出，被稀释空间内广义污染物的浓度按照指数规律增加或者减少，其增减速率取决于 Q/V，该值的大小反映了房间通风变化规律，如图 13-8 所示。当 $\tau \to \infty$ 时，空间内污染物浓度 C_2 趋于稳定值 $\left(C_s + \dfrac{\dot{m}}{Q}\right)$。

有时候我们希望计算稳定混合通风条件下所需要的通风量：

$$Q = \frac{\dot{m}}{C_2 - C_s} \qquad (13-17)$$

说明通风量和污染物散发量 $\dot{m}$、控制浓度 C_2 和送风中的污染物浓度 C_s 有关，和污染物的初始浓度无关。

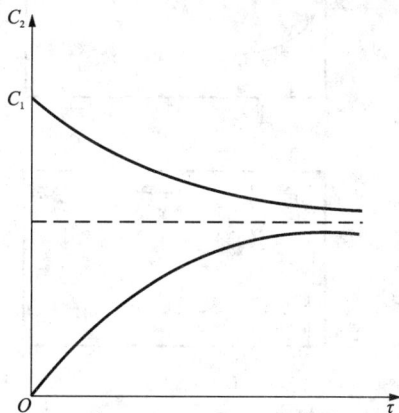

图 13-8　污染区浓度随通风时间的变化曲线

2. 稀释法常见送回风形式

传统的通风空调方式大都采用混合通风，经过处理的空气以较大的速度送入房间内带动室内空气与之充分混合,使得整个空间温度趋于均匀一致,与此同时,室内的污染物被"稀释",但是到达工作区的空气已远不如送风口处的那样新鲜。在各种室内空气环境的营造方法中,混合通风得到了极其普遍的应用,如普通办公室、会议室、商场、厂房、体育场馆类高大空间等。

混合通风的送风口形式多种多样,通常要按照空间的要求,对气流组织的要求和房间内部装饰的要求加以选择。常见的送风口类型主要有:喷口、百叶风口、条缝风口、散流器(方形、圆形和盘形)、旋流风口以及孔板等。混合通风常见的送风口形式如图 13 - 9 所示。

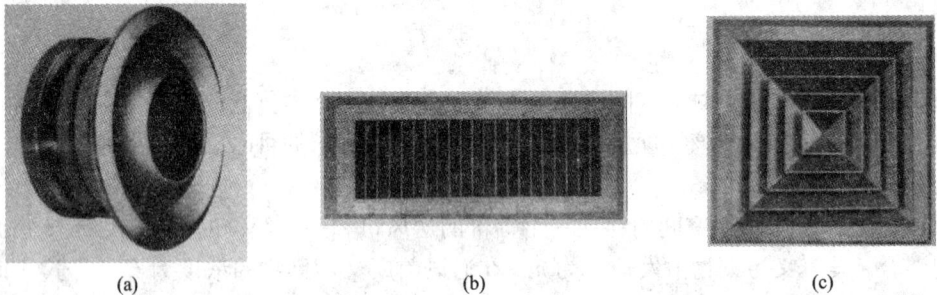

图 13 - 9　混合通风常见的送风口类型
(a)喷口风口;(b)条缝风口;(c)散流器

决定空间气流组织的因素主要包括送风口位置、送风口类型、送风量、送风参数等。常见的混合通风的气流组织形式如图 13 - 10 所示。

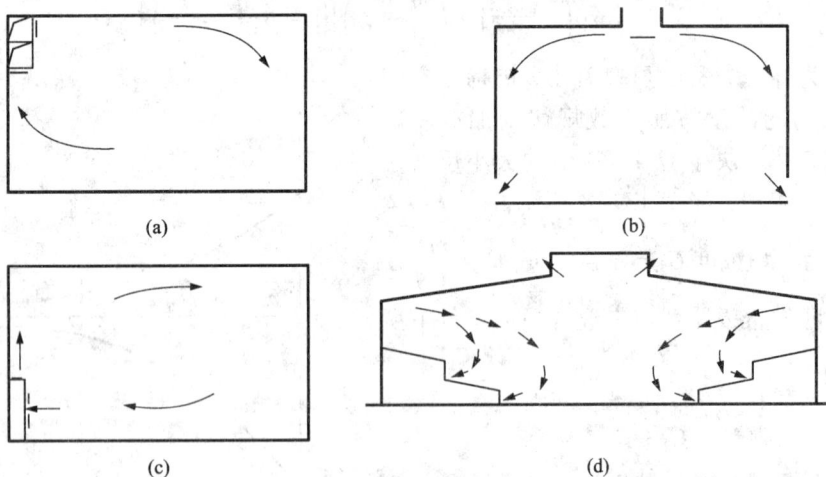

图 13 - 10　常见混合通风的气流组织形式
(a)上送上回;(b)上送下回;(c)下送下回;(d)侧送上、下回(体育馆)

图 13 - 10(a)中所列的典型混合通风为上送上回形式,其特点是可将送(回)风管道集中于空间的上部。由空间上部送入空气、由下部排出的"上送下回"送风形式[图 13 - 10(b)]也是传统的基本形式之一。上送下回气流分布形式的送风气流不直接进入工作区,有较长的

与室内空气掺混的距离,能够形成比较均匀的温度场和速度场。实际上,常用的还有下送下回[图 13 – 10(c)]及侧送上、下回[图 13 – 10(d)]等多种送回风形式。从上述介绍可以看出混合通风多为上送风形式。

虽然混合通风的适用范围很广,但是存在一定的缺点。为了消除整个空间的热湿负荷、降低污染物浓度等,混合通风需要对整个空间的污染物进行稀释处理,所以通常采用大风量高风速送风,送风速度随着风量和负荷的增加而增加。而考虑到人员的舒适性及某些场所的工艺要求,有时会希望室内的温差能尽量小,风速能尽量低;此外,室内污染物被稀释的同时,到达工作区的空气已远不如送风口处的那样新鲜,这就使得人们开始着手研究能解决这些矛盾的其他通风形式。下面将对另一种典型的通风形式——置换通风进行详细介绍。

13.2.4　置换法与置换通风

置换通风是将处理后的新鲜空气以很低的速度送入工作区的底部,并在地板上形成一层较薄的空气湖。空气湖是由较凉的新鲜空气扩散而成的,室内的热源产生向上的对流气流,新鲜空气遇到热源,被加热,密度减小,从而会随着对流气流向室内上部流动,形成室内流动的主导气流,排风口设置在房间的顶部,将污染空气排出,送风口送入的新鲜空气温度通常低于室温 2 ~ 4℃,置换通风的送风速度极低,通常为 0.03 ~ 0.2 m/s,通风的流态如图 13 – 11 所示。

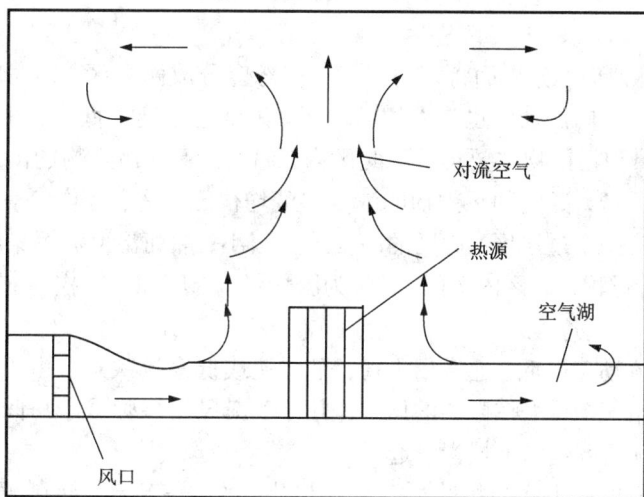

图 13 – 11　置换通风的流态

由于送风的动量很低,对室内的主导气流具有很小的影响,热源引起的热对流气流会使室内产生垂直的温度、浓度、梯度,在这种情况下排风温度高于室内工作温度。置换通风系统对室内环境有如下特点。

①室内温度、浓度呈层状分布。

置换通风利用空气的密度差在室内形成自下而上的空气流动,送来的冷空气由于受到热源上升气流的卷吸作用、后续新风的推动作用和排风口的抽吸作用,形成自然对流射流。在自然对流射流的初始阶段,它是靠送入气流 L_s 补偿对流射流的卷吸量 L_r,此时 $L_r < L_s$。L_r 是上升高度的函数,随上升高度的增加而增加,达到 $L_r = L_s$ 时的高度 Z 称为分界面高度,超过此分界面后 $L_r > L_s$,即送风已不能满足对流射流卷吸量,所不足的量只能靠自身由顶棚回返的量补偿,如图 13 – 12 所示。

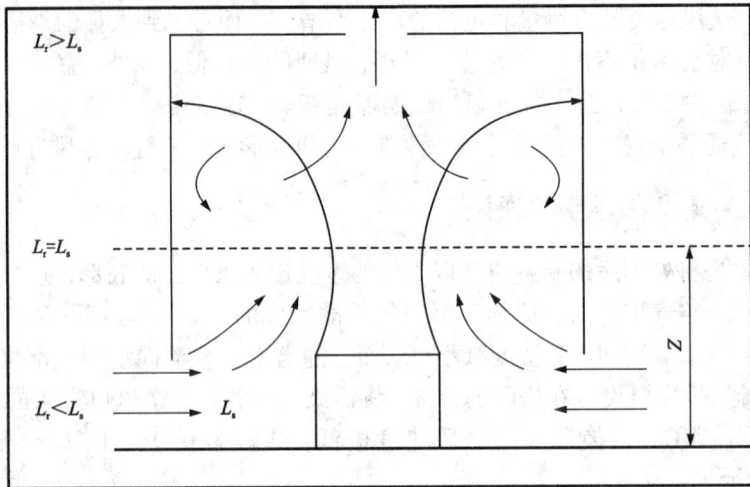

置换通风实例

图 13 – 12　置换通风的热力分层

因此,在稳定状态时,分界面将室内空气在流态上分成两个区,即底层单向流动区和上部紊流混合区。底层单向流动区也是人的活动区,污染物浓度最低,空气的品质最好;顶部的紊流混合区,余热和污染物主要集中于此区内,温度最高,污染物的浓度也最高。然而无论在下部还是上部区域,温度和污染物的浓度梯度均很低,整个区均匀平和。在单向流动区和紊流混合区之间有一个过渡区,此区的高度虽然很小,然而温度和污染物的浓度梯度却很大,空气的主要温升过程在此区内实现,被称为温跃层。温度和污染物的浓度分布如图 13 – 13 所示。

②室内空气的流动速度低,速度场平稳,呈层流或低紊流状态。由于以微风速送风,送风区内无大的室内空气流动,在微弱的压差作用下,新风慢慢弥漫于房间的底部区域,吸收余热,再以自然对流的方式向上慢慢升起。

③污染物在人停留区不横向扩散。由于室内无大的空气流动,污染源不会横向扩散,而被上升的气流直接携带到上部的非人活动区。

④相对于混合通风,置换通风的节能体现为:送风温差小,送风温度高,处理新风所需的能耗降低约 20%;送风温度高,过渡季节免费取冷时段增加约 50%,带来全年供冷能耗降低约 10%;由于送风温度高,冷水机组的蒸发温度提高,能耗降低约 3%;由于仅需考虑人员停留区的负荷,上部区域负荷可不必考虑,设计计算负荷可减少 10% ~ 40%。综上所述,置换通风所需的能耗比混合通风减少 20% ~ 30%。两种通风方式的比较如表 13 – 4 所示。

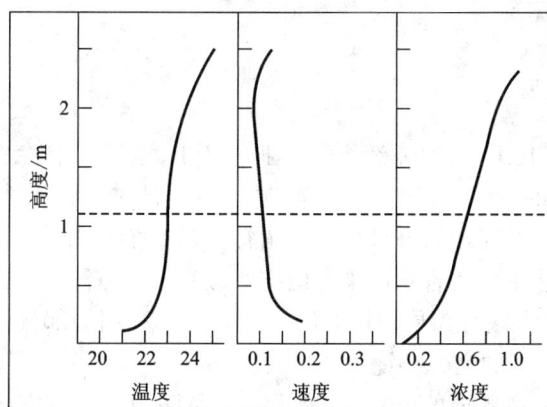

图 13-13　置换通风的温度、速度及污染物浓度分布图

表 13-4　两种通风方式的比较

项目	混合通风	置换通风
目标	全室温湿度均匀	工作区舒适性
动力	流体动力控制	浮力控制
机理	气流强烈参混	气流扩散浮力提升
措施 1	大温差、高风速	小温差、低风速
措施 2	上送下回	下送上回
措施 3	风口湍流系数大	送风湍流小
措施 4	风口参混性好	风口扩散性好
流态	回流区为湍流区	送风区为层流区
分布	上下均匀	温度浓度分层
效果 1	消除全室负荷	消除工作区负荷
效果 2	空气品质接近于回风	空气品质接近于送风
换气效率	<50%	50% ~67%
通风效率	<100%	120% 或更高

　　正是由于以上置换通风的高效和合理性，使得它在剧场、体育馆和办公楼等大型空间场所得到了广泛的应用。它的合理性体现在两个方面：一是原理的合理性，置换通风系统很好地利用了气体热轻冷重的自然特性和污染物自身的浮升特性，通过自然对流达到空气调节的目的；二是结果的合理性，置换通风系统空气分层的特点，将余热和污染物锁定于人的头顶之上，使人的停留区保持了良好的空气品质。

13.2.5　局域保障法

1.局域保障法的原理

在诸如冶金、建材、化工、纺织、造纸等工业生产中,生产设备会在车间局部地点产生大量的余热、余湿、尘杂和有害气体等工业有害物,如不加以控制,将危及工作人员的身体健康,也会影响正常的生产过程。如果只是采用稀释法对整个车间进行通风换气,相应的通风设备和能耗就很大。防止工业有害物污染室内空气最有效的方法就是在有害物产生地点直接捕集、处理和排除,这种方法称为局部排除法。其方法是利用局部气流,使局部工作地点不受有害物的污染,形成良好的空气环境。

局域保障法的特点是所需要的风量小、效果好,是防止工业有害物污染室内空气和改善作业环境最有效的通风方法,设计时应优先考虑。

局域保障法包括局部送风和局部排除。

2.局部送风

局部送风是向局部工作地点送风,使局部地带形成良好的空气环境。局部送风系统有系统式和分散式两种。如图 13－14 所示是铸造车间浇筑工段系统式局部示意图。空气经集中处理后送入局部工作区。分散式局部送风一般使用轴流风扇或风扇,直接将室内空气吹向作业地带,通风空气在室内循环使用。

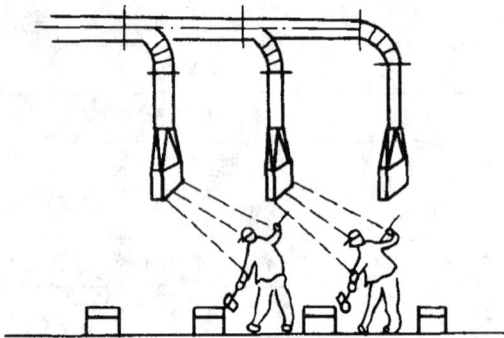

图 13－14　系统式局部送风系统示意图

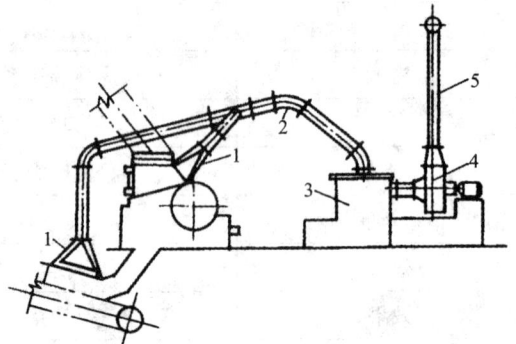

图 13－15　局部排风系统示意图

1—局部排风罩；2—风管；3—净化设备；4—风机；5—烟囱

3.局部排除

局部排除是在热、湿、尘杂和有害气体产生地点直接把它们捕集起来,以控制有害物在室内的扩散和传播。设计完善的局部排除系统能在不影响生产工艺和操作的情况下,用较小的排风量获得最佳的有害物排除效果,保证室内工作区有害物浓度不超过国家卫生标准的要求。

局部排风系统的结构如图 13－15 所示,它由以下几部分组成:

①局部排风罩。局部排风罩是用来捕集有害物的。它的性能对局部排风系统的技术经济

指标有直接影响。性能好的局部排风罩,如密闭罩,只需较小的风量就可以获得良好的工作效果。由于生产设备和操作的不同,排风罩的形式多种多样。

②风管。主要是输送含尘或有害气体,并把通风系统中的各种设备或部件连成一个整体。为了提高系统的经济性,应合理选定风管中的气体流速,管路应力求短、直。风管通常用表面光滑的材料制作,如薄钢板、聚氯乙烯板,有时也用混凝土、砖等材料。

③除尘或净化设备。为了防止大气污染,当排出的空气中有害物量超过排放标准时,必须用除尘或净化设备处理,达到排放标准后,才能排入大气。

④风机。主要是向机械排风系统提供空气流动的动力。为了防止风机的磨损和腐蚀,一般把它放在净化设备的后面。

⑤排气筒或烟囱。使有害物排入高空稀释扩散,避免在不利地形、气象条件下,有害物对厂区或车间造成二次污染,并保护居住区的环境卫生。

局部排风系统各个组成部分虽功能不同,但却互相联系,每个组成部分都必须设计合理,才能使局部排风系统发挥应有的作用。

下面分述几种常用的局部排风罩。

(1)密闭罩。

密闭罩的工作原理是把有害物源密闭起来,利用抽风在罩内形成一定的负压,保证在一些观察孔或缝隙处从外向里进风,防止粉尘等有害物向外逸出(图13-16)。设计正确、密闭良好的密闭罩用较小的排风量就能获得良好的效果。

(2)柜式排风罩。

柜式排风罩如图13-17所示,它的结构形式与密闭罩相似,只是罩的一面全部或部分敞开。图

图 13-16 密闭罩

13-17(a)是小型通风柜,操作人员可把手伸入罩内工作,如化学实验室用的通风柜。图13-17(b)是大型通风柜,操作人员直接进入柜内工作,它适用于喷漆、粉状物料装袋等生产工艺。

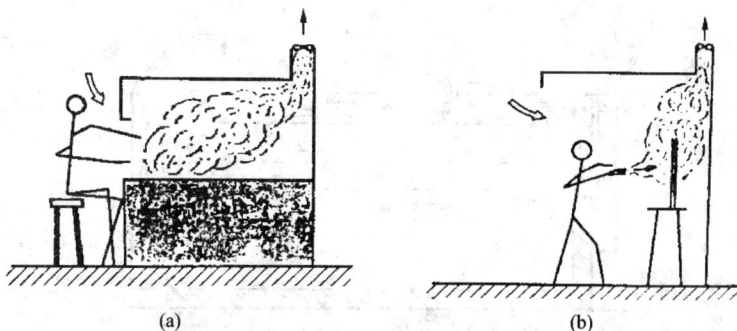

(a)   (b)

图 13-17 柜式排风罩

(a)小型通风柜;(b)大型通风柜

(3)外部吸气罩。

由于工艺条件限制，生产设备不能密闭时，可把排风罩设在有害物源附近，依靠风机在罩口造成的抽吸作用，在有害物发散地点形成一定的气流运动，把有害物吸入罩内。这类排风罩统称为外部吸气罩，如图13－18所示。当污染气流的运动方向与罩口的吸气方向不一致时，需要较大的排气量。

(4)接受式排风罩。

有些生产过程或设备本身会产生或诱导一定的气流运动，带动有害物一起运动，如高温热源上部的对流气流及砂轮磨削时抛出的磨屑及大颗粒粉尘所诱导的气流等。对于这种情况，应尽可能地把排风罩设在污染气流前方，让它直接进入罩内。这类排风罩称为接受罩，如图13－19所示。

图13－18　外部吸气罩

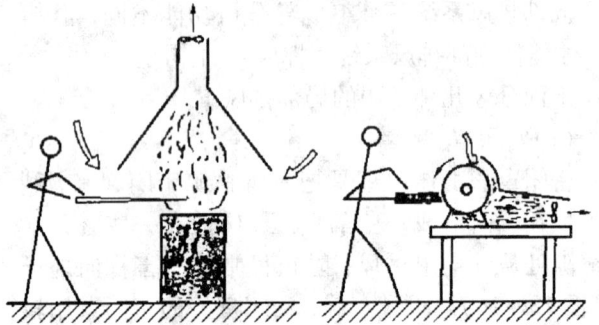

图13－19　接受式排风罩

(5)吹吸式排风罩。

吹吸式排风罩简称吹吸罩，在设计时需要考虑到吸气口口腔气流的速度衰减很快，而吹气气流的气幕作用距离较长的特点，在槽面的一侧设喷口喷出气流，而另一侧为吸气口，吸入喷出的气流以及被气幕卷入的周围空气和槽面污染气体。这种吹吸气流共同作用的排风罩被称为吹吸罩。图13－20所示为气幕式吹吸罩的结构形式。

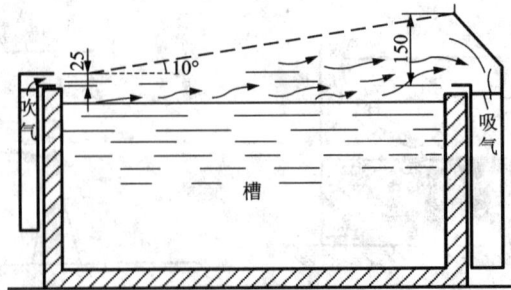

图13－20　气幕式吹吸罩及其气流分布

13.3　建筑空气环境评价指标

13.3.1　室内空气环境的评价指标

在一定的送回风形式下,建筑内部空间会形成某种具体的风速分布、温度分布、湿度分布、污染物浓度分布,有时又称为风速场(或流场)、温度场、湿度场、污染物浓度场,这些统称为气流组织。

根据通风(空调)的目的,可从三个方面来描述和评价气流组织:一是描述送风有效性的参数,主要反映送风能否有效到达考察区域以及到达该区域的空气新鲜程度;二是描述污染物排除有效性的参数,主要反映污染物到达考察区域的程度以及到达该区域所需要的时间;三是与热舒适关系密切的有关参数。当然,如果室内空气充分混合,那么就可以用一个集总的参数对房间的通风效果进行总体评价。虽然这仅是一种特例,但对气流组织的评价具有一定的参考价值。

气流组织的描述参数可以作为气流组织好坏的评价指标。这些指标对气流组织的设计有着重要的指导意义。设计者可以通过评价指标的好坏,来调整送风位置、送风量等条件,使室内的气流分布满足要求。

1. 理想稀释与置换时的描述参数

(1)理想稀释时的描述参数。
①换气次数。
前面章节中介绍过稀释方程,从方程解的表达式可以发现,被稀释空间内广义污染物的浓度按照指数规律变化,其变化速率取决于 Q/V,该值的大小反映了房间通风的变化规律,可将其定义为换气次数:

$$n = Q/V \qquad (13-18)$$

式中:n——空间的换气次数,次/h;
　　　Q——通风量,m^3/h;
　　　V——房间容积,m^3。

换气次数是衡量空间稀释情况好坏,也就是通过稀释达到的混合程度的重要参数,同时也是估算空间通风量的依据。对于确定功能的空间,比如建筑房间,可以通过查相应的数据手册找到换气次数的经验值,根据换气次数和体积来估算房间的通风换气量。
②名义时间常数。
名义时间常数定义为房间容积 V 与通风量 Q 的比值:

$$\tau_n = V/Q \qquad (13-19)$$

式中:τ_n——空间的名义时间常数,s;
　　　Q——通风量,m^3/s。

名义时间常数在表达式上是换气次数的倒数(注意二者的单位不同),同样能用于评价空间稀释情况的好坏。

（2）理想活塞流时的描述参数。

理想活塞流的示意图如图 13 – 21 所示，在理想活塞流情况下，送入的空气将完全占有原来位置上的空气，二者之间不发生质量和能量交换，此时，与理想稀释情况相比，污染物在空间的分布规律和气流组织的描述参数将具有不同的特点。

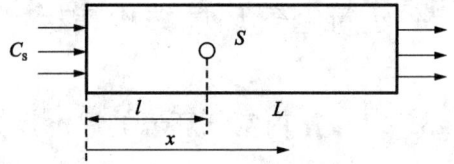

图 13 – 21 理想活塞流通风示意图

①理想活塞流时的污染物分布规律。

如图 13 – 21 所示，活塞通风量为 Q，对应的断面风速为 v。假设空间初始浓度为 C_0，染物浓度为 C_s，距离为 l 处存在强度为 S 的污染源，断面污染物分布均匀，此时空间中污染物的分布只沿 x 方向变化，根据理想活塞流通风的原理，可得空间任意点 P 处污染物浓度 $C_p(x, t)$ 分布的表达式如下：

当 $0 \leqslant x < l$ 时：

$$C_p(x,\ t) = \begin{cases} C_0,\ 0 \leqslant t \leqslant \dfrac{x}{v} \\ C_s,\ t > \dfrac{x}{v} \end{cases} \tag{13-20}$$

当 $l \leqslant x \leqslant L$ 时：

$$C_p(x,\ t) = \begin{cases} C_0 & 0 \leqslant t < \dfrac{x}{v} \\ C_0 + \dfrac{S}{Q} & \dfrac{x-l}{v} < t \leqslant \dfrac{x}{v} \\ C_S + \dfrac{S}{Q} & t > \dfrac{x}{v} \end{cases} \tag{13-21}$$

简言之，在活塞流下，当无污染源时，下游的浓度等于上游浓度；当有污染源时，污染源仅影响下游浓度，而不影响上游浓度。

②换气次数和名义时间常数。

由于在理想活塞流时，各断面空气流通面积相等，气流通过流道的时间等于流道长度除以气流速度。因此换气次数和名义时间常数可分别表示为：

$$n = Q/V = 3600v/L \tag{13-22}$$

$$\tau_n = V/Q = L/V \tag{13-23}$$

式中：v——理想活塞流时的空气流速，m/s；

L——理想活塞流通道长度，m。

2. 送风有效性的描述参数

（1）空气龄。

空气龄是指空气进入房间到房间内某点所经历的时间，它定量描述了送风空气替换房间原有空气的快慢。空气龄分为房间平均空气龄和局部（某一测点）空气龄。最新鲜的空气应该是在送风口的入口处，如图 13 – 22 所示，入口处的空气龄为零，年龄最大的空气龄应该处于房间的死角，此处空气不易得到替换。而在空气中流动的某点 A 的空气龄，则介于这两者之间。

对于室内气流分布情况以及空气出、入口不十分确定的自然通风房间的空气龄，常采用示踪气体浓度自然衰减方法测定得到。假定初始的示踪气体含量为 100%，由于通风换气，其浓度将随时间而下降。浓度百分数与时间的关系曲线与坐标所围的面积，就是反映该点的空气新鲜程度（图 13-23），为此，对于某一测点 A，定义其空气年龄为曲线下面积与初始浓度之比，其表达式为：

$$\tau_A = \frac{\int_0^\infty C(\tau)\mathrm{d}\tau}{C_0(\tau)} \tag{13-24}$$

式中：C_0——A 点的初始浓度；

　　　$C(\tau)$——瞬时浓度。

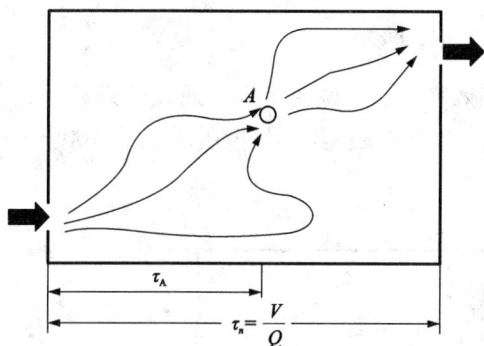

图 13-22　室内某点空气龄示意图

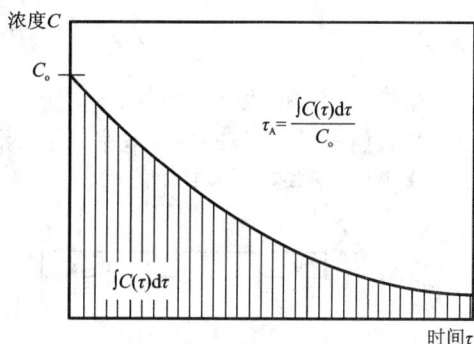

图 13-23　浓度衰减曲线

上式可以理解为浓度为 0 的新鲜空气替换初始浓度为 C_0 的测点 A 所需的时间，也就是测点 A 具有浓度 C_0 的寿命时间。

室内空气的平均空气龄为：

$$\bar{\tau} = \frac{\int_0^\infty \tau C_p(\tau)\mathrm{d}\tau}{\int_0^\infty C_p(\tau)\mathrm{d}\tau} \tag{13-25}$$

式中：C_p——排出空气浓度。

置换室内全部现存空气的时间 τ_r（即驻留时间，或称为换气时间）是室内平均空气龄的 2 倍，即：

$$\tau_r = 2\bar{\tau} \tag{13-26}$$

需要说明的是，房间的送风和气流组织有三种典型的方式。一种是所谓的活塞流（单向流），空气入口处的空气最新鲜，出口处的最为陈旧，这种方式的房间平均空气龄为出口处的 1/2（参见图 13-24）；另一种是完全混合流，此时室内平均浓度就等于排风口处的浓度。这两种情况都是比较极端的。而介于这两种情况之间的是非完全混合流，这种流动的空气入口处的空气也最为新鲜，而出口处的空气龄则要高于房间平均的空气龄，在气流的死角处，空气最为陈旧。只有在如图 13-24 所示的单向流送风时，其换气时间 $\tau_r = \tau_n$，其他情况都是 $\tau_r > \tau_n$。

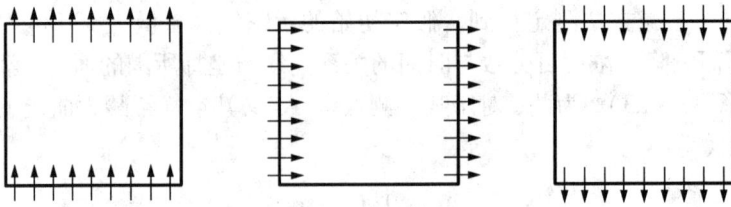

图 13 - 24　单向流通风示意图

（2）换气效率。

理论上最短的换气时间 τ_n 与实际驻留时间 τ_r 之比定义为换气效率。即：

$$\varepsilon = \frac{\tau_n}{\tau_r} \times 100\% = \frac{\tau_n}{2\tau} \times 100\% \qquad (13-27)$$

根据换气效率的定义式可知，$\varepsilon \leqslant 100\%$。换气效率越大，说明房间的通风效果越好。典型通风形式（图 13 - 25）的换气效率如下：活塞流，$\varepsilon = 100\%$；全面孔板送风，$\varepsilon \approx 100\%$；单风口下送上回，$\varepsilon = 50\% \sim 100\%$。

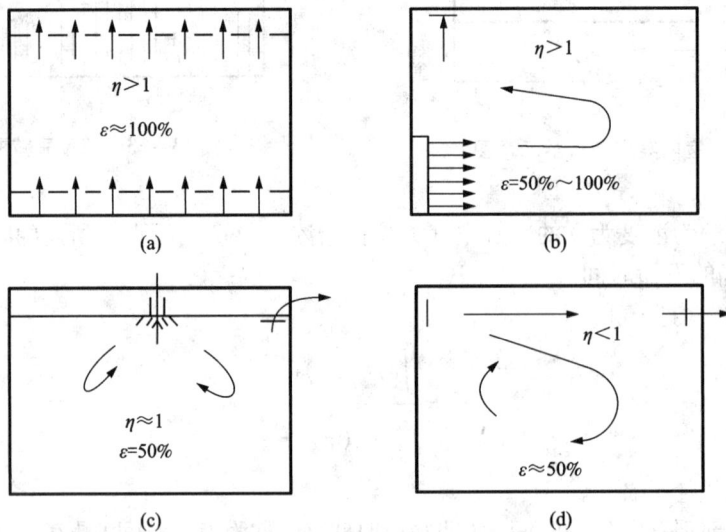

图 13 - 25　不同通风方式下的换气效率和余热排除效率
（a）近似活塞流；（b）下送上回；（c）顶送上回；（d）上送上回

（3）送风可及性。

为评价短时间内的送风有效性，清华大学于 2003 年提出了送风可及性（accessibility of supply air，ASA）的概念，它能反映送风在任意时刻到达室内各点的能力。

假设通风系统送风中包含某种指示剂（例如某种污染物或者示踪气体），并且室内没有该指示剂的发生源，那么室内空气会逐渐含有这种送风指示剂。送风可及性的定义式为：

$$ASA(x, y, z, T) = \frac{\int_0^T C(x, y, z, \tau)\,\mathrm{d}\tau}{C_s T} \qquad (13-28)$$

式中：$ASA(x, y, z, T)$——无量纲数，在时段 T 时，室内位置为 (x, y, z) 处的送风可及性；

$\quad\quad\quad C(x, y, z, T)$——在时刻 τ 室内 (x, y, z) 处的指示剂浓度 C_s——送风的指示剂浓度；

$\quad\quad\quad T$——从开始送风所经历的时段，也就是用于衡量通风系统动态特性的有限时段，s。

送风可及性反映了在给定的时间内从一个送风口送入的空气到达考察点的程度，它是一个不大于 1 的正数。可及性的数值越大，反映该风口对 (x, y, z) 点的贡献越大。根据可及性的物理意义，稳态下，也就是时间无限长时，可及性反映的是在向室内的全部送风中，单独风口的贡献所占的比例。也容易推知，稳态下所有风口对 (x, y, z) 点的可及性之和等于 1。图 13-26 展示的是一个典型上送下回的混合通风环境，其送风可及性随时间的演变过程见图 13-27。

送风可及性只与流场相关，当流动形式确定时，可及性也相应确定。当室内没有某种组分的源存在时，那么由该组分在各风口的输入速率及相应的可及性即可预测室内该组分的动态的输运过程。

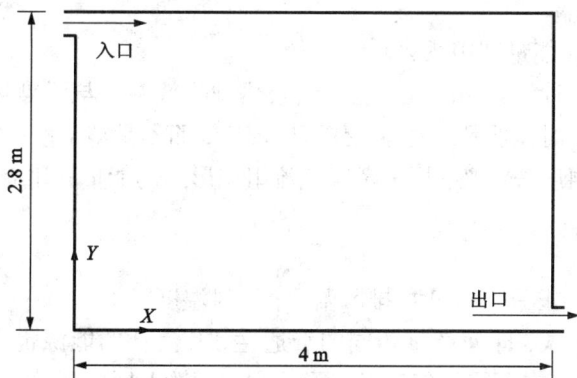

图 13-26　通风房间示意图

3. 污染物排除有效性的描述参数

(1)排污效率(通风效率)。

排污效率为排风口排出的污染物浓度 C_e 与室内平均浓度 $\overline{C}$ 之比：

$$E = \frac{C_e}{\overline{C}} \qquad (13-29)$$

在进口空气带有相同的污染物时，记入口浓度为 C_s，则此时排污效率定义式为：

$$E = \frac{C_e - C_s}{\overline{C} - C_s} \qquad (13-30)$$

排污效率是衡量稳态通风性能的指标，它表示送风排除污染物的能力。对相同的污染物，在相同的送风量时能维持较低的室内稳态浓度，或者能较快地将室内初始浓度降下来的气流组织，那么它的排污效率高。影响排污效率的主要因素是送排风口的位置(气流组织形

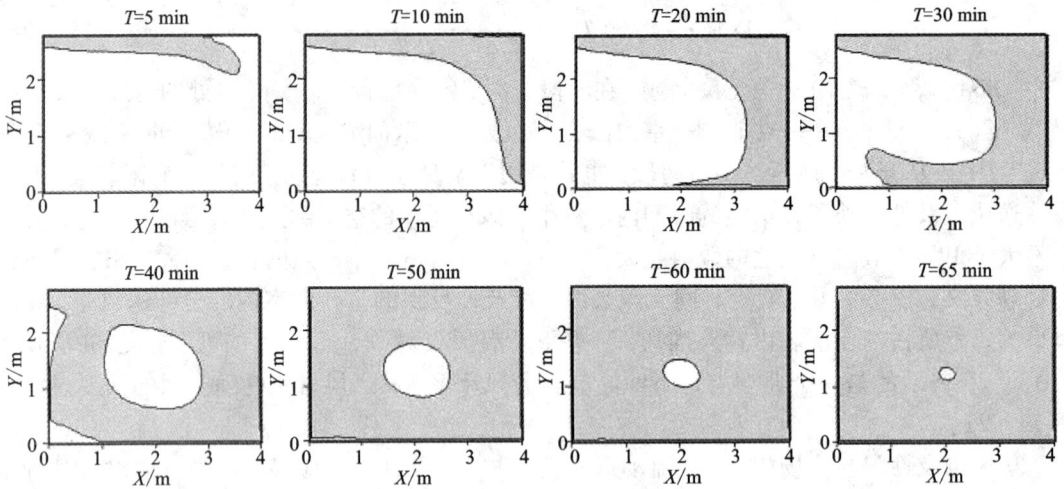

图 13-27 不同时刻的送风可及性发展情况(深色区域内 ASA 大于 0.5)

式)和污染源所处的位置。

(2)余热排除效率(能量利用系数)。

当把余热也当成一种污染物时,就能得到余热排除效率。与污染物排除效率不同的是,当考察余热的排除效率时,通常仅关心工作区的温度,而不是整个室内空间的温度。

余热排除效率用温度来定义,用来考察气流组织形式的能量利用有效性。其定义式为:

$$\eta = \frac{t_e - t_s}{\overline{t_a} - t_s} \qquad (13-31)$$

式中:$\overline{t_a}$,t_e,t_s——工作区平均温度,排风温度,送风温度。

不同的气流组织形式,即使产生相同的舒适性,其消耗的能源也存在着差异。当 $\overline{t_a} < t_e$ 时,$\eta > 1$;反之,$\eta < 1$。在不同的气流组织形式中,下送上回的形式 η 较高,一般排风温度高于平均温度,因此 η 一般大于 1,说明下送上回的气流组织形式的余热排除效率较高,如图 13-25 所示。

4. 空气扩散性能和均匀性指标

常见的热舒适描述方法,包括 PMV(predicted mean vote)、PD(percentage dissatisfied)、PPD(predicted percentage of dissatisfied)、有效温度 ET(effective temperature)、标准有效温度 SET、热舒适投票 TCV(thermal comfort vote),以及过渡活动状态的热舒适指标:相对热指标 RWI(relative warmth index)和热损失率 HDR(heat deficit rate)等,这里仅介绍其他与气流组织相关的热舒适描述参数:不均匀系数和空气扩散性能指标 ADPI 等。

(1)不均匀系数。

在室内各点,温度、风速等均有不同程度的差异,这种差异可以用"不均匀系数"指标来评价。

在工作区内选择 n 个测点,分别测得各点的温度和风速,求其算术平均值为:

$$\bar{t} = \frac{\sum t_i}{n} \tag{13 - 32}$$

$$\bar{u} = \frac{\sum u_i}{n} \tag{13 - 33}$$

均方根偏差为：

$$\sigma_t = \sqrt{\frac{\sum (t_i - \bar{t})^2}{n}} \tag{13 - 34}$$

$$\sigma_u = \sqrt{\frac{\sum (u_i - \bar{u})^2}{n}} \tag{13 - 35}$$

则不均匀系数的定义式为：

$$k_t = \frac{\sigma_t}{\bar{t}} \tag{13 - 36}$$

$$k_u = \frac{\sigma_u}{\bar{u}} \tag{13 - 37}$$

这里，速度不均匀系数 k_u、温度不均匀系数 k_t 都是无量纲数。k_t、k_u 的值越小，表示气流分布的均匀性越好。

（2）空气扩散性能指标。

空气扩散性能指标（air diffusion performance index，ADPI）定义为满足规定风速和温度要求的测点数与总测点数之比。对舒适性空调而言，相对湿度在较大范围内（30% ~ 70%）对人体舒适性的影响较小，可主要考虑空气温度与风速对人体的综合作用。根据实验结果，有效温度差与室内风速之间存在下列关系：

$$\Delta ET = (t_i - t_n) - 7.66(u_i - 0.15) \tag{13 - 38}$$

式中：ΔET——有效温度差，℃；

t_i，t_n——工作区某点的空气温度和给定的室内设计温度，℃；

u_i——工作区某点的空气流速，m/s。

并且认为当 ΔET 在 $-1.7 \sim +1.1$ 时多数人感到舒适，因此，空气扩散性能指标（ADPI）的定义式如下：

$$\text{ADPI} = \frac{-1.7 < \nabla ET < 1.1 \text{ 的测点数}}{\text{总测点数}} \times 100\% \tag{13 - 39}$$

ADPI 的值越大，说明感到舒适的人群比例越大。在一般情况下，应使 ADPI ≥ 80%。

13.3.2　主要评价指标的定量分析方法

建筑空气环境主要评价指标的定量分析方法，包括示踪气体法和气流组织预测法。

1. 常见示踪气体及释放方法

利用示踪气体研究建筑物空气分布与渗透特性是通风实验测量的重要手段，在国外已有四十多年的历史。示踪气体的目的是准确标识室内空气流动特性，因此必须具有被动特性，即能够完全跟随空气流动，所以一般密度与空气相近。根据示踪气体测量方法的使用场所和使用特点，对示踪气体有如下

示踪气体测量法

要求：

①无毒、无腐蚀性，不易燃、不易爆。

②不与周围空气和物质发生化学反应。

③能够被方便地检查出来，检测手段简单、费用低而且有较高的测量精度。

④密度与空气接近（密度差小，就不会产生示踪气体与空气分层的现象）。

表13-5所示的是几种示踪气体的性质。

表13-5 示踪气体的性质

气体名称	化学式	与空气的密度比	空气中最大浓度/×10^{-6}
氧化氮	N_2O	1.53	640
二氧化氮	CO_2	1.53	640
氟化硫	SF_6	5.11	83
氟利昂	CF_2Cl_2	4.18	107
三氟溴甲烷	CF_3Br	5.13	83

表13-5中"空气中最大浓度"指的是该浓度以下示踪气体的存在不会对原空气流场产生过大的影响。高于该浓度时，示踪气体将破坏空气本身的状态，所测量的结果与实际情况有所不同。目前，以SF6使用最为普遍。

常用的示踪气体释放方法有三种：

①脉冲法（the pulse method）：在释放点释放少量的示踪气体，记录测量点处示踪气体浓度随时间的变化过程。

②上升法（the step - up method）：在释放点连续释放固定强度源的示踪气体，记录测量点处示踪气体浓度随时间的变化过程。

③下降法（或衰减法）（the step - down method or decay method）：房间中示踪气体的浓度达到平衡状态后，停止释放示踪气体，记录测量点处示踪气体浓度随时间的变化过程。

2.气流组织预测

室内气流分布预测即在送风口的几何形状和位置、送风口风速、送风温差和排风口位置等条件都已知的情况下，得到室内气流分布及温度分布、浓度分布等特征，从而对所研究的建筑室内热环境、空气品质和通风效率进行分析和评价。

目前在暖通空调工程中，预测室内空气分布所采用的方法主要有4种：射流公式（混合通风）、区域模型法（zonal model）、模型实验法和CFD模拟法。

用于气流分布预测的射流公式大多是半经验公式，即从理论上推导出公式的基本形式，再通过实验得到公式中系数的取值规律（通常整理成表格或曲线）。经过大量的工程实践检验，证明这些半经验公式是简便快捷的。但通过它们只能得到空间气流分布的总体形式，具体分布情况是模糊的。

区域模型法的基本思想是将空间划分为一些有限的宏观区域（如6 mm×2 mm×10 mm），认为区域内的相关参数（如温度，浓度等）相等，而区域间存在热质交换，通过建立质量和能量守恒方程并充分考虑区间压差和流动的关系来研究空间内的温度分布及流动情况。对不同的区域划分法，学者提出了不同的模型，如：Block Model，Zonal Model 等。利用简易模型建立的三维模型能够预测自然通风、混合通风情况下房间内的空气温度、速度、质量流量、热舒适、壁面导热及有向流动等问题。但模拟得到的结果实际上只是一种相对精确的集总结果。

CFD模拟实例

　　模型实验是借助相似理论，在等比例或缩小比例的模型中通过测量手段对室内空气的分布做出预测。模型实验不需要依赖经验理论，是最为可靠的方法，但也是最昂贵、周期最长的方法。因为搭建实验模型耗资很大，如有的文献中指出单个实验通常耗资 3000~20000 美元，而对于不同的工况条件，可能还需要多个实验，耗资更多。

　　CFD 模拟方法的基本思想是将空间上连续的计算区域划分为许多子区域，确定每个区域上的节点，即生成网格，其网格数要远远大于简易模型法划分的区域，然后将描述问题的控制方程离散为各个节点上的非线性代数方程组。在单值性条件的约束下，迭代求解离散所得的代数方程组。最后得到计算区域的详细信息如温度、速度、浓度等。这种手段能获得室内空气分布的详细信息，并且通过计算机设置能容易地模拟各种工况条件。

　　采用基于区域模型的预测方法属于宏观预测，相当于校核计算；采用基于 CFD 模拟的预测方法属于微观预测，是目前较为热门的预测方法。总的来说，CFD 方法耗时比射流法、区域模型法长，也较昂贵。但相对模型实验而言，CFD 方法在时间、代价上都是较为经济的。由于 CFD 方法能获得流场的详细信息，因此如果预测的准确性能够保证，那么 CFD 方法是最理想的室内空气分布预测手段。但采用 CFD 直接进行工程设计，对于实际建筑来说，有的工程在目前的计算条件下，耗时很大，设置难以实现。当设计者对各种设置条件没有经验时，还需进行多次试算，设计周期较长，而此时分析模型法则较为实用。

　　CFD 具有成本低、速度快、资料完备且可模拟各种不同的工况等独特的优点，故其逐渐受到人们的青睐。表 13 – 6 给出了 4 种室内气体分布预测方法的对比。

表 13 – 6　种暖通空调房间空气分布的预测方法比较

预测方法比较项目	射流公式	Zonal model	CFD 模型	模型实验
房间形状复杂程度	简单	较复杂	基本不限	基本不限
对经验参数的依赖性	几乎完全	很依赖	一些	不依赖
预测成本	最低	较低	较昂贵	最高
预测周期	最短	较短	较长	最长
结果的完备性	简略	简略	最详细	较详细
结果的可靠性	差	差	较好	最好
适用性	机械通风，且与实际射流条件有关	机械和自然通风，一定条件	机械和自然通风	机械和自然通风

　　可见，就目前的 4 种理论预测室内空气分布的方法而言，CFD 方法确实具有无可比拟的优点，且由于当前计算机技术的发展，CFD 方法的计算周期和成本完全可以为工程应用所接

受。尽管 CFD 方法还存在可靠性和对实际问题的可算性等问题，但这些问题正逐步得到发展和解决。因此，CFD 方法可应用于对室内空气分布情况的模拟和预测，从而得到房间内速度、温度、湿度及有害物浓度等物理量的详细分布情况。近年来，用 CFD 方法进行预测的比例越来越高。

复习思考题

1. 建筑室内空气污染控制方法有哪些？

2. 空气净化的方法有哪些？各有何优缺点？

3. 根据国家有关规范的规定，空调系统新风量的依据是什么？

4. 自然通风的驱动力是什么？有何特点？一般应用于哪些场合？

5. 自然通风有哪些特点？

6. 什么是热压，余压，风压？

7. 分析上送下排送风方式和下送上排送风方式各自的优缺点，并结合余热排除效率来分析？

8. 什么是空气年龄、换气效率、排污效率、不均匀系数？其对应的物理含义是什么？

9. 建筑空气环境主要评价指标的定量分析方法有哪些？

第 14 章　建筑声环境控制

14.1　噪声的产生、传播与控制

14.1.1　噪声监测

噪声监测是对干扰人们学习、工作和生活的声音及其声源进行的监测活动。其中包括：城市各功能区噪声监测、道路交通噪声监测、区域环境噪声监测和噪声源监测等。噪声监测结果一般以 A 计权声级表示，常用的监测指标包括：噪声的强度，即声场中的声压；噪声的特征，即声压的各种频率组成成分。

噪声监测仪器主要有：声级计、频率分析仪、实时分析仪、声强分析仪、噪声级分析仪、噪声剂量计、自动记录仪、磁带记录仪。环境噪声监测是为了及时、准确地掌握城市噪声现状，分析其变化趋势和规律；为了解各类噪声源的污染程度和范围提供基础数据。设备噪声是利用声功率级来度量的，声功率级不能直接测量，而只能通过声压级或声强级换算出来。声压级的单位是 dB，它是声压与基准声压之比以 10 为底的对数的 20 倍，表示声场中某一点的强度，并不能代表声源本身的大小，用对数表示是因为在一定的刺激范围内，当物理刺激量呈指数变化时，人们的心理感受是呈线性变化的，这就是心理学上的韦伯定律和费希钠定律。声功率级的单位是 Bels，1Bels = 10 dB，表示声源的辐射强度，用来衡量声源发声能力，反映一个声源的大小特性主要用声功率，声功率的大小只与声源本身有关，与其所处的环境无关。

1. 城市环境噪声监测

城市环境噪声监测包括：城市区域环境噪声监测、城市交通噪声监测、城市环境噪声长期监测和城市环境中扰民噪声源的调查测试等。基本监测仪器为精密声级计或普通声级计。城市区域环境噪声的监测方法有两个：①网格测量法：500 m × 500 m 见方，不少于 100 个；②定点测量方法：优化选取有代表性的测点，进行长期噪声定点监测。

城市环境噪声的长期监测是选择具有代表性的测点进行长期监测，一般不少于 7 个，分别布置在：繁华市区 1 个，典型居民区 1 个，交通干线两侧 2 个，工厂区 1 个，混合区 2 个。

2. 工业企业噪声监测

监测工业企业噪声时，传声器的位置应在操作人员的耳朵位置，但人需离开。测点选择的原则是：①若车间内各处声级波动小于 3 dB，则只需在车间内选择 1~3 个测点；②若车间内各处声级波动大于 3 dB，则应按声级大小，将车间分成若干区域，任意两区域的声级应大于或等于 3 dB，而每个区域内的声级波动必须小于 3 dB，每个区域取 1~3 个测点。这些区域必须包括所有工人为观察或管理生产过程而经常工作、活动的地点和范围。交通噪声测量：测点在道路一侧的人行道上，距马路沿 20 cm 处，传声器距地面 1.2 m，读取数据不少于 200 个。

如为稳态噪声，则测量 A 声级，记为 dB(A)，如为不稳态噪声，则监测等效连续 A 声级或监测不同 A 声级下的暴露时间，计算等效连续 A 声级。监测时使用慢挡，取平均读数。监测时要注意减少环境因素对测量结果的影响，如应注意避免或减少气流、电磁场、温度和湿度等因素对监测结果的影响。

14.1.2　噪声的传播方式和控制方法

所有的噪声问题基本上都可以分为声源、传播途径和接收者三部分。因此，一般噪声控制技术都是分为三部分进行控制的：降低声源的噪声、在传播途径中降低和接收者的个人防护。

1. 治理噪声源

噪声源的噪声要彻底消除实属不易，可以针对发出噪声的设备进行重新检测，看是否是安装不当造成的；采用新材料改进机器设备的结构，用一些摩擦较大的部件来代替；改进操作工艺。

2. 在传播途径中降低噪声

（1）利用闹静分开的方法降低噪声。居民区、医院、学校与娱乐场所、商业区、工厂等场合分开。

（2）利用地形和声源的指向性降低噪声，声源具有指向性，利用声源的指向性使噪声指向空旷无人的地域或者对安静要求不高的区域。

（3）利用绿化物来降低噪声。采用绿化物可减少噪声的干扰，绿化物减弱噪声的隔音效果与绿化带的高度、宽度、位置等因素有关。

（4）采用声学控制手段。

①利用吸声材料或吸收结构来吸收声能；②用屏蔽物将声音挡住，隔离开来；③利用消声器降低空气中声的传播。

3. 在接收点控制

在接受点进行控制主要有耳塞、耳罩、防声蜡棉和防护面具等。

4. 掩蔽效应在噪声控制中的应用

在许多情况下，可以利用电子设备产生的背景噪声来掩蔽令人讨厌的噪声，这种人工制造的噪声通常被比喻为"声学香水"或"声学除臭剂"，使用它可以有效抑制干扰人们宁静气氛的声音从而提高工作效率。这种主动控制噪声的方法对大型开敞式办公室来说是很有意义的。

适合的掩蔽背景声的特点：无表达含义、响度不大、连续、无方位感。低响度的空调通风系统噪声、轻微的背景音乐、隐约的语言声、均匀的交通流量和办公楼正常活动产生的噪声都是很好的掩蔽背景声。在开敞式办公室或设计有绿化景观的公共建筑的门厅内，也可以利用通风空调系统或水景的流水产生的使人易于接受的背景噪声，以掩蔽电话办公设备或者较响的谈话声等不希望听到的噪声，创造一个适宜的室内声环境，也有助于保护谈话的私密性。

14.1.3　消声器原理与应用

空调通风系统噪声源主要来自通风设备、空调设备和机房设备。通风设备主要有排风机和送风机；空调设备有风机盘管和空气处理机组等；机房设备有制冷机组、水泵、冷却塔等。消声器是一种允许气流通过而使声能衰减的装置。通常用在气流噪声控制方面，如把消声器安装在空气动力设备气流通道上，可以降低该设备的噪声，如风机噪声、通风管道噪声和排气噪声等。对于消声器有三方面的基本要求：一是具有较高的消声频率特性；二是空气阻力损失小；三是结构简单，使用寿命长，体积小，造价低。以上三方面根据具体要求可以有所侧重，但这三方面的基本要求是缺一不可的。

随着消声器的研究和应用技术的不断发展，消声器的种类也日益繁多，其原理、形式、规格、材料、性能以及用途等各不相同，按照消声特性来分，可分为阻性消声器、抗性消声器、复合式消声器、微孔板消声器、有源消声器等。

1. 阻性消声器

阻性消声器是通过在气流通过的途径上固定多孔性吸声材料，利用多孔吸声材料对声波的摩擦和阻尼作用将声能量转化为热能，从而达到消声的目的的消声器。阻性消声器适合于消除中、高频率的噪声，消声频带范围较宽，对低频噪声的消声效果较差，因此，常使用阻性消声器控制风机类进排气噪声等。阻性消声器的消声性能主要取决于消声器的结构形式、吸声材料特性、通过消声器的气流速度及消声器的有效长度等。常见的阻性消声器见图 14 - 1。

（1）直管式消声器。

在直管式消声器（方管或圆管）内壁贴吸声材料，就是一种最简单的管式消声器。直管式消声器的消声量可以按照下式进行计算：

$$\Delta L_{\mathrm{p}} = \varphi_{\mathrm{a}} \frac{PL}{S} \tag{14 - 1}$$

式中：ΔL_{p}——消声量，dB；

　　　φ_{a}——消声系数，它与阻性材料的吸声系数有关，通常按表 14 - 1 取值。

　　　P——通道有效断面的周长，m；

　　　L——消声器的有效长度，m；

　　　S——气流通道的横断面面积，m^2。

表 14 - 1　消声系数 φ_{a} 与吸声系数 α_0 的关系

α_0	0.10	0.20	0.30	0.40	0.50	0.6 ~ 1.0
φ_{a}	0.11	0.24	0.39	0.55	0.75	1.0 ~ 1.5

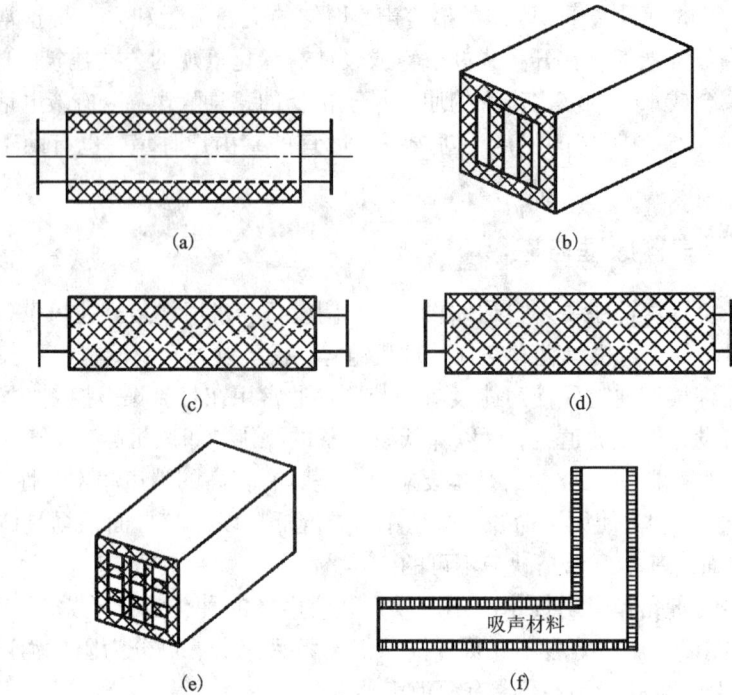

图 14 - 1　阻性消声器
(a)直管式；(b)片式；(c)折板式；(d)声流式；(e)蜂窝式；(f)弯头式

上式反映了以下规律：吸声材料的表面积和吸声系数越大，气流通道的有效面积越小，消声量就越大。

当通道端面尺寸过大时，高频声波以窄声束形式沿通道传播，致使消声量急剧下降。如将消声系数明显下降时的频率定义为上限失效频率 f_c，则：

$$f_c = 1.8\,\frac{c}{D} \qquad (14-2)$$

式中：D——通道断面边长平均值，m。

（2）片式阻性消声器。

为了增加直管式阻性消声器的消声量，通常将整个通道分为若干小通道，做成蜂窝式或片式阻性消声器。

如果片式消声器的每个气流通道的宽度相同，则每个通道的消声频谱相同，计算消声量的公式依然可以使用式（14-1）。但是对于片式消声器的计算公式可以简化为：

$$\Delta L_p = \varphi_a\,\frac{PL}{S} \approx \varphi_a\,\frac{2nhL}{nha} = 2\varphi_a\,\frac{L}{a} \qquad (14-3)$$

式中：n——气流通道个数，个；

　　　h——气流通道的高度，m；

　　　a——单个气流通道的宽度，m。

片式消声器的消声量与每个通道的宽度都有关系，宽度越小，消声量越大；与通道个数和高度无关，但是通道个数与高度可以影响消声器的空气动力性能。为了保证足够的有效流通面积以控制流速，需要有足够的通道个数和高度。

2. 抗性消声器

抗性消声器是通过管道内声学性能的突变处将部分声波反射回声源方向，或者通过产生共振来吸收部分声能，以达到消声目的的消声器，主要适用于降低低频及中低频段的噪声，对宽带高频率噪声则效果较差，因此，常用来消除如内燃机排气噪声等。

抗性消声器的最大优点是不需要使用多孔吸声材料，因此在耐高温、抗潮湿、流速较大、洁净程度要求较高的条件下比阻性消声器具有明显优势。

抗性消声器又可分为扩张室式、共振式、干涉式等不同类型，以适用于不同的使用条件，具体见图 14 - 2。

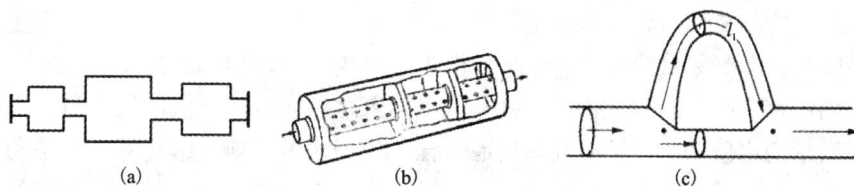

图 14 - 2　抗性消声器

（a）扩张室式消声器；（b）共振式消声器；（c）干涉式声器

扩张室式消声器是利用管道横断面的扩张和收缩引起的反射和干涉来进行消声的，常见的是单节、多节扩张式消声器。

共振式消声器是在气流通道的管壁上开若干小孔，并与外面密闭的空腔相通，小孔和密闭的空腔就组成了共振式消声器。

干涉式消声器内形成了多个声波传播路径，不同路径的声波因传播距离的不同而导致相位不同，从而产生干涉，使某些频率的声波得以减弱。

3. 复合式消声器

阻性消声器具有良好的中高频消声性能，但在低频消声性能方面效果较差，而抗性消声器则正好相反。将阻性消声器与抗性消声器结合起来，互取所长，可增加消声频率范围及消声效果。主要类型有阻性 - 扩张室式、阻性 - 共振腔式，如图 14 - 3 所示。

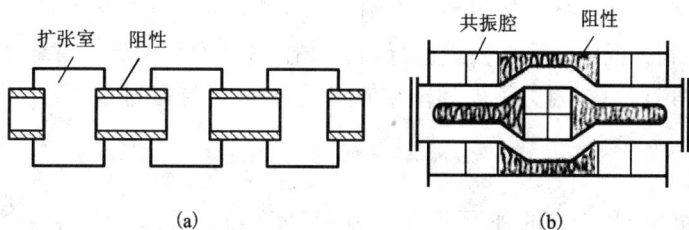

图 14 - 3　复合式消声器

（a）阻性 - 扩张室式；（b）阻性 - 共振腔式

14.1.4　消声器的评价指标

消声器的性能评价主要采用三项指标，即声学性能、空气动力性能和结构性能。

1. 声学性能

消声器的声学性能包括消声量的大小和消声频带范围的宽窄两个方面。设计消声器的目的就是要根据噪声源的特点和频率范围，使消声器的消声频率范围满足需要，并尽可能地在要求的频带范围内获得较大的消声量。

消声器的声学性能可以用各频带内的消声量来表征。通常有 4 种度量方法：传声损失、末端降噪量、插入损失和声衰减。

传声损失为消声器进口的噪声声功率级与消声器出口的噪声声功率级的差值。它是从构件的隔声性能角度，用透射损失来反映构件的消声量的，消声器的传声损失是消声器本身所具有的特性，它受声源与环境的影响较小。

末端减噪量也称为末端声压级差，是指消声器输入端与输出端的声压级之差。即测量消声器进口端面的声压级与出口端面的声压级，以两者之差代表消声器的消声量。利用末端声压级之差来表示消声值的方法，不可避免地包含了反射声的影响，这种测量方法易受环境的影响而产生较大的误差，因此适合在试验台上对消声器性能进行测量分析，而现场测量则很少使用。

插入损失是根据系统之外测点的测试结果经计算获得的，实际操作中，在系统之外分别测量系统接入消声器前后的声压级，二者之差即为插入损失。

声衰减是指声学系统中任意两点间的声功率级之差，反映了声音沿消声器通道内的衰减特性，以每米衰减的分贝数表示。从而得到消声器内声压级与距离的函数关系，以求得该消声器的总消声量。声衰减量能够反映出消声器内的消声特性及衰减过程，能避免环境对测量结果的干扰。

2. 空气动力性能

消声器的空气动力性能是评价消声性能好坏的另一项重要指标，它反映了消声器对气流阻力的大小。消声器的空气动力性能用阻力系数或阻力损失来表示。

阻力系数是指消声器安装前后的全压差与全压之比，对于确定的消声器，其阻力系数为定值。阻力系数的测量比较麻烦，一般只在专用设备上才能测得。

阻力损失是指气流通过消声器时，在消声器出口端的流体静压比进口端降低的数值。显然，一个消声器的阻损大小是与使用条件下的气流速度大小有密切关系的。消声器的阻损能够通过实地测量求得，也可以根据公式进行估算。阻损分为两大类，一类是摩擦阻力，另一类是局部阻力。消声器总的阻力损失等于摩擦阻损与局部阻损之和。

3. 结构性能

消声器的结构性能是指它的外形尺寸、坚固程度、维护要求、使用寿命等，它也是评价消声器性能的一项指标。好的消声器除应具有好的声学性能和空气动力性能之外，还应该具有体积小、重量轻、结构简单、造型美观、加工方便、坚固耐用、使用寿命长、维护简单和造价便宜等特点。

评价消声器的上述三个方面的性能，既互相联系又互相制约。从消声器的消声性能考虑，当然在所需频率范围内的消声量越大越好；但是同时必须考虑空气动力性能的要求。

根据经验，对于一般系统，阻性消声器的消声效果要好于微孔板消声器。消声器的消声频率特性。阻性消声器对中高频噪声效果比较好，微孔板消声器消声频带较宽。消声器的适用风速一般为 6~8 m/s，最高不宜超过 12 m/s，同时要注意消声器的压力损失。

注意消声器的净通道截面积，风管和消声器连接时，必要时（风速有限制时）需做放大处理。消声器等消声设备安装时，须有独立的承重吊杆或底座；与声源设备须通过软接头连接。

当两个消声弯头串联使用时，两个弯头的连接间距应大于弯头截面对角线长度的 2.5 倍。对于高温、高湿、有油雾、水气的环境系统一般选用微孔结构消声设备，对于有洁净要求的诸如手术室、录音室、洁净厂房等环境系统，应采用微孔结构消声设备。相邻用房管路串通时，注意室内噪声通过管路相互影响，必要时风口做消声处理。一般各类消声器都有自身的特点和适用范围，在选用消声器时应根据消声器的配置环境和部位而定：如在地下或者潮湿的环境下，应采用防潮吸声材料和共振吸声构造或者抗性消声器；在高温条件下，可采用铝合金微穿孔板消声器，或用耐火砖、耐火材料砌筑的室式消声器；如有防尘要求，可选用微穿孔铝板消声器。

14.2　吸声降噪

利用室内吊顶或在墙体内表面布置吸声材料来降低噪声的方法称为吸声降噪。

吸声减噪量不仅与材料的吸声性能（吸声系数 α）有关，而且还与吸声面积 S 有关，通常采用吸声量 A 衡量吸声量的大小，其计算公式为：

$$A = \alpha S \tag{14-4}$$

式中：A——吸声量，m^2；

　　S——吸声构件的面积，m^2。

如果某一房间是由有 n 个不同吸声材料且面积不同的墙面组成的，其平均吸声量为：

$$A = \sum_{i=1}^{n} \alpha_i S_i = \bar{\alpha} S \tag{14-5}$$

如果吸声减噪处理前后室内的声压级为 L_{P1} 和 L_{P2}，房间的平均吸声系数为 $\bar{\alpha}_1$ 和 $\bar{\alpha}_2$，则室内噪声级降低值为：

$$\Delta L_{p} = L_{p1} - L_{p2} = 10\lg\left(\frac{\bar{\alpha}_2}{\bar{\alpha}_1} \cdot \frac{1-\bar{\alpha}_1}{1-\bar{\alpha}_2}\right) \tag{14-6}$$

当 $\bar{\alpha}_1 \cdot \bar{\alpha}_2 < 1$ 时，可近似采用下式计算：

$$\Delta L_{p} = 10\lg\frac{\bar{\alpha}_2}{\bar{\alpha}_1} \tag{14-7}$$

应用吸声减噪方法时应注意：

①当室内原有平均吸声系数较小时，吸声减噪法收效较大。反之，吸声减噪效果不明显。

②吸声减噪方法主要是减少反射声的声能传递，一般只能取 4 ~ 12 dB 的减噪效果，难以实现更大的减躁量。

③对于降低直达声为主的环境噪声，减噪法效果一般。

14.3 隔声

14.3.1 隔声原理

隔声是指声波在空气中传播时，一般用各种易吸收能量的物质消耗声波的能量使声能在传播途径中受到阻挡而不能直接通过的措施，这种措施称为隔声。在实际工程上，常用隔声量来表示构件对空气声的隔绝能力，它与构件透射系数有如下关系：

$$R = 10\lg\frac{1}{\tau} \tag{14-8}$$

式中：R——隔声量；

τ——构件的透射系数。

从上式可以看出，构件的透射系数越大，则隔声量越小，隔声性能越差；反之，透射系数越小，则隔声量越大，隔声性能越好。隔声构件按照不同的结构形式，有不同的隔声特性。

影响隔声效果的主要是声阻抗，声从阻抗较小的媒质（如空气）中向阻抗大的隔声物中传播时，阻抗不匹配，导致隔声效果。声阻抗是密度与声速的乘积，所以说密度越大，隔声量越大。对于隔墙设计上的措施，理论上采用高声阻、刚性、匀质密实的围护结构，如砖、混凝土等，其质量越大，则振动越小，惰性抗力越大，能使传声减小到最低程度，因而，密实而重质的材料隔声性能较好。

14.3.2 围护结构隔声

非透明围护结构主要有墙、屋顶和楼板等；透明围护结构主要有窗户、天窗和阳台门等。其中主要起隔声作用的是墙、屋顶、楼板、门窗等。

1. 墙体隔声

单层匀质密实墙的隔声计算理论公式见第 10 章公式（10－15）和式（10－16）。由于公式是建立在理论上的，是在许多假定条件下导出的，其计算值普遍比实测大，并不符合现场实际情况，所以一般隔声设计中采用经验公式进行隔声量计算。所有经验公式隔声量计算值，普遍小于理论公式计算值，并不同程度地接近现场实际情况，接近实测，所以经验公式比理论公式更有实用价值。

隔声设计经常使用艾尔杰里的两个经验公式：

$$R = 23\lg m - 9 \, (m \geqslant 200 \text{ kg/m}^2) \tag{14-9}$$
$$R = 13.5\lg m + 13 \, (m \leqslant 200 \text{ kg/m}^2) \tag{14-10}$$

式中：m——墙体的单位面积质量，又称面密度，kg/m^3。

2. 屋顶隔声

上下楼层的隔音则必须安装隔音吊顶。在贴天花板的一面，可以扎一些不规则的洞眼

（但不穿透），以加大吸音的效果。在泡沫板下再做吊顶，吊顶要和泡沫板保持一定距离。

3.楼板隔声

（1）对于混凝土地面，行之有效的一种方法是"浮筑地面"法，即在结构楼板上铺一层减振地垫（一般 4~10 mm 厚），然后在上面浇灌混凝土（一般 40~80 mm，需配筋），形成"三明治"弹性夹心结构。

（2）在混凝土地面上铺设木地板，对楼板隔声也有很大改善。包括实木地板（带龙骨）和复合地板都有很好的撞击声隔声效果。

（3）在楼板下表面粘贴阻尼板，对楼板的振动进行阻尼，从而提高隔声量。

（4）对于撞击声的隔绝可以采用在承重楼板上铺放弹性面层或在承重楼板下加设隔声吊顶的方法。

4.窗户隔声

隔音玻璃按其结构不同一般可分为：中空玻璃、真空玻璃、夹层玻璃。作为窗户的隔音对策，通常是采用双层窗的结构。可以把现有的窗户保留，再追加一扇窗户；或者是去掉已有的窗户，再重新安装一扇。按新标准设计的玻璃都一样厚，它们的谐振频率就是相同的。这样会使该频率附近的声音很突出。一般情况下，两层窗户的间隔应有 20~30 cm。要达到和混凝土墙 50 dB 一样的隔声效果，最好两层玻璃之间的间隔在 30 cm 以上。此外，在此间隔中再采取一些吸音措施，效果更佳。

14.4　隔振原理

在建筑物中，经常存在风机、压缩机、冷却塔、水泵等公共建筑设备，这些设备在运行时通过空气向环境传递噪声的同时，还可以通过建筑结构和基础传递设备工作状态的振动能量，这些振动以振动波的形式从机器基础沿房屋结构传递到其他房间，同时又以噪声干扰的形式出现。振动的干扰对人体、建筑物、设备等都会带来直接危害，其中对人体的危害最大。按照振动频率划分为低频振动、中频振动和高频振动。人体对振动反应的敏感要高于噪声，例如人感受不到小于 20 Hz 的噪声，但是却能感受到小于 20 Hz 的振动。当振动频率与人体器官某部位的固有频率相吻合时，就会产生共振，将危及健康甚至生命。人体主要部位的固有频率见表 14-2。对于振动的控制，可以在振动源上进行改进，也可以在振动传播途径上采取隔离措施，用阻尼材料消耗振动的能量并减弱振动相空间的辐射。因此，振动的控制方法主要分为隔振和阻尼减振两类。

表 14-2　不同类型振动及人体的美感振动频率/Hz

低频率	中频率	高频率	人体器官的固有频率			
			人体	内脏	头部	神经中枢
<30	30~100	>1000	6	8	8	250

14.4.1　振动的基本原理

机械系统在其平衡位置附近所做的往复运动称为振动。振动现象普遍存在于自然界和工程技术中。系统偏离平衡位置后，仅在恢复力作用下维持的振动称为自由振动。

振动的基本方程为：

$$x(t) = c_1 \cos\omega_0 t + c_2 \sin\omega_0 t = A\cos(\omega_0 t - \Phi) \tag{14-11}$$

式中：A——振幅；

ω_0——振源频率；其中 $\omega_0 = \sqrt{\dfrac{D}{m}}$，$D$——弹性系数，$m$——物体质量。

无阻尼振动系统的自由振动是一个简谐振动（正弦或余弦振动）。振动系统自由振动时的频率成为系统的固有频率，计算公式如下：

$$f_0 = \frac{\omega_0}{2\pi} = \frac{1}{2\pi}\sqrt{\frac{D}{m}} \tag{14-12}$$

14.4.2　隔振原理与隔振减噪

1. 隔振降噪

隔振可以分为主动隔振和被动隔振两种。主动隔振是将振源与支持振源的基础隔离开来。如电机、水泵、铸压机械等。为减小机器振动对周围环境的影响，垫上橡胶、枕木等弹性支承，以降低振动传到基础上的强度。具体见图 14-4。

如果某个产生振动的设备与一个固有频率为 f_0 的构件相连，振源频率是 f，则通过这个构件传出去的振动力占振源输入动力的百分比称作振动传递比 T，其计算公式如下：

$$T = \left| \frac{1}{(f/f_0)^2 - 1} \right| \tag{14-12}$$

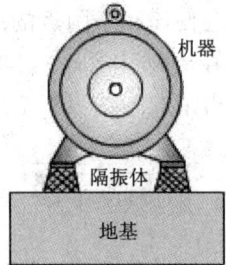

图 14-4　主动隔振

式中：T——传递比；

f——振源频率；

f_0——隔振结构的固有频率。

振动传递比 T 与 f/f_0 的关系如图 14-5 所示。从图 14-5 可以看出，隔振结构的固有频率比振源频率越低，振动传递比就越小，隔振效果也就越好。隔振结构的固有频率与隔振器的振源频率越接近，振动传递比就越大，二者的值越接近，振动传递比越大，就会出现共振现象。同时可以发现，只有在 $f/f_0 \geq \sqrt{2}$ 时，才有隔振作用。

隔振器就是选择固有频率远远低于振源频率的材料或者构件组成的，如金属弹簧等。

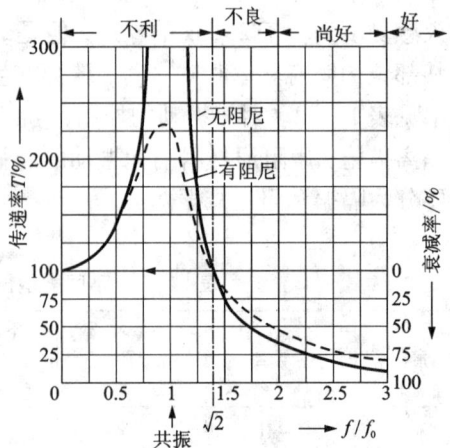

图 14-5　减振传递曲线

除了为旋转动力设备加装隔振设施外，也可以在由于转动而产生振动的风机、水泵与管道连接处加装隔振设备。隔振设备的材料主要有橡胶、软木酚醛树脂和毛毡。

被动隔振是将需要防振的物体与振源隔开。研究对象是减振体，振源是周围环境。例如，在仪器底部垫上软垫，在精密仪器的底下垫上橡皮垫或泡沫塑料，将放置在汽车上的测量仪器用橡皮绳吊起来等。

2. 减振降噪

固体振动时，使固体振动的能量尽可能多地耗散在阻尼层中的方法，称为阻尼减震。固体振动向空间辐射声波的强度，与振动的幅度、辐射体的面积和声波频率有关。金属薄板本身阻尼小，而声辐射效率却很高，如机器的防护罩、车船的壳体等。降低这类振动和噪声常用的方法是在金属薄板结构上喷涂或粘贴一层高内阻的黏弹性材料，如沥青、软橡胶、高分子材料等，让薄板的能量尽可能地耗散在阻尼层中。

阻尼是指阻碍物体的相对运动并把运动能量转化为热能或其他可以耗散能量的一种作用。阻尼的作用主要有以下 4 个方面：

①阻尼有助于减小机械结构的共振振幅，从而避免结构因动应力达到极限而造成结构破坏。

②阻尼有助于机械系统受到瞬间冲击后，很快恢复到稳定状态。

③阻尼有助于减少因机械振动所产生的声辐射，从而降低机械性噪声。

④阻尼有助于降低结构传递振动的能力。

常见的阻尼材料有沥青、天然橡胶、合成橡胶、油漆和高分子材料等。在振动板件上附加阻尼常见的方法有自由阻尼结构和约束阻尼结构两种。将一定厚度的阻尼材料粘贴或者喷涂在金属板的一面或两面形成自由层结构。当金属板受激发产生弯曲振动时，阻尼层随之产生周期性的压缩和拉伸，由阻尼层的高黏滞性内阻尼来损耗能量。阻尼层的厚度为金属板厚度的 2 ~ 5 倍。阻尼层除了减振作用外，还同时增加了薄板的单位面积质量，因而增大了传声损失。约束阻尼层结构是在基板和阻尼材料上再附加一层弹性模量较高的起约束作用的金属板。当板受到振动而发生弯曲时，原金属层与附加的约束层的弹性模量比阻尼层大得多，上下两层的相应弯曲基本保持平行，从而使中间的阻尼层产生剪切变形，以增加消耗的振动能量，提高阻尼减振效果。

14.5　建筑声环境的设计

声环境是建筑环境质量优劣的一个组成部分，即使是普通的住宅居室，也有其特定的声环境要求。随着家庭影院和听音室的日益普及，多媒体技术也开始进入千家万户，对居室的声环境要求也将越来越高。

14.5.1　音质的主要评价标准

1. 音质的主观评价标准

（1）响度。

响度指人们听到声音的大小。足够响度是室内具有良好音质的基本条件。对于语言，要求有 60~80 方，对于音乐，要求为 50~100 方。对于自然声演奏的音乐厅来说，足够的响度是最基本的要求。厅堂越大，音质的主观评价就越受响度大小的影响。响度是人的主观听觉感受，与之对应的物理量为声压级，人耳允许的声压级范围为 0~120 dB。为了保证正常听音，干扰噪声的声压级至少应低于要听的声音 10 dB。

（2）丰满度。

指人们对声音发出后的"余音"的感觉。室外，声音感觉"干瘪"，不丰满，与丰满度相对应的物理指标是混响时间。混响时间对厅堂音质影响很大，合适的混响时间可使语言清晰度和丰满度有所提高。以语言为主的厅堂，要求较短的混响时间；以音乐等为主的厅堂，要求较长的混响时间，一般为 1.6~2.0 s；多功能厅堂大都采用电声设备，要求较大范围的混响时间。为了保证厅堂内各区域声场分布均匀，声场均匀的厅堂中，声压级 Max 与声压级 Min 之差应小于 6 dB，声压级 Max（或声压级 Min）与平均声压级之差则不超过 3 dB。

（3）色度感（音色）。

主要指声源音色的保持和美化。保持音色不因室内声学条件产生失真。此外还要求室内的声学条件能对声源进行美化，如可以使用"温暖""明亮""华丽"等词语形容。相对应的物理指标主要是混响时间频率特性及早期衰减的频率特性。

（4）空间感。

指室内环境给听者的一种空间感觉，主要包括方向感、距离感（亲切感）、围绕感等。空间感与反射声的强度、时间分布、空间分布有密切关系。如由于室内的环境让听者感到演唱、演奏的声音同在较小的厅内的感觉一样，有声音距离自己很近的感觉，称作"亲切感"。

（5）清晰度。

指语言用房间中，声音是否听得清楚。清晰度与混响时间有直接关系，此外还与声音的空间的反射情况及衰减的频率特性等综合因素有关。音节清晰度是由测定得到的，测定时发出的音节在意义上彼此没有联系。但是语言则有连贯的意思，往往不必听清所有音节，即可完全听懂讲话。通常音节清晰度在 85% 以上可认为是满意的，60% 以下感到费力、难懂；60%~80% 之间听众需要集中注意力才能听清。声音的清晰度和语言的可懂度尤为重要，尤其是对于语言为主的场合，一般要求清晰度损失率低于 15%。

（6）无声缺陷。

如回声、颤动回声、声聚焦、声影区、声染色等音质缺陷。回声和多重声是延时较长的强反射，它妨碍了正常的听闻，在室内音质设计中应当避免和消除。

一般认为好的音质应该具有四个方面的特征：一是在丰满度与清晰度之间具有恰当的平衡；二是具有合适的响度；三是具有一定的空间感；四是具有良好的音色。即低、中、高频各声部取得良好的平衡。音色不畸变，不失真。

2.音质的客观评价

(1)声压级。

这是与响度有关的物理指标。声信号必须具有一定的声压级和信噪比,以保证清晰的听闻和足够的响度。信噪比是语言或音乐信号的声压级高出背景噪声级的数值。房间中某处声压级反映是响度。声源功率一定时,增大声压级需获得更多的反射声。高频率的声压级与该频率声音的响度是对应的。

(2)混响时间及频率特性曲线。

混响时间与室内的丰满度、清晰度有很大关系。混响时间越长,越感丰满,但清晰度越差;混响时间越短,越感"干",但清晰度提高。混响时间频率特性与音色有一定关系。混响时间低频适当增长,声音有温暖感;混响时间高频适当增长,声音有明亮感。混响时间频率特性通常要求平直,或者允许低频有适当的提升,以保证音色的平衡和不失真。混响时间与室内音质有密切的对应关系,而且它是最为稳定的一项指标,但在不同的大厅中或者一个大厅中不同的位置,尽管混响时间相同或者接近,音质的主观评价还是有很大的差异,这表明混响时间不能完全反映与室内音质有关的全部物理特性。

使用要求不同的大厅,有不同的混响时间的最佳值。推荐的最佳混响时间是通过对已有大厅的实测、统计归纳得到的,具体见表 14 - 3。

表 14 - 3　混响时间推荐值(500 Hz 与 1000 Hz 平均值)

厅堂类型	T_{60}/s	厅堂类型	T_{60}/s
音乐厅	1.5 ~ 2.2	强录音室	0.4 ~ 0.6
歌剧院	1.2 ~ 1.6	电视演播室、语音	0.5 ~ 0.7
多功能厅	1.2 ~ 1.5	音乐	0.6 ~ 1.0
话剧院、会堂	0.9 ~ 1.3	电影同期音棚	0.4 ~ 0.8
普通电影院	1.0 ~ 1.2	语言录音室、电话会议室	0.3 ~ 0.4 0.8 ~ 1.0
立体声电影院	0.65 ~ 0.9	教室、演播室	0.4 ~ 0.8
体育馆(多功能)	<2.0	视听教室、语言	0.6 ~ 1.0
音乐录音室	1.2 ~ 1.6		

高频混响时间应当尽可能与中频一致,而中频以下可以保持与中频一致,或者随着频率的降低适当延长,这取决于大厅的用途。音乐演出用的大厅应有较长的混响时间,同时希望低频比中频略长,在 125 Hz 附近可以达到中频 500 Hz 的 1.1 ~ 1.25 倍,甚至 1.45 倍。但对于以语言听闻为主的大厅,应用较平直的混响时间频率特性。混响时间应当较短,以保证厅内的清晰度。

(3)明晰度和围蔽感。

人们最先听到的是直达声,之后是来自各个界面的反射声。一般来说,直达声后 50 ms

内到达的声音称为近次反射声,其对加强直达声响度、提高清晰度、维护声源方向起到很大作用。对语言,提出清晰度的概念;对于音乐,提出明晰度的概念。明晰度是直达声到达之后 80 ms 内到达的早期反射声能与在此后到达的后期发射声能之比。早期反射声能越高,明晰度就越高,对清晰度越有利。围蔽感是指 80 ms 以内到达的侧向声能与 80 ms 内到达的总声能之比。这个比值关系到欣赏音乐所感受的空间效果。

(4)反射声空间分布。

来自前方的近次反射声能够增加亲切感,来自侧向的反射声能够增加环绕感。听者左右两耳接收的侧向反射声有较大差别,形成了人们对声源的空间印象——使用两耳互相关函数 IACC 来表示空间围绕感。IACC 越小,表明房间反射造成的双耳到达信号相关性越小,空间围绕感越强。

(5)早期侧向能量因子 LF 和双耳互相关系数。

这是与音质空间感有关的物理指标。来自侧向的早期反射声能与音质的空间感有关。分子代表来自侧向的早期反射声能,分母代表早期总声能。LF 的值越高,则空间感越好。双耳互相关系数 IACC 表示在厅堂中,当观众面对表演者时,到达其双耳的声信号的差别程度,差别越大,空间感越好。

14.5.2　建筑声环境的设计

室内声环境设计是建筑声学的一项重要内容。对于一些音质要求较高的建筑,如剧院、音乐厅、电影院、录音室、演播室等,必须做专门的音质设计,以便创造出适于听闻或录音的声学条件。室内声环境设计首先要防止外界噪声和振动传入室内,使室内保持足够低的背景噪声级,避免噪声干扰。在满足这一前提条件下,音质设计应保证大厅无回声、多重回声、声聚焦、声影等音质缺陷,并根据大厅的使用要求,在混响感和清晰度之间保持适当的平衡,使观众席具有合适的响度和一定的空间感,同时保证良好的音色。目前观演建筑大都配备有电声设备,因此配合电声工程师进行电声系统的设计也是室内音质设计的一项重要内容。室内音质设计应当在建筑物的规划阶段就开始,贯穿整个设计过程,并在施工中做必要的测试、调整,以保证达到预期的设计目标。

1.音质设计

音质设计是整个建筑设计的一部分,涉及建筑设计的各个方面。音质设计不是单独靠声学工程师或建筑师所能完成的,通常声学工程师除了掌握足够的声学技术外,更重要的是必须同建筑业主及整个建筑设计小组的成员密切合作、相互协调,使声学设计意图在工程上得到实施。一个音质良好的大厅一定是集体合作的结晶,音质设计的内容决不是像某些人认为的那样,待建筑主体结构建成后再在室内做一下声学装修即可,而是在建筑设计一开始就应该有音质方面的考虑,音质设计的内容包括以下几个方面:

①选址、建筑总图设计和各种房间的合理配置,目的是防止外界噪声和附属房间对主要听音房间的噪声干扰。

②在满足使用要求的前提下,确定经济合理的房间容积和每座容积。

③通过体型设计,充分利用有效声能,使反射声在时间和空间上合理分布,并防止出现声学缺陷。

④根据使用要求,确定合适的混响时间及其频率特性,并计算大厅吸声量,选择吸声材料与结构,确定其构造做法。

⑤根据房间情况及其声源、声功率大小计算室内声压级大小,并决定是否采用电声系统(对于音乐厅,演出交响乐时仅用自然声)。基本扩声系统的组成:传声器、功率放大器和扬声器。扩声系统的要求:足够宽的频响;足够的频率输出;大厅声压分布均匀;良好的声源方位感并使声像协调;控制声反馈和避免回声、颤声的干扰。

⑥确定室内允许噪声标准,计算室内背景声压级,确定采用哪些噪声控制措施。

⑦在大厅主体结构完工之后,室内装修进行之前,进行声学测试,如有问题及时进行设计调整。

⑧工程完成后进行音质测量和评价。

⑨对于重要的厅堂,必要时应使用计算机仿真及缩尺模型技术配合进行音质设计。

2. 声环境设计的原则

根据上述介绍的关于室内音质的主客观评价,在建筑声环境的设计中应遵循以下原则:

(1)防止室外的噪声和振动传入室内,使室内保持足够低的背景噪声级。对于室内超过允许声级的房间,应调查分析影响房间的声源特性,如果不能避免,应考虑采用工程的方法,如吸声减噪、隔声减噪、隔振、减振等措施来降低声源或者振源对室内声环境的影响。

(2)使室内各处具有足够的响度。由于自然生的声功率是有限的,厅堂的容积越大,响度越低。表 14-4 给出了使用自然声大厅的最大容积参考数值,当所需的大厅容积超过表中的允许数值时,应考虑加装扩音系统。

表 14-4　用于自然声的大厅的最大允许容积

厅堂类型	最大容积/m³
教室	500
演讲厅	2000~3000
话剧院	6000
独唱或演奏	10000
音乐厅(大型交响乐)	25000

(3)使室内具有与使用目的相适应的混响声。混响时间的控制可以通过控制房间的容积或使用不同的吸声材料达成。根据混响时间的计算公式,房间的混响时间与容积成正比,与室内的吸声量成反比。由于在室内的总吸声量中,听众的吸声量所占的比例最大。为获得适当的混响时间,可以在控制听众席位的前提下,利用表 14-5 估算出大厅需要的容积。

表14-5   大厅每座席容积的建议值

用途	每座容积/(m³·人⁻¹)
音乐厅	7~12
歌剧院	6~8
剧场、礼堂	5~6
普通电影院	4~5
演讲厅、大教室	3~5

(4)安排足够的近次反射声。对于高度在 10 m 以内、宽度在 20 m 以内的大厅,一般能够保证在绝大多数座位上接收到的第一次反射声的延时都在 50 ms 之内,当对于尺寸更大的厅堂,应注意其体型的设计,以满足反射声延时的要求。

(5)避免回声、声聚焦、颤动回声和声影等声学缺陷。如果听到的直达声延迟 50 ms 以上,可以从直达声中将其分离出来的反射声叫作回声。一个反射声是否会形成回声,主要取决于它与直达声的时间差和强度。为了防止出现回声,可以利用几何声学校核反射声和直达声的时间差是否超过 50 ms。从单一声源产生的一连串可分辨的回声则叫多重回声。多重回声是由于大厅内特定界面之间的多次重复反射而产生的。观众厅最易产生回声的部位是后墙(包括挑台上后墙)、与后墙相接的天花,以及跳台的前沿等。如果后墙是曲面,更会由于反射声的聚集加强回声的强度。在有回声的部位的处理措施:①做吸声处理;②做扩散处理;③应改变其倾斜角度,使反射声落入近处的观众席;④吸声处理最好与扩散处理并用,并应当与大厅的混响设计一起考虑。

声聚焦就是指凹面对声波形成集中反射,使反射声聚焦于某个区域,造成声音在该区域特别响的现象。声聚焦会造成声能过分集中,使声能汇聚点的声音嘈杂,而其他区域听音条件变差,扩大了声场不均匀度,严重影响听众的听音条件。穹顶会形成声聚焦的不良声学效果,人站在穹顶下方将听到被聚焦的令人难以接受的霆音(又称龙音,古时候形容众多天龙汇聚在一起怒吼的声音),俗称"怪声"。声聚焦作为一种声缺陷是需要避免的,因此在装修音乐厅时要避免尺寸较大的凹状墙面,以免出现声聚焦现象;为避免出现啸叫,音响相对的墙角上部,应有一定的扩散构造,使声音不在墙角聚集。

声音在室内两面平行墙之间来回反射产生的多个同样的声音,称为颤动回声。声影区是指室内听不到直达声的区域。如观众厅内的挑台。声影的产生使大厅声场分布不均匀。解决方法为:在舞台口上方设置较低的、呈一定角度的放射板,将有助于改善声影区席位的听闻条件。

3.大型厅堂设计原则

(1)保证直达声到达每个观众。控制大厅的纵向长度,观众席最好在声源的 140°范围内,地面陡坡设计。

(2)保证近次反射声的良好分布。平剖面形状,尤其是利用舞台附近的各界面和顶棚提供尽可能多的近次反射声。

(3)争取充分的扩散反射。在界面上交错布置吸声材料或布置扩散构件可使声能扩散。

（4）防止产生回声和其他声缺陷。采取合适的房间比例，或不规则体型以及吸声扩散处理来克服声共振现象，对引起声聚焦的凹曲面顶棚或墙面做吸声或扩散处理，对产生回声的后墙、后部天花、挑台拦板布置吸声材料、做扩散处理或改变倾角以避免回声，控制挑台的进深和高度比来防止声影。

（5）合理利用舞台反射板。提高听众席内的声能密度和加强演员间的相互听闻。

复习思考题

1. 试述阻性消声器的消声原理及应用。

2. 风道弯头为什么有消声作用？为了减少阻力，在风道弯头里加了导流叶片，弯头的消声能力会有什么变化？为什么？

3. 有一 15 m×6 m×4.5 m 大教室，室内总吸声量为 10 m²，前面可铺吸声材料的面积为 100 m²。试求：（1）顶棚上全铺吸声系数为 0.5 的材料室内总噪声级能降低多少 dB？（2）如果墙面也铺上同样的材料，又可以降低多少 dB？

4. 有一面为积 8 m²，隔声量为 20 dB 的轻质墙，墙上有面积为 2 m²，隔声量为 10 dB 的木门，试求这面组合墙的实际隔声量。

5. 选用同一种吸声材料衬贴的消声管道，管道断面面积为 0.2 m²，试问选用圆形、正方形和 1:5 及 2:3 两种矩形断面，哪一种产生的衰减量最大，哪一种最小，二者相差多少？

6. 试述音质的主观和客观评价指标。

7. 选择一栋已建成的建筑物（例如住宅、办公楼、厂房、餐厅、候车室、实验楼等），通过范围观察和分析所存在的噪声问题，写一份实地调查报告，其主要内容有：

（1）以建筑物总平面及平、剖面简图和构造大样图说明该建筑物所处的外部声环境及内部空间的情况。

（2）介绍所存在的噪声问题，并且对该建筑现有的减噪措施进行简要评析。

（3）自己对如何合理有效地解决噪声问题的建议。

（4）问卷调查实际使用者对目前所处声环境的评价和减少噪声影响的建议。

第 15 章　建筑光环境控制

建筑光环境设计已经成为建筑设计的一个重要组成部分。通过对建筑中自然采光和人工照明等共同构成的光环境的设计和控制，可满足人眼的视觉、生理及心理需要。在采用天然光采光的房间里，室内的光线随着室外天气的变化而改变。因此，要设计好室内天然光环境，必须对当地的室外光气候状况以及影响光气候的气象因素、天然光采光设计方法有所了解，以便在天然光采光设计中采取措施，保证采光需求。

当夜间或天然光照明满足不了室内照明时，则需要人工光源来达到室内照明的需要。因此，有必要对人工光环境质量及其评价标准、室内工作照明的设计基础有一个大致的了解。

15.1　天然光环境设计基础

15.1.1　天然采光的数学模型*

计算室内某时刻各点天然光的照度分布常采用两种方法，即采光系数法和分布参数模型，在采用上述方法时，应了解该时刻该方向上的室外无遮挡的天空扩散光在水平面上产生的照度。国际照明委员会（CIE）根据世界各地对天空亮度观测的结果，提出了三种天空亮度分布的数学模型，即均匀天空亮度分布模型、CIE 全阴天空模型和 CIE 全晴天空模型。

1. 均匀天空亮度分布模型

均匀天空亮度分布模型是假设天空各方向亮度一致，是一种理论上的天空状况，只有在简化的采光设计中才考虑用这种状况作为设计条件。

2. CIE 全阴天空模型

这种天空模型的特点是天空亮度不再是均匀分布，而是从天空到水平面呈函数分布，在同一高度的不同方位上亮度相等，但从地平面到天顶的不同高度的亮度存在以下函数关系：

$$L_\theta = \frac{1 + 2\sin\theta}{3} L_Z \qquad (15-1)$$

式中：L_θ——离地面 θ 角处天空微元的亮度，$\mathrm{cd/m^2}$；

L_Z——天顶亮度，$\mathrm{cd/m^2}$；'

θ——计算天空亮度处的高度角（仰角），（°）。

图 15-1 所示显示了 CIE 全阴天天空亮度与高度角的关系，可以看出天顶亮度为地平线

附近天空亮度的 3 倍左右。由于阴天的亮度低，亮度分布相对稳定，因而室内照度较低，但受朝向影响小，室内照度分布稳定。

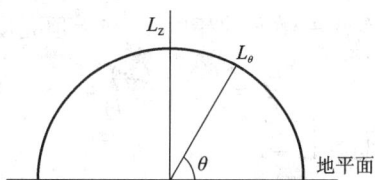

图 15 - 1　全阴天天空照度分布

3. CIE 全晴天空模型

晴天天空亮度分布与太阳高度和太阳方位这两个因素有关，晴天同阴天相反，除去太阳附近的天空最亮外，通常在地平线附近的天空要比天顶亮；与太阳相距 90°高度角的对称位置上，天空亮度最低。图 15 - 2 是一个典型晴天天空亮度分布图(符合 CIE 标准晴天天空亮度分布函数，设 $L_Z = 1$)。

$$L_p = L_Z \frac{(0.91 + 10\exp(3\delta) + 0.45\cos^2\delta)(1 - \exp(-0.32/\cos\varepsilon))}{(0.91 + 10\exp(-3Z_s) + 0.45\cos^2Z_s)(1 - \exp(-0.32))} \qquad (15 - 2)$$

式中：L_p——天空微元的亮度，cd/m^2；

$\quad L_Z$——天顶亮度，cd/m^2；

$\quad \varepsilon$——天顶与天空微元间的角度，(°)；

$\quad Z_s$——太阳的天顶角，(°)，见图 15 - 2；

$\quad \delta$——太阳与天空微元之间的角度，(°)，$\delta = \arccos(\cos Z_s\cos\varepsilon + \sin Z_s\sin\varepsilon\cos\varepsilon)$。

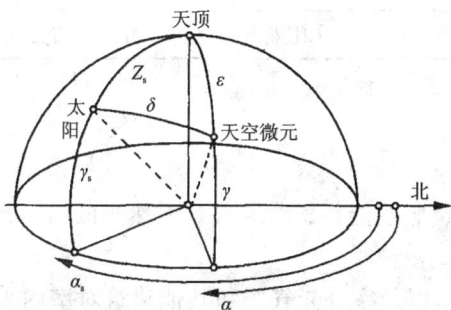

图 15 - 2　天空亮度分布模型的变量意义

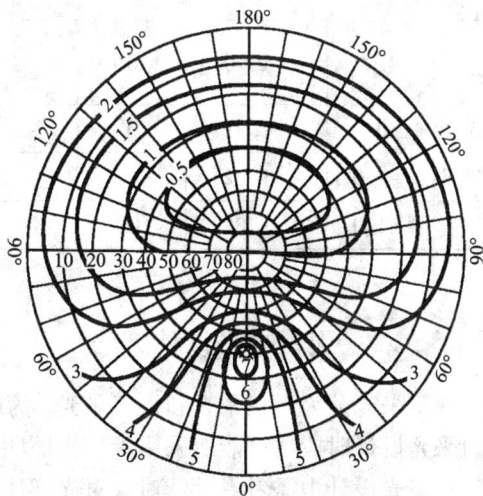

图 15 - 3　晴天天空亮度分布

4. 通用天空亮度分布的数学模型

为便于在采光设计中有一个统一的计算天空亮度的方法，CIE 近年发表了 CIE 标准通用天空亮度分布的数学模型。天空任一微元的亮度 L_p 与天顶亮度 L_Z 的亮度比表示为：

$$\frac{L_p}{L_Z} = \frac{f(\delta)\varphi(\varepsilon)}{f(Z_s)\varphi(0)} \tag{15-3}$$

式(15-3)中各变量意义同式(15-2)。

f 函数是与天空元素相对亮度随它离太阳的角距离变化相关的散射特征曲线：

$$f(\delta) - 1 + c\left[\exp(\mathrm{d}\delta) - \exp\left(d\,\frac{\pi}{2}\right)\right] + e\cos^2\delta \tag{15-4}$$

另一个函数为：

$$\varphi(\varepsilon) = 1 + \alpha\exp(b/\cos\varepsilon),\ 0 \leqslant \varepsilon < \frac{\pi}{2} \tag{15-5}$$

整理(15-4)和式(15-5)得式(15-6)：

$$L_p = L_Z \frac{\left[1 + c\exp(\mathrm{d}\delta) - c\exp\left(d\,\frac{\pi}{2}\right) + e\cos^2\delta\right]\left[1 + a\exp(b/\cos\varepsilon)\right]}{\left[1 + c\exp(\mathrm{d}Z_s) - c\exp\left(d\,\frac{\pi}{2}\right) + e\cos^2 Z_s\right]\left[1 + a\exp(b)\right]} \tag{15-6}$$

式(15-6)中 a、b 为亮度分级参数，c、d、e 为散射特征曲线参数，其数据见表15-1，表中的"类型"编号是指 CIE 对各类不同天空类型规定的编号。传统的全阴天空规定为 16 种天空亮度分布类型，与 CIE 标准全阴天空(第 1 种类型)在接近地平线部分有较大的亮度差别，前者偏高。

表 15-1　通用天空亮度分布的数学模型的标准参数

类型	a	b	c	d	e	亮度分布描述
1	4.0	-0.70	0	-1.0	0	CIE 标准全阴天空，各方位亮度均匀，亮度向天顶逐级增加
5	0	-1.0	0	-1.0	0	均匀亮度天空
12	-1.0	-0.32	10	-3.0	0.45	CIE 标准晴天空，低亮度浑浊度
13	-1.0	-0.32	16	-3.0	0.30	CIE 标准晴天空，被污染的大气

15.1.2　天然采光设计方法

建筑采光分为天然采光和人工采光，为节约建筑照明能耗，满足人对天然光的需要，在建筑采光设计时应尽可能地采用天然光照明。

在采光设计中需考虑设计对象对光环境的要求，以及室外光气候和其他建筑对室内采光的影响，通过采光计算合理优化建筑方案和采光口的形式及位置，以及窗户玻璃所用材料等因素。图 15-4 为天然采光设计过程示意图。

在采光设计时主要有以下几个步骤。

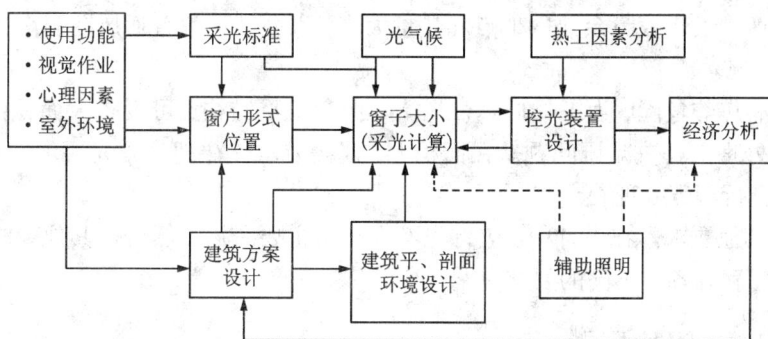

图 15-4　天然采光设计过程示意图

1. 了解设计对象对采光的要求

（1）房间的工作特点及精密度。

一个房间内的工作并不一定完全相同，在采光设计前，应考虑房间内最精细的和具有典型性的工作，了解视觉工作中需要识别部分的大小，根据识别部分尺寸的大小来确定采光工作分级。

（2）工作面位置。

工作面有垂直的、水平的或倾斜的，它与选择窗的形式和位置有关。例如侧窗在垂直工作面上形成的照度高，这时窗至工作面的距离对采光的影响较小，但正对光线的垂直面光线好，背面就差得多。对水平工作面而言，它与侧窗距离的远近对采光影响就很大，不如平天窗效果好。我国采光设计标准推荐的采光计算方法仅适用于水平工作面。

（3）工作对象的表面状况。

工作表面是平面的或是立体的，是光滑的（规则反射）或是粗糙的，对于确定窗的位置有一定影响。例如对平面对象（如看书）而言，光的方向性无多大关系；但对于立体零件，一定角度的光线，能形成阴影，可加大亮度对比，提高可见度。而光滑的零件表面，由于规则反射，若窗的位置安设不当，可能使明亮的窗口形象恰好反射到工作者的眼中，严重影响可见度，需采取相应措施来防止。

（4）工作中是否容许直射阳光进入房间。

直射阳光进入房间，可能会引起眩光和过热，应在窗口的选型、朝向、材料等方面加以考虑。

（5）工作区域。

了解各工作区域对采光的要求。照度要求高的布置在窗口附近，要求不高的（如仓库、通道等）可远离窗口。

（6）采暖情况。

在北方采暖地区，窗的大小影响到冬季热量的损耗，因此在采光设计中应严格控制窗面积的大小，特别是要注意北窗的散热。

（7）通风情况。

了解在生产中发出大量余热的地点和热量大小，以便就近设置通风孔洞。

（8）泄爆情况。

某些车间有爆炸危险，为了降低爆炸压力、保存承重结构，可设置大面积泄爆窗，从窗的面积和构造处理上解决减压问题。在面积上，泄爆要求往往超过采光要求，从而会引起眩光和过热，需进行特殊处理。

还有一些其他要求。在设计中，应首先考虑解决主要矛盾，然后按其他要求进行复核和修改，使之尽量满足各种不同的要求。

2. 房间及其周围环境概况

（1）了解房间平、剖面尺寸和布置。

影响开窗的构件，如吊车梁的位置、大小，房间的朝向，周围建筑物、构筑物和影响采光的物体（如树木、山丘等）的高度，以及它们和房间的间距等。这些都与选择窗洞口的形式、确定影响采光的一些系数值有关。

（2）选择窗洞口形式。

根据房间的朝向、尺度、生产状况、周围环境，结合各种窗洞口的采光特性来选择适合的窗洞口形式。在一幢建筑物内可能采取几种不同的窗洞口形式，以满足不同的要求。

（3）估算窗洞口尺寸。

根据房间的视觉工作分级和拟采用的窗洞口形式及位置，即可从表 15 - 2 中查出所需的窗地面积比。值得注意的是，由窗地比和室内地面面积相乘获得的开窗面积仅是估算值，它可能与实际值差别较大。因此，不能把估算值当作最终确定的开窗面积。

表 15 - 2　窗地面积比和采光有效进深

采光等级	侧面采光		顶部采光
	窗地面积比 (A_c/A_d)	采光有效进深 (b/h_s)	窗地面积比 (A_c/A_d)
I	1/3	1.8	1/6
II	1/4	2.0	1/8
III	1/5	2.5	1/10
IV	1/6	3.0	1/13
V	1/10	4.0	1/23

注：1. 窗地面积比计算条件：窗的总透射比取 0.6；室内各表面材料反射比的加权平均值：I - III级取 0.5；IV级取 0.4；V级取 0.3；2. 顶部采光指平天窗采光，锯齿形天窗和矩形天窗可分别按平天窗的 1.5 倍和 2 倍窗地面积比进行估算。

例如：某车间跨度为 30 m（单跨），屋架下弦高度为 6 m，采光要求为 I 级。查表 15 - 2 可知，侧窗要求的窗地比为 1/3。现按一个 6 m 柱距来计算，要求在两面侧墙上开 60 m² 的侧窗，而工作面至屋架下弦可开侧窗面积约为 49.0 m²（窗高 * 窗宽 * 两侧面 = 4.8 m × 5.1 m ×

$2 \approx 49.0 \text{ m}^2$），不足的地面面积 33 m²，考虑采用天窗来解决。现采用矩形天窗，选用 1.5 m 高的钢窗，可补充 18 m² 天窗面积（1.5 m × 6 m × 2 = 18 m²）。在选择窗的尺寸时，应注意尽可能采用标准构件尺寸。

（4）布置窗洞口。

估算出需要的窗洞口面积，确定了窗的高、宽尺寸后，就可进一步确定窗的位置。这里不仅要考虑采光需要，还应考虑通风、日照、美观等要求，拟出几个方案进行比较，选出最佳方案。

经过以上四个步骤，确定了窗洞口的形式、面积和位置后，基本上就达到初步设计的要求了。由于它的面积是估算的，位置也不一定确定不变，故在进行技术设计之后，还应进行采光验算，以便最后确定它是否满足采光标准的各项要求。

3. 采光计算

采光计算的目的在于验证所做的设计是否符合采光标准中规定的各项指标。目前采光计算方法很多，主要分为两大类：一类是集总参数法，通常是利用简便的计算来检验一个房间的采光系数基准值；另一类是分布参数计算法，能求出室内各点的采光系数，并可通过室外天空光的逐时变化，求出室内各点的天然光照度的逐时分布，但此类计算方法计算工作量大，需采用计算机模拟来实现。一般设计中，常采用集总参数计算法并利用直观的计算图表曲线来进行设计计算。本节主要介绍侧窗采光计算原理，顶窗采光可参阅《建筑采光设计标准》（GB 50033—2013）。

按采光标准规定，侧窗采光系数平均值为：

$$c_{av} = \frac{A_c \tau \theta}{A_z (1 - \rho_j^2)} \tag{15 - 7}$$

$$\tau = \tau_o \cdot \tau_c \cdot \tau_w \tag{15 - 8}$$

$$\rho_j = \frac{\sum \rho_i A_i}{\sum A_i} = \frac{\sum \rho_i A_i}{A_z} \tag{15 - 9}$$

$$\theta = \arctan \left(\frac{D_d}{H_d} \right) \tag{15 - 10}$$

式中：τ——窗的总透射比；

A_c——窗洞口面积，m²；

A_z——室内表面总面积，m²；

ρ_j——室内各表面反射比的加权平均值；

θ——从窗中心点计算的垂直可见天空的角度值，无室外遮挡；

τ_o——采光材料的透射比；

τ_c——窗结构的挡光折减系数；

τ_w——窗玻璃的污染折减系数；

ρ_i——顶棚、墙面、地面饰面材料和普通玻璃窗的反射比；

A_i——与 ρ_i 对应的各表面面积；

D_d——窗对面遮挡物与窗的距离，m；

H_d——窗对面遮挡物距离中心的平均高度，m。

相关系数取值应依据《建筑采光设计标准》（GB 50033—2013）附录 D 中的有关要求进行选取。

15.2　人工光环境的设计

15.2.1　人工光环境质量及其评价标准

人工照明质量及其标准是为了使建筑照明满足人们工作、生活等需要而制定的，主要包括两个方面，第一方面是照明数量，主要是限定作业面或参考平面上的照度值；第二方面是照明质量，主要从人的生理和心理效果方面来评价光环境，关注光环境的亮度分布状况。

1. 照度数量

国际照明委员会（CIE）在 1986 年出版的正式出版物《室内照明指南》中指出，辨认人的脸部特征的最低亮度约需 1 cd/m²，此时需要的一般照明的水平标准约为 20 lx，因此将 20 lx 作为所有非工作房间的最低照度值。

为了适应我国的经济发展状况和电力供应水平，我国现行的《建筑照明设计标准》（GB 50034—2013）将照度分级向低延伸到 0.5 lx，照度等级为：0.5 lx、1 lx、3 lx、5 lx、10 lx、15 lx、20 lx、30 lx、50 lx、75 lx、100 lx、150 lx、200 lx、300 lx、500 lx、750 lx、1000 lx、1500 lx、2000 lx、3000 lx 和 5000 lx。针对新建、改建和扩建的居住、公共和工业建筑的不同场所，规定了参考面上的照度标准值，为照明设计提供了可遵循的依据。具体见《建筑照明设计标准》（GB 50034—2013）。表 15-3 列出了住宅建筑照明标准值。

对于一些视觉要求高的精细作业场所、连续长时间紧张的视觉作业场所或识别对象不断移动的场所，可参考照度标准分级提高一级。而对于那些作业时间很短、作业精读或速度无关紧要或建筑等级和功能要求较低的场所，可按照度标准分级降低一级。一般情况下，设计照度值和照度标准值相比较，可有 -10% ~ +10% 的偏差。表 15-3 列出了住宅建筑照明标准值。

表 15-3　住宅建筑照明标准值

房间或场所		参考平面及其高度	照度标准值/lx	显色指数 Ra
起居室	一般活动	0.75 m 水平面	100	80
	书写、阅读		300	
卧室	一般活动	0.75 m 水平面	75	80
	床头、阅读		150	
餐厅		0.75 m 餐桌面	150	80
厨房	一般活动	0.75 m 水平面	100	80
	操作台	台面	150	

续表 15 – 3

房间或场所	参考平面及其高度	照度标准值/lx	显色指数 Ra
卫生间	0.75 m 水平面	100	80
电梯前厅	地面	75	60
走道、楼梯间	地面	50	60
车库	地面	30	60

2. 照明质量

眩光、颜色、均匀度、亮度分布等都明显地影响可见度,影响容易、正确、迅速地观看的能力,所以照明质量也受这些因素的影响。

(1)眩光。

眩光是由于视野内亮度对比过强或亮度过高形成的,是评价照明环境质量的重要指标之一。在室内环境中,光源或灯具等可能引起直接眩光,而由反射比高的表面形成的镜面反射可能引起反射眩光,作业本身的镜面反射与漫反射重叠出现时还可能引起光幕反射,任何方式引起的眩光对人的生理和心理都会有明显的危害。

按照眩光造成的后果,眩光又可以分为失能眩光和不舒适眩光。不舒适眩光就是产生不舒适感觉,但并不一定降低视觉对象可见度的眩光。在公共建筑和工业建筑常用房间或场所中的不舒适眩光应采用统一眩光值(UGR)评价,并使其最大允许值(UGR 计算值)符合建筑照明设计标准中的相应值规定。凡是控制不舒适眩光的措施,一般均有利于消除失能眩光。

照明场所的统一眩光值应按下式计算:

$$UGR = 8\lg\frac{0.25}{L_b}\sum\frac{L_{ti}\cdot\Omega_i}{P_i} \tag{15 – 11}$$

式中:L_b——背景亮度,cd/m^2;

L_{ti}——观察者方向第 i 个灯具的亮度,cd/m^2;

Ω_i——第 i 个灯具发光部分对观察着眼睛所形成的立体角,sr;

P_i——第 i 个灯具的位置指数。

统一眩光值是度量出于视觉环境(视野中除观察目标以外的周围部分)中的照明装置发出的光对人眼引起不舒适感的主观反应的心理参量。工程实践证明,统一眩光值越低,说明对眩光控制得越好。表 15 – 4 给出了主观眩光程度与统一眩光值的对比。

为了提高室内照明质量,不但要限制直接眩光,而且还要限制工作面上的反射眩光和光幕反射。

表 15 – 4　主观眩程度和统一眩值得对比

UGR	对应眩程度的描述	视觉要求和场所示例
<13	没有眩光	手术台、精细视觉作业
13～16	开始有感觉	使用视频终端、绘图室、精品展厅、珠宝柜台、控制室、颜色检验

续表 15-4

UGR	对应眩程度的描述	视觉要求和场所示例
17~19	引起注意	办公室、会议室、教室、一般展厅、休息厅、阅览室、病房
20~22	引起轻度不适	门厅、营业厅、车厅观众厅、厨房、自选商场、餐厅、自动扶梯
23~25	不适	档案室、走廊、泵房、变电所、大件库房、交通建筑的入口大厅
26~28	很不适	售票厅、较短的通道、演播室、候车区

（2）光源颜色。

光源的颜色特征不同对照明质量的影响很大。光源颜色特征主要包含光源的色温和显色性两个方面。

光环境所形成的气氛与光源的色温有很大的关系，光源的相关色温不同，产生的冷暖感也不同。当光源的相关色温大于 5300 K 时，人们会产生冷的感觉；当光源的相关色温小于 3300 K 时，人们会产生暖和的感觉，光源的相关色温和主观感觉效果以及适用场合如表 15-5 所示。

表 15-5　光源色表分组

色表分组	色表特征	相关色温/K	适合场所
I	暖	<3300	客房、卧室、病房、酒吧、餐厅
II	中间	3300~5300	办公室、教室、阅览室、诊室、检验室
III	冷	>5300	热加工车间、高照度场所

光源的颜色主观感觉效果还与照明水平有关。在低照度下，采用低色温光源为佳；随着照明水平的提高，光源的相关色温也应相应提高。表 15-6 说明观察者在不同照度下，光源的相关色温与感觉的关系。

表 15-6　不同照度下光源的相关色温与感觉的关系

照度	光源色的感觉		
	低色温	中等色温	高色温
≤500	舒适	中等	冷
500~1000	↓	↓	↓
1000~2000	刺激	舒适	中等
2000~3000	↓	↓	↓
≥3000	不自然	刺激	舒适

（3）光源的显色性。

光源对于物体自然原色的呈现程度称为光源的显色性。显色指数越接近 100，表示光源的显色性越好。为了正确地利用光源显色性,我国《建筑照明设计标准》对不同场所的光源的显色指数进行了规定。对于长期工作或停留的房间或场所,照明光源的一般显色指数不宜小于80。在灯具安装高度大于 6 m 的工业建筑的场所可低于80,但必须能够辨别安全色。常用房间或场所的一般显色指数最小允许值应符合建筑照明设计标准中的相应值规定。

(4)照明的均匀度。

照度均匀度指规定表面上的最小照度与平面照度之比。若参考平面上各处的照度值相差较大,人眼就会因频繁的明暗适应而造成视觉疲劳。国际发光照明委员会(CIE)规定最小照度与平面平均照度之比小于0.8,我国规定公共建筑的工作房间和工业建筑作业区域内的一般照明照度均匀度,即规定表面上的最小照度与平均照度之比不应小于0.7,而作业面邻近周围的照度均匀度不应小于0.5。房间或场所内的通道和其他非作业区域的一般照明的照度值不宜低于作业区域一般照明照度值的1/3。

(5)反射比。

当视场内各表面的亮度比较均匀时,人眼视看才会达到最舒服和最有效率的结果,故希望室内各表面亮度保持一定比例。为了获得建议的亮度比,必须使室内各表面具有适当的光反射比。第 11 章表 11 - 3 列出了室内各表面的光反射比,表中的工作房间表面的光反射比对于长时间连续作业的房间是适宜的。

(6)照明的稳定性。

照明的不稳定性主要是由于光源光通量的变化导致了工作环境中的亮度发生变化。视野内的这种忽亮忽暗的照明使人被迫产生视力跟随适应,如果这种跟随适应次数增多,将使视力降低;如果光环境中的照度在短时间内迅速发生变化,还会在心理上分散人们的注意力,使人感到烦躁,从而影响生活、工作和学习。因此室内一般场所的照明应当具有稳定的照度。实际工程中将照明供电线路和负荷变化大的电路分开,在一些场合避免采用有频闪效应的交流气体放电光源以及灯具安装,或者避开气流扰动,都可以有效地控制频闪效应。

15.2.2 室内工作照明的设计基础

1.室内照明设计的主要步骤

室内照明设计不仅要满足功能照明,而且需符合人们的生理、心理要求。由于室内照明实际的范围较广,设计方法也就千差万别,但室内照明设计的程序基本一致,主要有下列三个阶段。

第一阶段:听取业主或甲方的要求,并与相关人员(如室内设计师、建筑师和电气设计师等)充分分析影响照明效果的因素,即照明场合的功能、照明空间的大小、室内家具或工厂设备对照明的影响、业主需形成的照明风格和项目经费预算情况等。

第二阶段:提出一些基本的设计方案,确定选择主照明还是辅助照明,前者注重功能性照明;而后者侧重于装饰性和突出重点照明。主照明一般包括基本照明和局部照明,辅助照明主要包括重点照明和效果照明等。

第三阶段:对室内的平均照度、照明的均匀性及作业平面上的照度进行计算,检验照度等指标是否符合现行国家照明标准的要求。

2. 照明计算

当明确了设计对象的视看特点，选择合适的照明方式，确定了需要的照度和各种质量指标，以及相应的光源和灯具之后，就可以进行照明计算，求出需要的光源的功率，或按预定功率核算照度是否达到要求。

如果以整个被照平面为对象，按被照面所得到的光通量（直射分量和反射分量）除以被照面的面积就可以得到该平面的平均照度。在室内一般照明系统中，由于大多数情况下都要求被照面上具有较为均匀的照度，因而照明设计标准中多以被照面上的平均照度值为指标来评价照明的数量和质量。

被照面的平均照度可以采用利用系数法来计算。利用系数 C_u 就等于光源实际投射到工作面上的有效光通量 Φ_u 和全部灯的光通量 $N\Phi$ 之比，这里 N 为灯的个数，它反映了光源光通量被利用的程度。

$$C_u = \frac{\Phi_u}{N\Phi} \tag{15-12}$$

利用系数法的基本原理如图 15-5 所示。图中表示了光通量的分布情况。从某一个光源发出的光通量中，在灯罩内损失了一部分，当射入室内空间时，一部分直达工作面 Φ_d，形成直射光照度；另一部分射到室内其他表面上，经过一次或多次反射才射到工作面 Φ_ρ 上，形成反射光照度。光源实际投射到工作面上的有效光通量 Φ_ρ 为：

$$\Phi_u = \Phi_d + \Phi_\rho \tag{15-13}$$

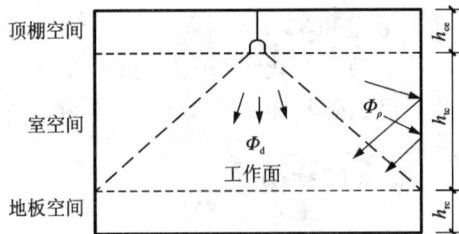

图 15-5　室内光通量分布

很明显，Φ_u 越大，表示光源发出的光通量被利用的越多，利用系数 C_u 值越大。根据上面分析可见，C_u 值的大小与下列因素有关：

①灯具类型和照明方式。射到工作面上的光通量中，Φ_d 是无损地到达的，故 Φ_d 越大，C_u 值越高。单纯地从光的利用率讲，直接型灯具较其他类型灯具有利。

②灯具效率 η_0。光源发出的光通量，只有一部分射出灯具，灯具效率越高，工作面上获得的光通量越多。

③房间的尺寸。工作面与房间其他表面相比的比值越大，接受直接光通量的机会就越多，利用系数就越大，这里用室空间比（RCR）来表征这一特性：

$$RCR = \frac{5h_{rc}(l+b)}{lb} \tag{15-14}$$

式中：h_{rc}——灯具至工作面的高度，m；

　　l、b————房间的长和宽，m。

　　从图 15 – 6 中可看出：同一个灯具，放在不同尺度的房间内，Φ_d 不同。在宽而矮的房间中 Φ_d 就大。

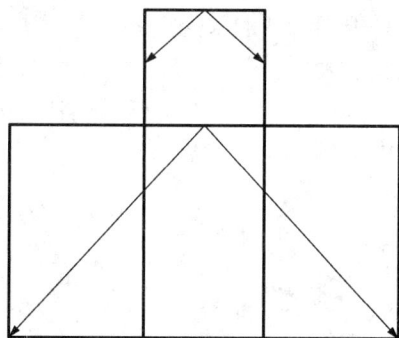

图 15 – 6　房间尺度与 Φ_d 的关系

　　④室内顶棚、墙、地板、设备的光反射比。光反射比越高，反射光照度增加的越多。

　　只要知道灯具的利用系数和光源发出的光通量，我们就可以通过下式算出房间内工作面的照度：

$$E = \frac{\Phi_u}{lb} = \frac{NC_u\Phi}{LB} = \frac{nC_u\Phi}{A} \qquad (15 – 15)$$

　　若室内需要达到某一照度，可用下式算出需要多大功率的灯泡（即发出的光通量）：

$$\Phi = \frac{AE}{NC_uK} \qquad (15 – 16)$$

式中：Φ————一个灯具内灯的总额定光通量，lm；

　　　　E————照明标准规定的平均照度值，lx；

　　　　A————工作面面积，m^2；

　　　　N————灯具个数；

　　　　C_u————利用系数；

　　　　K————维护系数。

15.3　光环境控制技术的应用

　　目前对天然光的利用不仅只限于通过窗户采光，而且在采光方法、采光技术和采光系统的兼容性和智能化方面都得到了发展。

　　建筑利用天然光的方法可分为被动式和主动式两类。被动式采光方法就是利用不同形式的采光窗进行采光的方法。主动式采光方法则是利用集光、传光和散光等设备与配套的控制系统将天然光传递到需要照明的部位。近年来，人们对于将更多的天然光引进室内的新技术方法进行了许多研究，并且出现了一些以此为主要目标的建筑设计，其意义在于增加室内可用的天然光数量，提高离窗远的区域的天然光比例，使不可能接收到天然光的地方也能享受到天然采光。

目前常用调节百叶窗上的百叶角度,来控制进入室内的天然光。如柏林的 GSW 总部大楼西立面安装了可调节的穿孔金属板百叶(图 15-7)来控制下午的得热和眩光,穿孔金属板百叶可根据时间和天气变化来调节,百叶打开可最大利用天然光,部分关闭可控制太阳光,或者完全关闭得到最少阳光(但通过穿孔板仍旧提供扩散天然光)。这样有利于使用者在不同的位置设置垂直的百叶来满足他们特殊的采光需要。

另一种常用方法是利用镜反射表面,将日光反射到需要的空间。通常将这种平面的或曲面的反射装置设在窗外侧的中上部位置,也可以与遮阳设备合为一体。如图 15-8 所示,可将太阳直射光通过反射到达室内顶棚。

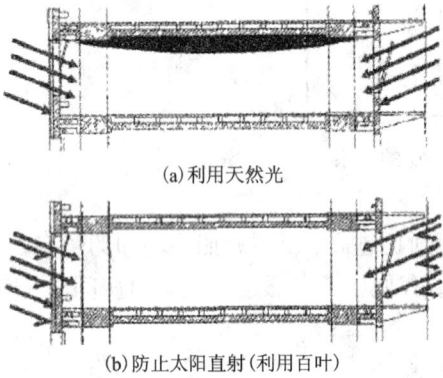

(a)利用天然光

(b)防止太阳直射(利用百叶)

图 15-7　柏林的 GSW 总部大楼百叶窗示意图

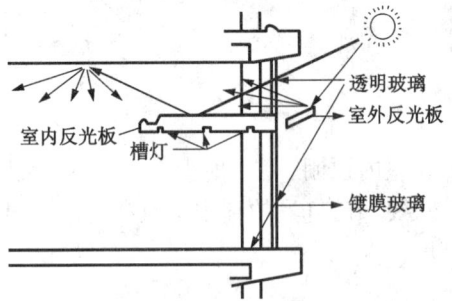

透明玻璃

室外反光板

室内反光板

槽灯

镀膜玻璃

图 15-8　反光板将直射光反射到顶棚的方法

除上述采光方法外,异型百叶是一种合理利用天然光采光的新技术,这种新型百叶的断面形状可以根据室内采光以及遮阳的实际需要,制作成不规则断面。如"Okansolar"异型百叶系统,能够发挥定向反光作用,百叶断面呈三角形态,冬季由于太阳角度小,可运用角度调节将阳光向天花板反射,增强室内光照强度。在夏季由于太阳角度大,可调节角度和采用不同表面,将光线发射出去,体现遮阳作用。

运用新型光学材料和精密光学技术制作的光导纤维或导光管,可将日光传送到需要照明的空间和地下空间。如图 15-9 所示就是其采光原理示意图,这种结构简单的导光管在一些发达国家已经开始广泛使用,目前国内也有企业开始生产。图 15-10 是德国柏林波茨坦广场上使用的导光管,直径约为 500 mm,顶部装有可随日光方向自动调整角度的反光镜,管体采用传输效率较高的棱镜薄膜制作,可将天然光从高地传输到地下空间,同时也成为广场景观的一部分。

在当前许多大型建筑的自然采光设计运用中,常对

图 15-9　光导纤维或导光管传输天然光原理示意图

图 15 – 10　德国柏林波茨坦广场上的导光管

采光、通风、隔热等方面的研究与优化进行综合考虑，从而形成整体综合作用，体现出建筑设计的智能化趋势。同时运用智能化照明管理系统，对室内照明进行智能控制。如使用人员流动传感器装置对灯具的开启与关闭进行控制，或采用天然采光和人工照明互补等方法，从而达到舒适、安全、节能的建筑光环境。

　　随着人们对室内环境质量要求的提高以及计算机技术的发展，给予计算机技术的天然采光分析评价模型应运而生，它可以提供比实体模型更加精确、细致的数据分析。目前国外数字化的大然采光分析模型的研究成果颇多。Ecotect 是一个全面的技术性能分析辅助设计软件，可以进行太阳辐射、热、光学、声学、建筑投资等综合的技术分析。Radiance 是由劳伦斯伯克利国家实验室开发的采光软件，采用了蒙特卡洛算法优化的反向光线追踪算法，相对于光能传递法来说，光线追踪更适合于精确的建筑采光分析，国际上采光分析论文基本都采用 Radiance 进行模拟，该软件分析计算的结果得到了广泛的认可。

复习思考题

　　1. 按图 15 – 11 所给房间剖面，求侧窗洞口在房间水平参考面上形成的采光系数标准值；若窗洞上装有透明玻璃窗时的采光系数；若窗洞上装 Low – E 玻璃时的采光系数。（透明玻璃：$\tau_0 = 0.856$，$\tau_c = 0.75$，$\tau_w = 0.9$；Low – E 玻璃 $\tau_0 = 0.62$，$\tau_c = 0.6$，$\tau_w = 0.9$）

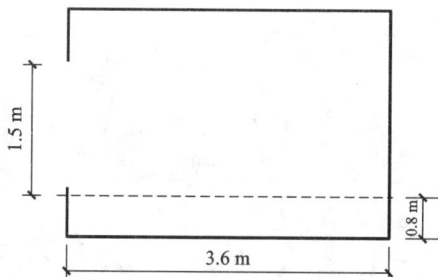

图 15 – 11　习题 1 图

2. 试说明全阴天和全晴天天空亮度的特征。

3. 一个良好的照明设计应包含哪些因素?

4. 照明标准是基于哪些方面来制定的?

5. 试说明眩光有几种类型,在室内照明设计时,如何避免眩光?

6. 举例说明照明方式和设备有哪些新技术和新方法?

第16章 建筑环境控制措施的制约关系

16.1 建筑环境控制方法分类

建筑环境的控制方法很多，总体而言可分为被动式建筑设计和主动式控制方法两大类。

被动式建筑设计是指采用被动式的技术手段，充分利用建筑本身和自然资源，实现建筑环境的控制，从而达到减少能源消耗的建筑设计方法。和它对应的是依赖采暖、通风、空调、人工照明等的主动式环境控制技术。

建筑环境包括建筑热湿环境、室内空气品质、建筑声环境和建筑光环境四大部分，其控制方法分述如下。

16.1.1 建筑热湿环境

建筑热湿环境是指影响人体冷热感觉的建筑环境因素，主要包括室内空气温度和湿度，室内空气流动速度以及室内屋顶墙壁表面的平均辐射温度等。

室内热湿环境可以靠空调采暖系统来创造和维持，但要以付出巨大的能耗作为代价。事实上，现代建筑已经出现了片面依赖机械设备和系统的现象。绿色建筑不能一味地强调舒适，尤其不能片面地靠空调采暖系统来创造和维持，而应该强调"适宜"的热舒适，尽可能通过精心设计，通过提高围护结构的热工性能，来降低室内热湿环境对机械设备和系统的依赖程度。

1.建筑热湿环境控制的被动式方法

（1）建筑保温设计。

建筑保温设计主要是指通过加大各部分围护结构的热阻，提高其保温隔热能力，在保证应有的室内环境气候的前提下，冬季减少采暖期间建筑内的热量的散失，节约采暖能耗；夏季有效防止各种室外热湿作用造成室内气温过高，节约空调能耗。

（2）遮阳设计。

遮阳的作用在于遮挡太阳直射辐射从窗口透入，减少对人体与室内的热辐射。遮阳方式有很多，利用绿化（种树或攀缘植物）；结合建筑构件处理（入出檐、雨篷、外廊等）；反射玻璃、反射阳光镀膜；采用临时性的布篷和活动的合金百叶；采用专门固定或活动式的遮阳板设施等。

（3）自然通风。

自然通风是保持室内空气清新、排除余热、改善人体热舒适感的重要途径。居住区的总体布局、单体建筑设计方案和门窗的设置等，都应有利于自然通风。例如，房屋朝向要力求接近夏季主导风向。

（4）植物绿化。

植物在白天特别是高温时段要进行剧烈的蒸腾作用，通过叶片将根部吸收的90%以上的水分蒸发到空中。经北京市园林局测定：1 hm² 阔叶林夏季能蒸腾 250 t 水，比同样面积的裸露土地的蒸发量高20倍，相当于同等面积的水库蒸发量。据测定，植物每蒸发 1 g 水，就带走 2260 J 热量。因此，降温效果十分显著。

从建筑周围环境来看，植物有调节温度、减少辐射的生态功能。在夏季，人在树荫下和在阳光直射下的感觉，差异是很大的。这种温度感觉的差异不仅仅是 3~5℃ 气温的差异，而主要是由太阳辐射温度决定的。茂盛的树冠能挡住 50%~90% 的太阳辐射，经测定，夏季树荫下与阳光直射的辐射温度可相差 30~40℃。不同树种遮阳降低气温的效果也不同。联合国环境署的研究表明，如果一个城市屋顶绿化率达70%以上，则城市上空的二氧化碳含量将下降80%，热岛效应将会彻底消失。热岛效应的缓解（大面积植被吸收太阳紫外线）可减少空调用电量，以减少发电厂 CO_2 的发生量；保护作用可延长建筑物寿命，减少重建伴生的 CO_2 的发生量。一座城市的屋顶面积，大约为整个居住区面积的 1/5。被绿化的屋顶除了在夏天对室外环境具有十分明显的降温和增湿作用以外，还可以大大降低屋顶外表面的平均辐射温度 MRT（一般可降低 10~20℃），从而进一步改善城市的热环境。加拿大国家研究中心进行屋顶绿化节能测试后公布的数据表明，没有进行屋顶绿化的房屋空调耗能为 6000~8000 kW·h。同一栋楼屋顶绿化过的房间空调耗能为 2000 kW·h，节约了70%的能量，冬季则能节省50%的供暖能源。

2. 室内热环境控制的主动式方法

如今的建筑由于其规模和内部使用情况的复杂性，在多数气候区不完全靠被动式方法保持良好的建筑环境品质，而需要采用机械和电气的手段，即主动式的方法，在高能效的前提下，按"以人为本"的原则，改善建筑热湿环境。

根据建筑环境质量的不同要求，分别应用供暖、通风或空气调节技术消除各种干扰，进而在建筑物内建立并维持一种具有特定使用功能且能按需控制的"人工环境"。在供暖、通风或空气调节技术的应用中，一般总是借助相应的系统来实现对建筑环境的控制。所谓"系统"，指的是若干设备、构件按一定功能、序列集合而成的总体。下面分别阐述供暖、通风、空气调节系统及其应用的基本概念。

（1）供暖。

供暖（亦称"采暖"）技术一般用于冬季寒冷地区，服务对象包括民用建筑和部分工业建筑。当建筑物室外温度低于室内温度时，房间通过围护结构及通风孔道会造成热量损失，供暖系统的职能则是将热源产生的具有较高温度的热媒经由输热管道送至用户，通过补偿这些热损失使室内温度参数维持在要求的范围内。

（2）通风。

通风系统一般由风机、进排风或送风装置、风道以及空气净化设备这几个主要部分组成。通风系统可将室外新鲜空气传入室内，或将室内污浊空气排向室外，在一定程度上改善其温度、湿度和气流速度等建筑热湿环境参数。

（3）空气调节。

空气调节与供暖、通风一样负担着建筑环境保障的职能，但它对建筑空气环境品质的调控更为全面，层次更高。在室内空气环境品质中，空气温度、湿度、气流速度和洁净度（俗称"四度"）通常被视为空调的基本要求。空调技术主要用于满足建筑物内有关工艺过程的要求或满足人体舒适的需要，往往会对空气环境提出某些特殊要求。

16.1.2　室内空气品质

室内空气品质是建筑环境的主要内容，是影响人们生理和心理健康的重要因素，主要表现在室内污染物浓度的控制上。

1. 室内空气品质控制的被动式方法

（1）合理使用建筑材料、装修装饰材料及家具。

建筑材料如花岗岩、砖、砂、水泥及石膏之类，特别是含有放射性元素的天然石材，易释放出氡，严重影响室内空气品质以及人体健康。

建筑装修装饰材料和家具带来的室内污染主要是人造板材、胶黏剂等带来的有害化学物质，如甲醛、苯等；土、石、沙材料中的放射性物质；涂料中带来的挥发性有机化合物、铅、镉、铬、汞等有害物质。

（2）自然通风。

自然通风是用室外的新鲜空气更新室内由于居住及生活过程而被污染的空气，以保持室内空气的洁净度达到某一最低标准的水平，这是任何气候条件下都应该予以保证的。根据人体卫生的要求，我国居住建筑中房间的最低换气次数应为每小时 0.7~0.8 次，满足这个标准后才能达到健康通风的标准。

（3）植物绿化。

植物具有放氧、吸收有害气体、滞尘、杀菌、释放负离子等一系列净化空气的作用。

植物可吸收二氧化碳，放出氧气。随着工业的发展，整个大气圈中的二氧化碳含量有不断增加的趋势，这样就造成了对人类生存环境的威胁，降低了人类的生活质量。植物通过光合作用吸收二氧化碳放出氧气，是名副其实的"天然制氧机"。

植物可吸收有害气体。空气中的有害气体主要有二氧化硫、氯气、氟化氢、氨、汞蒸气、铅蒸气等。其中以二氧化硫的数量最多，分布最广，危害最大。在煤、石油等的燃烧过程中都要排出二氧化硫，所以工业城市的上空二氧化硫的含量通常是较高的。常见植物吸收有害气体的能力见表 16－1。

植物，特别是树木，对烟尘和粉尘有明显的阻挡、过滤和吸附作用，称为"空气的绿色过滤器"。常见园林植物滞尘能力比较见表 16－2。

表 16－1　常见园林植物吸附有害气体能力比较

有害气体	抗性强的植物	抗性中等的植物	抗性弱的植物
SO_2	花曲柳、桑树、皂荚、山桃、黄檗、臭椿、紫丁香、忍冬、柽柳、圆柏、枸杞、水蜡、刺槐、色赤杨、加拿大杨、黄刺梅、玫瑰、白榆、棕榈、山茶花、桂花、广玉兰、龙柏、女贞、垂柳、夹竹桃、柑橘、紫薇	稠李、白桦、皂荚、沙松、枫杨、赤杨、山梨、暴马丁香、元宝枫、连翘、银杏、柳叶绣线菊、糖槭、卫矛、榆树、国槐、美青杨、山梅花、冷杉	连翘、榆叶梅、锦带花、白皮松、风箱果、云杉、油松、樟子松、山槐
HF	圆柏、侧柏、臭椿、银杏、槐、构树、泡桐、枣树、榆树、臭椿、山杏、白桦、桑树	杜仲、沙松、冷杉、毛樱桃、紫丁香、元宝枫、卫矛、皂荚、茶条槭、华山松、旱柳、云杉、白皮松、雪柳、落叶松、紫椴、侧柏、红松、京桃、新疆杨	山桃、榆叶梅、葡萄、刺槐、银杏、稠李、暴马丁香、樟子松、油松
Cl_2	花曲柳、桑、皂荚、旱柳、柽柳、忍冬、枸杞、水蜡、紫穗槐、卫矛、刺槐、山桃、木槿、榆树、枣树、臭椿、棕榈、罗汉松、加杨、樱桃、紫荆、紫薇、枇杷、香樟、大叶黄杨、刺柏	加拿大杨、丁香、黄檗、山楂、山定子、美青杨、核桃、云杉、银杏、冷杉、黄刺玫、大叶黄杨、栎树、臭椿、构树、枫树、龙柏、圆柏	油松、锦带花、榆叶梅、糠椴、山杏、连翘、糖槭、云杉、圆柏、白桦、悬铃木、雪松、柳杉、黑松、广玉兰

表 16－2　常见园林植物滞尘能力比较

滞尘效果		植物名称
较强较强	针叶类	圆柏、雪松
	乔木类	银杏、元宝择、女贞、毛白杨、悬铃木、银中杨、糖槭、榆树、朴树、桑树、泡桐
较强	灌木类	紫薇、忍冬、丁香、锦带花、天目琼花、榆叶梅
中等	乔木类	国槐、栾树、臭椿、白桦、旱柳
	灌木类	紫丁香、榆叶梅、棣棠、连翘、暴马丁香、水蜡、毛樱桃、接骨木、树锦鸡儿、大叶黄杨、月季、紫荆
较弱		小叶黄杨、紫叶小檗、油松、垂柳、紫椴、白蜡、金山绣线菊、金焰绣线菊、五叶地锦、草本植物

　　植物可减少空气中的含菌量。城市中人口众多，空气中悬浮着大量细菌。园林绿地可以减少空气中的细菌数量：一方面，是由于有园林植物的覆盖，使绿地上空的灰尘相应减少，因而也减少了附在其上的病原菌；另一方面，许多植物能分泌杀菌素，使细菌数量减少。

　　植物有促进人体健康的作用。根据医学测定，绿色植物能有效缓解视觉疲劳。在绿地环境中，人的脉搏次数下降，呼吸平缓，皮肤温度降低，精神状态安详、轻松。负离子氧可增加人的活力。

2. 室内空气品质控制的主动方法

（1）空气净化。

①空气过滤去除悬浮颗粒物。

过滤器的主要功能为处理空气中的颗粒污染。空气过滤器原理包括：扩散；中途拦截；惯性碰撞；静电捕获；筛子过滤。

②吸附。

吸附是由于吸附质和吸附剂之间的吸附力而使吸附质聚集到吸附剂表面的一种现象，分为：物理吸附；化学吸附，用于除去空气中的有害气体如甲苯、甲醛、SO_2、H_2S、NO_x 等和有机气体如（VOCs）。

③紫外灯杀菌。

紫外辐照杀菌是常用的空气杀菌方法，在医院已被广泛使用。紫外光谱分为 UVA（320 ~ 400 nm）、UVB（280 ~ 320 nm）和 UVC（100 ~ 280 nm），波长短的 UVC 杀菌能力较强。

④静电吸附。

静电吸附利用高压电流电离空气而吸附空气中的有害气体。

⑤光催化降解。

TiO_2 是一种 N 型半导体，有很强的氧化性和还原性。在光化学反应中，以 TiO_2 作催化剂，在太阳光尤其是紫外线的照射下，使得 TiO_2 固体表面生成空穴和电子，空穴使 H_2O 氧化，电子使空气中的 O_2 还原，在此过程中，生成 OH 基团。OH 基团的氧化能力很强，可使有机物被氧化、分解，最终分解为 CO_2 和 H_2O。

⑥等离子体放电催化。

利用高能电子轰击反应器中的气体分子（NO_x，SO_x，O_2 和 H_2O 等）；经过激活、分解和电离等过程产生氧化能力很强的自由基（OH 等）、原子氧（O）和臭氧（O_3）等，这些强氧化物质可迅速氧化掉 NO_x 和 SO_2，在 H_2O 分子作用下生成 HNO_3 和 H_2SO_4。

⑦臭氧杀菌消毒。

臭氧的主要应用在于灭菌消毒，它可即刻氧化细胞壁，直至穿透细胞壁与其体内的不饱和键化合而杀死细菌，这种极强的灭菌能力来源于其高的还原电位。

（2）空调通风。

通风就是把室内被污染的空气直接或经净化后排至室外，然后把新鲜空气补充进来，从而保证室内的空气环境符合卫生标准和满足生产工艺的需要。建筑通风不仅是改善室内空气环境的一种手段，而且也是保证产品质量、促进生产发展和防止大气污染的重要措施。

16.1.3　建筑声环境

尽管室内噪声与室内空气质量和热舒适度相比对人体的影响通常不那么显著，但其危害是多方面的，包括引起耳部不适、降低工作效率、损害心血管、引起神经系统紊乱，甚至影响视力等。

1. 建筑声环境控制的被动式方法

(1)室内吸声减噪。

由于总体布局和其他原因，当上述环境噪声控制的措施无法实现时，可以在建筑物内装置吸声材料以改善室内的听闻条件和减少噪声的干扰。在室内产生的噪声可以达到一定的声压级，这个声压级与室内的吸声条件有很大的关系。如果室内的界面有足够的吸声材料，则混响声的声压级就可以得到显著的减弱，而且任何暂态噪声都会很快被吸收（就空气声而言），因此室内就会显得比较安静。对于相邻房间的使用者来说，室内混响声压级的高低同样有重要的影响。因为声源的混响声压级决定了两个相邻房间之间的隔声要求，所以降低室内混响噪声既是为了改善使用者所处空间的声环境，也是为了降低传室区的噪声。

在走道、休息厅、门厅等交通和联系的空间，结合建筑装修适当使用吸声材料很有好处。如果对窄而长的走道不做吸声处理，这种走道就起着噪声传声筒的作用；如果在走道的顶棚及侧墙的墙裙以上做吸声处理，就可以使噪声局限在声源附近，从而阻碍走道的混响声压级。

(2)建筑隔声。

许多情况下，可以把发声的物体或把需要安静的场所封闭在一个小的空间内，使其与周围环境隔离，这种方法称为隔声。例如，可以把鼓风机、空压机、球磨机和发电机等设备放置于隔声良好的控制室或操作室内，使其与其他房间分隔开来，以使操作人员免受噪声的危害。此外，还可以采用隔声性能良好的隔声墙、隔声楼板和隔声门、窗等，使高噪声车间与周围的办公室及住宅区等隔开，以避免噪声对人们正常生活与休息的干扰。

(3)植物绿化。

树木对声波有散射、吸收的作用，树木通过其枝叶的微振作用能减弱噪声。减噪作用的大小取决于树种的特性。叶片大又有坚硬结构的或叶片像鳞片状重叠的，防噪效果好；落叶树种类在冬季仍留有枯叶的防噪效果好；林内有植被或落叶的有防噪效果。

一般来说，噪声通过林带后比空地上同距离的自然衰减量多 10～15 dB。屋顶花园至少可以减少 3 dB 噪声，同时隔绝噪声效能达到 8 dB。这对于那些位于机场附近或周边有喧闹的娱乐场所、大型设备的建筑来说最为有效。

2. 建筑声环境控制的主动控制方法

(1)掩蔽噪声。

在多数情况下，噪声控制是要降低噪声的声压级，但有时却是增加噪声。通常可以利用电子设备产生的背景噪声来掩蔽令人讨厌的噪声，从而解决噪声控制的问题，这种人工噪声通常被比喻为"声学香料"或"声学除臭剂"，它可以有效地抑制突然干扰人们宁静气氛的声音。通风系统、均匀的交通流量或办公楼内正常活动所产生的噪声，都可以成为人工掩蔽噪声。

在有的办公室内，利用通风系统产生的相对较高而又使人易于接受的背景噪声，对掩蔽打字机、电话、办公用机器或响亮的谈话声等不希望听到的办公噪声是很有好处的，同时有助于创造一种适宜的宁静环境。

在分组教学的教室里，几个学习小组发出的声音向各个方向扩散，因而在一定程度上彼此互相干扰抵消,也可以成为一种特别的掩蔽噪声。如果有条件,还可以适当地增加分布均匀的背景音乐,使其成为更有效的掩蔽噪声(图 16 – 1)。

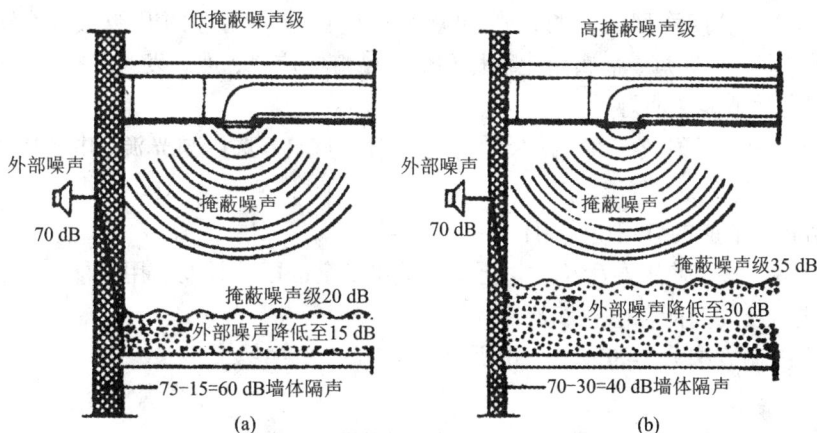

图 16 – 1　在允许范围内提高室内背景噪声,可减少降低外部噪声的费用

(2)空调系统的噪声控制。

空调系统是控制建筑环境的主动式手段,但是空调系统也带来了噪声污染的问题,关于空调系统的噪声污染及其控制方法,详见 16.4.3 的内容。

16.1.4　建筑光环境

良好的室内光环境是良好建筑环境的重要组成部分,人们只有在良好的光环境下,才能进行正常的工作、生活和学习。舒适的室内光环境不仅可以减少人的视觉疲劳,而且可以提高劳动生产率。

1.建筑光环境的被动式设计——天然采光

设计良好的天然采光要注意以下问题:

(1)充足的楼间距:设计绿色住宅、绿色公共建筑时,应注意楼的朝向、楼与楼之间的距离和相对位置、楼内平面的布置。

(2)自然采光在室内或地下空间的引入:为了改善地上空间的自然采光效果,除可以在建筑设计手法上采取反光板、棱镜玻璃窗等简单措施外,还可以采用导光管、光纤等先进的自然采光技术将室外的自然光引入室内的进深处,改善室内的照明质量和自然光利用效果。地下空间的自然采光方法很多,可以是简单的天窗、采光通道等,也可以是棱镜玻璃窗、导光管等技术成熟、容易维护的措施。

(3)控制窗地比:在其他条件不变的前提下,窗地面积比越大,自然采光越充足。窗地面积比确定之后,窗玻璃的可见光透射比对房间的采光影响非常直接。

2.建筑光环境的主动控制——人工照明

天然采光具备很多优点,但是受到时间和地点的限制,因此有必要引入人工照明。从节能角度出发,人工照明要注意以下几点。

(1)采用高光效的电光源。

用卤钨灯取代普通照明白炽灯(节电 50% ~60%);用自镇流单端荧光灯取代白炽灯(节电 70% ~ 80%);用直管型荧光灯取代白炽灯;直管型荧光灯的升级换代(节电 70% ~ 90%);大力推广高压钠灯、金属卤化物灯和低压钠灯的应用;推广发光二极管 LED 的应用。

(2)采用高效节能照明灯具。

选用配光合理、反射效率高、耐久性好的反射式灯具;选用与光源、电器附件协调配套的灯具。

(3)采用高效节能的灯用电器附件。

采用传输效率高、使用寿命长、电能损耗低和安全的配线器材;用节能电感镇流器和电子镇流器取代传统的高能耗电感镇流器。

建筑环境控制方法分类如表 16 - 3 所示。

表 16 - 3　建筑环境控制方法分类

	被动式建筑设计	主动式控制
建筑热湿环境	围护结构保温隔热,遮阳,自然通风,植物绿化	采暖,通风,空调系统
室内空气品质	无污染建材和装潢材料,自然通风,植物绿化	空气净化技术,机械通风系统
建筑声环境	建筑隔声,吸声,植物绿化	掩蔽噪声,空调系统的噪声控制
建筑光环境	天然采光	人工照明

16.2　被动式建筑设计之间的制约关系

16.2.1　建筑保温和防热的关系

1. 建筑保温

建筑保温设计是为建筑空间创造和维持一个良好的室内热环境。创造和维持良好的室内热环境就需要最大限度地减少室外气候因素对室内的干扰,使室内所传出的热量少一些,减少散失热量,以维持室内相对的高温。在减少室内损失的同时,还需要充分利用室外的太阳辐射能和尽可能地防止室外冷风侵入室内。

在进行建筑保温设计时,应遵循以下几个原则:充分利用太阳能;合理选择建筑的体形;合理布置建筑物主体朝向;防止冷风渗透;加强围护结构的保温能力,这些内容在第 12 章都已详细讲述,不再赘述。

2. 建筑防热

建筑防热的主要任务是,在建筑规划及建筑设计中采取合理的技术措施,减弱室外热作用,使室外热量尽量少传入室内,并使室内热量能很快地散发出去,从而改善室内热环境。

防热的途径包括：减弱室外热作用；窗口遮阳；围护结构的散热；合理地组织自然通风；尽量减少室内余热等。

3.建筑保温和防热的关系

从以上可以看出，建筑保温和建筑防热有一定的联系，但是也存在以下区别：

(1)按照建筑热工设计分区及设计要求，我国的热工设计分区中，严寒地区和温和地区不考虑夏季防热，只考虑冬季保温；而夏热冬暖地区只考虑夏季防热，不考虑冬季保温。只有寒冷地区，特别是夏热冬冷地区必须要同时兼顾冬季保温和夏季防热。只不过前者更注意冬季保温，后者更在意夏季防热而已。

(2)保温围护结构和隔热围护结构的异同。

对于冬季采暖、夏季自然通风的房间，冬季保温较好的围护结构不一定在夏季也具有较好的隔热性能。因为冬季保温的效果主要取决于围护结构的热阻，而夏季隔热则与围护结构的热惰性指标、蓄热性能密切相关。

保温围护结构和隔热围护结构的相同之处：围护结构的热阻越大，一是通过其传递的热量越少，同时也关系到内表面的平均温度值，因此围护结构的保温隔热对热阻都有一定的要求；同时为了在谐波热作用下保证有足够的热稳定性，围护结构的保温隔热对热惰性指标也应该满足一定的要求。

保温围护结构和隔热围护结构的相异之处：相对于夏天温度谐波的波动，冬季温度谐波的波动较小且周期长，因此围护结构保温的设计指标主要是热阻。而围护结构的防热主要是为了控制内表面的最高辐射温度，因此防热设计的设计指标主要是热惰性指标。

16.2.2　建筑保温和防潮的关系

建筑的保温材料的耐久性和保温性与其潮湿状态密切相关。湿度过大会明显降低其机械强度，产生破坏变形，使有机材料腐败。湿度过高也会增大其导热系数，使其保温性能大大降低。所以保温材料的防潮问题十分重要。

为防止建筑保温材料受潮，可采取如下措施：

①慎用质地致密、蒸汽渗透系数小的外墙覆面材料。

提高建筑围护结构的"透气性"。为使室内产生的水蒸气有扩散通道，保证围护结构有合理的"透气性"是必要的，国内外有很多建筑采用透气性能良好的涂料是可取的。盲目使用"外墙釉面砖"的做法应在建筑设计方案中予以注意。在使用釉面瓷砖进行外墙表面施工时，要保持一定的砖距，不要密排，底面黏适量砂浆以保证蒸汽能较好地渗透；同时为使其牢固，用一些金属件等拉结，要注意其防锈处理。

②在建筑构造时，合理安排布置材料层的层次，遵从蒸汽渗透"进难出易"的基本原则。在 12.1.4 建筑防潮设计中有详细说明。这里不再赘述。

③有些具体的构造，不能满足"进难出易"的原则，可以采取设置隔汽层的方法。

④冷侧设置封闭空气层。在冷侧设置封闭空气层，可使处于较高温度侧的保温层经常干燥，这个空气层叫作"引湿空气层"，这个空气层的作用称为"收汗效应"。

⑤设置通风间层或泄气孔道。对于湿度高的房间的外围护结构，卷材防水屋面，应采取设置与室外相通的通风间层或泄气孔道的方法。它可以通过与室外空气的交换，带走渗入到

保温层中的水蒸气,对保温层有风干作用。如图 16-2 所示。

有的建筑外表面采用玻璃幕墙的形式,则应在玻璃板与保温材料之间留有一定的缝隙(图 16-3)。否则在板与保温层之间留有一定的间隙,起到泄气孔道的作用。

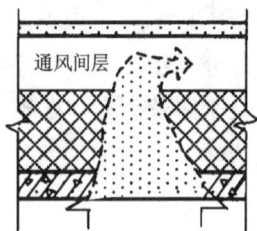

图 16-2　设置通风间层的围护结构

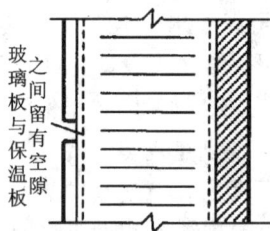

图 16-3　设置泄气孔道的围护结构

16.2.3　建筑隔声、吸声和保温的关系

1.建筑隔声与吸声的关系

用构件将噪声源和接收者分开,使声能在传播途径中受到阻挡,从而降低或消除噪声传递的措施,称为隔声。声波通过媒质或入射到媒质分界面上时声能的减少过程,称为吸声。

吸声材料要求反射声能小,这意味着声能容易进入和透过这种材料。吸声材料的材质应该是多孔、疏松和透气的。它的结构特征是:材料中具有大量的、互相贯通的、从表到里的微孔,即具有一定的透气性,如玻璃棉、岩矿棉、以植物纤维为原料制成的吸声板等。

隔声材料要求透射声能小,能够阻挡声音的传播。因此,它的材质应该是密实无孔隙或缝隙,有较大的重量,如钢板、铅板、石板等类材料。由于这类隔声材料密实,难于吸收和透过声能,反射声能强,所以它的吸声性能差。

对于单一材料,其吸声能力与隔声效果往往不能兼顾,通常表现为一种能力较强,而另一种能力相对不明显。

吸声和隔声有着本质上的区别,但在具体的工程应用中,它们却常常结合在一起,并发挥了综合的降噪效果。从理论上讲,加大室内的吸声量,相当于提高了分隔墙的隔声量,常见的有:隔声房间、隔声罩、由板材组成的复合墙板、交通干道的隔声屏障、车间内的隔声屏、管道包扎等。

吸声材料如单独使用,可以吸收和降低声源所在房间的噪声,但不能有效地隔绝来自外界的噪声。反之,隔声材料如果单独使用,虽然可以隔绝相邻空间发出的声音,但会形成空间回音不断,不能有效地吸收控制回声。

2.吸声材料和保温材料的区别

保温材料用于围护结构的保温防热,其导热系数很低,一般要求低于 0.23 W/m·K。吸声材料则用于围护结构的吸声,要求其吸声系数很低。

两种材料的功能不同,但是外形相似。区别如下:

①有些吸声材料的名称与保温隔热材料相同,都属多孔性材料,但在材料的孔隙特征上

有着完全不同的要求。保温隔热材料要求具有封闭的互不连通的气孔，这种气孔愈多其绝热性能愈好；而吸声材料则要求具有开放的互相连通的气孔，这种气孔愈多其吸声性能愈好。

②吸声材料都敷设在建筑室内，吸收建筑室内的反射声。但是保温材料大都安装在建筑围护结构外侧，可以很好地保持室温的稳定，避免"热桥"的产生。

16.2.4　建筑遮阳、自然通风和天然采光的关系

建筑遮阳是通过建筑手段，运用相应的材料和构造，与日照光线成某一有利角度，遮挡通过玻璃影响室内过热的日辐射，而不减弱采光条件的手段和措施。

1. 遮阳与自然通风的关系

遮阳板的构造应有利于室内的自然通风，可利用遮阳板作为引风装置，增加建筑进风口的风压，对通风量进行调节。遮阳构件或百叶叶片的开启角度不同，对风向和风力可起到不同的导向和控制作用，可满足不同季节对室内通风条件的要求。高层建筑周围的风力通常很强，由于遮阳构件或百叶的导风作用，可使强风穿过百叶片进入室内后变得柔和，因为风压的原因，高层建筑选用遮阳百叶，一定要考虑其抗风性能。

2. 遮阳与天然采光的关系

通过日照规律和气候特征，可以了解太阳光对室内环境的影响。对北半球而言，由于夏至太阳高度角高、冬至太阳高度角低，日照入射到室内墙与地面上的投影完全不同，冬至日在有效日照时间里受照面积较大，夏至日受照面积小，所以遮阳可以将夏季过多的阳光遮挡住而不致影响冬季的日照。

遮阳阻挡直射阳光，防止眩光，采光和遮阳应综合考虑，利用遮阳板的反射，亦可将自然光引导到室内深部，遮阳设施有再反射和再分配光的作用。遮阳设施由简单的光栅到高级的玻璃遮阳系统，有软百叶帘、反射百叶、垂直遮阳板和玻璃薄膜，它们的主要作用就是提高光水平的一致性，包括降低窗口附近的光照，提高室内离窗较远环境的光照等。

16.2.5　自然通风与室外噪声的关系

自然通风是保持室内空气清新、排除余热、改善人体热舒适感的重要途径，是一种十分经济的被动式建筑设计方法。但是自然通风是通过围护结构的窗孔开启来实现的，如果室外有噪声源，可能会增加室内的噪声。为此可以从以下三方面来处理：

①如室外有噪声源，需要巧妙地处理建筑的形体和布置通风口的位置。围合的内院、树丛等遮蔽体都有助于将建筑通风口与噪声源隔离开来。

②采用通风隔音窗。通风隔音窗是一种既要满足通风功能又要隔断声音传播减小噪声的窗子。它是一种用隔断附吸收声音的塑钢或铝合金型材加上特有结构降低声音传输过程的装置，包括两窗框、中挺和安装在窗框和中挺之间的内、外层玻璃窗。

③在窗户上安装隔音通风器进行室内通风换气，在有效隔离噪音的同时，保证了室内空气的流通。

16.3　建筑空气环境主动控制与被动设计的关系

建筑空气环境是建筑热湿环境和室内空气品质的总称，也是建筑环境中最重要的内容。因此，对建筑空气环境主动控制与被动式设计关系的研究，是建筑环境控制最迫切的任务。

16.3.1　建筑空气环境营造过程的任务

1. 建筑热湿环境

室内人员、设备、照明、进入室内的太阳辐射等构成了室内的产热，而室内产湿大多来自人员散湿、开敞水面散湿、植物散湿等。对于一般的建筑应用环境，室内产热、产湿是绝对的，即建筑热湿环境营造过程是将室内多余热量 Q_o 和多余水分 M_o 排除到室外，以维持室内温度和湿度恒定的过程。

2. 室内空气品质

从室内空气品质的角度，室内的污染物来自建筑装饰材料、室内人员、设备的散发以及建筑外环境进入室内的污染物，室内空气品质的营造过程是将室内污染物的浓度稀释到不影响人体健康的阈值 C_r 的过程。

为达到稀释污染物浓度的目的，必须从室外引入比较清洁的空气，稀释通风量 G_c（单位 kg/s）为：

$$G_c = \frac{m_o}{\rho(C_r - C_0)} \tag{16-1}$$

式中：m_o——室内污染物散发量，g/s

　　　　ρ——空气平均密度，kg/m^3

　　　　C_r——人体健康的阈值浓度，g/m^3

　　　　C_0——室外环境污染物浓度，g/m^3

3. 建筑空气环境营造的传输途径

图 16-4 给出了建筑空气环境营造的传输途径，包括通过围护结构的被动式传输途径，以及通过供暖空调系统的主动式传输途径。

（1）围护结构被动式热湿传输过程。

建筑通过外墙、外窗等围护结构与室外环境分隔，室内产热、产湿可以通过围护结构直接进行传递，这种方式可以看作是被动式的传输过程，同时由于围护结构气密性限制而产生的渗透风也是这种被动式传输过程的一部分。对于这一被动式传输过程来说，室内与室外的温差或湿差是将室内热量或水分排出到室外的驱动力。若室外温湿度水平适宜，即可通过被动式传输过程将室内多余热量与水分传递到室外，由此实现通过被动式方法来满足建筑热湿环境营造的需求。

（2）围护结构被动式稀释风传输过程。

通过围护结构门窗开启所产生的自然通风，不仅可以传递热湿，还可以实现稀释通风量

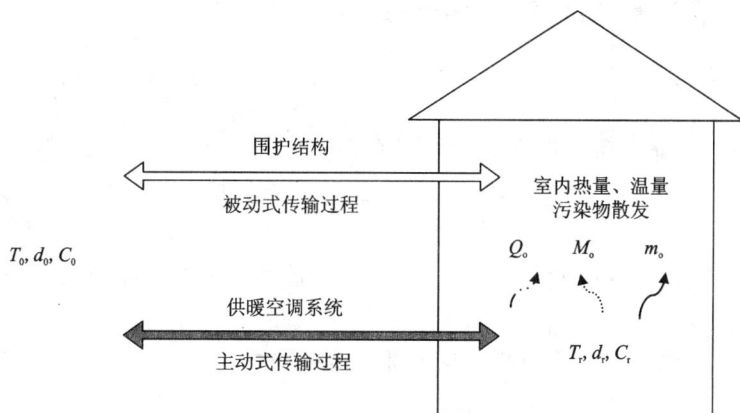

图 16 - 4　营造建筑空气环境的基本过程

的传输,从而达到满足室内空气品质的目的。

(3)供暖空调系统主动式热湿传输过程。

当通过上述围护结构等被动式热湿传输过程难以满足室内热湿环境的营造要求时,则需要借助主动式供暖空调系统来实现对室内热湿环境的营造过程。

(4)供暖空调系统主动式新风传输过程。

主动式供暖空调系统不仅要满足热湿环境的营造,而且要能实现对室内空气品质的控制,因此必须引入一定量的建筑室外的新风。

16.3.2　被动式围护结构的基本特性

被动式围护结构的热量传递和湿传递在第 12 章 12.2.1 相关内容已经讲述。对于被动式围护结构的室内外换气量,如前面章节所述,通过缝隙渗风和开窗自然通风可形成室内外通风换气量 G(单位 kg/s):

$$G = \mu F \sqrt{2\Delta p \rho} \qquad (16-2)$$

式中: μ——窗孔流量系数;

　　　F——窗孔面积,m^2;

　　　ρ——空气平均密度,kg/m^3;

　　　Δp——窗孔两侧的压差,Pa。Δp 包括热压和风压,详见第 13 章内容。

16.3.3　围护结构的可调节性

围护结构传热过程和湿传递的调节过程在第 12 章 12.2.1 相关内容已经讲述。对于被动式围护结构的室内外换气量要求,为满足室内品质,通过门窗的室内外换气量 G 需要能够稀释室内的污染物,所以必须满足:

$$G \geqslant G_c \qquad (16-5)$$

式(16-5)中 G_c 由式(16-1)确定。

16.3.4　主动式供暖空调系统承担的任务

1. 消除余热

相对于建筑室内外驱动温差的变化情况可以得到：

①当室内外驱动温差 ΔT（等于 $T_r - T_0$）$> \Delta T_{max}$ 时，通过围护结构向室外传热散失过多的热量，需要主动式供暖系统向建筑补充热量。由于围护结构失热过多，需要增强围护结构的密闭性，将室内外自然通风量 G 降到最低，此时已不能满足室内空气品质的要求[式(16-5)]。因此主动式系统中需要引入室外新风以满足室内空气品质的要求。

②当 $\Delta T_{min} \leqslant \Delta T \leqslant \Delta T_{max}$ 时，围护结构可准确地排除室内余热，无需主动式系统即可满足建筑排热需求。

③当 $0 < \Delta T < \Delta T_{min}$ 时，虽然室内外驱动温差为正值，但受围护结构调节性能的影响，难以实现足够大的室内外通风换热量（或如此大的通风量导致风机能耗过高）；此时仅靠围护结构被动式传热过程无法满足建筑排热需求，需要主动式空调系统协助排除室内余热。

④当 $\Delta T \leqslant 0$ 时，室内外传热驱动温差为负值，需要主动式空调系统排除室内余热。

上述过程可在表 16-4 中表示出来。对于建筑围护结构的设计，除了期望其具有较好的保温与密闭性能（对应表中 ΔT_{max}）外，也期望其具有较大的可调节范围（对应表中 ΔT_{min} 到 ΔT_{max} 的较大范围），能够适应室内外不断变化的传热驱动力的需求，能够在较大时间范围内仅靠围护结构被动式传输过程即可满足建筑排热需求，尽可能地减少主动式供暖空调系统的使用时间。

表 16-4　不同的室内外驱动温差（$T_r - T_0$）对应的系统方式

室内外温差 ΔT	对应季节	建筑热环境	室内空气品质	被动式系统	主动式系统
$\Delta T > \Delta T_{max}$	冬季	室内外驱动温差过大，散热太多，需主动式系统补充热量	被动式系统不能满足要求，需要主动式系统补充新风量	增强围护结构的密闭性，降低自然通风量 G 和围护结构综合传热系数 U	向建筑补充热量 $Q_{ac} = \lvert Q_o - Q_{en}\rvert$ 和新风量 $G_c = \dfrac{m_o}{\rho(C_r - C_0)}$
$\Delta T_{min} \leqslant \Delta T \leqslant \Delta T_{max}$	春季、秋季	被动式建筑可调节范围，可以准确排除余热	被动式建筑可调节范围，可以稀释室内空气污染物	通过调节围护结构的自然通风量 G 和围护结构综合传热系数 U 实现	无需主动式系统
$0 < \Delta T < \Delta T_{min}$	春季、秋季	室内外驱动温差过小，被动式系统不能完全除去室内余热，需要主动式系统协助	被动式建筑可调节范围，可以稀释室内空气污染物	降低围护结构的密闭性，增大自然通风量 G 和围护结构综合传热系数 U	从建筑排除热量 $Q_{ac} = Q_o - Q_{en}$

续表 16－4

室内外温差 ΔT	对应季节	建筑热环境	室内空气品质	被动式系统	主动式系统
$\Delta T \leqslant 0$	夏季	室内外驱动温差为负值，需要主动式系统排除室内余热	被动式系统不能满足要求，需要主动式系统补充新风量	增强围护结构的密闭性，降低自然通风量 G 和围护结构综合传热系数 U	从建筑排除热量 $Q_{ac} = Q_o - Q_{en}$，补充新风量 $$G_c = \frac{m_o}{\rho(C_r - C_0)}$$

2. 消除余湿

表 16－5 给出了不同室内外驱动湿差情况下对应的系统方式情况。

①当室内外驱动湿差 Δd（等于 $d_r - d_0$）$> \Delta d_{max}$ 时，渗风系统带走过多的室内水分，需要主动式系统向建筑补充水分（加湿）。

②当 $\Delta d_{min} \leqslant \Delta d \leqslant \Delta d_{max}$ 时，围护结构可准确地排除室内余湿，无须主动式系统即可满足建筑排湿需求。

③当 $0 < \Delta d < \Delta d_{min}$ 时，虽然室内外驱动湿差为正值，但驱动湿差太小，单靠渗风系统难以排除室内余湿（或如此大的通风量导致风机能耗过高），应采用主动式系统除湿。

④当 $\Delta d \leqslant 0$ 时，室内外驱动湿差为负值，需要利用主动式系统对建筑除湿。

表 16－5　不同的室内外驱动湿差 $(d_r - d_0)$ 对应的系统方式

室内外湿差 Δd	建筑湿环境	室内空气品质	被动式系统	主动式系统
$\Delta d > \Delta d_{max}$	室内外驱动湿差过大，水分散失太多，需主动式系统补充水分（加湿）	被动式系统不能满足要求，需要主动式系统补充新风量	增强围护结构的密闭性，降低自然通风量 G	对建筑加湿 $M_{ac} = |M_o - M_{en}|$ 补充新风量 $$G_c = \frac{m_o}{\rho(C_r - C_0)}$$
$\Delta d_{min} \leqslant \Delta d \leqslant \Delta d_{max}$	被动式建筑可调节范围，可以满足建筑排除余湿的要求	被动式建筑可调节范围，可以稀释室内空气污染物	通过调节围护结构的自然通风量 G 实现	无需主动式系统
$0 < \Delta d < \Delta d_{min}$	室内外驱动湿差过小，被动式系统不能完全除去室内余湿，需要主动式系统协助	被动式建筑可调节范围，可以稀释室内空气污染物	降低围护结构的密闭性，增大自然通风量 G	对建筑除湿 $M_{ac} = M_o - M_{en}$
$\Delta d \leqslant 0$	室内外驱动湿差为负值，需要主动式系统排除室内余热	被动式系统不能满足要求，需要主动式系统补充新风量	增强围护结构的密闭性，降低自然通风量 G	对建筑除湿 $M_{ac} = M_o - M_{en}$ 补充新风量 $$G_c = \frac{m_o}{\rho(C_r - C_0)}$$

当建筑的可调节性越大时，可利用渗风/通风等方式进行被动式围护结构调节的范围就越大，即可实现建筑的排热排湿过程，无须主动式空调系统。

3.室内空气品质

对于室内空气品质的控制，根据表16-4和表16-5，有以下几种情况。

①当$\Delta T_{min} \leqslant \Delta T \leqslant \Delta T_{max}$或$0 < \Delta d < \Delta d_{min}$时，围护结构可通过室内外换气量自动稀释室内空气污染物，无需主动式系统提供新风。

②当$0 < \Delta T < \Delta T_{min}$或$0 < \Delta d < \Delta d_{min}$时，需要主动式系统协助消除余热或者余湿，但是无须主动式系统提供新风。

③当$\Delta T_{min} \leqslant \Delta T \leqslant \Delta T_{max}$或$\Delta T \leqslant 0$或$\Delta d_{min} \leqslant \Delta d \leqslant \Delta d_{max}$或$\Delta d \leqslant 0$时，不仅需要主动式系统协助消除余热或者余湿，还需要主动式系统提供新风以稀释室内空气污染物。关于消除余热（余湿）和送新风之间的关系，可参看下一节的内容。

16.4 主动控制方式的制约关系

16.4.1 空调系统中制冷（制热）与通风之间的关系

按照表16-5和表16-6的要求，建筑环境主动控制方法除了消除余热余湿外，还需在建筑密闭的情况下补充新鲜空气。消除余热余湿主要通过制冷（制热）系统实现，而新风的补充则通过通风系统实现，按照实现方式的不同可以分为三种系统。

（1）封闭式系统。

空调系统所处理的空气全部来自空调房间本身，没有室外新鲜空气的补充，全部为再循环空气。因此房间和空气处理设备之间形成了一个封闭环路[图16-5(a)]。封闭式系统用于密闭空间且无法（或不需）采用室外空气的场合。这种系统冷、热消耗量最少，但室内空气品质差。当室内有人长期停留时，必须考虑空气的再生。这种系统应用于战时的地下庇护所等战备工程以及很少有人进出的仓库。

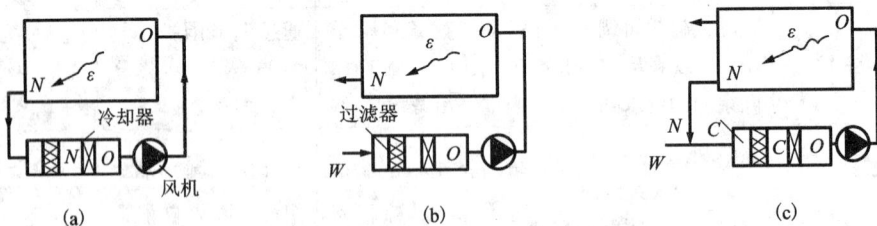

图16-5 制冷（制热）与通风的关系

(a)封闭式；(b)直流式；(c)混合式

（N——室内空气，W——室外空气，C——混合空气，O——冷却器后空气状态）

（2）直流式系统。

空调系统所处理的空气全部来自室外新鲜空气，室外空气经处理后送入室内，然后全部排出室外[图16-10(b)]。采用这种空调系统的建筑室内空气品质最佳，但是由于加热或者冷却新风需要消耗大量的能源，因此这种系统的经济性不好。这种系统适用于不允许采用回风的场合，如放射性实验室以及散发大量有害物的车间等。为了回收排出空气的热量或冷量用来加热或冷却新风，可以在这种系统中设置热回收设备。

（3）混合式系统。

从上述两种系统可见，封闭式系统不能满足室内空气品质的要求，直流式系统经济上不合理，所以两者都只能在特定情况下使用，对于绝大多数场合，往往需要综合这两者的利弊，采用混合一部分回风的系统。这种系统既能满足空气品质的要求，又经济合理，故应用最广。图 16 - 10 中的（c）就是这种系统。

16.4.2　暖通空调系统带来的污染物及其控制方法

1. 暖通空调系统对室内空气品质的影响

关于暖通空调与室内空气品质的关系，人们常常结合室内空气品质评估中的四个要素来进行分析：空气污染来源、受到污染影响的某人或人群、传输这种污染物的通道以及传播过程的动力。事实上，暖通空调系统与上述诸要素均有关。如果不能很好地解决室内空气的污染问题，则暖通空调系统不仅会形成传播污染物的通道和动力，还会制造这种污染源，影响人体健康。可以说，暖通空调系统一方面具有正效应，它的积极意义在于可以排除或稀释各种空气污染物；但另一方面，它的消极作用在于它可以产生、诱导和加重空气污染物的形成和发展。在室内空气品质方面，暖通空调系统具有以下作用。

（1）过滤。

这种过滤以及排放不同于局部排气系统，不是从源头捕捉并排除污染物，而是对循环空气中的污染物进行过滤清洁。

（2）稀释。

这是有效地利用暖通空调系统来控制非工业建筑的室内空气品质的一种手段，如对于气味的稀释。这个作用的大小取决于清洁或干净新鲜空气引入的数量和有效的分布以避免出现短路与滞流区。

（3）产生。

暖通空调设备可能会导致空气污染物的产生，这当然是不正常的作用。往往是由于设计、安装、操作和维护系统中的缺陷造成的。例如风机发动机，如果因其轴承问题造成过热，就会产生异味，随送风传入室内；风机皮带橡胶部分如果磨损脱落，也会形成粉末状污浊空气，假若过滤装置效果不良（积尘、发霉、失效等），则会经送风风管传入室内。

（4）诱入。

如果空调系统毗邻室外有关污染源，又未采取合适的措施，则有可能把污染物引入室内，因而具有明显的传播室外污染物的作用。

（5）扩散。

由于大多数暖通空调系统采用循环系统，则有可能把某处的污染物经过暖通空调系统又传输到建筑物的另一处。例如吸烟房间对非吸烟房间的影响、复印机设备等办公设备房间对其他房间的侵害和共用某一商业建筑时对不同房间的气味扩散等。一些空调设备的设计和运行只注意节能或采用低效能的空气过滤装置，或减少新风量而维持室内空气循环，客观上为各种污染物在空调环境里的滞留与聚积创造了条件，也使空调系统本身受到了污染。

暖通空调系统对室内空气污染的影响主要有三个方面：

①暖通空调系统成为空气污染源；

②暖通空调系统将空气污染物从污染源扩散到工作区；

③由于不能充分稀释或消除位于工作区的污染源产生的空气污染物，因而产生室内空气品质问题。

2. 暖通空调系统污染的控制方法

虽然空调系统能为人们提供舒适的热湿环境，但是不当的空调系统设计、安装、维护造成的"不良通风"往往成为引起室内空气品质恶化的重要诱因。有文献指出，大约有80%的病态建筑综合征都与空调系统的设计、安装、维护不当有关。因此改善空调系统的设计、安装、维护对控制气溶胶微粒污染，提高室内空气品质都有重要的意义。

（1）空调系统的设计。

①空调设备的选择要经过科学的计算，比如设计人员一般比较保守，设备选型明显过大，造成室内空气温度明显低于设计温度，这种情况易造成风管内、风口表面结露，从而导致微生物滋生等问题，且湿度过大不利于室内人员的身体健康。

②在系统回风口处加设高效过滤器。从一般实测结果看，回风口处有污染物富集的现象，所以在回风口处加设高效过滤器、杀菌消毒对维持室内空气品质有至关重要的作用。如在送风主干管上加设高效过滤器，能使送风中的气溶胶微粒浓度得到控制，减少气溶胶微粒在空调管道中的沉积，从而相应减少微生物的滋生，延长空调清洗时间，提高室内空气品质。

③湿度的控制。空调系统送风一般采用露点送风，湿度一般可达到90%～95%。而微生物的活动会随湿度的增加而增加，最适宜的湿度为70%～100%。在空调系统内，要求过滤器处空气的相对湿度不超过90%，相对湿度过高就会在冷表面产生凝水，随着室内颗粒物在过滤器上沉积，空气微生物就会在过滤器上繁殖，产生令人不快的微生物可挥发性有机化合物，所以要在设计时控制相对湿度不超过70%。

④新风系统的保温。空调新风管道在实际工程中通常是不进行保温的，其实这种做法是不可取的，因为新风经新风机处理后，相对湿度一般较高，水蒸气有可能会在风管内壁结露。我国《采暖通风与空气调节设计规范》GB 50019—2003规定，经冷却处理的新风管都要采取保温；同时该标准也指出，在风管上那些温度有可能降至露点温度以下的部位，有必要安装隔热材料。

（2）空调系统的安装。

①认真检查用于制作风管的材料是否清洁，是否残留有制作过程中的油渍及异味，防止风管在未使用前就被污染了。

②在管道敷设安装时，应保持其构件和设备的清洁，安装完成后应及时密封管口，防止其他施工作业时建筑材料及大颗粒进入管道内部。

③凝水盘要安装正确，防止凝水盘排水不畅导致的微生物滋生。

④对易于微生物生长的材料（如管道保温材料，隔音材料等）进行密封处理；对在施工中易受潮的材料进行更换，减少空调系统的潮湿面积。

（3）空调系统的维护。

①定期清洗风柜及风机盘管中的过滤器，对环境较差、污染物浓度较高的区域，过滤器的清洗次数应增多。

②按照国家标准定期清洗风管、风柜，保持设备整洁。

③定期检查和清理冷凝水盘、排除积水。

④加强水系统的改造和水质处理，防止微生物滋生。防止冷却水、冷凝水中检查出嗜肺军团菌滋生，如果检查出水系统中含嗜肺军团菌，则应立即对集中空调通风系统进行清洗和消毒，待其检测、评价合格后，方可运行。

（4）空调房间的维护。

①及时清扫房间，保持房间内部整洁。

②严格控制室内污染源，使其局限在较小的范围内。

③尽量不要采用易使颗粒物沉积的装饰材料。

16.2.3　暖通空调系统的噪声控制

图 16 – 6 为空调系统噪声传播途径示意图，从图中可以看出：空调系统的噪声来自空调设备和管道。

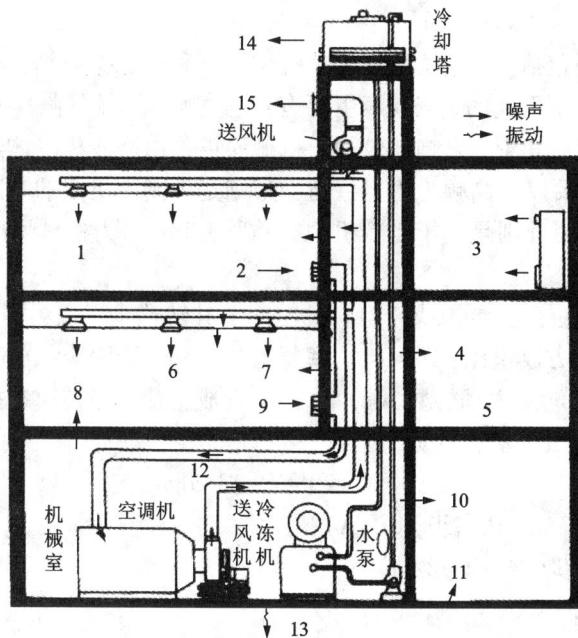

图 16 – 6　空调系统的噪声来源

1—送风口噪声；2—回风口噪声；3—空调机噪声；4—透过管道竖井的噪声；5—从管道传到建筑物的噪声；
6—送风口；7—透过风管传出的噪声；8、10—透过机房传出的噪声；9—回风口；11—由结构振动传出的噪声；
12—由风管传递的噪声；13—由机械传给地面的振动；14—冷却塔的噪声；15—由排风口发出的噪声

1. 空调系统中噪声的来源

空调系统中产生的噪声可以分为设备噪声(也叫机械噪声)和气流噪声。

(1)机械噪声。

①热泵、冷水机组、风机、水泵及冷却塔等设备在正常运转过程中产生振动,而振动产生高频噪声。

②设备振动通过设备底座、管道与构筑物的连接部分引起建筑结构的振动,在建筑结构中,这部分振动能量以声的形式向空间辐射产生固体噪声。

(2)气流噪声。

①空调系统风机叶片上空气紊流引起宽频带的气流噪声以及相应的旋转噪声,在通风空调所用的风机中,按风机大小和构造的不同,噪声频率大约在 200~800 Hz,也就是说主要噪声处于低频范围内。

②空调风管内气流压力变化引起风管的振动而产生噪声,尤其当气流遇到阀门等障碍物时,产生的噪声较大。

③出风口、回风口风速过高时也会有噪声产生。

2. 空调系统中噪声的频率特性

(1)制冷机组噪声。

制冷机组噪声主要包括空气动力性噪声、机械噪声和管道噪声等。空气动力性噪声主要是由机房的进排气风机所引起的,该噪声主要有:进气噪声、排气噪声和风叶噪声。这部分噪声直接向周围的空气中辐射,影响面较大。机械噪声是由制冷机缸体及曲轴的高速往复运动而引起的,该噪声主要以中高频为主。管道噪声则是由制冷机组的制冷液在管道内流动而引起的,为脉动噪声。另外则是由于制冷机的振动所引起的,为机械噪声。

(2)水泵噪声。

水泵噪声的频率及强度主要取决于电机的功率及其转速。据现场测定表明:噪声功率级与电极功率的千瓦数平方成正比,即电机功率每增加一倍,则噪声 A 声功率级将增加 6 dB;而电机噪声功率级则与电极主轴转数 n 的 13.3 次方成正比,即转速每提高一倍,噪声 A 声功率级将增加约 4 dB。其经验公式如下:

$$L_{WA} = a + 20\lg N + 13.3\lg n \qquad (16-14)$$

式中:L_{wA}——电机噪声 A 声功率级,dB(A);

　　A——常数,一般取 14 ± 2 dB(A);

　　N——电机功率,kW;

　　N——电机转数,r/min。

(3)风机噪声。

风机所产生的空气动力噪声的总声功率可由下式计算:

$$L_{WA} = 10^4 - k - 10\lg n \qquad (16-15)$$

式中:$k = 20 \sim 25$,kW。

图 16-7 为离心风机与轴流风机的典型噪声频谱。由图可知,轴流风机随着其频率的提高,相对声压级亦增加。在中频范围内出现最大值,而后又逐渐降低,其噪声频谱呈抛物线

形，而离心风机则随着其频率的提高，相对声压级一直降低，两者之间表现为线性关系。所以离心风机噪声是以低频成分为主的，而轴流风机噪声则以中频成分为主。另外，风机噪声也随着其运行工况而发生变化，噪声频谱也不尽相同。

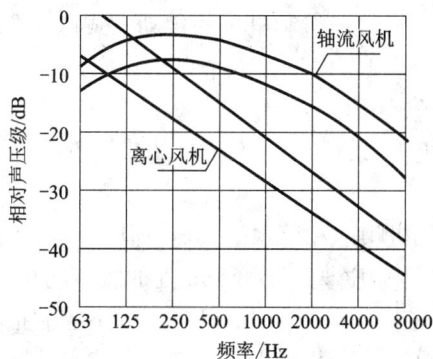

图 16 - 7　离心风机与轴流风机的典型噪声频谱

（4）管道噪声。

管道噪声主要产生于：①高速气流在流动中冲刷管道、激发管壁并使之发生振动形成"发生器"后经管壁向四面辐射产生的噪声。②管道的弯头、变径阀门以及风口等部位因涡流、涡阻现象导致气体的紊流现象严重从而引发这些部位剧烈振动产生噪声。涡流噪声的声功率级可由下式计算：

$$L_{OA} = A \quad 601gv_a \qquad (16 \quad 16)$$

式中：v_a——气流速度，m/s；

A——在一定条件下的修正值。

当相对速度从 v_1 变到 v_2 时，声功率级增值为 $601g(v_1/v_2)$，即速度增加，声功率级亦增加。当管内气流速度大于 8 m/s 时，直管道的气流噪声较大。

涡流噪声的频率峰值一般在 2000~4000 Hz，属中高频噪声。

3. 控制措施

噪声控制主要是控制噪声源、阻断噪声的传播途径和房间内部的降噪措施。显然，其中以降低噪声源的输出最为有效，但当降低设备噪声源的噪声一时难于解决，或受各种因素的制约而无法有效实施时，就必须采用相应的综合措施，从空调系统的总体考虑进行消声降噪设计，这样才能达到有效控制空调系统噪声的目的。

（1）噪声源的控制。

空调系统的噪声源有很多，既有室外的（压缩机、风机、冷却塔、水泵等），也有室内的（风机），因此可以从多个角度加以控制。

①压缩机方面，涡旋、滚动转子等新型压缩机与活塞压缩机相比，不仅性能提高，可靠性增强，而且噪声水平也大大降低。因此客户在机组选择时，在条件允许的情况下，会尽可能地选择高效低噪声的压缩机机组。作为压缩机设计人员，减少压缩机的振动和噪声水平也是目前工作的当务之急。

②风机也是重要的噪声源，而且在空气源系统中，室内和室外都有风机。当确定了系统所需的风量和风压后，从降低噪声的角度考虑，应首先考虑选用低噪声风机。使风机运行的工况尽可能接近最高效率点，此时风机的运行噪声最低，反之，噪声就较高。

另外，多叶片低转速的风机能够在一定程度上降低噪声。后向型叶片风机比其他类型（前向或径向）叶片的风机噪声低。风机和电机的传动方式以直联最佳，联轴器次之，皮带传动则差一些。当系统较大时，可以考虑设置多个风机。室内也可设置送、回风双风机，这样克服系统阻力的工作可以由送、回风分别承担。

③水泵的工作原理和风机类似，只是两者传送的流体不同罢了。选用水泵的原则与风机选用的原则也类似。

④冷却塔噪声。主要是风机噪声和落水的噪声。其噪声大小随通风方式、塔体结构等方面的变化而不同。当选用超低噪声冷却塔时，5 m 处的噪声约 60 dB，故仅需采取基础隔振即可。当不能满足距离要求或噪声要求较高时，可采用以下控制措施：设计时尽量将冷却塔设置在对周边建筑影响最小的地点；采用无风机冷却塔或带变频调速装置的冷却塔，可大幅降低噪声；冷却塔增加消声附件；在冷却塔和建筑物间设置隔声屏。

⑤另外，随着变频技术的发展，变频压缩机、变频风机、变频水泵开始在各种空调系统中广泛使用。变频最大的特点就是"按需提供"。变频不仅能很大程度上降低能耗，而且当空调负荷降低时，压缩机、风机、水泵的转速通过调频而减速，这样可以大大地降低噪声的产生。

(2)空调系统的合理设计，阻断噪声传播途径。

①机房的布置。

空调系统的机房、管路设计时必须与系统消声设计同时考虑，相互配合，综合各种因素合理地在机房布置设备和装置，同时采取必要的噪声控制措施（吸声、隔声、消声和减振），消除或降低机房、管路噪声对邻近环境和房间的影响。

在条件允许的情况下，尽量使机房远离要求安静的环境和房间，尤其对于低速系统，由于管路加长，自然衰减大，可能无须采用其他的消声措施，就能满足要求，从而节约噪声控制乃至工程整体的建设费用。

安静条件要求不同的房间，应分别对待，最好不要共用同一系统。如果由于各种因素必须共用同一系统时，必须有区别地采取不同的噪声控制措施。

②设备的安装。

设备安装时系统噪声控制不可忽视。当使用低噪声设备时，若安装不良，也能使噪声控制措施前功尽弃。因此，设备应安装在弹性减振基础上，并注意调节机组的动静平衡，以免损坏隔振效果和出现其他问题。特别是采用钢架结构基础上的减振措施时，调节机组的动静平衡就更为重要。

③消声器的使用。

空调系统所用的消声器，一般均需宽频带的衰减量，以阻抗复合式最为常用，亦可尽量根据建筑空间设计消声器。

消声器的安装位置应尽量设在气流平稳段，当主管流速不大时，为使噪声能在靠近声源处降低，防止噪声激发管道振动，应尽可能靠近风机的管段设置，但不要放在机房上部，否则需做好消声器外壳隔声处理；当主管流速太大时，如消声器靠近风机设置，其气流再生噪声势必较大,影响消声效果,可通过分别在流速较低的分支管设置消声器的方法解决。

④空调系统管路设计及流速控制。

系统管路设计及流速控制,原则上应尽可能使气流均匀流动。即从机房至使用房间的管路中气流速度逐步降低,避免急剧转弯产生涡流并引起速度回升、气流噪声增大。尤其是在主管道与进入使用房间支管连接处以及房间出风口处更应注意。

经消声器后的流速应严格控制,使之比消声前的流速低,否则气流噪声回升,将破坏其消声效果,具体控制值见表 16 – 6 和表 16 – 7。

表 16 – 6　消声器内流速控制值

条件	降噪要求/dB(A)	流速范围/(m·s⁻¹)
特殊安静要求空调消声	≤40	3 ~ 5
较高安静要求空调消声	≤30	5 ~ 8
一般安静要求空调消声	≤50	8 ~ 10
工业通风消声	≤70	10 ~ 18

表 16 – 7　空调风管流速控制值

允许噪声/dB(A)	风管流速控制值/(m·s⁻¹)		
	主风管	支风管	风口
20	4.0	2.5	1.5
25	4.5	3.5	2.0
30	5.0	4.5	2.5
35	6.5	5.5	3.5
40	7.5	6.0	4.0
45	9.0	7.5	5.0

⑤管壁隔声和防止管道"窜声"。

由于空调系统管道的管壁较薄,隔声量低,当管道通过要求安静的房间时,管内噪声由管壁透射就会影响使用房间。另一方面,当管道穿过高噪声房间时,噪声又会经管壁透射而增加管内噪声。

当空调的相邻房间的送回风是同一系统时,必须采用消声措施来避免相邻房间之间的"窜声",例如扩大两个空调房间的送风口距离、在空调管道内部贴吸声材料、对应空调房间送风支管增加弯头等,必要时分开成两路系统,否则系统噪声控制将被破坏。

4.房间内部的消声减噪

在民用建筑中,由于装修要求,对于空调房间,一般不会单独进行吸声处理(只有一些噪声要求较严格的房间才会单独考虑),而是与装修材料统一考虑。因此装修材料的吸声性能应该成为用户在装修时考虑的问题。较厚的多孔材料能在一定程度上减少噪声。

隔声就是把发声的物体，或把需要安静的场所封闭在一个小的空间里，使其与周围环境隔绝开。空气噪声的隔离一般采用单体实心墙、带空气层的双层隔声结构或采用密度不同的隔声材料。

复习思考题

1. 什么是被动式建筑设计？什么是建筑环境的主动控制方法？

2. 从建筑环境的四个组成部分说明被动式设计和主动控制方法分别有哪些？

3. 建筑保温和防热有什么区别和联系？

4. 建筑保温和防潮的关系是怎样的？如何做好建筑保温层的防潮措施？

5. 建筑隔声与吸声有什么区别？

6. 建筑吸声材料和保温材料有何不同？

7. 建筑遮阳会影响自然通风和天然采光吗？该如何减少这种影响？

8. 如何避免自然通风引起的室外噪声污染？

9. 建筑空气环境包括哪些内容？建筑空气环境营造过程的任务有哪些？

10. 建筑空气环境营造的传输途径有哪些？

11. 被动式围护结构的可调节性体现在哪些方面？

12. 分别分析室内外驱动温差和室内外驱动湿差与建筑空气环境控制方式的关系。

13. 封闭式系统、直流式系统和混合式系统的区别在哪里？

14. 暖通空调系统是如何影响室内空气品质的？如何防止暖通空调系统带来的污染？

15. 暖通空调系统的噪声污染有哪些？如何减少暖通空调系统的噪声污染？

第四篇 建筑环境评价方法

建筑环境评价不仅要考虑建筑环境对人体的影响，还要考虑建筑环境的建设对建筑外环境和自然环境的影响和作用。

绿色建筑指既保证了建筑物的使用功能和室内外环境质量，同时在全生命周期内能够实现资源节约和环境友好。绿色建筑理论可以为建筑环境评价提供一个样板。

第 17 章　绿色建筑理论

目前全球共同面临的一个日益严重的危机就是：对资源需求的不断增加和维持生命的资源的逐渐减少。开发建设在给社会带来诸多好处的同时，也对环境和人类造成了极大的破坏。人们逐渐意识到以牺牲生态环境为代价的高速文明发展难以为继，也认识到节能与环保对人类生存的地球的重要性。耗用自然资源最多的建筑产业必须改变发展模式，走可持续发展之路，因此，绿色建筑成为建筑业发展的必然趋势。绿色建筑是用绿色的观念和方式进行建筑的规划、设计、开发、使用和管理，以可持续性发展观念设计建造的绿色建筑可以最大限度地消减建筑对自然环境的负面影响和全面提升健康的居住环境。几十年的发展过程中，人们逐渐认识到绿色建筑是一个高度复杂的系统工程。对"绿色建筑"概念的具体化，使绿色建筑脱离空中楼阁真正走入实践。

17.1　绿色建筑相关的基本概念

绿色建筑、可持续性发展等概念在不同的语境下，对于不同的听众有着不同的意义。虽然在大多数情况下，这些概念的语义相差不大，但有必要进行具体的区分定义。

17.1.1　绿色建筑

绿色建筑(green building)可理解为在保证建筑物使用功能和室内外环境质量的前提下，在全生命周期内资源节约、环境友好的建筑。其是在建筑实践过程中有效地使用自然资源和减少对环境破坏的整体做法，是针对选址、设计、建造、运行、维修、更新到拆除结构这一建筑循环的整个过程而言的。这种建筑实践是对传统建筑实践之经济、实用、耐用和舒适的设计原则的扩大和补充。绿色建筑是在整体设计上通过有效地使用能源、水和其他资源，保护居住者的健康，提高建筑使用者的工作效率，降低废物输出和污染来达到全面消减建筑对环境和人类的负面影响的。绿色建筑也被称为可持续的或高性能的建筑。

17.1.2　低碳建筑

低碳建筑(low – carbon building)是近年来针对碳排放对气候变化的影响的背景下提出的，特别关注建筑全生命周期内碳的排放，以碳足迹为评价依据，指的是在设计、建造、运行、改建和拆除的整个过程中，碳排放最少或者为零。根据英国经济学家尼古拉斯.H.斯特恩 2006 年在英国的报告，低碳建筑的碳排放量只相当于常规建筑碳排放量的 20%。

建筑的碳排放在建筑施工过程中，主要来源于建筑材料的制作和运输、建筑拆卸废料的运输和处理；在建筑的运营过程中，则主要来源于电的消耗、建筑供热所燃烧的化石燃料、建筑废水和废料的处理等。

17.1.3　生态建筑

生态建筑(ecological building)是可持续建筑，它也是关注建筑的建造和使用过程中对资源的消耗和对环境造成的影响，同时也强调为使用者提供健康舒适的建筑环境。生态建筑是利用生态学的原理和方法来解决建筑中的生态与环境问题的。其概念与生态系统有关，可以认为是一种参考生态系统的规律来进行设计的建筑。生态系统中的核心观念就是一种自我循环的稳定状态，而生态建筑的理想状态，就是能在小范围内达到自我循环，而不对环境造成负担。

17.1.4　可持续建筑

可持续建筑(sustainable building)可以理解为在可持续发展理论和原则指导下设计和建造的建筑，是"可持续发展观"在建筑领域中的体现。

绿色建筑、生态建筑与低碳建筑都强调对建筑的"环境—生态—资源"问题的关注，可持续建筑不仅关注"环境—生态—资源"问题，同时也强调"社会—经济—自然"的可持续发展，它涉及了社会、经济、技术、人文等方方面面。可持续建筑其内涵和外延较绿色建筑、生态建筑与低碳建筑要丰富深刻、宽广复杂得多。早期的生态建筑研究为可持续建筑奠定了理论基础，而绿色建筑的研究为可持续建筑实施提供了可操作性和适应性。

可持续发展观念提出后，在其思想原则的指导下，绿色建筑的内涵和外延都在不断扩展。可以说，从生态建筑、低碳建筑、绿色建筑到可持续建筑是一个从局部到整体、从低层次向高层次的认识发展过程。也可以根据绿色程度的不同，把可持续建筑理解为绿色建筑的最高阶段。

17.1.5　可持续性设计

可持续性设计就是在寻求最大限度地提高建筑环境质量的同时，尽最大可能减少资源的利用，并在最大程度上消减建筑对自然环境的负面影响。其应综合建筑全寿命周期的技术与经济特性，因地制宜、因势利导，采用有利于促进建筑与环境可持续发展的场地、建筑形式、技术、设备和材料。

可持续性设计不是一种美学风格，不是一种建筑流派，不是 Vitruvius 所倡导的美观加坚固的建筑产品，也不是工业革命以后由于人口迅速增长，现代建筑运动所推出的一种机器。可持续性设计是一种环境保护的意识，是一种给未来留下更多资源和生存空间的意念，是一种追求安全和舒适的居住环境的设计根本，是寻求自然、舒适、经济、美和设计为一体的最好结果。它是一个从设计到建成后使用和最终拆除的全过程，正如 Dianna Lopez Barnett 和 William D. Browning 在他们的 *A Primer on Sustainable Building*(可持续性建筑的入门)一书中所言：它是一种革命，是一种重新思考设计、施工和运营建筑的革命。

可持续性设计的概念无论构成、策略还是技术内涵，都涉及"最少的环境影响"和"全面的提升建筑的居住质量和舒适度"这两个中心环节，它一般包括：

①节省能源并有效利用能源。

②尽量利用再生性能源。

③保护和节约水资源。

④减少非再生建筑材料的使用，尽量选择绿色建筑材料。

⑤最大限度地减少建筑废物和垃圾，并尽最大可能地对其管理、回收和循环利用。

⑥最大限度地采用自然采光，确保高效能的室内采光。

⑦尽量设计自然通风，确保高品位的室内环境质量。

17.2　绿色建筑的体系及构成

绿色建筑体系是建立在发展与环境相互协调的基础上，以生态系统(自然与人文)的良性循环为基本原则，建立在自然环境允许的负荷范围内，综合考虑了决策、设计、施工、使用、管理的全过程，在一定的区域范围内结合环境、资源、经济和社会发展状况而建立起来的营建系统。绿色建筑是在整体设计上通过有效地使用能源、水和其他资源，保护居住者的健康，提高建筑使用者的工作效率，降低废物输出和污染来达到全面消减建筑对环境和人类的负面影响的。基于这一理念，从建筑设计的角度来看，绿色建筑的体系及构成包括场地和景观、建筑用水、能源、建筑材料和产品，以及建筑物的室内环境等 5 个部分。

17.2.1　可持续发展的场地和景观

建筑物对环境的影响从建筑物选址开始。建筑物选址之所以是绿色、可持续发展概念中最重要和最关键的一步，是由于建筑物一旦建成，其影响是长期的、持续的。好的建筑场址和建筑项目应该不占用或减少占用耕地、环境敏感用地，并减少对野生动物栖息地的不良影响，尽可能地减少场地雨水径流以及由其造成的水土流失，改善现有社区，强化交通网络，充分利用现有基础设施。好的建筑场址和建筑项目不仅有利于自然环境，也能为业主节省大量的运行和维护成本。

可持续发展的场地和景观设计涉及很多方面，主要的设计内容和原则包括：

①保护耕地和自然景观，尽可能少地占用未开发土地。

②提高开发建设的密度和增加公共服务设施。

③最大限度地减少对野生动植物自然栖息地的干扰。

④有效利用自然资源，合理设计建筑的方位和形体。

⑤设计可持续性发展的交通体系，鼓励引导使用公共交通系统。

⑥设计雨水管理系统，并控制场地的水土流失。

⑦降低场地的热岛效应，减少能源的使用。

⑧保护自然资源，营造可持续发展的绿化景观。

⑨降低场地的灯光污染，减少照明能源浪费。

17.2.2　用水效率

绿色建筑中有关用水效率的要求是在认识到人类行为对水资源有着巨大影响、水资源日益不断短缺的现状以及提高用水效率可以产生巨大节水效益的前提下提出的。提高建筑物和场地用水效率的主要目的在于减少总的用水消耗量，进而减轻对城市供水和排水系统的压力，最终达到减少人类行为对自然水资源的影响之目的。绿色建筑中提高用水效率的要求虽然主要应用于商业和居住建筑，但是其节约用水的基本理念却适用于各个行业，其中一些节约用水措施，包括采用不同层次的水表来检测用水量、减少水输送系统中的渗漏率等，则是针对目前用水行业中普遍存在的问题而提出的，适用于各种用水户。

节水就是节能。家庭热水能源消耗占整个家庭能源使用量的19%，而用电费占全部费用的13%。每年用来处理饮用水和污水的费用高达40亿美元。例如，目前美国能源消耗的8%都是用来处理、输送和加热水，如果将这些能源用来供居住建筑使用，可以供应500万家庭一整年的能源用量。如果通过提高用水效率，将用水量减少10%，则可以每年节省4亿美金。

（1）用水效率和节约用水。

提高用水效率是为了减少某一用水产品或用水活动的用水，最终达到节约用水的目的。在日常生活中，提高用水效率和节约用水这两个用语常常被等同起来使用，但是，两者在概念上有着根本的区别。提高用水效率是指使用少量的水资源来完成更多的用水活动，即以少做多，同时不影响人们的舒适度或用水产品的性能表现。用水效率规划是一项水资源专业管理工作，要求通过分析用水的成本和用量、选用节约用水的策略、安装节水设备、跟踪认证节水等步骤来最大化地实现水资源的成本效益。用水效率主要注重技术层面，强调技术创新等。节约用水则强调少用水，在某些极端的情况下甚至不惜牺牲舒适与健康。节约用水常常涉及很多人为方面的、教育方面的因素。在实际应用中，提高用水效率并不等于就要少用水，有时反而会增加用水的数量。

绿色建筑主要强调设计，因此主要采用用水效率的概念和方法，强调在技术层面将高效节能设备和构件设计到建筑各种系统中去，包括用水设备和产品。但是，高效节水的设备必须正确使用才能达到节水的目的。

（2）绿色建筑评价体系中有关用水效率的要求。

用水效率是绿色建筑评价体系中仅次于能源效率的主要概念之一，如在美国LEED绿色建筑的9个评价体系中，用水效率主要通过提高用水设备和产品的用水效率、减少饮用水的用量和提高雨水、废水回用量等方面进行管理。美国除了对用水设备制定用水效率标准外，对其他的用水如雨水回用、废水利用等无任何国家标准。LEED绿色建筑评价体系中用水效率指标有关用水设备和产品的部分，均以国家标准为基本参照标准来计算用水量，而在其他用水方面，各个评价体系有不同的标准。在LEED的6个评价系统中，所有项目必须满足减少用水的先决条件才有资格使用相应的绿色建筑评价体系（表17-1）。

表17-1　LEED绿色建筑评价体系用水效率指标

评价体系	先决条件→减少用水	先决条件→减少医疗设备冷却可以用水的使用	加分项→高效节水的园林景观设计	加分项→创新性的废水处理和利用技术	加分项→减少用水量
新建筑和主要建筑物改造更新（LEED—NC）	√		√	√	√
商业建筑室内（LEED—CI）	√				√

续表 17 − 1

评价体系	先决条件→减少用水	先决条件→减少医疗设备冷却可以用水的使用	加分项→高效节水的园林景观设计	加分项→创新性的废水处理和利用技术	加分项→减少用水量
建筑核心及围护结构（LEED—CS）	√		√	√	√
学校建筑（LEED—Schools）	√				
商业新建筑及更新改造（LEED Retail—NC）	√		√	√	√
商业建筑室内（LEED Retail—CI）	√		√		√
医疗保健建筑（LEED—HC）	√	√			√

17.2.3　能源的有效利用和可再生能源的使用

能够有效地利用能源的高效能的建筑不仅能最大限度地节省运营成本，改善建筑使用者的舒适、健康和安全感，而且能减少建筑物 CO_2 的排放量，减轻对自然环境的其他不良影响。与传统上只注重建筑物各部分的节能不同，现代高效能建筑物在设计之时就对整个建筑物进行了考虑，并采用建筑物生命周期的理念来选择各种设计策略。新的建筑物能源利用有效性的概念不仅要优化建筑物各组成部分本身的能源使用，而且还充分协调建筑物各能源消耗系统之间的能源利用，从而达到建筑物总体能源使用的最优化和整个生命周期内的节能。采用整体建筑能耗和生命周期节能概念设计的建筑物比一般的建筑物至少节能30%。

高效能建筑在能源利用理念上首先是尽量有效利用非传统的能源资源，例如太阳能、风能、地热能等。其次则是通过各种节能的设计策略和提高能源利用率的手段来使用传统的化石能源。高效能建筑的整体能耗设计考虑整个建筑物能源使用的影响及各建筑物组成部分之间能源利用的相互影响。这些建筑组成部分包括建筑场地，建筑物围护结构（包括基础、墙体、窗户、门和屋顶），建筑物取暖、通风和空调系统，以及建筑照明、各种自动控制和其他建筑设备等。

此外，在整个建筑能源利用设计过程中还充分利用计算机来模拟各个建筑组成部分的能耗和对整个建筑能耗进行评估，为确定最佳的设计方案提供科学、准确的技术支持。

17.2.4　建筑材料和产品

生产建筑材料和产品的活动可能直接污染空气、水体，破坏野生动物栖息地，耗尽某种自然资源；建筑施工和拆迁产生的大量废料，需要耗费大量的能源来处理，并加重垃圾填埋厂的负荷。因此，如何在建筑设计、施工、使用、维修甚至拆迁中减少建筑材料和产品对环境的影响是绿色建筑、可持续设计所要关心的主要课题之一。绿色建筑通过使用绿色建筑材料和产品的方式来减少对环境的影响，并达到节约建筑物生命周期成本的目的。

一个可持续性发展的建筑意味着建筑本身的材料和各种建筑系统在其整个生命周期的运

行过程中，维持最少的能源消耗，而一个先进的绿色建筑材料则是维持这种标准的重要因素。这些可持续的、对环境有益的绿色建筑材料不仅能够被回收和再利用，从开发到利用都消耗最少的能源，而且可有效提高室内环境质量，有益于人类的身体健康，减少建筑物二氧化碳的排放，整体上对环境做出巨大的贡献。

绿色建筑材料往往由回收物、废弃物或农业废料制成，对自然资源具有保护作用，对环境具有较低的负面影响。同时绿色建筑材料在加工和使用中节约水和能源，有益于人类安全和健康。

很多因素决定了一种建筑材料是不是绿色建筑材料，现阶段，对绿色建筑材料客观的评价标准应该是一组综合考虑的因素，这些因素包括：

①产品及其构件在开发、生产和运输过程中消耗了多少能量，也就是它的损耗能量值的大小。

②生产该材料时所用的能源类别，即可再生和其他方式的能源。

③这是否是一个本地产的建筑材料。

④是否是可以重复使用，或回收再用的材料。

⑤是否是一种耐久性的建筑材料。

⑥这种材料在其整个使用寿命中需要多少维护和维修？

⑦是否是一种影响室内空气质量的材料。

⑧在生产和运输这种产品的过程中，是否产生污染和废料？以及使用完后，需要花费多少能量来处理这种废料？

⑨这种产品的原材料是否在当地盛产？

根据以上的评判标准，绿色建筑材料和产品包括以下一个或多个特性：

①绿色建筑材料和产品在整个生命周期的过程中，无任何或仅有较低的可导致室内空气质量变差的不健康的化学物质释放，不会对建筑使用者和管理者带来任何健康危害，同时不含有任何有毒的化学合成物，坚固耐用，具有很低的维护和保修要求。

②绿色建筑材料和产品能最大限度地利用资源，绿色建筑材料和产品包括可再生的资源以及后消耗和预消费材料，很容易全部或部分被重新使用，易于回收。

③绿色建筑材料和产品不造成全球的气候变暖，不对环境造成负面影响。通常，材料和产品中不含有氟氯化碳、氟氯烃或其他消耗臭氧层的有害物质，均来自可持续的采伐过程，原材料和生产商都是来自本地区，具有低损耗能量，废弃时可生物降解。

17.2.5 室内环境质量

建筑物的室内环境质量是建筑物所在场地、气候、建筑结构、机械系统、施工技术、污染物来源、建筑物使用者和室外机动交通以及地面维护设备等多种因素相互作用的结果。一个建筑物的室内环境质量的好坏直接关系到建筑物使用者的健康和舒适度。如何最大限度地提高室内环境质量，是绿色建筑中最重要的任务之一。

鉴于建筑物室内环境的重要性，很多专业协会和政府机构都对如何设计高质量的室内环境推出了设计原则并制定了相关污染物的浓度标准。各地一般根据各地区的实际情况，在分析、研究的前提下，推出适用于当地的环境质量标准。我国第一部《室内空气质量标准》由国家质量监督检验检疫总局、国家环保总局和卫生部共同制定，于 2002 年 11 月正式发布，

2003 年 3 月正式实施。有关室内环境质量的设计原则有多种提法，被绿色建筑行业广泛使用和遵循的设计原则有：

①通过良好的设计、施工、运营和维修获取好的室内环境质量。

②注重美观、景观，通过自然和人为要素的整合提高室内空气质量。

③通过最大限度地允许个人对不同温度和空气流通的控制来达到最佳的室内热舒适度。

④通过提供足够的室外新鲜空气和通风来提高室内空气质量。

⑤通过提供有效的供热、通风、空调（HVAC）系统的设计，以及高效的围护结构的设计，达到对室内温度和湿度的有效控制，防止空气中的细菌、霉菌、其他真菌以及水分的浸入。

⑥避免使用含有污染物的材料，如高挥发性有机化合物（VOCs）或其他的一些有毒物质。

⑦通过声学设计，使用合理有效的吸声材料和绝缘设备，确保隐私和舒适性。

⑧通过谨慎选择和使用清洁产品与涂料，以及对污染物进行严格的隔离和控制来减少室内异味的产生。

⑨通过自然采光和人工照明的结合创建一个高性能的照明环境。

⑩提供优质和健康的水源。

17.3　绿色建筑的发展和实施

绿色建筑运动发展到今天，经历了不同的发展阶段和漫长的发展历程，发展过程中诞生了绿色建筑评价体系及标准，为绿色建筑概念的推广和绿色建筑设计的实施提供了强大的助力，同时各地政府也积极出台支持绿色建筑发展和落实的系列政策，各地生态房、环保屋、零能耗建筑等层出不穷，建筑的可持续性已逐步体现，绿色建筑已然成为国际社会关注建筑发展和环境保护的重要议题和研究方向。

17.3.1　绿色建筑发展历程

由于地球环境危机，1980 年，世界自然保护组织（IUCN）首次提出"可持续发展"的口号，呼吁全球重视地球环保危机。1987 年世界环保与发展会议（WCED）以"我们共同的未来"报告，提出人类可持续发展策略，获得全球的共鸣。

1992 年在巴西召开的"联合国环境与发展大会"上第一次明确提出了"绿色建筑"的概念，绿色建筑由此逐渐成一个兼顾环境关注与舒适健康的研究体系，并在越来越多的国家实践推广，成为当今世界建筑发展的重要方向。

1993 年，联合国成立了"可持续发展委员会"（united nations commission on sustainable development，UNCED），全面展开地球环保运动。到了 1998 年的"京都环境会议"，进一步明确了各发达国家二氧化碳排放减量的目标，表明地球环保的问题已经正式成为国际性要务，同时也显示"可持续发展"已成为人类最重要的课题。

1993 年召开的第十八次国际建筑师大会上发布了《芝加哥宣言》，向全世界范围内的建筑师号召以环境的可持续发展为己任，扬起绿色建筑的旗帜。1996 年 6 月，在伊斯坦布尔召开的联合国"第二次世界人居大会"中，签署了"人居问题议程"，呼吁全世界针对当今的都市危机研讨对策。在地球环境危机形势下，追求建筑与都市可持续发展的建筑运动逐渐发展起来。

这时绿色建筑的实践仍然处于探索阶段，建筑师、工程师和建筑材料及设备的制造商们，对可持续设计、绿色材料、节能的技术和设备的研究都处在测试、摸索阶段。绿色建筑工业的发展经过了这一阶段的大量实践，正在迈向成熟。为了提高人们的生产效率而注重健康的工作和居住环境的可持续性设计的概念，在这时已经萌芽。评估建筑材料与设备生命周期的可持续性的方法，在这时已成为讨论可持续性设计经济回报的重要课题。绿色建筑运动这时已经发展壮大，并成为全球建筑师的重要目标。

20世纪90年代末，各地促进绿色建筑具体实施的可持续发展组织逐渐成立，并陆续推出了各自针对建筑的设计、建造和运营过程中如何追求可持续性发展的评价体系和标准。如最早出现的英国的BREEAM、美国的LEED、加拿大等国的GB Tool、日本的CASBEE等评价体系现已被大众逐渐熟知。进入21世纪后，绿色建筑已经成为建筑业的主流，随着各地绿色建筑评价系统的不断实践与完善，越来越多的建筑项目追求或已达到绿色评价系统的认证或标准，更重要的是社会普遍认为可持续性设计会使建筑更加健康，更适于工作和居住，能够提高人们的生产效率，而且以长期投资更为经济。

从20世纪90年代至今，绿色建筑逐渐由建筑设计扩展到环境评估、区域规划等多个领域，由建筑个体、单纯技术应用上升到区域、产业发展层面，从行业自发行为发展为国家战略行为，各国绿色建筑发展方式各有不同，但大都具有以下特征。

(1)由民间自发到政府主导。

绿色建筑发展之初主要由一些社会组织推动(如美国绿色建筑委员会、澳大利亚绿色建筑委员会等)，但随着节能环保的重要性逐渐被认知，各国政府都将绿色建筑作为建筑领域节能减排的重要手段，制定了绿色建筑激励政策和强制政策。例如：英国以"国际条约+自主立法"为主要形式，制订了一整套有机联系且相当完备的绿色建筑政策法规体系；美国通过强制性法律法规、灵活的激励政策以及自愿性评价标准相结合的方式推动绿色建筑发展；日本通过出台《节能法》和《低碳城市推广法》等法律法规明确了绿色建筑的发展方向和要求；新加坡和中国台湾地区都由政府或行政机构制定了详细的绿色建筑发展规划，充分发挥了政府的引导和推动作用。

(2)从个别示范到规模化推进。

自20世纪60~70年代开始，许多国家都通过试点示范的方式进行了绿色建筑的探索与实践，当绿色建筑节约资源、能源和减轻环境影响的优势得到广泛共识后，各国都开展了大范围的绿色建筑推广工作，如美国加利福尼亚州率先出台了绿色建筑相关政策文件，之后逐渐过渡到联邦层面；新加坡和中国台湾等国家和地区充分发挥了政府或行政机构的推动作用，在经过一段时间的示范后，果断将绿色建筑作为今后建筑业发展和转型的方向，实现了从概念、理论到大范围推广的快速过渡。

(3)从单一领域到多领域综合发展。

1990年，英国制定了世界上第一个绿色建筑评价体系BREEAM(building research establishment environmental assessment method)，之后，很多国家及地区也相继推出了各自的绿色建筑评价体系，并将其作为推动绿色建筑发展的最有效工具。同时，评价对象也由最初的新建公共建筑和居住建筑扩大到工业、酒店、医院、学校、数据中心等不同的建筑类型和建筑改造；随着绿色建筑内涵的不断发展，更多的评价内容被纳入评价体系，如生态平衡、人文关怀等。此外，除传统的"四节一环保"外，有些国家和地区还结合相关产业的发展方向，将其纳入绿色建筑评价体系，扩大了绿色建筑的内涵。如中国台湾结合其在信息技术产业方面的优势，提出了"智慧绿色建筑"的概念，并将其作为下阶段绿色建筑的发展方向。

（4）从技术提升到产业发展。

通过多年发展，各国绿色建筑技术都在不断创新，并无一例外地逐渐从发展专项技术，到完善集成技术，有效带动了金融投资、产品研发、生产和运输、设计、开发、建造、运营管理等各环节形成的产业链发展，为绿色建筑的实施提供了全方位技术支持，对推动整个产业的转型升级起到了重要作用。

由此可见，绿色建筑在节约资源、能源和减轻环境影响方面的重要作用已在世界范围内得到共识，很多国家都将其作为建筑业发展的新方向加以大力推进，但其发展路径却各有特色，充分体现了绿色建筑"因地制宜"的灵魂思想。同时，绿色建筑发展运动也正在走向成熟。

17.3.2 绿色建筑实施现状

随着世界各地绿色建筑委员会的成立和能源与环境设计先导绿色建筑评价体系的推出，许多重要的绿色建筑出版物陆续出台，公众和建筑市场对绿色建筑的环保、节能和经济特征有了进一步的认识。它们对于帮助追求绿色建筑的设计原则、实践和评估都起到了推波助澜的作用。

建筑师们是绿色建筑实施的关键，他们的设计理念直接影响着建筑的定位。20 世纪 90 年代，美国已经有一些绿色建筑的先行者们本着可持续性发展的设计原则，大胆地尝试和实践了绿色建筑的设计和营建，为绿色建筑设计的发展提供了非常好的实践经验。

绿色建筑的推广也离不开政府部门的帮扶，世界各地政府部门在整个绿色建筑发展过程中起到了非常积极的推动作用。政府主要通过不断制定高效、节能的建筑法规，并辅以资金上的奖励、各种税收减免等经济手段和行政法规方面的帮助来大力推动绿色建筑的推广与实施。

纵观各国绿色建筑实施的现状，总体来说主要表现在以下几点：

①各国政府通过横向发展专项技术、纵向过程深入集成对绿色建筑技术体系不断进行完善。

②各国积极构建适合自己国情和地域气候特点的绿色建筑评价体系，并根据实时情况的变化而进行调整和优化。

③不断扩大政策层面的影响力，通过制定多角度的激励政策和措施来推进绿色建筑的发展，有的国家甚至通过政策强制手段进行干预。

④绿色社区逐渐成为新的发展重点，从建筑单体到社区，再到区域和城市，形成不同层面、不同空间尺度和不同类型的绿色建筑发展体系。

17.4 绿色建筑设计案例分析

1. 耶鲁大学克朗馆

克朗馆位于美国康涅狄格州，是耶鲁大学森林与环境研究学院的新建图书馆（图 17 – 1）。建筑面积 6390 m^2，项目总投资（土地除外）3350 万美元，于 2009 年 1 月建成，获美国绿色建筑委员会的 LEED – NC，V.2.2 白金（59 分），同时被美国建筑师学会（AIA）评为 2010 年十大绿色建筑之一。

图 17 –1　耶鲁大学克朗馆

整个克朗馆包括教师及研究人员的办公室、学生教室、图书馆、研究中心、礼堂和学生休息室等房间，为院系师生们提供了一个完整的可持续性的建筑空间，更重要的是，这个建筑寿命目标为 100 年的建筑却只消耗同等建筑所消耗资源的 60%。

（1）建筑场地的选择和土地利用。

建筑场地的选址是利用一块废弃的、已开发过的棕地，并没有使用从未开发过的绿地，在场地设计时，设计团队重点针对气候和建筑朝向进行了最大的优化设计，以减少建筑对资源的持续消耗。

（2）水的保护和利用。

克朗馆有一套创新的雨水处理、存储和再利用系统（图 17 –2），雨水径流通过建筑的屋顶和场地收集，流经景观水体经过植物净化后收集到一个 7.57×10^4 L 的地下蓄水池（图 17 –3），该蓄水池经优化设计可以永久保存和再利用雨水，雨水从这里通过水泵与水体进行再循环，水池中的蓄水量能够提供并满足建筑的冲厕及景观灌溉的需要，建筑同时使用了无水小便器、双冲水马桶等其他节水措施，预计每年为耶鲁大学节省 2.4×10^6 L 的可饮用水，并有助于改善水质，减少城市废水处理负荷。

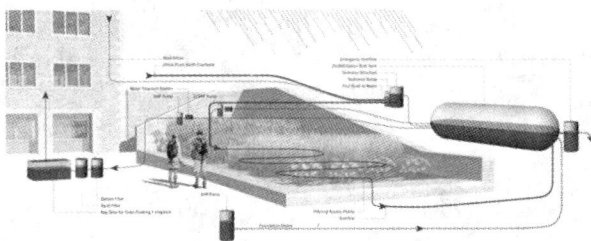

图 17 - 2　雨水收集再利用系统图

图 17 - 3　植物净化

（3）能源。

为充分利用太阳能被动技术，建筑在围护结构上针对不同的朝向做了不同的处理，东西面设置了水平向的遮阳木百叶，南北面采用了深凹窗，也有一定的自遮阳作用（图 17 - 4）。同时在南面屋顶布置了太阳能光伏板，建筑屋顶为大型拱形，其倾斜角度为太阳能光伏板提供了一个最佳的太阳能接收角度，外部可再生能源系统与建筑美学巧妙地结合了起来，一个屋顶 105 kW 的综合太阳能板阵列提供了建筑所需能源的 25%。南立面结合遮阳安装了真空管式集热器，与屋顶的自然采光和光伏系统一起组成了整个建筑与太阳能一体化的设计系统（图 17 - 5）。

图 17 - 4　南立面深凹窗及遮阳挡板

图 17 - 5　采光天窗

建筑还采用了地源热泵系统，借助自然地理条件将建筑底层嵌入山坡中，充分利用土壤的热存储，空调末端采用下送上回的地板送新风系统，同时使用间接绝热冷却和热交换器从废气和地下热泵中回收大部分能源（图 17 - 6）。当地气候属夏热冬寒，建筑在夏季和冬季可以完全对外封闭，而在过渡季节可以通过自然通风减少能源的使用。建筑配有高智能和智能控制系统，许多窗户都可以通过探测器的数据采集分析自动发出信号开启和关闭窗户，通过保持室内间接蒸发冷却和置换通风，来降低能源的消耗和提高用户的能源使用意识。灯光系统由感应器控制，在无人的情况下自动关闭照明，建筑使用者可以在大厅中的两个触摸屏上随时看到建筑的能源消耗数据。

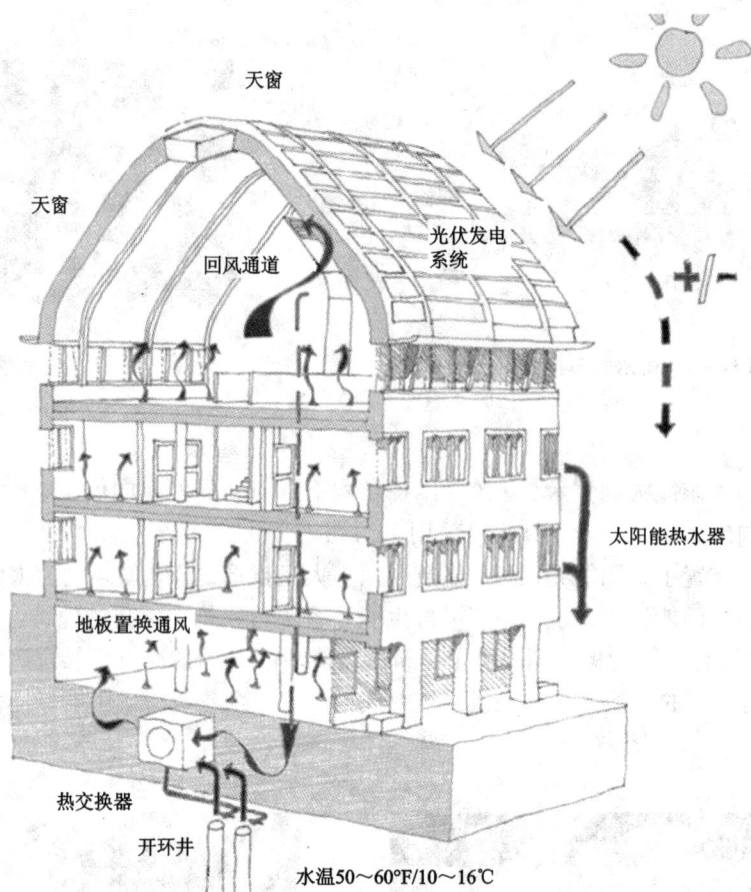

图 17-6   建筑能源有效利用设计示意图

(4)材料与资源。

建筑材料大多来源于当地,如建筑用的大量木材就取材于耶鲁大学校内的红橡木,是一种速生木材,经过严格的加工工艺,有的成为结构构件,有的成为遮阳构件,有的成了装修面材(图 17-7)。同时建筑师将建筑材料及原色巧妙搭配,以减少不必要的装饰材料,加上自然条件的协调,不仅使得内部空间呈现出别样的高雅与精致,也投射出高等科研机构的严谨与朴实。建筑外围护结构使用的混凝土含有 50% 的低能量粒化高炉矿渣,这不仅是低能耗的混凝土材料,而且成倍提高了混凝土的寿命,据检测结果显示,外围护墙体的热电阻值达到了 29 $m^2 \cdot K/W$,屋顶的热电阻值达到了 43 $m^2 \cdot K/W$。同时,大部分家居有 Green Guard 认证,70% 的胶层压拱屋顶结构具有 FSC 认证,屋顶平台具有 100FSC 认证。在施工过程中,对建筑施工垃圾进行了现场填埋和焚烧处理,减轻了城市垃圾场的负担,同时通过重复使用部分材料和综合回收废物,减少了 94.2% 的建筑垃圾。

(5)室内环境质量。

建筑的平面布局为窄长型,其顶层有高起的顶棚,这有利于建筑内的空气流通和太阳光的渗透,建筑的使用者可以自行调节和控制单独办公室和教室的室内环境,达到季节性最优化的能源设计目标,同时探测设备会在适当和必要的时候告诉建筑使用者打开窗户进行自然通风(图17-8),大型、高效的窗户系统给建筑使用者带来了极好的自然采光和良好的视觉环境(图17-9)。

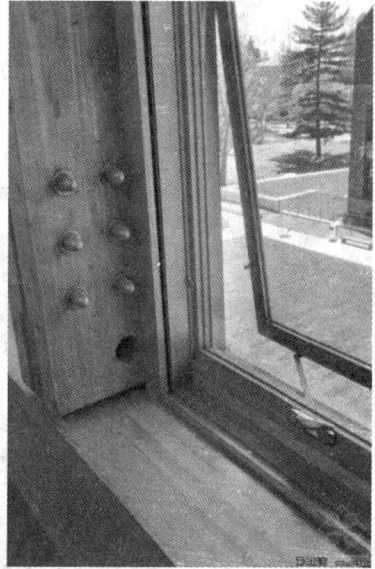

图 17-7　建筑室内的红橡木镶板应用　　　　　　图 17-8　自控窗户

(a)

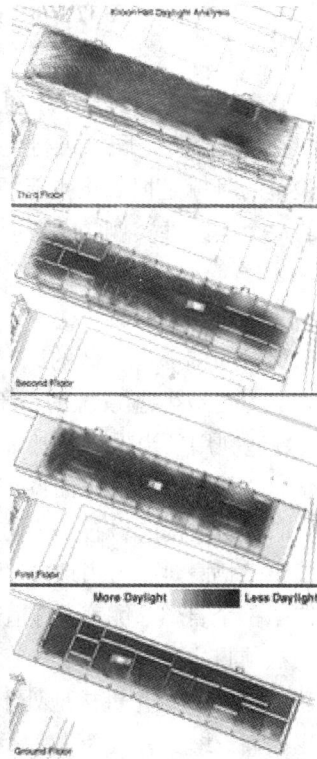

(b)

图 17-9　建筑室内良好的视觉环境

2.美国能源部研究辅助中心大楼

美国能源部研究辅助中心大楼位于科罗拉多州的戈尔登市,是一个大型实验室办公楼(图 17 - 10),隶属于美国能源部可再生能源国家实验室(NREL),建筑面积 20600 m²,项目总投资 6400 万美元,于 2010 年 6 月建成,被美国建筑师学会(AIA)评为 2011 年十大绿色建筑之一。

图 17 - 10   美国能源部研究辅助中心大楼

该研究中心拥有 800 多名员工,履行国家重要的可再生能源的研究工作,建筑内设有一个大型数据中心,录有整个国家可再生能源实验中心的所有研究数据。美国能源部和国家可再生能源实验室的目标是把可再生能源的创新技术转换为可行性强的市场实践,这座建筑就是这种想法的一个实践性实例,成为世界上最节能的、能为员工提供高质量工作环境的零能耗建筑之一。

(1)土地利用及社区。

新建筑以保护周围邻里社区的原有生活方式和保护现有野生动物栖息地为首要原则。建筑和场地努力成为当地生态系统的一部分,建设设计的特点不仅与当地的风向和日晒相吻合,而且也较好地利用了当地的自然地形和现有环境。景观设计特别重视自然雨水的收集和管理、开放空间的保护、透水路面系统的选择、原生景观的保护和利用、高反射率路面材料的使用,以及把现场发掘的岩石作为防护墙的创新式实践等。整体性的景观设计不仅被证明成功地保护了自然栖息地,为当地麋鹿和其他野生动物群创造了一个相互频繁访问的机会,还为人们创造了一个自然、优美、舒适的外部空间环境,该项目已经被列为 150 个国际可持续景观设计试点项目之一。

建筑的建成使得该研究机构地处不同地区的所有分支机构集中在同一座办公建筑中,实现了共同分享设备、缩小开发资源差距的目标。为鼓励员工减少驾车,场地选址充分利用了城市公共交通系统,以尽量减少现场停车的可能,并为员工设立了自行车停车场,事实上,建筑建成后自行车停车位一直在被充分利用。

（2）水的保护和利用。

虽然科罗拉多州限制水的再利用，该项目仍然实现了高效用水的节水目标。项目通过屋顶的雨水花园、庭院内的多孔路面铺地、自然生物洼地来连接场地雨水收集系统和现有自然水源，雨水收集系统容许雨水渗入土壤，其排水模式与原有自然水文相一致，同时结合高效率的节水设备，选用原生和适应本地的植物配备，采用以卫星为基础的智能灌溉控制系统进行灌溉。每年通过建筑物的屋顶至少可收集到 3018 吨的雨水，多于建筑用水和场地灌溉每年所需的 2996 吨水，相对于 LEED 的标准，使建筑用水减少了 55%，灌溉用水减少了 84%。

（3）能源。

该建筑在能源使用上可实现净零能源消耗和零二氧化碳排放，要达到此目标，需要多种技术并用的被动式的节能战略和整体优化的能量流设计方案。建筑运用热质量、辐射板、晚间热量释放和自然通风等现场太阳能光伏系统配合被动式的节能策略实现热舒适性。建筑照明系统是一个自然采光、自然光线控制系统，空间使用感应器以及高效率照明的综合系统。采暖系统强调的是整体系统节能的方法，建筑在两翼的主要办公空间设有大型热储存系统，该储存系统存储的热来自南向外墙的太阳能集热器，这种热能在供暖季节用来加热建筑内的通风系统，同时热储存系统也作为数据中心热量的储备地，大大降低了数据中心对制冷负荷的需求。同时，建筑设计有非常详细的能源模型预测，预测建筑每两年消耗 8316 大卡的能源，而建成后的建筑太阳能光伏系统每两年能产生 8820 大卡的能源，自然能使建筑达到净零能源消耗的目标(图 17 – 11)。

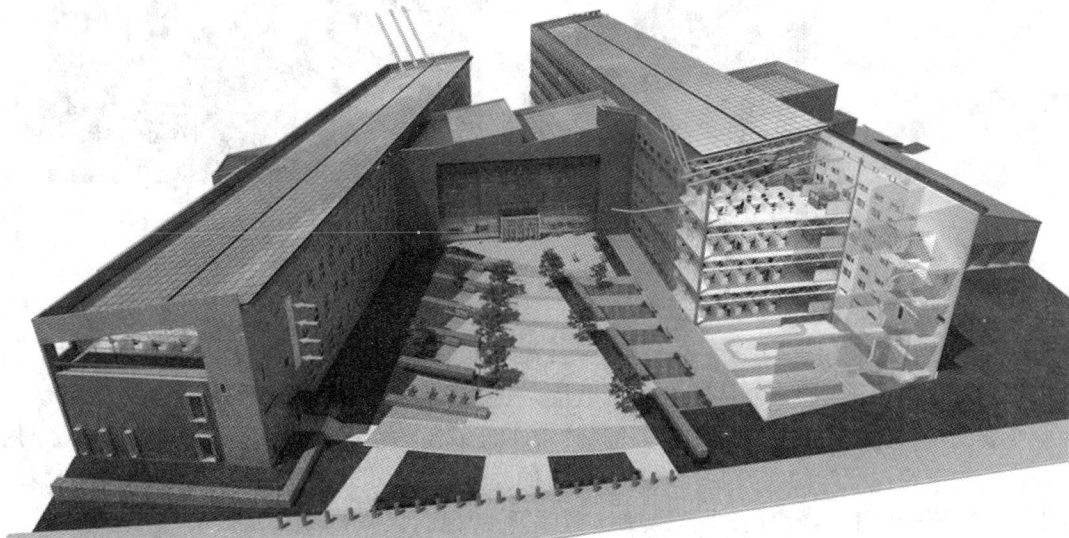

图 17 – 11　建筑应用的综合节能技术措施

（4）材料与资源。

为了更好地发挥被动设计的绿色特性，建筑的平面布局以进深窄、面宽长为主要特征。外墙是由绝缘预制板外加内外装修材料构成的，外围护墙体结构采用高质量的保温隔热材料，并以模块化结构设计达到最少地使用材料和最好地控制预算的目的；结合当地气候条件，外墙的窗体与墙体的比例经过最优化设计，使玻璃的面积达到最合适的状态；建筑两侧办公空间没有大玻璃窗，既防止了大量的太阳直射辐射热进入室内，控制了室内冷负荷，同时也保证了办公场所具备充分的自然采光(图17-12)。

建筑内材料的选择以高灵活性、持久性、低资源消耗、注重居住者的健康和室内环境质量为宗旨，材料的低挥发性能、重复利用材料含量(34%)、区域特性(13%)和木材原料的认证(59%)均以 LEED 为标准。使用创新式的材料，如利用回收的天然气管道作为承重构件(图17-13)，利用由于虫害导致死亡的松树做成木板作为门厅装饰材料等，都成为该建筑合理利用资源的手段。

图17-12 南向遮阳及太阳能集热器图

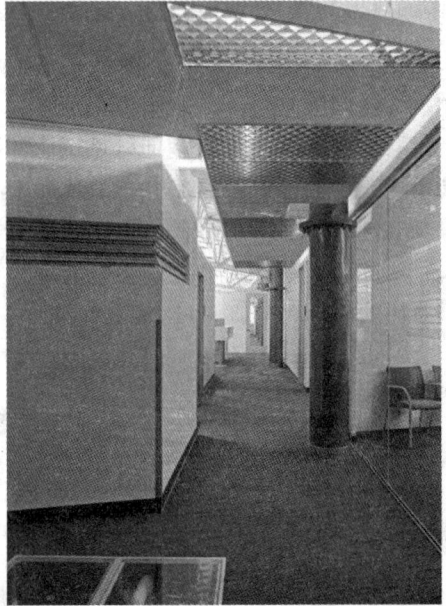

图17-13 材料再回收应用[8]

(5)室内环境质量。

建筑物能充分利用太阳光和室外空气来提高节能效率、改善室内环境质量，因为日照的多少直接影响照明、供暖和制冷系统的用电量，也直接影响人们的工作效率，所以设计者在两侧主要的工作区，几乎为每一个办公室(约占建筑92%的空间)都设计了明亮的玻璃窗，用日照作为白天室内照明的主要手段。另外所有的办公空间都设计有地板送风口，该系统将室外100%的新鲜空气送入室内，同时与制冷空调系统独立设置，减少了能源的消耗，除此之外，办公室的窗户都可以开启，为只有18.29 m 进深的空间提供了绝好的穿堂风通道；所有的大型空间、会议室都设计在中部，这里有良好的自然通风，由于使用频率低于办公空间，其白天室内照明的用电量也得到了相应的控制；值得一提的是，随着室外气温和湿度的变化，中央电脑智能系统会随时向每个办公室的电脑终端发出提示，提醒人们是否该开窗通风。

复习思考题

1. 谈谈你印象中的"绿色建筑"，通过本章的学习，你对"绿色建筑"的了解又多了哪些？

2. 节能建筑就是绿色建筑吗？查阅资料了解两者的区别与联系。

3. 查阅文献，了解绿色建筑的设计原则及过程。

4. 收集资料，了解政府在绿色建筑的推广和实施中所起的作用。

5. 收集资料，列举国内你认为做得比较成功的"绿色建筑"案例，并分析其所采用的"绿色"措施。

第 18 章　建筑环境性能评价

　　建筑可持续发展的核心是在营造人类良好的生活和工作环境的同时，将地球资源的消耗和对环境的破坏降至最低。因此，相关研究的关键就在于将建筑的环境性能纳入建筑的全寿命周期中加以考虑，即在考虑建筑的技术性能和经济性能的同时，也必须考虑建筑的环境性能。为了从整体上改善建筑的环境性能，需要一种机制——能够对性能改善程度进行量化评价、能够规范市场并为市场提供正确的信息、能够鼓励行业中改革的先行者、能够从方法和技术上辅助设计人员进行环境性能优化设计……建筑环境性能评价就是达到上述多重目标的一种途径，国外很多国家的实践经验已经证明了其有效性。实际上，从 20 世纪 60 年代开始，全球环境污染问题逐渐凸显，为保护环境而进行的环境影响评估已得到社会的广泛关注。

　　第一阶段的环境评价：国际上最早实施的建筑物环境评价，如供暖性能、通风性能等，主要是对室内环境的性能进行评估，换句话说，这些环境评价基本上是为了提高建筑使用者的生活舒适度或方便性。在这个阶段，一般将地域环境和地球环境称为开放的体系，很少考虑建筑给外部造成的环境负荷。在这种意义上，其环境评价的前提理念与地球环境时代的理念大相径庭：其含义相反但简单明了。

　　第二阶段的环境评价：20 世纪 60 年代起，伦敦、东京等国际上部分城市区域大气污染和高楼风等问题引起了人们的高度关注，为解决这些问题而实施的环境影响评价在社会上深入人心。从此，建筑环境评价开始引进环境负荷的视点，这标志着环境评估进入第二阶段。在这个阶段中，只评估高楼风、日照遮挡等建筑物给周边造成的"负面环境影响"（即环境负荷）。第二阶段只着眼于环境负荷，在这个意义上，其评价理念是非常明确的。第一阶段中的评价对象是作为私有财产的环境，而第二阶段则主要是作为公共品（或非私有品）的环境。虽然第一阶段和第二阶段中评价对象的实质完全不同，却使用了"环境"这一相同的词语，这是导致对环境问题理解混乱的其中一个原因。

　　第三阶段的环境评价：第三阶段是指在 20 世纪 90 年代地球环境问题日益突出后所进行的环境评价。这种环境评价包括英国的"建筑研究所环境评价法（building research establishment environmental assessment method，BREEAM）"，美国的"绿色建筑评估体系——能源及环境设计先锋（LEED）"等。这一阶段环境评价的重点在于，建筑物在其整个生命周期中对环境所造成的环境负荷，即加入了 LCA 视点的环境评价。另外，室内环境这样的传统建筑环境性能也和第一阶段一样，包括在评价对象之中。第三阶段比第一、二阶段的评估对象的范围扩大了。

18.1　评价关注的要素及内容

每个建筑环境评价体系在建构时都会制定评价框架及指标，但其最终都只有一个目的，就是在营造人类良好的生活和工作环境的同时，将地球资源的消耗和对环境的破坏降至最低。所以每个评价体系所关注的要素及内容基本可分为以下几类。

（1）资源消耗。

据统计，人类从自然界所获得的50%以上的物质原料都用来建造各类建筑及其附属设备了。这些建筑在建造和使用过程中又消耗了全球能量的50%左右，绿色建筑评价的重要目标就是通过对相关分解指标的综合评价，确定和衡量被评估建筑在控制资源消耗方面的水平。

（2）环境负荷。

建设项目从设计、生产到运营维护、更新改造乃至废弃、回收、处理的整个生命周期都对环境造成了不同程度的影响和负荷。绿色建筑评价标准要求项目在建设过程中选用清洁的原材料，采用对环境影响较小的施工工艺，力求将建筑在全生命周期中对环境的影响降到最低。

（3）室内外环境质量。

项目建设的目的就是为人类创造舒适、高效的生活和使用空间，对建筑物室内外环境质量的要求同样是评价标准关注的重要内容，包括良好的采光条件、空气洁净清新、低辐射和噪声污染等方面。

（4）经济投入。

绿色建筑在其建造、使用等过程中时时刻刻都与经济发生密切的联系。人们在关注资源消耗、环境负荷、环境品质等方面的同时，经济是实现上述目标的基础。一幢建设费用和使用费用都居高不下的环保节能建筑是无法得到业主和使用者的青睐的，将之推广发展更是难上加难。

如 ISO 中所关注的评价要素如表 18-1 所示。

表 18-1　ISO 中建筑环境性能评价的指标

类别	内容	性质	类别	内容	性质
室内环境	热舒适	●	对周边环境的冲击	污染	●
	采光及照明	●		基础设施负荷	●
	空气质量	●		风害	○
	声环境	●		光污染	○
能源消耗	运行能耗	●		热岛效应	○
	运行效率	●		其他基础设施负荷	○
	热负荷	●	服务质量	服务能力	○
	自然资源利用	●		耐久性	○
	建筑系统效率	●		弹性及可适应性	○

续表 18 - 1

类别	内容	性质	类别	内容	性质
材料与资源	水消耗	●	室外环境	生态环境营造	○
	资源生产力	●		城市景观与风景	○
	材料带来的污染	●		当地文化与特征	○

注：●为必选项，○为可选项

18.2　建筑环境评价的主要理论及方法

（1）系统工程理论。

绿色建筑评价体系是一个复杂的体系，各层级因子之间存在纵向的隶属关系和横向的制约关系。根据对评价系统的分析，将所含的因素分系统、分层次地构成一个完善、有机的层次结构，通过一定的方法达到总体效果最优的目标。

（2）可持续发展理论。

可持续发展是指既满足当代人的需求又不对后代人满足其需求的能力构成危害的发展，其包含两个基本观点：一是发展；二是发展要适当。绿色建筑就是要求建筑的发展与人类的需求相一致，尽量减少对生态环境产生的负面影响。它的发展能够与经济和社会的持续发展保持协调步伐，而不是超越或滞后。绿色建筑评价标准中应该包含了全面可持续发展理论的要求，站在更高的视野关注建筑对于生态环境的影响，追求建筑、人类、社会、环境的协调发展和综合效益。

（3）全生命周期评价理论。

全生命周期评价（life cycle assessment，LCA）最初来自工业系统，是一种评价与产品、工艺或活动从原材料采集到产品生产、运输、销售、使用、回用、维护和最终处置整个生命周期有关的环境负荷的过程；它首先辨识和量化整个生命周期阶段中能量和物质的消耗以及环境释放，然后评价这些消耗和释放对环境的影响，最后评价减少这些影响的机会。生命周期评价注重研究系统在生态健康、人类健康和资源消耗领域内的环境影响。只有对产品整个生命周期的每一阶段都有详细的了解，才能对各阶段的环境影响做出客观公正的评价。

生命周期评价作为一个面向产品的环境管理工具，主要考虑在产品生命周期的各个阶段对环境造成的干预和影响，是对产品的整个生命周期进行环境影响分析，并通过编制一个系统的物资投入与产出的清单来评价这些与投入产出有关的潜在环境影响，并根据生命周期评价的目的解释清单记录和环境影响的分析结果。

全生命周期评价可分为四个工作阶段：

①目标与范围的界定。对全生命周期评估研究的目的和范围予以明确，使其与预期的应用相一致。

②清单分析。编制一份与研究的产品系统有关的投入产出清单，包含资料搜集和运算，以便量化一个产品系统的相关投入与产出，这些投入与产出包括资源的使用以及对空气、水体及土地的污染排放等。

③影响评估。采用全生命周期清单分析的结果来评估因投入产出而导致的环境影响。

④结果说明。将清单分析及影响评估所发现的与研究目的有关的结果合并起来,形成最后的结论和建议。

对于建筑而言,其全生命周期可分为建筑原材料的开采、材料的加工制造、施工、运营和维护、最终的废弃物处理和再生利用阶段。

①建筑原材料的开采阶段:这个阶段是建筑生产过程对生态环境冲击最严重的阶段之一,因人类的活动而使沉积地下多年的物质在短时间内加入了地球生物化学循环,剧烈地冲击着该物质的循环平衡。而且由于开采范围和深度不断扩大,对地球物理环境造成了深刻的不可逆的变化,诸如岩层破坏、地下水位下降、水体破坏、地质灾害等。

②材料的加工制造阶段:这个阶段一方面将绝大部分人暂时不需要的材料以废弃物的形式直接排入环境,另一方面通过复杂的过程制造了许多自然界并不存在的物质,并因为降解困难而无法回归自然界参与物质循环。

③施工阶段:这个阶段因直观而易于被人们认识和了解,施工过程中制造的粉尘、垃圾、噪声都被人们高度关注,并通过改善施工工艺明显地减少了建筑垃圾和环境污染的产生;

④运营和维护阶段:这个阶段是建筑全生命周期中时间最长的阶段,虽然单位时间内对环境的影响容易被人忽略,但通过长时间的积累所形成的影响非常巨大。科学合理的设计方案、环保节约的生活方式都对降低环境的影响至关重要。

⑤最终的废弃物处理和再生利用阶段:建筑物的拆除虽然意味着建筑功能的约束,但并不代表建筑生命周期的结束。大量建筑废弃物对环境造成的压力可通过一些处理方式得到改善,比如可以重复使用的材料得到再利用、一些废弃物转为其他用途、无法再利用地做好妥善粉碎和掩埋,尽量降低对环境的压力和危害。

(4)层次分析法。

层次分析法(AHP)是将与决策总是有关的元素分解成目标、准则、方案等层次,并在此基础之上进行定性和定量分析的决策方法。该方法是美国运筹学家匹兹堡大学教授萨蒂于20世纪70年代初提出的一种层次权重决策分析方法。这种方法的特点是在对复杂的决策问题的本质、影响因素及其内在关系等进行深入分析的基础上,利用较少的定量信息使决策的思维过程数学化,从而为多目标、多准则或无结构特性的复杂决策问题提供简便的决策方法。尤其适合于对决策结果难于直接准确计量的场合。层次分析法的步骤如下:

①通过对系统的深刻认识,确定该系统的总目标,弄清规划决策所涉及的范围、所要采取的措施方案和政策、实现目标的准则、策略和各种约束条件等,广泛地收集信息。

②建立一个多层次的递阶结构,按目标的不同、实现功能的差异,将系统分为几个等级层次。

③确定以上递阶机构中相邻层次元素间的相关程度。通过构造比较判断矩阵及矩阵运算的数学方法,确定对于上一层次的某个元素而言,本层次中与其相关的元素的重要性排序——相对权值。

④计算各层元素对系统目标的合成权重,进行总排序,以确定递阶结构图中最底层各个元素在总目标中的重要程度。

⑤根据分析计算结果,考虑相应的决策。

层次分析法的整个过程体现了人的决策思维的基本特征,即分解、判断与综合,易学易用,而且定性与定量相结合,便于决策者之间彼此沟通,是一种十分有效的系统分析方法,广泛地应用在经济管理规划、能源开发利用与资源分析、城市产业规划、人才预测与评价、交通运输、水资源分析利用等方面。

18.3　国外建筑环境评价体系介绍

18.3.1　国外建筑环境评价体系概况

近年来,用于改善建筑环境性能的各种评价方法、辅助工具或者体系层出不穷,包括各种模拟软件、建筑或者材料的全生命周期评价工具、可以贴标签的综合评价体系、用于建筑设计与管理的指南或者清单列表、产品标签或认证体系等。

如瑞典的"生态影响(Eco Effect)",奥地利的"全质量建筑(total quality building, TQB)",法国的"优良环境质量认证体系(HQE)",BREEAM、ENVEST 和"可持续项目评价程序(sustainable project appraisal routine, SPeAR)",韩国的"绿色建筑认证系统(green building certification criteria, GBCC)",日本的"建筑物综合环境性能评价体系(CASBEE)",澳大利亚的"国家建筑环境打分系统(the national australian built environment rating system, NABERS)",加拿大的 ATHENA 和由加拿大发起的绿色建筑挑战(green building chanllege, GBC)评价工具"绿色建筑评估工具(GBTool)",LEED 和"环境与可持续建筑(Building for Environmental and Economic Sustainability, BEES)"等方法目前在国际上已经发展得比较成熟,有较强的影响力。

根据这些评价体系/方法用途的不同,可将现行的国外建筑环境评价体系分为三类:

(1)对建筑材料和构配件的性能评价与选用系统,以 BEES 和 Athena 为代表;

(2)对建筑某一方面的性能进行评价的系统,以 Energy Plus、Energy10 和 Radiance 为代表;

(3)绿色建筑性能的综合评价系统,以英国的 BREEAM、美国的 LEED、日本的 CASBEE 和多国的 GBTool 为代表。

绿色建筑性能的综合性能评价系统是以前两类体系为基础,随着各国对绿色建筑评价理论和方法研究的深入,综合评价系统得到了较快的发展。目前全球采用的绿色建筑性能综合评价体系框架可分为三代,从第一代绿色建筑评价体系:英国 BREEM 和美国的 LEED 的措施性评价体系;到第二代绿色建筑评价体系:国际可持续发展建筑环境组织的 GBTool,再到第三代绿色建筑评价体系:日本 CASBEE 和中国香港 CEPAS 的性能性评价体系。这些评价方法的演化过程都是从简单到复杂、从无权重到一级权重体系再到多重权重,从线性综合到非线性综合。其评价水平越来越高、越来越科学,也越来越复杂。下面将对有代表性的评价体系进行简要介绍。

18.3.2　几个著名的国外建筑环境综合评价体系

美国的 LEED、英国的 BREEAM、日本的 CASBEE 和多国合作的 GBTool,这几个评价体系在近 20 年建筑环境性能综合评价领域最具代表性。它们特征鲜明:或是在促进市场改革方面大获成功,或是在体系框架革新上取得突破。它们中的每一个,对于世界其他国家和地区的评价体系都产生了直接或者间接的影响。

（1）LEED。

1993 年成立的美国绿色建筑委员会（U. S. Green Building Council，USGBC）是美国较成功的民间绿色建筑组织，其于 1995 年发起并编写了一项第三方认证、对多种类型建筑适用、可量化评估的绿色建筑解决方案——LEED 绿色建筑评价标准，成功地将绿色建筑引导至更加系统化的层面。LEED 标准是目前世界上市场化运作最成功的绿色建筑评价标准之一，截至 2016 年 5 月，项目遍及全球 162 个国家，拥有接近 80000 个注册项目和 32500 个认证项目。LEED 标准也是国际上最具影响力的绿色建筑评价标准之一，中国、澳大利亚、西班牙、法国、日本与印度等国家均以 LEED 标准作为制定本国绿色建筑评价标准的重要参考。

LEED 标准的广泛应用推动了世界各国绿色建筑的发展，与此同时，绿色建筑的实践反馈也促进了 LEED 标准的持续更新（图 18 - 1），2013 年 11 月，经过 6 次征求意见的 LEED 标准 V4 版本发布，2016 年 4 月，LEED 标准 V4 版本进行最近一次更新，2016 年 10 月，LEED 标准 2009 版本（也称 LEED V3 版本）正式停用。

| 1998年 LEED 1.0 | 2000年 LEED 2.0 | 2003年 LEED 2.1 | 2005年 LEED 2.2 | 2009年 LEED 2009 | 2003年 LEED V4 |

图 18 - 1　LEED 标准发展历程

为了满足绿色建筑发展的需要，LEED 标准针对不同的建筑类型和绿色建筑的不同阶段，逐步开发了一系列评价标准，并且根据实践和反馈结果，进行了合理的扩展或整合，以保证自身的系统性和指导性。最新的 LEED V4 版本在进一步强调绿色建筑全寿命周期理念的基础上，通过优化标准体系的设定逻辑，整合了同建筑类型标准，目前 LEED V4 评价体系共含 5 个标准（表 18 - 2）。

表 18 - 2　LEED V4 版本标准体系及适用建筑类型

标准体系	适用建筑类型
建筑设计与施工标准（LEED - BD + C）	适用于新建或需要重大改建的建筑，核心与外壳，学校，零售，医疗保健，宾馆接待，数据中心，仓储和配送中心等
建筑运营与维护标准（LEED - O + M）	适用于运行中和进行改善工作的既有建筑，学校，零售，医疗保健，宾馆接待，数据中心，仓储和配送中心等
室内设计与施工标准（LEED - ID + C）	适用于项目的完整内部空间，商业，零售，医疗保健，宾馆接待等
社区开发标准（LEED - ND）	社区或城区尺度，从概念规划到区域建设
住宅建筑标准（LEED - H）	独栋住宅，低层或中高层住宅楼

LEED V4 版本评价体系从选址与交通（LT）、可持续场址（SS）、用水效率（WE）、能源与大气（EA）、材料与资源（MR）、室内空气质量（EQ）、创新（IN）、地域优先（RP）这 8 个评价大类对建筑进行综合考察，评判其对环境的影响，并根据每个方面的指标进行打分。LEED

体系没有设置独立的权重，LEED 标准中得分点条文的分值高低，取决于该得分点解决及影响各种环境问题的能力。对于能够为气候改变、室内环境质量、资源枯竭、人类健康等带来潜在益处的策略，LEED 标准会给予更高的分数。LEED 标准权重在节能减排方面最为突出，其次关注室内环境，这也正是绿色建筑发展的两个主要动力，即节能与舒适。

各指标大类的总分是 109 分，另有 1 分并不包含在任何一个大类中，而是来自 LEED 标准 V4 版本新增的、单独列在大类之外的得分点——整合过程。整合过程得分点鼓励从绿色建筑项目的初期开始，寻求不同专业之间的协同，其评价内容主要包括：场地评估、能耗模型分析、照明和热舒适性分析、用水预算与系统、运营计划等。将各指标得分相加，根据总分情况，LEED 将建筑分为认证级、银质、金质和铂金 4 个等级。

LEED 标准的评价阶段包括设计阶段和施工阶段两个，绿色建筑项目相应地也有两种可以选择的审查方式。一是分阶段审查，绿色建筑项目先提交设计阶段资料进行审查，称为预认证，但项目必须在施工阶段结束后提交施工阶段审查并通过，才能够获得最终的 LEED 认证等级。另一种方式是在施工阶段结束后将设计和施工两个阶段的所有资料一起提交审查，获得相应等级的 LEED 认证标识。美国 LEED 标准的评价阶段和审查方式在设定上相对科学合理，设计阶段只用于管控和指导，并不具备认证效用，而是最终以绿色建筑竣工后的审查来确定认证等级，有利于保证绿色建筑项目的实际建成效果。

（2）BREEAM。

BREEAM 是由英国建筑研究所（Building Research Establishment，BRE）开发的评价系统，是世界上第一部完整的绿色建筑评价标准，初版颁布于 1990 年，最新的公开版本为 2014 版。现阶段世界范围内共有 548917 个项目获得评估，2249733 个项目被注册，项目分布全球 77 个国家和地区。

新版的 BREEAM 一改往版家族成员众多的情况，将家族归纳为四大成员体系：

①BREEAM 社区：大型社区的建筑总体规划；

②BREEAM 新建建筑：新建建筑（包括居住和非居住建筑）；

③BREEAM 运行：非居住类既有建筑；

④BREEAM 改造：居住建筑、非居住建筑的装修和改造。

BREEAM 将建筑项目分为不同阶段，相应阶段评价的内容也不同。评价的内容包括建筑性能、设计建造和运行管理。参评项目包括：总体规划、基础设施和建筑。目前的评价体系涵盖了 4 个性能类别、3 个组成部分和 10 大项评价指标。4 个性能类别是在原有的全球、地区和室内问题之外增加了管理类别；所谓 3 个组成部分即对建筑结构和服务的核心评价、设计和采购评价、管理和运行评价；10 大项评价指标包括：管理（整体政策和程序问题）、健康和舒适（室内和室外环境性能问题）、能源（运行能源和 CO_2 问题）、交通（与交通相关的 CO_2 排放和当地问题）、水（与水的消耗和渗漏相关问题）、材料（材料选择的环境潜在问题）、废料（建设运营废料管理与回收问题）、土地使用和生态（场地生态价值问题）、污染（空气和水污染问题，不包含 CO_2）、创新（项目创新情况）。

标准设有权重体系和控制项。BREEAM 中的控制项与其他标准不同，是一个相对灵活的变量，其根据建筑所申请的评价等级而变。同样 BREEAM 各部分的权重比例也因申请建筑完工程度的不同而各异。因此，在某种意义上可以认为不同的申报项目其所使用的标准不尽相同，所以为保证其评分等级的可控性，其评级标准不是具体的分值，而是项目所得分占总分值的比例，权重体系的作用部分也为该评分板块得分占该板块总分的比。

在指标设置方面，BREEAM 非常值得其他评价体系借鉴的一点就是，它注意到有一些评分项只有特定的场地才能取得，它们仅与其位置有关，包括距当地交通和市政设施的便利程度，如食品店、医院、中心和学校等，如果不考虑这种大多数情况下无法控制的背景差别，会造成某种程度的不公平。

通过 BREEAM 认证的建筑(除运营建筑外，运营建筑等级分为 5 个，最低等级为可接受(acceptable)根据所得的总分被划分为 4 个等级，级别和易实现的程度由低到高、由简到难依此为通过(pass)、好(good)、很好(very good)和优秀(excellent or outstanding)。

BREEAM 是第一个商业化的系统，具有广泛的影响力，在英国国内的接受度非常高，但其具有很强的针对性，切合英国自身国情制定，对于除本土以外的地区适应性相对较差，因此，对于离开本土环境条件的建筑，如果依然想根据标准设计建造出同等适宜的绿色建筑，可能需要对标准进行大量适宜于该地区条件的修改，以保证标准的合理、严谨、适用、实用。

(3)CASBEE。

CASBEE 由一个日本的研究机构与政府合作创办的 JSBC(Japan Sustainable Building Consortium)于 2001 年开发颁布，是日本重要的建筑环境综合性能评价体系，也是亚洲第一部完整的绿色建筑评价工具，该评价体系切实考虑了日本和亚洲地区的地域特征，具有良好的地区适应性。CASBEE 关注建筑生态效率，认为建筑会对其内部环境以及一定范围内的外部环境产生影响，并以生态效率作为标准进行建筑评价。CASBEE 在日本被广泛使用，截至 2016 年 8 月，共有 330 栋建筑、119 户独立住宅、92 处不动产被 CASBEE 认证，而更多的项目则通过各个地区自身研发的更具有针对性的 CASBEE 标准进行了认证。

CASBEE 评价体系由一系列的评价工具所组成，其中最核心、最基本的评价工具有 4 个，它们都有各自的用途和使用期，分别为：

①CASBEE 前期设计工具。

这个工具是为了在项目规划阶段(设计前期)对业主、设计师和其他相关人员提供支持。用于建筑物进入具体设计之前，主要对场地选址、地质诊断以及项目对环境的基本影响等进行评价。

②CASBEE 新建建筑。

从基本设计到施工图设计阶段，为提高被评建筑物的 BEE 指标(建筑环境效率)，为建筑设计师和工程师提供一种比较简练的自评工具。

③CASBEE 既有建筑。

对完工并至少使用一年的既有建筑进行评价。

④CASBEE 建筑改造。

对既有建筑的改造进行评估，可以为建筑运营管理、试运行和改进设计提供意见指导。

除了上述 4 个 CASBEE 基本工具以外，还开发出了辅助的 CASBEE 版本来对特殊的建筑进行评估。如用于临时建筑评估的 CASBEE – TC、用于独立住宅评价的 CASBEE – HD、针对热岛效应的 CASBEE – HI 等。

CASBEE 体系提出了建筑物环境效率 BEE(building environment efficiency)的新概念，CASBEE 评估体系中，参数 BEE 把建筑物对于环境的两种影响——Q(Quality：建筑物环境质量与性能)和 L(Load：建筑物的环境负荷)结合起来，它们之间的关系由这样一个等式表达：

$BEE = Q/L$。

其中 Q 包括 Q -1：室内环境、Q -2：服务质量、Q -3：室外环境（建筑用地内）3 个评价项目；L 包括 L -1：能源、L -2：资源与材料、L -3：建筑用地外环境 3 个评价子项目。针对不同评价对象对 6 个子项目进一步分解评分，其评分结果可用雷达图表示。建立以 Q 为纵坐标，L 为横坐标的坐标系，BEE 值是原点（0，0）与评价结果坐标点（L，Q）连线的斜率。以 BEE 作为综合评价建筑物"绿色"程度的定量指标，绿色标签等级分别为 S 级（特优）、A 级、B + 级、B - 级、C 级（劣）共五级，如图 18 -2 所示。只有 BEE 不小于 1.5 的建筑才被 CASBEE 认定为可持续建筑。

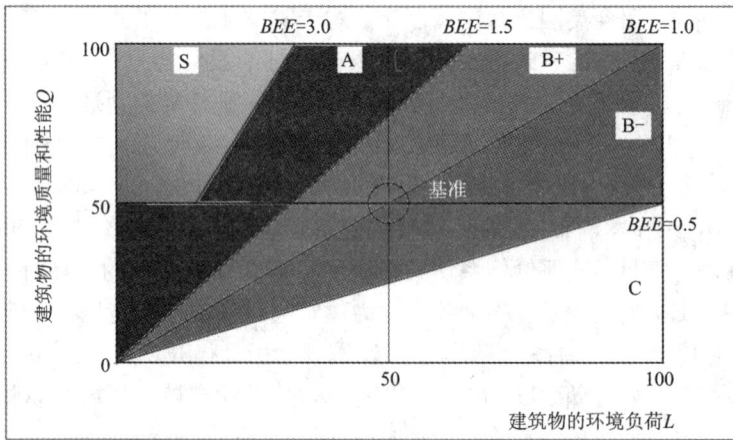

图 18 -2　建筑物的 BEE 可持续发展等级

CASBEE 就是评价 Q 与 L 相对关系的系统。CASBEE 提出了一批对能源消耗、大气污染、室外环境质量、建材全生命周期环境影响等方面的定量化评价指标，从而彻底解决了难以全面对绿色建筑进行定量评价的关键问题，可以综合地、多角度地描绘被评价对象的特征，拓宽了环境绩效审计评价指标的范围，使环境审计在指标设定时更有说服力。

（4）GBC 评价体系。

绿色建筑挑战（green building chanllenge，GBC）是从 1996 年起由加拿大自然资源部发起并有 14 个国家参加的一项国际合作研究项目，目的是发展一套统一的性能参数指标，建立全球化的绿色建筑性能评价标准和认证系统，使有用的建筑性能信息可以在国家之间交换，最终使不同地区和国家之间的绿色建筑实例具有可比性。GBC 开发的第一代建筑环境性能评价工具于 1998 年公布施行，其核心评价工具称为 GBTool（green building tool），其后于 2005 年更名为 SBTool。

GBC 评价方法和软件由参与的各个国际小组进行修正以适合当地实际情况，然后通过各自对一定数量的案例建筑评价进行检验，并提出反馈意见。由于需要能够兼顾各个不同国家和地区差异极大的情况，所以 GBC 评价方法和软件采取了和其他评价体系非常不同的途径，将重点放在了体系的适应性方面，即：系统充分反映特定地区的特定性能问题重要性的能力以及容纳地方性相关标准的能力。

SBTool 是一个具有强灵活性和地区适应性的绿色建筑评估体系工具，除基本框架和评定内容外，具体的评价指标、权重等信息都可以依据所在地区的实际状况和要进行评价的建筑类型进行设置更改，包括通过评估的绿色建筑的分级标准，都由第三方国家进行制定。SBTool 具有庞大数量的评估条款，可对建筑的全生命周期进行评估。其既可被看作是一个评价标准的工具库，也可以被当作一个评价标准的基本构架能够被第三方所用来开发其当地的评价标准，很多国家都在其基础上建立了本国的绿色建筑评价标准。

SBTool 自 1998 年颁布第一个评价版本以来，不断进行着标准的革新，其所颁布的具有较大革新的版本大致有 SBTool 1998、SBTool 2005、SBTool 2007、SBTool 2011、SBTool 2015 几个版本，每个新版本皆是在原有旧版标准的基础上，结合实际使用而进行的革新修改。与其他评价工具不同，SBTool 是国际合作的产物，其发展的自由度很大。

SBTool 拥有十分完整详尽的评价框架，最新的 2015 版分为大中小三类版本以适用于不同要求的项目评价。SBTool 的选址评价和建筑评价两部分是分开进行的，场址评价仅应用于设计前的准备阶段，而建筑评价则应用于建筑设计以及运营阶段的项目评价。参评项目可以为新建或改建或二者混合的建筑、至多五种建筑类型的混合项目及不超过 100 层的建筑。项目参评阶段包括：设计前阶段（选址评价）、设计阶段、建设和运营阶段。

评价的性能类别主要包括：选址、项目规划和开发、能源和资源消耗、环境荷载、室内环境质量、建筑系统的功能性和可控性、长期性能、社会和经济方面。标准权重体系有三个层级，每个评分条款都有自己对应的权重比例，这些比例系数由项目当地的不隶属于评价机构和项目方的权威机构通过一系列的调查进行确定，每一个项目的权重体系皆不相同，以更好地体现标准的地区适应性。标准本身对各条款给出了默认权重，以及一些确定的不可改变的权重值，除了严禁更改的条款权重外，其他条款的默认权重都可以根据项目的具体情况进行更改。系统会对强制评分点给出最低的得分要求，所有参与评价的项目都必须达到其最低分值要求才能进行进一步的评分。

逐级进行加权求和可求得最终项目得分。SBTool 没有等级标识，最后的评价结果为综合分值。

相对于英美的评价体系，SBTool 设计得更为开放，变化更为显著，其充分尊重地方特色，评价基准灵活且适应性强，但由于 SBTool 拥有数量繁多的评价条款，运用起来相当复杂。

18.4　我国的建筑环境评价体系

我国在绿色建筑评价体系的研究方面起步较晚，但是发展很快。目前，国内大陆地区较权威的绿色建筑评估体系有："中国生态住宅技术评估体系（CEHRS）""生态住宅环境标志认证技术标准（PEH）""绿色奥运建筑评估体系（green olympic building assessment system，GOBAS）"和"绿色建筑评价标准（ESGB）"，我国台湾地区有"绿建筑标章（EEWH）"，我国香港地区有"环保基准评估法（HK‑BEAM）"，以及"生态足迹（Eco‑Footprint）"评价方法。下面选取其中几个有代表性的评价体系进行简要介绍。

18.4.1　《中国生态住宅技术评估体系》

为了促进中国住宅产业的可持续发展，中华全国工商业联合会房地产商会会同清华大学、建设部科技发展促进中心、中国建筑科学研究院等单位编制了国内第一部生态住宅评估体系——《中国生态住宅技术评估手册》。手册于 2001 年 9 月完成了第一版的制定，并用于国内第一批"全国绿色生态住宅示范项目"的指导和评估。随后于 2002 年、2003 年相继推出了第二版和第三版，受到业界的广泛关注和认可。

（1）评估体系结构。

《中国生态住宅技术评估手册》在很大程度上借鉴了国外较为成功的评价体系——美国 LEED。从体系框架上看，其采用了和 LEED 一样的"线性求和"的数学模型，没有独立的权重体系，不同指标可得分的差异代表彼此之间重要性的差别。评价系统的分值分配如表 18 - 3 所示。评估体系由住区环境规划设计、能源与环境、室内环境质量、住区水环境、材料与资源等五个部分组成，涵盖了住区生态性能的各个方面，体系结构和内容设置上，充分考虑了设计指导和性能评价的综合性。且其和 LEED 一样采用了"性能类别——性能项——评价指标"的层次结构。评价指标分四级：一级为评估体现的五个方面，二级为五个方面的细化，三级为部分二级指标的进一步细化，四级为具体措施。这种指标体系结构具有良好的开放性，便于指标的增减和修改。由于目前我国能源消耗、CO_2 排放量、各种不同植被和树种 CO_2 固定量等都还没有统计数据，使得定量评价的标准难以科学地确定。因此，评价指标采取定性和定量相结合的原则。定性指标以技术措施为主，既有利于评价，也有助于指导设计。

表 18 - 3 《中国生态住宅技术评估手册》分值分配

评价系统	具体内容	分值/分	评价系统	具体内容	分值/分
住区环境规划设计（100 分）	住区区位选址	20	能源和环境（100 分）	建筑主体节能	35
	住区交通	10		常规能源系统的优化利用	35
	规划有利于施工	10		可再生能源	15
	住区绿化	15		能耗对环境的影响	15
	住区空气质量	10	室内环境质量（100 分）	室内空气质量	15
	降低噪声污染	10		室内热环境	10
	日照与采光	10		室内光环境	10
	改善住区微环境	15		室内声环境	10
小区水环境（100 分）	用水规划	12		室内空气质量客观评价	15
	给水排水系统	0		未遭否决基本分数	40
	污水处理与利用	17	材料与资源（100 分）	使用绿色建材	30
	雨水利用	8		就地取材	10
	绿化与景观用水	14		资源再利用	15
	节水器具和设施	9		住宅室内装修	20
	未遭否决基本分数	40		垃圾处理	25

（2）评价方法。

在评估体系框架下，构建的评分标准体系由必备条件审核、规划设计阶段评分标准、验收与运行管理阶段评分标准三部分组成。必备条件审核旨在对参评项目是否满足国家法规、标准和规范要求，以及是否符合绿色建筑基本要求进行审核。不符合必备条件中的任何一条，都不能参加生态住宅的评估。

评估方式分项目评估、阶段评估和单项评估三种。项目评估是包括各单项、各阶段的全程评估。符合绿色要求的参评项目其单项得分必须达到 60 分以上，阶段得分达到 300 分以上，项目总得分达到 600 分以上；阶段评估是对阶段各单项内容的全面评价，符合阶段绿色要求的项目，各单项评分必须达到 60 分以上，阶段得分达到 300 分以上；参加单项评估的项目，符合单项绿色要求其得分必须达到 70 分以上。

（3）应用效果。

自 2002 年以来，全国共建立了 26 个绿色生态住宅示范项目，遍及全国 15 个省 23 个城市，总建筑面积约为 750 万 m^2。在这些项目的规划设计阶段，《手册》主要用作生态设计指南；在规划设计完成之后，用作此阶段的生态评价标准；在验收后的运行阶段，用作该阶段的评价标准。

18.4.2　《绿色奥运建筑评估体系》

北京 2008 年奥运会明确提出了"绿色奥运""科技奥运"和"人文奥运"的口号，为了使奥运建筑真正具有绿色的内涵，需要建立一套科学评估体系作为评价手段，《绿色奥运建筑评估体系》（GOBAS）应运而生。2003 年，经由清华大学、中国建筑科学研究院等 9 家单位联合研究开发的《绿色奥运建筑评估体系》正式面世。GOBAS 力图通过建立严格的、可操作的建设全过程监督管理机制，落实到招标、设计、施工、调试及运行管理的每个环节，来实现奥运建筑的绿色化。其开发过程参考了日本的 CASBEE 和美国的 LEED，同时结合我国的实际国情，具有良好的可操作性。

（1）体系框架。

GOBAS 借鉴了日本 CASBEE 评估体系中建筑环境效率——绿色建筑的性价比的概念，将评分指标分为 Q（Quality）和 L（Load）两大类：Quality 指建筑环境质量和为使用者提供服务的水平；Load 指能源、资源和环境负荷的付出，并用 Q 与 L 的比值来判断建筑物的绿色水平，共分 A、B、C、D、E 五级，比值越大，表示建筑物的绿色水平越高。

为便于具体的评价操作及评价结果的计算，绿色奥运建筑评价体系将环境、能源、水资源、材料与资源、室内环境质量这 5 个方面包含的评价细项进行分类重组，分别归纳到 Q 与 L 两大项中，评分时，采用五级评分制，并根据评价项目在不同阶段的重要性，分别制定了相应的权重系数，参评建筑各细项得分要乘以相应的权重系数后才能相加，最后用 Q/L 计算出建筑物的绿色等级。

评价体系对每一个参评项目都规定了详细的评分方法，并在附录中给出了评分所依据的原理和相应条目说明，使绿色建筑的评价有了具体、量化的依据，并且有助于设计人员学习绿色建筑技术和对方案进行自评。

（2）评估过程。

评估体系开发有相应的计算机软件，该软件可对办公建筑、住宅、体育场馆和园区等

4 种不同的建筑类型进行分阶段评价。评价的阶段包括：规划阶段、设计阶段、施工阶段、验收与运行管理阶段。针对上述不同建筑阶段的特点和要求，分别从环境、能源、水资源、材料与资源、室内环境质量等方面进行评估。只有在前一阶段达到绿色建筑的基本要求，才能继续进行下一阶段的设计、施工工作，当按照这一体系在建设过程的各个阶段都达到绿色要求时，这个项目就可以认为达到绿色建筑标准。

在建筑全生命周期的各个阶段，对环境性能有不同的侧重要求。在规划阶段，比较强调位置选择、能源系统选择等可能对未来造成重大影响的战略性问题；在详细设计阶段，不再考虑选址等因素对环境性能带来的影响，因为这些因素在这一阶段已经无法改变，转而偏重于对设计细节的考察；施工阶段不再考察建筑设计因素，而是关注施工过程；验收与运行管理阶段用实测的方式对以前的预测性能进行印证。即使各个阶段存在相同的评价内容，在权重设置上也有所区别。

18.4.3 《绿色建筑评价标准》

由我国建设部和国家质量监督检验检疫总局于 2006 年 3 月联合发布的《绿色建筑评价标准》（GB/T 50378—2006）是我国第一个关于绿色建筑评价的国家标准。该标准是在我国处于经济快速发展阶段、年建筑量世界排名第一、资源消耗总量逐年迅速增长的情况下出台的，意在规范绿色建筑的评价，推动绿色建筑的发展，具有重要的实践和社会意义。2006 年在《绿色建筑评价标准》编制期间，考虑到我国的绿色建筑发展尚处于起步阶段，为便于绿色建筑概念的推广和普及，编委们选择了结构简单、清晰，便于操作的第一代评价体系的框架，即以措施性评价为主的列表式评价体系（Checklist）。尽管这一评价体系的框架存在其自身必然的问题，如缺乏对建筑的综合分析能力和对不同地域或建筑的适应能力等，但经过近年来的实践以及 2014 年的重新修订，标准的准确性和适时性已得到证实。目前，我国大部分省市都开始按照此框架编写当地的绿色建筑评价标准。

（1）评价对象和范围。

该标准以一栋完整的建筑为基本对象，适用于对新建、扩建、改建与既有的住宅建筑和公共建筑中的办公建筑、商场建筑和旅馆建筑进行评价。

评价分为设计评价和运行评价。设计评价应在建筑工程施工图设计文件审查通过后进行，运行评价应在建筑通过竣工验收并投入使用一年后进行。

（2）体系内容。

绿色建筑评价指标体系由节地与室外环境、节能与能源利用、节水与水资源利用、节材与材料资源利用、室内环境质量、施工管理、运营管理 7 类指标组成。每类指标均包括控制项和评分项。评价指标体系还统一设置加分项。

绿色建筑评价的总得分由累加 7 类指标的各自得分与该指标权重的乘积及加分项的附加得分而得。各评价指标权重如表 18 - 4 所示。

表 18 - 4 绿色建筑各类评价指标的权重

		节地与室外环境 W1	节能与能源利用 W2	节水与水资源利用 W3	节材与材料资源利用 W4	室内环境质量 W5	施工管理 W6	运营管理 W7
设计评价	居住建筑	0.21	0.24	0.20	0.17	0.18	—	—
	公共建筑	0.16	0.28	0.18	0.19	0.19	—	—
运行评价	居住建筑	0.17	0.19	0.16	0.14	0.14	0.10	0.10
	公共建筑	0.13	0.23	0.14	0.15	0.15	0.10	0.10

注：1. 表中"—"表示施工管理和运营管理两类指标不参与设计评价；

2. 对于同时具有居住和公共功能的单体建筑，各类评价指标权重取居住建筑和公共建筑所对应权重的平均值。

标准中将绿色建筑分为一星级、二星级、三星级 3 个等级。3 个等级的绿色建筑均应满足标准中所有控制项的要求，且每类指标的评分项得分不应小于 40 分。当绿色建筑总得分分别达到 50 分、60 分、80 分时，绿色建筑等级分别为一星级、二星级、三星级。

（3）特点。

《标准》关注建筑的全生命周期，希望能在规划设计阶段充分考虑并利用环境因素，而且确保施工过程中对环境的影响最低，运营阶段能为人们提供健康、舒适、低消耗、无害的活动空间，拆除后对环境的危害也降到最低。强调将节能、节水、节地、节材、保护环境五者之间的矛盾放在建筑全生命周期内统筹考虑并正确处理，同时还应重视信息技术、智能技术和绿色建筑的新技术、新产品、新材料与新工艺的应用。《标准》也注重建筑的经济性，从建筑的全生命周期核算效益和成本，顺应市场发展需求及地方经济状况，提倡朴实简约，反对浮华铺张，实现经济效益、社会效益和环境效益的统一。

为了更加具体深入地推进《绿色建筑评价标准》的实施，受建设部科技司委托，建设部科技发展促进中心和依柯尔绿色建筑研究中心组织编写了《绿色建筑评价技术细则》及《绿色建筑评价技术细则补充说明》，上述两个文件可为绿色建筑的规划、设计、建设和管理提供更加规范的具体指导，为绿色建筑评价标识提供更加明确的技术原则，为绿色建筑创新奖的评审提供更加详细的评判依据。

复习思考题

1. 搜集资料，分析我国建筑环境评价体系与国外众多评价体系的区别，并结合我国实际国情，分析国外评价体系在我国建筑中的适用性。

2. 搜集资料，查阅文献，分析当前我国建筑环境评价体系的发展中主要存在的问题有哪些？

3. 查阅文献资料，了解各评价体系如何对待建筑审美性与经济性问题。

4. 考察当地的"绿色建筑"案例 1~2 项，并分别用 LEED 和《绿色建筑评估标准》（GB/T 50378—2014）对其建筑环境性能进行综合评价。

附录

附表1　一些成套服装的热阻

服装类型	I_{cl}/clo	I_t/clo	fcl	i_{cl}	i_m
裸体	0	0.72	1	0	0.48
短袖衬衣，短裤	0.36	1.02	1.1	0.34	0.42
长裤，短袖衬衫	0.57	1.2	1.15	0.36	0.43
长裤，长袖衬衫	0.61	1.21	1.2	0.41	0.45
长裤，长袖衬衫加短外衣	0.96	1.54	1.23		
长裤，长袖衬衫，内加背心和圆领T恤	1.14	1.69	1.32	0.32	0.37
长裤，长袖衬衫，长袖毛衣和圆领T恤	1.01	1.56	1.28		
长裤，长袖衬衫，长袖毛衣和圆领T恤，外加短外衣和长内裤	1.3	1.83	1.33		
长运动衣裤	0.74	1.35	1.19	0.41	0.45
长袖睡衣和长睡裤，3/4袖短罩衣，拖鞋	0.96	1.5	1.32	0.37	0.41
及膝裙，短袖衬衫，连裤袜，凉鞋	0.54	1.1	1.26		
及膝裙，长袖衬衫，连裤袜，长衬裙	0.67	1.22	1.29		
及膝裙，长袖衬衫，连裤袜，长袖毛衣，半衬裙	1.1	1.59	1.46		
及膝裙，长袖衬衫，连裤袜，短外衣	1.04	1.6	1.3	0.35	0.4
长裙，长袖衬衫，连裤袜，短外衣	1.1	1.59	1.46		
长袖连裤罩衫，圆领T恤	0.72	1.3	1.23		
工装裤，长袖衬衫，圆领T恤	0.89	1.46	1.27	0.35	0.4
厚连裤罩衫，长袖衬衫，保暖内衣，长内裤	1.37	1.94	1.26	0.35	0.39

注：1. 所有套装均含有鞋子、短内裤，但不含各种袜子，除非特别注明。

2. 应用条件是平均辐射温度与环境空气温度相同，风速低于0.2 m/s。

附表2 常见单件服装的热阻

服装类型	$I_{clu,\ i}$/clo	服装类型	$I_{clu,\ i}$/clo
短内裤	0.03	短袖薄睡衣睡裤	0.42
圆领T恤	0.08	无袖低圆领衫	0.12
半衬裙	0.14	短袖衬衫	0.19
长衬裙	0.16	长袖衬衫	0.25
长内衣	0.2	长袖法兰绒衬衫	0.34
长内裤	0.15	短袖针织运动衫	0.17
短运动袜	0.02	长袖运动衫	0.34
半长袜	0.03	薄西装坎肩	0.1
及膝厚袜	0.06	厚西装坎肩	0.17
连裤袜	0.02	薄毛背心	0.13
凉鞋或皮带	0.02	厚毛背心	0.22
拖鞋(棉制)	0.03	长袖薄毛衣	0.25
靴子	0.1	长袖厚毛衣	0.36
短裤	0.08	薄裙子	0.14
薄长裤	0.15	厚裙子	0.23
厚长裤	0.24	长袖薄连衣裙	0.33
运动裤	0.28	长袖厚连衣裙	0.47
工装裤	0.3	短袖薄连衣裙	0.29
连衣裤工作服	0.49	无袖薄低领连衣裙	0.23
长袖厚长睡袍	0.46	无袖厚低领连衣裙	0.27
长袖外长袍	0.69	单排扣薄上衣	0.36
无袖薄短睡袍	0.18	单排扣厚上衣	0.44
无袖薄长睡袍	0.2	双排扣薄上衣	0.42
短袖病人睡袍	0.31	双排扣厚上衣	0.48

附表3 病态建筑综合征及其可能的相关因素

测量因素	结果	建筑因素	结果
低通风率	+ +	没有空调的机械通风	?
CO2	O	新的建筑	?
TVOCs	?	通风维护不好	?
甲醛	O	工作空间因素	结果

续附表 3

测量因素	结果	建筑因素	结果
各种颗粒	O	离子化	?
可吸入颗粒物	?	办公室干净	?
地板上的灰尘	?	有地毯	+
各种细菌	O	有羊毛材料	?
各种霉菌	O	在办公室里或者附近有影印机	?
内毒素	?	有人吸烟	?
β - 1, 3 - glucan	?	办公室人比较多	+
低的负离子	?	工作类型和个人的因素	结果
高的室温	?	书记员类型的工作	?
低的湿度	?	无炭复印	?
风速	O	使用影印机	?
灯光强度	?	使用显示器	+
噪声	O	工作有压力或者对工作不满意	+ +
建筑因素	结 果	女性	+
空调	+ +	吸烟者	?
加湿	?	过敏或者哮喘患者	+ +

注：其中"＋＋"表示总是有比较高的综合征；"＋"表示大多数情况下有比较高的综合征；"O"表示通常没有综合征发生；"?"表示有不一致的发现。

附表 4　部分国家地区室内空气品质标准指导汇总

	澳大利亚[1]	加拿大[2]	美国[3]	日本	韩国	新加坡	瑞典
$CO/ \times 10^{-6}$	9	9	10	10	10		2
$CO_2/ \times 10^{-6}$	1000	1000	2000	1000	1000	1000	1000
$RSP/(\mu g \cdot m^{-3})$			150				
$TSP/(\mu g \cdot m^{-3})$	90				150		
$Radon/(Bq \cdot m^{-3})$	200		200				
甲醛$/ \times 10^{-6}$	0.1	0.1				0.01	2
$NO_x/ \times 10^{-6}$			0.06				
$O_3/ \times 10^{-6}$	0.12		0.05			0.05	
$TVOC/(mg \cdot m^{-3})$	500	5	5	300			

续附表 4

	澳大利亚[1]	加拿大[2]	美国[3]	日本	韩国	新加坡	瑞典
温度/℃				17~28	17~28	24	
相对湿度/%			65	40~70	40~70	70	
空气流速/(m·s⁻¹)		≤0.2		0.5	0.5	0.25	

注：1. NGMRC（英国国家医疗健康研究委员会）关于室内空气质量标准建议值。

2. 参考 ASHRAE（美国制冷与空调工程师协会）等关于办公楼空气质量标准（1995）值。

3. ASHRAE 建议值。

附表 5　公共场所室内卫生标准国标一览

标准号	标准名称	标准号	标准名称
GB 9663—1996	旅店业卫生标准	GB 9669—1996	图书馆、博物馆、美术馆、展览馆卫生标准
GB 9664—1996	文化娱乐场所卫生标准	GB 9670—1996	商场（店）、书店卫生标准
GB 9665—1996	公共浴室卫生标准	GB 9671—1996	医院候诊室卫生标准
GB 9666—1996	理发店、美容店卫生标准	GB 9672—1996	公共交通等候室卫生标准
GB 9667—1996	游泳场所卫生标准	GB 9673—1996	公共交通工具卫生标准
GB 9668—1996	体育馆卫生标准	GB 16153—1996	饭馆（餐厅）卫生标准

附表 6　照明工程材料的 ρ 和 τ 值

材料名称	颜色	厚度/mm	ρ	τ
1 透光材料				
普通玻璃	无	3	0.08	0.82
普通玻璃	无	5~6	0.08	0.78
磨砂玻璃	无	3~6	—	0.55~0.60
乳白玻璃	白	1	—	0.60
有机玻璃	无	2~6	—	0.85
聚苯乙烯板	无	3	—	0.78
聚碳酸脂板	无	3	—	0.74
铁窗纱	绿	—	—	0.70
2 建筑饰面材料				
大白粉刷	白	—	0.75	—
乳胶漆	白	—	0.84	—
调和漆	白、米黄	—	0.70	—

续附表6

材料名称	颜色	厚度/mm	ρ	τ
调和漆	中黄	—	0.57	
普通砖	红	—	0.33	—
水泥砂浆抹面	灰	—	0.32	—
混凝土地面	深灰	—	0.20	—
水磨石地面	白间绿	—	0.66	—
胶合板	本色	—	0.58	—
3 金属材料及饰面				
光学镀膜的镜面玻璃	—	—	0.88 ~ 0.99	—
阳极氧化光学镀膜的铝	—	—	0.75 ~ 0.97	—
普通铝板抛光	—	—	0.60 ~ 0.70	—
酸洗或加工成毛面的铝板	—	—	0.70 ~ 0.85	—
铬	—	—	0.60 ~ 0.65	—
不锈钢	—	—	0.55 ~ 0.65	—
搪瓷	白	—	0.65 ~ 0.80	—

附表7　自然光和部分人工光源的色温(或相关色温)

光源	色温(相关色温)/K	光源	色温(相关色温)/K
蜡烛	1900 ~ 1950	日光	5300 ~ 5800
高压钠灯	2000	昼光(日光 + 晴天天空)	5800 ~ 6500
白炽灯 40 W	2700	全阴天空	6400 ~ 6900
白炽灯 150 ~ 500 W	2800 ~ 2900	晴天蓝色天空	10000 ~ 26000
碳弧灯	3700 ~ 3800	荧光灯	3000 ~ 7500
月光	4100		

附表8　不同植物种子萌发的温度三基点/℃

名称	最低温度	最适温度	最高温度
小麦	4	25	32
玉米	8 ~ 9	33	44
水稻	10	30	37
亚麻	2	21 ~ 25	28 ~ 30
向日葵	5 ~ 10	28	37 ~ 44
黄瓜	15 ~ 18	31 ~ 37	44 ~ 50

附表 9　温室环境条件

环境因素	环境条件
温度	(1)高温温室：18～36℃，栽培各种蔬菜、花卉，以及进行各种农作物、经济作物的栽培试验，或栽培原产热带地区植物 (2)中温温室：12～25℃，栽培热带和亚热带相接地带及热带高原产的植物 (3)低温温室：5～20℃，栽培亚热带和暖温带相接地带原产的植物 (4)冷温温室：0～15℃，栽培或储存暖温带及其原产本地区而作为盆景的植物
相对湿度	植物生长通常发生在相对湿度为20%～80%的环境中，但根据植物的生长环境不同而有所区别 (1)水生植物：90%以上，栽培生长在水中的植物，如王莲、玻璃藻等 (2)湿生植物：90%左右，栽培分布在沼泽地区和郁闭森林下层的植物，如兰科、天南星科、蕨类和藕、茭白、水芹等 (3)中生植物：60%～80%，栽培要求中度湿润的植物，如扶桑、橡皮树、君子兰、鹤望兰、芭蕉和茄类、豆类、叶菜类、葱蒜类等 (4)旱生植物：60%以下，栽培原产地为沙漠地区、高山荒漠地区、岩石地区的植物，如仙人掌、龙舌兰科植物和南瓜、西瓜、葡萄、石榴等
风速	风速在0.5～0.7 m/s之间有利于植物生长，风速大于1 m/S时会使蒸腾过度，致使气孔的保护细胞关闭，减少CO_2的吸收和阻碍植物生长；风速大于5 m/s时将导致植物的物理损坏；空气流过叶面的速度为0.03～0.1 m/s有利于CO_2的吸收；室内换气次数应低于90次/h
空气成分	O_2浓度为20%左右；CO_2浓度为300～800 mL/m³有利于植物生长；C_2H_4浓度＜184 mL/m³（230 mg/m³）；HF浓度＜1 mL/m³；SO_2浓度≤2 mL/m³；NH_3浓度40 mL/m³；Cl_2浓度≤0.1 mL/m³等

附表 10　典型经济动物生长发育的主要人工环境条件

环境因素		环境条件
温度	大多数动物	10～30℃
	奶牛与肉牛	2～24℃
	猪	产仔猪舍：10～20℃，孵化器：28～32℃ 仔猪：断奶后第1周保持27℃，然后以1.5℃/周的速率降低至21℃ 成长和怀孕期：13～22℃
	禽类	孵化室：15～17℃；孵化器：30～33℃，然后以3℃/周的速率降低至室温 养鸡场、鸡笼：10～30℃
相对湿度	大多数动物	50%～80%
	奶牛与肉牛	50%～80%
	猪类	产仔猪舍：＜70% 仔猪：＜75% 成长和怀孕期：冬季＜75%，夏季无限制
	禽类	孵化室：50%～80% 养鸡场、鸡笼：50%～75%

续附表 10

环境因素		环境条件
风速	大多数动物	<0.25 m/s
	奶牛与肉牛	4~10 次/h
	猪	产仔猪舍：10~240 L/s(冬季~夏季) 仔猪：1~12 L/(s·只)，1.5~18 L/(s·只)(适用于体重为5.5~14 kg) 成长和怀孕期：成长期(体重34~68 kg)3~35 L/(s·只)， (体重68~100 kg)5~60 L/(s·只)， 怀孕期(体重150 kg)为6~70 L/(s·只)， 哺乳期(体重180 kg)为7~140 L/(s·只)
	禽类	孵化室、养鸡场、鸡笼：冬季0.1 L/(s*kg体重)，夏季1~2 L/(s·kg体重)
空气成分	大多数动物	颗粒污染物<15 mg/m³，氨气<37 mg/m³，硫化氢<30 mg/m³，二氧化碳<2770 mg/m³

附表 11　蔬菜的冷藏环境及贮藏期

食品名称	贮藏温度/℃	相对湿度/%	贮藏期	食品名称	贮藏温度/℃	相对湿度/%	贮藏期
芦荟	0~2	95~100	2~3周	生菜	0~1	95~100	2~3周
蚕豆(未成熟)	4~7	95	7~10 d	蘑菇	0	95	3~4 d
甜菜(基)	0	98~100	10~14 d	洋葱	0	95~100	3~4周
甘蓝(成熟)	0	98~100	5~6个月	欧芹	0	95~100	1~2个月
胡萝卜(成熟)	0	98~100	7~9个月	豌豆(绿)	0	95~98	1~2周
芹菜	0	98~100	2~3个月	南瓜	10~13	50~75	2~3个月
甜玉米	0	95~98	4~8 d	植物种子	0~10	50~65	10~12个月
黄瓜	10~13	95	10~14 d	菠菜	0	95~98	10~14 d
茄子	8~12	90~95	7~10 d	番茄(成熟坚硬)	8~10	90~95	4~7 d
大蒜(干)	0	65~70	6~7 d	山药	16	70~80	3~6个月
韭葱	0	95~100	2~3个月				

附表 12　水果的冷藏环境及贮藏期

食品名称	贮藏温度/℃	相对湿度/%	贮藏期	食品名称	贮藏温度/℃	相对湿度/%	贮藏期
苹果	−1~4	90~95	3~8月	荔枝	1.5	90~95	3~5周
杏	−0.5~0	90~95	1~3周	橄榄	5~10	85~90	4~6周
香蕉	13~14	85~90		橙子	0~1	85~90	8~12周

续附表 12

食品名称	贮藏温度/℃	相对湿度/%	贮藏期	食品名称	贮藏温度/℃	相对湿度/%	贮藏期
哈密瓜	2～5	95	5～15 d	桃	-0.5～0	90～95	2～4 周
樱桃(甜)	-1～-0.5	90～95	2～3 周	梨	-1.5～0.5	90～95	2～7 个月
椰子	0～1.5	80～85	1～2 个月	柿	-1	90	3～4 个月
冻结水果	-24～-18	90～95	18～24 个月	菠萝(熟)	7	85～90	2～4 周
柚子	15	85～90	6～8 周	石榴	5	90～95	2～3 个月
葡萄(北美种)	-0.5～0	85	2～8 周	李	-0.5～0	90～95	2～5 周
柠檬	11～13	85～90	1～4 个月	草莓	0	90～95	5～7 d
枇杷	0	90	3 周	橘子	4	90～95	2～4 周
杧果	13	85～90	2～3 周	西瓜	4～10	90	2～3 周

附表 13　鱼贝类食品的冷藏环境及贮藏期

食品名称	贮藏温度/℃	相对湿度/%	贮藏期	食品名称	贮藏温度/℃	相对湿度/%	贮藏期
鳕鱼(白)	0～1	95～100	10 d	冻鱼	-30～-20	90～95	6～12 个月
比目鱼	-0.5～1	95～100	18 d	干贝	0～1	95～100	12 d
鲑鱼	-0.5～1	95～100	18 d	小虾	-0.5～1	95～100	12～14 d
鲭鱼	0～1	95～100	6～8 d	牡蛎(带壳)	5～10	95～100	5 d
金枪鱼	0～2	95～100	14 d	冻贝类	-35～20	90～95	3～8 个月

附表 14　畜、禽肉食类食品的冷藏环境及贮藏期

食品名称	贮藏温度/℃	相对湿度/%	贮藏期	食品名称	贮藏温度/℃	相对湿度/%	贮藏期
牛肉(鲜)	-2～1	88～95	1 周	熏肉(中等肥度)	3～5	80～85	2～3 周
牛肉(60%瘦肉)	0～4	85～90	1～3 周	腊肠(熏)	0	85	1～3 周
牛肉(精选牛腰)	0～1	85	1～3 周	羊肉(鲜)	-2～1	85～90	3～4 周
牛肉(精选肥牛)	0～1	85	1～3 周	羊肉(精选瘦肉)	0	85	5～12 d
牛肉干	10～15	15	6～8 周	羊腿(83%瘦肉)	0	85	5～12 d
冻牛肉	-20	90～95	6～12 个月	冻羊肉	-20	90～95	8～12 个月
猪肉(鲜)	0～1	85～90	3～7 d	兔肉(鲜)	0～1	90～95	1～5 d
猪肉(47%瘦肉)	0～1	85～90	3～5 d	鸡、火鸡、鸭肉(鲜)	-2～0	95～100	1～4 周

续附表 14

食品名称	贮藏温度 /℃	相对湿度 /%	贮藏期	食品名称	贮藏温度 /℃	相对湿度 /%	贮藏期
猪肉(里脊)	0 ~ 1	85	3 ~ 5 d	冻禽肉	-20	90 ~ 95	12 个月
冻猪肉	-20	90 ~ 95	4 ~ 8 个月				

附表 15　奶、蛋、糖制品的冷藏环境及贮藏期

食品名称	贮藏温度 /℃	相对湿度 /%	贮藏期	食品名称	贮藏温度 /℃	相对湿度 /%	贮藏期
黄油	0	75 ~ 85	2 - ~ 4 周	蛋(带壳)	-1.5 ~ 0	80 ~ 90	5 ~ 6 个月
黄油(冻)	-23	70 ~ 85	12 ~ 20 个月	蛋(冷却)	10 ~ 13	70 ~ 75	2 ~ 3 周
干酪(长期贮藏)	0 ~ 1	65	12 个月	整蛋(冻)	-20		1 年以上
干酪(短期贮藏)	4	65	6 个月	蛋黄与蛋白(冻)	1.5 ~ 4	低	6 ~ 12 个月
冰激淋	-30 ~ -25	90 ~ 95	3 ~ 23 个月	蛋黄(固态)	1.5 ~ 4	低	6 ~ 12 个月
牛奶(液态灭菌)	4 ~ 6		7 d	牛奶巧克力	-20 ~ 1	40	6 ~ 12 个月
牛奶(生)	0 ~ 4		2 天	花生酥	-20 ~ 1	40	1.5 ~ 6 个月
牛奶(脱脂)	7 ~ 21	低	16 个月	软糖	-20 ~ 1	65	5 ~ 12 个月
牛奶(浓缩有糖)	4		15 个月	蜜饯	-20 ~ 1	65	3 ~ 9 个月

附表 16　其他制品的冷藏环境及贮藏期

食品名称	贮藏温度 /℃	相对湿度 /%	贮藏期	食品名称	贮藏温度 /℃	相对湿度 /%	贮藏期
啤酒(瓶装)	1.5 ~ 4	65 以下	3 ~ 6 周	蔬菜油	21		1 年以上
可可粉	0 ~ 4	50 ~ 70	1 年以上	人造黄油	1.5	60 ~ 70	1 年以上
罐装食品	0 ~ 15	70 以下	1 年	橙汁	-1 ~ 1.5		3 ~ 6 个月
咖啡(生)	1.5 ~ 3	80 ~ 85	2 ~ 4 个月	烟草(捆装)	2 ~ 4	70 ~ 85	1 ~ 2 年
蜂蜜	10		1 年以上	香烟	2 ~ 8	50 ~ 55	6 个月
啤酒花	-2 ~ 0	50 ~ 60	数月	雪茄	2 ~ 10	60 ~ 65	2 个月
猪油(无防腐剂)	7	90 ~ 95	4 ~ 8 个月	毛皮	1 ~ 4	75	数年

附表 17 部分果蔬的 CA 贮藏条件

果蔬名称	温度/℃	相对湿度/%	O_2 含量/%	CO_2 含量/%	贮藏期/d
苹果	0	90 ~ 95	3	2 ~ 3	150
梨	0	85 ~ 95	4 ~ 5	3 ~ 4	100
樱桃	0 ~ 2	90 ~ 95	1 ~ 3	10	28
桃	-1 ~ 0	90 ~ 95	2	2 ~ 3	42
李子	0	90 ~ 95	3	3	14 ~ 42
柑橘	3 ~ 5	87 ~ 90	15	0	21 ~ 42
哈密瓜	3 ~ 4	80	3	1	120
香蕉	13 ~ 14	95	4 ~ 5	5 ~ 8	21 ~ 28
草莓	0	95 ~ 100	10	5 ~ 10	28
胡萝卜	1	85 ~ 90	3	5 ~ 7	300
花椒菜	0	92 ~ 95	2 ~ 3	0 ~ 3	40 ~ 60
芹菜	1	95	3	5 ~ 7	90
黄瓜	14	90 ~ 93	5	5	15 ~ 20
马铃薯	3	85 ~ 90	3 ~ 5	2 ~ 3	240
生菜	1	95	3	5 ~ 7	10
香菜	1	95	3	5 ~ 7	90
西红柿	12	90	4 ~ 8	0 ~ 4	60
蒜苔	0	85 ~ 90	3 ~ 5	2 ~ 5	30 ~ 40
菜花	0	95	2 ~ 4	8	60 ~ 90
豌豆荚	0	95 ~ 100	10	3	21
大蒜	0	85 ~ 90	2 ~ 4	5 ~ 8	300 ~ 360
番茄	6 ~ 8	—	3 ~ 10	5 ~ 9	35
山药	3 ~ 5	90 ~ 95	4 ~ 7	2 ~ 4	240 ~ 300

附表 18 一些国家调查的室内氡气浓度水平

国家	调查年份	调查用户数目	平均浓度/($Bq \cdot m^{-3}$)	标准差
意大利	1989—1994	4866	55.3	2.08
瑞典		8992	60.5	
西德	1984	5970	40	1.8
澳大利亚	1990	3413	8.7	2.1
加拿大	1977—1980	13413	14	3.6

续附表 18

国家	调查年份	调查用户数目	平均浓度/(Bq·m⁻³)	标准差
丹麦	1985	496	29	2.2
芬兰	1982	8150	64	3.1
法国	1988	3006	41	2.7
爱尔兰	1987	736	37	
日本	1990	6000	23	1.6
卢森堡公园	1991	2500	65	
荷兰	1982—1984	1000	24	1.6
新西兰	1988	717	18	
挪威	1991	7500	30	
葡萄牙	1991	4200	37	
西班牙	1991	1700	43	3.7

附表 19　国内一些地区室内氡污染的调查结果

地区		Rn/(Bq·m⁻³)		Rn 子体/(mWL)		数据来源
		样品数	X±S	样品数	X±S	CJRMP 1992, 12(6), 387
上海	室内	120	9.2±6.8	120	1.9±0.89	CJRMP 1992, 12(2), 128
	室外	119	5.0±3.0	119	0.84±0.46	
西藏	室内	160	9.6±9.7	140	1.54±1.23	CJRMP 1992, 12(1), 24
	室外	62	3.9±3.2	40	0.96±0.60	
乐山	室内	659	10.4			CJRMP 1992, 12(2), 128
	室外	142	8.8			
江苏	室内	486	16±12	491	2.11±1.53	CJRMP 1992, 12(1), 28
	室外	311	12±7.7	313	1.35±0.82	
武汉	室内	250	17.3	880	2.6	大气及雾中 α 反射性水平研究，武汉市卫生防疫站
	室外	20	12.8±6.6	355	5.9	
山东	室内	46	18.7±4.7	46	2.34±0.50	CJRMP 1992, 12(2), 94
	室外	148	5.07±1.30	83	0.99±0.23	
黑龙江	室内	413	20.8±20.1	80	6.19±0.28	CJRMP 1992, 12(3), 182
	室外	319	11.3±11.1	25	3.47±1.15	
北京	室内	537	30.3			CJRMP 1986, 6(4), 223
	室外	15	8.1±4.1			

续附表 19

地区		Rn/(Bq·m^{-3})		Rn 子体/(mWL)		数据来源
		样品数	X ± S	样品数	X ± S	CJRMP 1992, 12(6), 387
南宁	室内			70	2.43 ± 0.49	CJRMP 1982, 2(4), 223
	室外			10	1.49 ± 0.20	
湖南	室内	78	42.8 ± 27.0	78	5.59 ± 3.31	CJRMP 1992, 12(2), 94
	室外	73	26.3 ± 16.9	73	3.73 ± 2.47	
陕西	室内	837	43.3 ± 25.4	895	6.87 ± 4.00	CJRMP 1992, 12(3), 175
	室外	335	26.2 ± 14.9	337	3.34 ± 3.24	

注：1. X 表示测量值，S 表示误差值。

2. WL 表示工作水平，表示氡子体浓度单位，1 Bqm^{-3} = 0.27 mWL。

附表 20　常用建筑材料的吸声系数

建筑材料	倍频带中心频率/Hz					
	125	250	500	1000	2000	4000
普通砖	0.03	0.03	0.03	0.04	0.05	0.07
混凝土块	0.36	0.44	0.31	0.29	0.39	0.25
混凝土	0.01	0.01	0.02	0.02	0.02	0.02
木料	0.15	0.11	0.10	0.07	0.06	0.07
灰泥	0.01	0.02	0.02	0.03	0.04	0.05
大理石	0.01	0.01	0.02	0.02	0.02	0.03
玻璃窗	0.15	0.10	0.08	0.08	0.07	0.05

附表 21　常用吸声材料的吸声系数

建筑材料	容重 kg/m^3	厚度 cm	倍频带中心频率/Hz					
			125	250	500	1k	2k	4k
超细玻璃棉	25	2.5	0.02	0.07	0.22	0.59	0.94	0.94
		5	0.05	0.24	0.72	0.97	0.90	0.98
		10	0.11	0.85	0.88	0.83	0.93	0.97
矿棉	240	6	0.25	0.55	0.78	0.75	0.87	0.91
毛毡	370	5	0.11	0.30	0.50	0.50	0.50	0.52
微孔砖	450	4	0.09	0.29	0.64	0.72	0.72	0.86
膨胀珍珠岩	360	10	0.36	0.39	0.44	0.50	0.55	0.55

附表 22　薄膜共振结构的吸声系数(α_0)

吸声结构	背衬材料厚度/mm	倍频程中心频率/Hz					
		125	250	500	1000	2000	4000
帆布	空气层45	0.05	0.10	0.40	0.25	0.25	0.20
	空气层20 + 矿棉25	0.20	0.50	0.65	0.50	0.32	0.2
人造革	玻璃棉25	0.20	0.70	0.90	0.55	0.33	0.20
聚乙烯薄膜	玻璃棉	0.25	0.70	0.90	0.90	0.60	0.50

附表 23　部分薄板共振结构的吸声系数(α_0)

材料	材料厚度/cm	空气层厚度/cm	倍频程中心频率/Hz					
			125	250	500	1000	2000	4000
三合板	0.3	5	0.21	0.73	0.21	0.19	0.08	0.12
		10	0.59	0.38	0.18	0.05	0.04	0.08
五合板	0.5	5	0.08	0.52	0.17	0.06	0.10	0.12
		10	0.41	0.30	0.14	0.05	0.10	0.16
胶合板	0.5	5	0.28	0.22	0.17	0.09	0.10	0.11
		10	0.34	0.19	0.10	0.09	0.12	0.11
木质纤维板	1.1	0	0.06	0.15	0.28	0.30	0.33	0.31
		5	0.22	0.30	0.34	0.32	0.41	0.42
泡沫水泥	5	0	0.32	0.39	0.48	0.49	0.47	0.54
		5	0.42	0.40	0.43	0.48	0.49	0.55

参考文献

[1] 朱颖心.建筑环境学[M].第四版.北京：中国建筑工业出版社，2016.

[2] 杨晚生.建筑环境学[M].武汉：华中科技大学出版社，2009.

[3] 黄晨.建筑环境学[M].第二版.北京：机械工业出版社，2016.

[4] 李念平.建筑环境学[M].北京：化学工业出版社，2010.

[5] 李先庭.人工环境学[M].北京：中国建筑工业出版社，2006.

[6] 湖南大学.环境工程概论[M].北京：中国建筑工业出版社，2000.

[7] 柳孝图.建筑物理[M].第三版.北京：中国建筑工业出版社，2010.

[8] 同济大学，重庆建筑工程学院.城市环境保护[M].北京：中国建筑工业出版社，2000.

[9] 龙惟定.试论我国暖通空调业的可持续发展[J].暖通空调，1999，29(3)：27-32.

[10] 赵荣义.室内空气环境调节策略的新发展[J].洁净与空调技术，1997(2)：2-6.

[11] 杨小波，吴庆书.城市生态学[M].北京：科学出版社，2000.

[12] 陈静生，汪晋三.地学基础[M].北京：高等教育出版社，2001.

[13] 宋德萱.建筑环境控制学[M].南京：东南大学出版社，2003.

[14] 彦启森.空气调节用制冷技术[M].北京：中国建筑工业出版社，2004.

[15] 邱忠岳译.世界制冷史，中国制冷协会，2001.

[16] 张立志.除湿技术[M].北京：化学工业出版社，2005.

[17] 华南工学院亚热带建筑研究室.建筑防热设计[M].北京：中国建筑工业出版社，1978.

[18] 林其标.建筑防热[M].广州：广东科技出版社，1997.

[19] 叶韵.建筑热环境[M].北京：清华大学出版社，1996.

[20] 彦启森，赵庆珠.建筑热过程[M].北京：中国建筑工业出版社，1986.

[21] 田中俊六，武田仁，足立哲夫，土屋乔雄.建筑环境工学(改订2版)[M].日本：井上书院，1999.

[22] 木村建一.空气调节的科学基础[M].单寄平译.北京：中国建筑工业出版社，1981.

[23] 建设部建筑设计院.民用建筑暖通空调设计技术措施[M].第2版.北京：中国建筑工业出版社，1996.

[24] 陈沛霖，曹叔维，郭建雄.空气调节负荷计算理论与方法[M].上海：同济大学出版社，1987.

[25] R.McMullan.建筑环境学[M].张振南，李溯译.北京：机械工业出版社，2003.

[26] 章熙民.传热学[M].第4版.北京：中国建筑工业出版社，2001.

[27] 涂逢祥.建筑节能[M].北京：中国建筑工业出版社，2002.

[28] 涂逢祥.节能窗技术[M].北京：中国建筑工业出版社，2003.

[29] 贾衡.人与建筑环境[M].北京：北京工业大学出版社，2001.

[30] 山田由纪子.建筑环境工学(改订版)[M].日本：培风馆，2000.

[31] 曹叔维.房间热过程和空调负荷[M].上海：上海科学技术文献出版社，1991.

[32] 夏一哉.气流脉动强度与频率对人体热感觉的影响研究[D].清华大学，2000.

[33] 丁玉兰主编.人机工程学(第三版)[M].北京：北京理工大学出版社，2004.

［34］欧阳骅.服装卫生学［M］.北京：人民军医出版社，1985.

［35］吴延鹏.建筑环境学［M］.北京：科学出版社，2017.

［36］李百战，郑洁，姚润明，景胜蓝.室内热环境与人体热舒适［M］.重庆：重庆大学出版社，2012.

［37］赵荣义，范存养，薛殿华，钱以明.空气调节（第四版）［M］.北京：中国建筑工业出版社，2009.

［38］郑长聚，洪宗辉等编，环境噪声控制工程［M］.北京：高等教育出版社，1988.

［39］周长吉.现代温室工程［M］.北京：化学工业出版社，2003.

［40］孙可群.温室建筑与温室植物生态［M］.北京：中国农业出版社，1982.

［41］ASHRAE Handbook, Applications, A22. Environmental Control for Animals and Plants, 2003.

［42］ASHRAE Handbook, Fundamentals, F10. Environmental Control for Animals and Plants, 2005.

［43］华泽钊，李云飞，刘宝林.食品冷冻冷藏原理与设备［M］.北京：机械工业出版社，1999.

［44］曾庆孝主编.食品加工与保藏原理［M］.北京：化学工业出版社，2002.

［45］孙企达.真空冷却气调保鲜技术及应用［M］.北京：化学工业出版社，2004.

［46］石文星，邵双全，李先庭，彦启森.冰温技术在食品贮藏中的应用［J］.食品工业科技，2002，23（4）：64-66.

［47］全国勘察设计注册工程师公用设备专业管理委员会秘书处.全国勘察设计公用设备工程师暖通空调专业考试复习教材［M］.北京：中国建筑工业出版社，2004.

［48］ASHRAE Handbook. Refrigeration, R10. Commodity Storage Requirements, 2002.

［49］刘信，周小强.果蔬气调库的设计［J］.低温与特气，2004，（22）：28-31.

［50］刘加平.建筑物理（第四版）［M］.北京：中国建筑工业出版社，2009.

［51］民用建筑供暖通风与空气调节设计规范（GB 50736—2012）.北京：中国建筑工业出版社，2012.

［52］城市居住区规划设计规范（GBJ 50180—93）2016 版.北京：中国建筑工业出版社，2016.

［53］彭少麟，周凯，叶有华，粟娟.城市热岛效应研究进展［J］.生态环境，2005，14（4）：574-579.

［54］杨恒亮，李婧，陈浩.城市热岛效应监测方法研究现状与发展趋势［J］.绿色建筑，2016（6）：38-40.

［55］江亿，林波荣，曾剑龙，朱颖心.住宅节能（第2版）［M］.北京：中国建筑工业出版社，2006.

［56］Wilbert F. Stoecker, Jerold W. Jones. Refrigeration and Air Conditioning. McGraw - Hill Book.

［57］陆亚俊，马最良，邹平华.暖通空调［M］.北京：中国建筑工业出版社，2002.

［58］建筑部工程质量安全监督与行业发展司、中国建筑标准设计研究所.全国民用建筑工程设计技术措施暖通空调·动力［M］.北京：中国计划出版社，2003.

［59］王立雄，党睿.建筑节能［M］.第3版.北京：中国建筑工业出版社，2015.

［60］刘晓华，谢晓云，张涛，江亿.建筑热湿环境营造过程的热学原理［M］.北京：中国建筑工业出版社，2016.

［61］龙惟定，武涌.建筑节能技术［M］.北京：中国建筑工业出版社，2015.

［62］周晓萱.建筑设备与环境控制［M］.北京：中国建筑工业出版社，2008.

［63］张泉.室内空气品质［M］.北京：中国建筑工业出版社，2012.

［64］刘加平.绿色概论［M］.北京：中国建筑工业出版社，2010.

［65］卜一德.绿色建筑技术指南［M］.北京：中国建筑工业出版社，2008.

［66］王如竹.绿色建筑能源系统［M］.上海：上海交通大学出版社，2013.

［67］中国建筑科学研究院.绿色建筑技术导则［M］.北京：建设部，科技部印发，2005.

［68］中国建筑科学研究院，上海市建筑科学研究院.绿色建筑评价标准［M］.北京：中国建筑工业出版社，2006.

［69］高祥生.住宅室外环境设计［M］.南京：东南大学出版社，2001.

［70］余新晓，牛健植，关文彬，冯仲科.景观生态学［M］.北京：高等教育出版社，2006.

［71］吴良镛.广义建筑学［M］.北京：清华大学出版社，1989.

[72] 董靓.绿色建筑学研究(1)——绿色建筑学的涵义及其知识体系初探[J].建筑科学,2007,23(4):1-4.

[73] 李海英,白玉星,高建岭,王晓纯.生态建筑节能技术及案例分析[M].北京:中国电力出版社,2007.

[74] 李华东.高技术生态建筑[M].天津:天津大学出版社,2002.

[75] 褚锡星,廖颖.浅谈绿色建筑与环境保护[J].湖州职业技术学院学报,2001,5(1):18-20.

[76] 西安建筑科技大学绿色建筑研究中心.绿色建筑[M].北京:中国计划出版社,1999.

[77] Peter Melby,Tom Cathcart.可持续性景观设计技术:景观设计实际运用[M].张颖,李勇译.北京:机械工业出版社,2005.

[78] 都市环境学教材编辑委员会编.城市环境学[M].林荫超等译.北京:机械电子出版社,2005.

[79] 王立红,程道平,王立颖等.绿色住宅概论[M].北京:中国环境科学出版社,2003.

[80] 陈维信,施琪美.环境设计[M].上海:上海交通大学出版社,1996.

[81] 宋德萱.节能建筑设计与技术[M].上海:同济大学出版社,2003.

[82] 《绿色建筑景观设计节能技术与整体评估实用手册》编委会.绿色建筑景观设计节能技术与整体评估实用手册[M].南昌:红星电子出版社,2005.

[83] 姚宏韬.场地设计[M].沈阳:辽宁科学技术出版社,2000.

[84] 简菊芳.屋顶绿化——被遗忘的绿地[J].中国科技财富,2006(12):75-78.

[85] 库斯特.德国屋顶花园绿化[J].中国园林,2005,21(4):71-75.

[86] 李铮生.城市园林绿地规划与设计[M].北京:中国建筑工业出版社,2006.

[87] 李敏.现代城市绿地系统规划[M].北京:中国建筑工业出版社,2002.

[88] 李百战主编.绿色建筑概论[M].北京:化学工业出版社,2007.

[89] 西安建筑科技大学绿色建筑研究中心编.绿色建筑[M].北京:中国计划出版社,1999.

[90] 中华人民共和国建设部.民用建筑热工设计规范 GB 50176&93[M].北京:中国计划出版社,1993.

[91] 中国建筑标准设计研究院.平屋面改坡屋面建筑构造(03J203)[M].北京:中国建筑标准设计研究院,2007.

[92] 韩芳垣.寒地城市住宅平改坡技术及应用策略[D].哈尔滨工业大学,2005.

[93] 中国建筑标准设计研究院等.全国民用建筑工程设计技术措施——建筑节能专篇[M].北京:中国计划出版社,2007.

[94] 埃甘,欧尔焦伊.建筑照明[M].北京:中国建筑工业出版社,2006.

[95] 徐占发.建筑节能技术实用手册[M].北京:机械工业出版社,2005.

[96] 莱希纳.建筑师技术设计指南[M].北京:中国建筑工业出版社,2004.

[97] 孙世钧.采暖地区既有建筑改造的生态技术问题研究[D].哈尔滨工业大学,2007.

[98] 真锅恒博.住宅节能概论[M].北京:中国建筑工业出版社,1987.

[99] 蒋芝楠,卜冬青,李建华.中央空调噪声治理[J].噪声与振动控制,2002(4):47-48.

[100] 马大酞.噪声与振动控制工程手册[M].北京:机械工业出版社,2002.

[101] 何国勤,杨振坤,张中林.管路噪声的降噪方案[J].噪声与振动控制,2003(5):30-32.

[102] 郑钢.空调系统的噪声污染及其控制措施[J].工程建设与设计,2004(10):12-13.

[103] 甘永钦.空调系统噪声控制技术[J].制冷,2004,23(2):87-89.

[104] 叶丰.浅谈空调系统的噪声控制[J].制冷空调与电力机械,2005,26(6):51-52,61.

[105] 郝景涛.空调系统噪声、振动分析及其控制措施探讨[J].制冷空调与电力机械,2009,30(3):72-75.

[106] 郝火凡,张翠玲.空调系统噪声研究及控制[J].兰州交通大学学报(自然科学版),2005,24(1):87-90.

[107] 马薇 张宏伟.美国绿色建筑理论与实践[M].北京:中国建筑工业出版社,2012.

［108］刘加平，董靓，孙世钧.绿色建筑概论［M］.北京：中国建筑工业出版社，2010.

［109］李旭民.绿色建筑发展历程及趋势研究［D］.湖南大学，2014.

［110］住房和城乡建设部.民用建筑绿色设计规范（JGJ/T 229—2010）［M］.北京：中国建筑工业出版社，2011.